*Es begibt sich aber zu der Zeit...* Im Rückgriff auf den Text der eigens für diesen Band neu übersetzten Weihnachtsgeschichte (Lukas 2, 1–14), die, im Stil einer weltlichen Chronik gehalten, auf denkbar nüchterne und klare Weise von einem unerhörten Geschehen berichtet, hat Walter Jens – in Gedicht und Erzählung – eine Anthologie zusammengestellt mit Beiträgen von Andreas Gryphius bis Bertolt Brecht.
Was sich begibt, und immer wieder neu und anders, hängt von der Zeit und dem Ort ab, da Weihnachten erlebt wird; und natürlich von demjenigen, der da erzählt.
Jenseits von Idyllik und Traulichkeit, Sentimentalität und biedermeierlichem Glück findet der Leser hier Texte, in denen die Weihnachtsgeschichte des Evangelisten als eine Herausforderung an die jeweils eigene Weltsicht begriffen wird. Mit der Konsequenz, daß »nicht gelassen nacherzählt, sondern parteiisch, betroffen, subjektiv, sanft und zornig ausgemalt werden muß: gut Luthersch also oder gut Brechtisch, zum Beispiel...«, so der Herausgeber in seiner Einleitung. Der Band versammelt Texte zur Weihnachtsgeschichte aus Barock, Sturm und Drang, Klassik, Romantik und Moderne, Verse vor oder nach Auschwitz; der Schwerpunkt der Auswahl liegt auf Texten aus dem 20. Jahrhundert. Als keineswegs nur folkloristische Zugabe verstehen sich die Übertragungen der Weihnachtsgeschichte in Dialektformen: Berlinerisch, Plattdeutsch, Hessisch, Schwäbisch, Österreichisch u. a., mit denen die Sammlung schließt.
»Dieses Buch eröffnet wirklich weit mehr Fenster als jeder Adventskalender. Wer hier auf Entdeckungsreise geht, findet am Ende sein eigenes Weihnachten.« (*Eike Christian Hirsch* im NDR)

*Walter Jens*, 1923 in Hamburg geboren, lebt seit 1944 in Tübingen. Freier Schriftsteller und bis 1988 Professor für Rhetorik an der dortigen Universität. Publikationen u. a.: ›Republikanische Reden‹, ›Statt einer Literaturgeschichte‹. In der *Collection S. Fischer* erschien: ›Schreibschule. Neue deutsche Prosa herausgegeben von Walter Jens‹.

# Es begibt sich aber zu der Zeit

## Texte zur Weihnachtsgeschichte

Herausgegeben von

*Walter Jens*

Fischer Taschenbuch Verlag

*Vorbereitung für die Textauswahl:*
*Klaus-Peter Burkarth und Wolfgang Erk*

Veröffentlicht im Fischer Taschenbuch Verlag GmbH,
Frankfurt am Main, November 1993

Lizenzausgabe mit freundlicher Genehmigung
der Radius Verlag GmbH, Stuttgart

Quellenhinweise am Schluß des Bandes
Umschlaggestaltung: Buchholz / Hinsch / Hensinger
Druck und Bindung: Clausen & Bosse, Leck
Printed in Germany
ISBN 3-596-11491-8

*Gedruckt auf chlor- und säurefreiem Papier*

In jenen Tagen befahl Kaiser Augustus
allen Einwohnern des Reichs,
sich in Steuerlisten eintragen zu lassen.
Es war die erste Volkszählung;
sie wurde durchgeführt,
als Quirinius Statthalter in Syrien war –
und alle brachen auf,
um sich eintragen zu lassen:
jeder ging in seine Heimatstadt.
Auch Joseph zog von Galiläa,
aus der Stadt Nazareth,
nach Judäa hinauf,
in die Stadt Davids, die Betlehem heißt;
denn er stammte aus Davids Haus
und wollte sich eintragen lassen:
zusammen mit Maria,
die seine Braut war
und ein Kind erwartete.
Als sie in Betlehem waren,
kam für sie die Zeit der Niederkunft,
und sie gebar ihren ersten Sohn,
wickelte ihn in Windeln
und legte ihn in eine Krippe im Stall.
Denn im Haus war keine Bleibe für sie.
In ihrer Nähe aber waren in dieser Nacht
Hirten auf dem Feld

und hielten Wache bei ihren Herden:
Da stand auf einmal
ein Engel des Herrn neben ihnen,
und die Hirten ängstigten sich sehr.
Aber der Engel sagte zu ihnen:
»Habt keine Furcht!
Seht, ich verkündige euch,
daß eine große Freude
bald das ganze Volk ergreifen wird;
denn heute wurde euch
in der Stadt Davids
der Retter geboren:
euer Herr, der Messias.
Und dies ist das Zeichen für euch:
Ihr werdet ein Kind finden,
das in Windeln gewickelt
in einer Krippe liegt.«
Plötzlich standen neben dem Engel
die Scharen des himmlischen Heers;
sie priesen Gott und riefen:
»In den Himmeln: Gottes Macht!
Licht! Und Herrlichkeit!
Auf der Erde: Gottes Frieden!
Frieden allen, die er liebt!«

Lukas 2,1–14 – übersetzt von Walter Jens

*Walter Jens*

# Einleitung

An Idyllik und Traulichkeit, Sentimentalität und biedermeierliches Glück kein Gedanke, an Winterflocken und altdeutsche Stube, Fachwerk und Backwerk erst recht nicht. Kein Weihnachtsbaum leuchtet, kein Karpfen steht auf dem Tisch. Die Weihnachtsgeschichte, wie sie genannt wird (besser: der Bericht über die Geburt eines Kindes im bescheidenen Milieu), beginnt im Stil einer weltlichen Chronik.

Von Augustus ist die Rede, dem fernen Kaiser, und von einer Berechnung des Steueraufkommens in der gesamten von Rom aus überschaubaren Welt. Zeit- und Ortsangaben prägen eine karge Erzählung, die dem Gesetz langsamer Annäherung folgt. Wie in einem René-Clair-Film die Kamera vom Himmel über der Metropole auf die Dächer, von den Dächern auf eine Mansarde, von der Mansarde auf einen Vogelbauer, vom Vogelbauer auf den Kopf eines Kanarienvogels schwenkt, so läßt der Erzähler Lukas seine Geschichte in Rom beginnen, im Bannkreis des Kaisers, spinnt, in den oberen Rängen verweilend, sein Garn fort, indem er, weit weg schon von der Fürstenloge, in Syrien einen gewissen Cyrenius mit ins Spiel bringt, gelangt danach ins Parkett, spricht vom – immer noch großen – Galiläa, um endlich, ganz hinten, wo im Theater einmal die Stehplätze waren, nach Nazareth und Bethlehem zu gelangen.

Ein weiter Weg vom kaiserlichen Rom bis zu einem orientalischen Provinznest, von Augustus, den jedermann kennt, über Cyrenius, der schon fast ein Unbekannter ist, bis zum Anonymus, der zufällig den Namen Joseph trägt. Von Rom nach Bethlehem, von Augustus zu Joseph: das ist ein Salto mortale am Rande des Paradox. Größer und höher und dramatischer kann einer nicht einsetzen; bescheidener, niedriger, erbarmungswürdiger nicht enden.

Man beginnt unter den Himmeln der Macht und erreicht sein Ziel in der Kläglichkeit der Provinz: dort, wo ein Mann und eine Frau sich auf den Weg machen, primär, um sich in die Steuerlisten eintragen zu lassen, sekundär (jetzt folgt das zweite Paradox), um ein Kind zur Welt kommen zu lassen, den ersten Sohn eines einfachen Mannes und einer ihm verlobten jungen Frau, die kein »vertrautes Weib«, sondern ein junges Mädchen ist.

Keine Spur von ehelicher Gemeinschaft und langlangem Umgang. Das Paar ist einander versprochen, und das Kind kommt früh. Die

Niederkunft erfolgt nicht in traulich-behaglicher Umgebung, sondern, zur Frühjahrszeit (winters waren die Herden nicht auf dem Feld) in einem Ambiente, das eher erbarmungswürdig als lichtgebend war. Die Krippe: eine Futterraufe. Der Stall eine Höhle, die, am Rande der Karawanserei, von jenem Unrat bedeckt gewesen sein muß, den Tiere nun einmal machen – Tiere, die keine Märchenwesen, sondern laut schmatzende und herzhaft verdauende Ochsen, Rinder, Esel sind, ganz gewöhnliches Vieh also.
Martin Luther, der einen Sinn für realistische Details hatte, tat gut daran, in seinen Weihnachtspredigten zur bunten Feder zu greifen und plastisch auszumalen, was im biblischen Bericht eher nüchtern und karg chiffriert worden ist: »Daß sich solchs eines jungen Weibs« – Kirchenpostille von 1522 –, »die ihr erst Mal gebären sollt, niemand hat erbarmet, niemand ihren schwangeren Leib zu Herzen nommen, niemand angesehen, daß sie in fremden Orten nit hat das aller mindste, das einer Kindbetterin not ist! Sondern allda ... ohn Licht, ohn Feuer, mitten in der Nacht, im Finstern allein ist, niemand beut ihr einigen Dienst an, wie man doch natürlich pflegt schwangeren Weibern, da ist jedermann voll und toll in der Herberge ... daß sich dies Weibs niemand annimmt! Ich acht auch, sie hab sich selbst nit so bald vorsehen ihrer Geburt, sie wäre sonst vielleicht zu Nazareth blieben. Nun denk, was mögens für Tüchle gewesen sein, da sie ihn einwickelt, vielleicht ihr Schleier oder was sie hat mögen entbehren an ihrem Leibe ... daß sie aber in Josephs Hosen soll ihn gewickelt haben ... das laut allzu lugerlich und leichtfertig.«
Man sieht, so gern Luther, ist er einmal ins Erzählen und Phantasieren gekommen, sich gehen läßt, von der Menge spricht, die, unbekümmert um das Geschehen im Viehstall, »voll und toll« ist, und so sehr es ihn fasziniert, sich Gedanken über die Herkunft der Windeln zu machen – eine Grenze gibt es doch: Josephs Hosen, gar »bemackelte« ... das denn doch nicht! Ansonsten aber: Wieviel Spaß an der Genre-Malerei, beim Reformator, wieviel Lust, das sparsam Angedeutete mit breitem Pinselstrich in ein Gemälde zu verwandeln. Je öfter Doktor Martinus über den Text Lukas 2, Vers 1 bis 14 zu predigen hatte, desto köstlichere Nuancen fielen ihm ein, desto elementarer wurde seine Lust, fabulierend in ein Erzählen zu geraten, das nicht nur den Text paraphrasierte, sondern Weiterungen bedachte, moralische Erwägungen hinzufügte und Interpretationen vortrug, die aus wenigen Zeilen eine sozialkritische Moritat entwickelten.
Weshalb, lautet 1544, wiederum in der Hauspostille, die Frage, kam

niemand der Schwangeren mit Leintuch und Polster zu Hilfe? Wo blieben die Kissen? Gab es im Wirtshaus kein einziges Federbett? Und das Leintuch? In Truhen verschlossen? Warum – Fragen, die immer neue Fragen nach sich ziehen – war die »Kindbetterin« gezwungen, sich zu erkälten? Weshalb mußte die arme Frau in ihrer Leibesnot auch noch den Mantel hergeben, während man ein paar Meter weiter, in der – vom Stall durch eine Welt getrennten! – Herberge praßte, soff und Aufwand mit Gewändern trieb? Weshalb – Luther, in Fahrt geraten, mag nicht mehr enden, die Phantasie reißt ihn hin – stand niemand dem Vater zur Seite, diesem armen, hilflosen, jedoch bemühten Menschen (Joseph »hat auch müssen das beste tun«), als er, drinnen im Wirtshaus, um Wasser für die junge Frau im Kuhstall bat? »Pfui dich an, du schändliches Bethlehem, man sollt die Herberg mit Schwefel anstecken. Denn wäre die Jungfrau Maria eine Bettlerin... oder ein unehrliche Frau gewesen, die ihr Ehr hintangesetzt, so sollt man doch zur solchen Zeit, ihr zu dienen, willig und geneigt sein.«
Da zielt die Weihnachtsgeschichte darauf ab, die Frechheit der Welt, ihr Protzen und Prahlen mit Jesu Elend und Armut zu kontrastieren: »Hier dienet er uns und legt sich in unseren Schlamm.« Die Welt aber, die zum Papst- und Kardinals- und Bischofs- und Pfaffenreich heruntergekommene Welt des Kaisers Augustus... in Brand gesetzt solle sie werden! Der Hofstaat zu Rom: das Teufels-Reich, das Gegen-Reich des Stalls! Die Macht dieser Welt: Abbild der Herberge, in deren Bannkreis sich die Satten und Betrunkenen die Ohren zuhalten, um die Schreie der Kreißenden im Stall nicht zu hören.
Das Weihnachtsgeschehen: eine Idylle? Luther, der wußte, was Hunger, Qual und Armut war, hätte den »Stille Nacht, heilige Nacht«-Sänger und den Leser einer vermeintlich sentimentalen Geschichte ausgelacht – wenn ihm überhaupt klargeworden wäre, was solche Schönfärberei sollte. Er, Doktor Martinus, las die Weihnachtsgeschichte mit frommem, aber auch mit zornigem Herzen, als Parteigänger der armen Leute und als Verächter der Reichen, als Sympathisant jener Maria, dergegenüber er ein Leben lang in »katholischer« Andacht verharrte, als Kumpan des Joseph und als Verächter der erbarmungslosen Macht: »Pfui dich an, du schändliches Bethlehem, man sollt die Herberg mit Schwefel anstecken.«
Auf der anderen Seite aber, ungeachtet solcher weltlichen Flüche, hat es kaum einen Leser der Weihnachtsgeschichte gegeben, der die große Bewegung des Textes so genau herausgehoben hat wie Martin Luther: den »Schwung« der Geschichte, die von Rom nach Bethlehem und

dann, gegenrhythmisch, unter die Himmel führt, aus säkularem in spirituellen Bereich, vom Cäsaren zum Engel des Herrn, von den Steuereintreibern zu den Boten, die umleuchtet sind von der Klarheit des Herrn!

Hoch beginnend, im Niederen ankommend, im Stall, bei den Hirten und beim Getier, und dann ausschwingend zum Größten und Höchsten, zur himmlischen Prophetie, zur Verkündung des Friedensreiches und des Äons gewaltiger Freude: dies ist die Bewegung eines Textes, der mit einem Blick auf den fernen Kaiser beginnt und mit der Evokation der Menschen guten Willens schließt, der friedlichen und freundlichen kleinen Leute, die Gottes Liebe gewiß sein dürfen.

Die Weihnachtsgeschichte: der bekannteste Text der Weltliteratur, um und um gewendet, und dennoch fähig, immer neue, überraschende, hier komische, dort tieftraurige Züge sichtbar zu machen.

Die Weihnachtsgeschichte: ein Text, der, im Sinne Ernst Blochs, nicht in abweisender Ferne belassen, aber auch nicht dem Hier und Jetzt unterstellt sein will – vielmehr ein alter Text, der derart über-setzt sein will, daß er die jeweilige Gegenwart trifft und mit-bedeutet.

Die Weihnachtsgeschichte: ein Stück Prosa, das nicht gelassen nacherzählt, sondern parteiisch, betroffen, subjektiv, sanft und zornig ausgemalt werden muß: gut Luthersch also oder gut Brechtisch, zum Beispiel.

### Die gute Nacht

Der Tag, vor dem der große Christ
Zur Welt geboren worden ist
War hart und wüst und ohne Vernunft.
Seine Eltern, ohne Unterkunft
Fürchteten sich vor seiner Geburt
Die gegen Abend erwartet wurd.
Denn seine Geburt fiel in die kalte Zeit.
Aber sie verlief zur Zufriedenheit.
Der Stall, den sie doch noch gefunden hatten
War warm und mit Moos zwischen seinen Latten
Und mit Kreide war auf die Tür gemalt
Daß der Stall bewohnt war und bezahlt.
So wurde es doch noch eine gute Nacht

Auch das Heu war wärmer, als sie gedacht.
Ochs und Esel waren dabei
Damit alles in der Ordnung sei.
Eine Krippe gab einen kleinen Tisch
Und der Hausknecht brachte ihnen heimlich einen Fisch.
(Denn es mußte bei der Geburt des großen Christ
Alles heimlich gehen und mit List.)
Doch der Fisch war ausgezeichnet und reichte durchaus
Und Maria lachte ihren Mann wegen seiner Besorgnis aus
Denn am Abend legte sich sogar der Wind
Und war nicht mehr so kalt, wie die Winde sonst sind.
Aber bei Nacht war er fast wie ein Föhn.
Und der Stall war warm und das Kind war sehr schön.
Und es fehlte schon fast gar nichts mehr
Da kamen auch noch die Dreikönig daher!
Maria und Joseph waren zufrieden sehr.
Sie legten sich sehr zufrieden zum Ruhn
Mehr konnte die Welt für den Christ nicht tun.

Weihnachten: Licht im Dunkel, Glanz inmitten großer Finsternis, der Schimmer im Stall und die Helle vom Himmel herab, während die Erde noch im Dämmern liegt – von solchem frommen Gegensatz will Brecht, der 1925 die Weihnachtsgeschichte unbekümmert und frisch nacherzählt, nicht viel wissen. Ihm geht es um eine realere, der Not unwirtlicher Nachkriegs-Zeitläufte angemessene Antithese, um das Wechselspiel von Wärme, die freundlich, menschlich, vernünftig ist, und einer Kälte, wie sie die Obdachlosen auf der Straße erleben.
Die große Kälte in einer Welt, wo im Zeichen des Tanzes um das goldene Kalb Nächstenhaß statt Nächstenliebe regiert – dieses Leitmotiv früher Brechtscher Lyrik bestimmt auch den Hymnus auf die gute Nacht: Es ist kalte Zeit, ein Winter, in dem die Tage sich wie Menschen gebärden, die einander als Wölfe begegnen – *hart, wüst* und *ohne Vernunft*.
Und dagegen dann der kleine, warme, freundliche Bezirk, in dem der Versemacher Brecht mit hurtiger Geste das vertraute Inventar der Krippenspiele versammelt: »Ochs und Esel waren dabei, damit alles in der Ordnung sei.« Aus der ehrfurchtgebietenden Legende wird im Nu eine zeitgenössische, im Bayerischen angesiedelte Moritat: Der mit Moos zwischen den Latten ausgestopfte Stall könnte in Schwaben

oder Altbayern stehen. Und auch die Menschen nehmen sich wie Zeitgenossen aus: ein Elternpaar *ohne Unterkunft*, das unmittelbar vor der Geburt seines Kindes schließlich doch noch einen Stall findet und ihn sogar bezahlen kann – eine Hütte, die warm ist (das Heu sogar *wärmer als gedacht*) und eine Nacht lang beinahe so etwas wie einen Märchenplatz bietet, mit einer Krippe, die als Tisch dient, mit einem reichlichen Fischgericht, mit einem plötzlichen Einbruch von gelinder Luft, mit dienstbaren Geistern und angenehmen Besuchern.

Jesu Geburt in einem bayerischen Stall bei einfallendem Föhn – ein Wunder in unvernünftiger Zeit, das alle Furcht und Verzagtheit als unbegründet erweist. Statt der Angst bestimmen Zufriedenheit, Wärme und Sich's-wohl-sein-Lassen die nächtliche Stunde. Behaglichkeit stellt sich ein, der Stall wird beinahe zur Nobelherberge (»der Fisch war ausgezeichnet«: Maria und Joseph als plebejische Gourmets!), und am Ende ist, nach soviel Mirakeln, sogar ein Hauch von Ausgelassenheit spürbar. Die Kindsmutter lacht den allzu besorgten Kindsvater aus.

Eine Idylle also, diesmal, im Gegensatz zur lukanischen Erzählung? Ein bayerisches Krippenbild, anmutig und bäuerlich-traulich? Im Gegenteil. Das Glück im Stall verweist, als Wunder und Ausnahme, nachdrücklicher, als es die dramatischste Grau-in-grau-Schilderung könnte, auf die harte Kälte da draußen und damit auf einen von Unvernunft bestimmten Äon, zu dem auch jener *große Christ* gehört, der, so Brecht, nur heimlich und unter Aufwand von viel List geboren werden konnte. Jesus von Nazareth, für den die Welt nicht mehr tun konnte, als ihm in der Nacht von Bethlehem ein paar Stunden der Ruhe und des Friedens zu schenken. (Danach: Verfolgung, Verhöhnung, Einsamkeit, elender Tod.)

So betrachtet verweist die Gute Nacht in Brechts Gedicht schon auf die Böse Nacht, die Nacht von Bethlehem auf die Nacht von Golgatha. Das kleine Glück macht großes Elend um so sichtbarer. Unverhofftes (betont durch die Wiederholung der Worte *doch noch*) bleibt freundliche Ausnahme, die eine schreckliche Regel bestätigt: Wo Krieg die Stunde regiert, ist Zu-Friedenheit nur in der Zeitenthobenheit der Guten Nacht möglich.

Bethlehem als eine Art von Feuerstelle in einer Epoche der Eiszeit: Ganz so weit, wie es auf den ersten Blick scheint, ist Brechts Gedicht von Lukas denn doch nicht entfernt – zuallerletzt in jenem wunderbaren sechsundzwanzigsten Vers, in dem der Nicht-Christ B. B. jenem jesuanischen Geist Reverenz zollt, der mit dem Kult des »großen

Christ« nicht das Geringste, mit dem Hoffnungs-Traum der armen Leute in aller Welt hingegen sehr viel zu tun hat: *Und der Stall war warm und das Kind war sehr schön.*
Bertolt Brechts Variation der Weihnachtsgeschichte – eine unter jenen Tausenden, von denen in diesem Band eine Auswahl vorgestellt wird: Nacherzählungen, die sich widersprechen oder einander ergänzen, leise und burleske, fromme und provozierende Geschichten, Verse vor oder nach Auschwitz, der großen Kehre, jenseits derer sich der Bericht über die Geburt eines Juden in jüdischer Umgebung anders liest als zuvor. Der Stern am Himmel ist ein gelber Judenstern.
Geschichten über Geschichten – ausgemalt in klassischer Manier oder, mit dem Raffinement der Moderne, parabolisch verfremdet. Trokkene Chroniken oder Verse, die dem einen zynisch, dem anderen realitätsgetreu, eher verhalten als dreist erscheinen. Alexandrinische Prosa Seit an Seit mit Strophen von inniger Schlichtheit, hüben traurig und rückwärtsgewandt, drüben mit zeitbezogenem Ingrimm; fromme Affirmation gefolgt vom Paradox der Prophetie.
Vierzehn Verse, soviel wird auf den folgenden Seiten sichtbar, haben Bemühungen provoziert, zwei Jahrtausende lang, deren Ertrag Bibliotheken füllt. Die Geschichte von Jesu Geburt: ein kurzer, legendärer Bericht, der noch längst nicht zu Ende erzählt ist, sondern in jeder Zeit, zumal nach jeder Krise und jeder neuen Erfahrung, Belehrung und Deutung, nach jeder Wandlung des Selbst- und Weltverständnisses anders erzählt werden will, frisch und wie zum erstenmal, im Alltäglichen der Gegenwart, in bürgerlicher Festivität des Weihnachtsfests oder in der Unheiligen Nacht angesiedelt, in Krieg und Verfolgung, um, *ex negatione*, das – verspielte? – Heil der Nacht von Bethlehem als Gegenbild sichtbar zu machen.
Eine »offene« Geschichte also, ein Märchen, das im Zeichen des Friedens ein gutes Ende nehmen mag, zugleich aber auch ein Bericht, der, sollte der Mensch die Genesis widerrufen, hinfällig wird. Jesus von Nazareth – ein Mann, von dem kein Lebewesen mehr berichten kann. Die Geburt des Kindes: ein Ereignis, das zurückgenommen wurde.
Wie immer sie ausgedeutet werden mag – hier liegt eine Geschichte vor, die ernstgenommen sein will... in welchem Ausmaß, das zeigen die poetischen Glossen, Variationen und Noten, die Bestätigungen und Widerrufe der Moritat: von Paul Gerhardts »Fröhlich soll mein Herze springen« bis zu Peter Huchels »Vor Stalingrad verweht die Chaussee. Sie führt in die Totenkammer aus Schnee.«

Aber so faszinierend, widerspruchsvoll und verwirrend die Transpositionen und christophorischen Übertragungen der Geschichte auch sein mögen: Den letzten und eigentlichen Text hat der Leser zu schreiben; denn es geht beim Bericht über die Geburt Jesu im doppelten Sinn um *seine* Geschichte.

*Texte zur Weihnachtsgeschichte*
*von Ilse Aichinger*
*bis Eva Zeller*

## *Ilse Aichinger*
## Vor der langen Zeit

Ich glaube, ich war damals acht oder neun Jahre alt. Ich sehe die Laienschwester vor mir, eine der Schwestern, die aufräumen und die – zum Unterschied zu den höheren Ordensfrauen – die weißen Hauben tragen. Ich sehe sie gegen die halbgeöffneten Fenster des Festsaals, das helle und ein wenig verdrossene Licht des frühen Nachmittags und den Staub, der wie Weihrauch aufsteigt und sich in diesem Licht bewegt, gegen die kahlen feuchten Äste draußen im halben Wind. Und dann erinnere ich mich. Ich erinnere mich der Stunde, die diesem Staub und diesem Licht und dieser Schwester aufgesetzt ist: es ist kurz nach drei Uhr nachmittags, am dreiundzwanzigsten Dezember. Und ich weiß in diesem Augenblick, daß jetzt Weihnachten ist, zu dieser Stunde, daß es jetzt schon ist, nicht morgen, und daß nichts sie überbieten wird. Es ist eine Stunde ohne Stern im Finstern, ohne Schnee, ohne Baum, und die Kuppel der russischen Kirche drüben in dem milchigen Himmel sieht aus, als wäre auch sie von Staub überzogen. Und doch weiß ich in diesem Moment: Es ist jetzt. Und wenn alles dagegenspräche: Weihnachten ist jetzt. Aber alles vergewissert mich dessen: die halbabgewandte Schwester mit Besen und Schaufel in den Händen, die auf den Kopf gestellten Sessel und die Stimmen der anderen, die sich an der Pforte unten verabschieden, ehe sie in die Ferien gehen. Ich gehe langsam durch den dunklen Raum, in dem die Kirchenschleier aufbewahrt werden, an dem Sprechzimmer mit den gläsernen Türen und den Gummibäumen vorbei. Ich läute unten und lasse mir von der Pfortenschwester Mantel und Mütze in Ordnung bringen und sage: »Fröhliche Weihnachten«, ehe ich gehe. Und dabei denke ich noch einmal an den verlassenen Festsaal, an die Stunde, die ich verließ.

Es gab Jahre, in denen Weihnachten schon auf den zweiten Dezember fiel, auf einen Augenblick, in dem wir uns auf einer Truhe im Gang die etwas zu engen Schneeschuhe überzuziehen versuchten. Und im Grunde fiel es mit jedem Jahr, das ich älter wurde, früher. Einmal auf einen Augenblick im Oktober, in dem meine Großmutter den Wächter im Botanischen Garten fragte, weshalb heute schon früher gesperrt würde – einmal sogar mitten in den September hinein.

Und die Zeit, die zwischen diesem Augenblick und dem Heiligen Abend verstrich, war keine Zeit, war viel eher ein Teil des Raumes geworden, ein dunkler stiller Flügel, der sich gefaltet hatte über dem

Rattern der Straßenbahnen, dem Küchenlärm am Sonntag, der Stimme des Geographielehrers am halben Vormittag. Etwas, das zugleich abdämpfte und deutlich machte. Das die Angst, es könnte vorbei sein, diese ärgste Angst, Weihnachten könnte vorübergehen, beschwor, zur Gewißheit steigerte und damit ausschloß.

Viel später, als ich schon erwachsen war, erzählte mir jemand, er hätte an einem heißen Augusttag in der Nähe des Seebades Brighton aus einem kleinen Kofferradio das Lied »Stille Nacht« gehört. Da fiel mir meine Kindheit ein, und ich dachte, vielleicht wären die Leute in dem Boot bei Brighton auf dem rechten Wege. Vielleicht müßte man, damit Weihnachten wieder auf Weihnachten fiele, das Jahr nach der andern Richtung hin durchstoßen, durch den Hochsommer, durch den April und den März, diese schwierigen und nüchternen Monate, hindurchkommen, um wieder im Dezember zu sein. Vielleicht hängen die viel zu früh und viel zu oft an allen Bahnstationen und auf den verlassensten Autobushaltestellen errichteten Christbäume bis zu einem kleinen Grad auch mit der Angst zusammen, es könnte vorbei sein, Weihnachten, dieser lebengebende Augenblick, könnte irgendwann einmal nicht sein – mit dem Verlangen, die Zeit aus dem Raum zu drängen. Denn *die Angst hat ja zugenommen und das Verlangen auch*.

»Mutter, ich habe den heiligen Christ gesehen«, sagte das Mädchen Sanna in der Erzählung *Bergkristall* von Stifter. Und es hat ihn in der heiligen Nacht gesehen, im rechten Moment. Jetzt wird es in Ruhe den Januar und den März kommen lassen, den Juni, Juli und August, und es wird auch am dreiundzwanzigsten Dezember des nächsten Jahres den Augenblick nicht vorwegnehmen. Was sollen wir aber tun, damit die Christnacht wieder in die Christnacht fällt? Wie sollen wir die Verschiebungen der Furcht und des Verlangens wieder von uns lösen und uns den Festen und Ernüchterungen anheimgeben, wie sie kommen?

Ich erinnere mich, daß es mir außer in der frühesten Kindheit nur mehr vor dem Krieg und im Krieg gelungen ist. Damals als die äußere Bedrängnis der inneren zu Hilfe kam und beide zusammen wie zwei Engel den Augenblick wieder in sein Recht setzten.

In Österreich hatten zu Weihnachten 1938 Verfolgung und Unsicherheit für viele Familien begonnen. Auch wir hatten unsere Wohnung verlassen müssen und wohnten bei unserer Großmutter. Meine Schwester und ich lagen miteinander in einem Bett im Wohnzimmer, und auf dem Klavier neben dem Bett stand der Christbaum. Wenn man nachts erwachte und sich aufrichtete, konnte man zuweilen die

Silberfäden in dem Ebenholz sich spiegeln sehen. Noch einmal brandete die Kindheit gegen alle Mauern, warf sich von dem eiskalten und unbewohnten Salon her gegen die Tür, zitterte mit den schlecht verkitteten Scheiben, wenn unten auf der kleinen Bahnlinie ein Lastwagen vorüberfuhr, in der Richtung nach Osten. Vielleicht waren es dieselben Lastwagen, die nur wenig später den Deportationen dienten – noch verteilte sich der Rauch der altmodischen Lokomotive wie Rauch auf dem Nachthimmel, noch dienten sie der Kindheit.
Aber vielleicht, daß diese beiden Dienste auf eine geheimnisvolle und undurchschaubare Weise zusammenfielen, daß die späteren furchtbaren und oft ohne Trost durchstandenen Leiden so vieler der kurzen und ebenso ungeschmälerten Freude dieses Festes zu Hilfe kamen. Denn vermutlich hat die äußerste Bedrängnis mit der äußersten Geborgenheit mehr zu tun, als das Mittlere mit beidem von ihnen. Jedenfalls fiel in diesem Jahr, und auch in den folgenden noch um vieles elenderen, Weihnachten wieder auf Weihnachten wie in der frühesten allerersten Kinderzeit, uneingeschränkt und angstlos auf eine zugleich neue und uralte Weise.
Wenn man den Schmerz ermißt, von dem ich überzeugt bin, daß er dieser und aller Freude dient, der Kindheit, dem Christfest, den ungetrösteten und ungestillten Schmerz aller Jahrtausende, so ermißt man die Schulden, die von jedem von uns abzutragen sind. Wenn es uns gelänge, und sei es auch nur durch die Hinnahme der Ernüchterung, der Angst und Verwirrung dieser Zeit: Vielleicht fiele dann noch einmal der Heilige Abend auf den Heiligen Abend, die Stimme des Engels auch für uns wieder in die Heilige Nacht.

## *Heinrich Albertz*
## Eine andere Weihnachtsgeschichte

Es muß 1951 gewesen sein. Wir hatten ein Haus in einem Vorort von Hannover bezogen. Ein wahrer Glücksfall, sechs Jahre nach der Flucht aus Schlesien nun ein Haus, mit einem großen Garten, eigenen Zimmern für die Kinder, unvorstellbar nach der Enge zuvor. Und es war Weihnachten. Der Morgen des Heiligen Abends, für die Kinder die Stunde größter Ungeduld, für die Frau die Hetze letzter Vorbereitungen auf das große Fest.

Sie mußte noch einmal in die Stadt. Da liegt frierend und mit bettelnden Augen ein völlig verhungerter junger Hund vor der Haustür. Er möchte ins Haus, fressen und trinken. Er wird eingelassen und bekommt, was er will, gierig, völlig verhungert stürzt er sich auf den Freßnapf, umringt von den Kindern. Sie wollen ihn behalten. Aber nun – zu drei Menschenkindern noch ein Hund, und noch dazu dieser, verdreckt, eine Mischung aus Terrier und Pudel, – und wem ist er entlaufen? Außerdem muß meine Frau in die Stadt.

So wird er wieder hinausgeführt. Aber er läuft mit, immer hinter der Frau, als gehöre er schon dazu, bis zur Haltestelle. Die Straßenbahn kommt, er will mit einsteigen. Er darf es nicht. Er bleibt zurück, ein Häufchen Elend, frierend und schmutzig. – Meine Frau ist wohl eine kleine Stunde in der Stadt geblieben. Aber als sie – zurück mit den letzten Einkäufen – wieder aussteigt, sieht sie ihn wieder: Er hat diese Stunde gewartet, auf seine letzte Hoffnung: daß er aufgenommen würde ins Warme und Menschliche. So kommen sie beide zusammen wieder an, jubelnd von den Kindern begrüßt. Der Vater wird gefragt: Ja, am Heiligen Abend müssen wir ihn wohl aufnehmen. Im Stall von Bethlehem war sicher auch ein Hund. Auf den alten Bildern ist er immer wieder zu sehen. Er sieht dem kleinen Heimatlosen sehr ähnlich.

So ist er geblieben. Er blieb 14 Jahre. Er war ein treuer Hund. Er zog mit uns nach Berlin und wurde der unbestrittene Herr ganzer Straßen in Lichterfelde. Er zeugte unzählige Kinder. Noch heute sind sie in Enkeln und Urenkeln zu erkennen, schwarzweiß, sehr preußisch. Er kämpfte mit allen Artgenossen, todesmutig. Er wartete Stunden vor den Gartentoren läufiger Hündinnen und fror einmal beinahe im Eise an. Er war Liebling und Held, sehr robust, fast ordinär, aber zuverlässig und uns allen unbeirrbar zugetan. Er starb 1965. Er hieß Fips.

Wäre es nun nicht der Heilige Abend gewesen, damals in Westerfeld, hätten wir ihn je geschenkt bekommen?

*Hans Christian Andersen*

# Das kleine Mädchen mit den Schwefelhölzern

Es war entsetzlich kalt; es schneite, und die Dämmerung brach schon herein; es war der letzte Abend im Jahre: Silvesterabend. In dieser Kälte und in dieser Dunkelheit wanderte ein kleines, armes Mädchen mit unbedecktem Kopfe und nackten Füßen durch die Straßen. Es hatte allerdings Pantoffeln angehabt, als es von zu Hause fortging, aber was hatten diese nützen können! Es waren sehr große Pantoffeln gewesen. Die Mutter hatte sie früher getragen, so groß waren sie, und die Kleine hatte sie verloren, als sie über die Straße eilte, während zwei Wagen in rasender Eile vorüberrollten. Der eine Pantoffel war dann nicht mehr zu finden gewesen, und mit dem andern lief ein Knabe davon. Er hatte ihr noch zugerufen, er wolle ihn als Wiege benutzen, wenn er einmal selbst Kinder bekomme.

Da ging nun das kleine Mädchen mit nackten Füßen, die vor Kälte ganz rot und blau angelaufen waren, weiter. In ihrer alten Schürze trug sie eine Menge Schwefelhölzer, und einen Bund davon hielt sie in der Hand. Während des ganzen Tages hatte ihr noch kein Mensch etwas abgekauft und auch niemand ein Almosen gegeben. Hungernd und frierend schleppte sie sich weiter und sah so gar verzagt und schüchtern drein, die Ärmste! Die Schneeflocken fielen auf ihr langes, blondes Haar, das lockig über den Rücken hinabfloß, aber an diese Zierde dachte sie wahrhaftig nicht. Aus allen Fenstern strahlte heller Lichterglanz, und in allen Straßen roch es herrlich nach Gänsebraten. Es war ja Silvesterabend; daran dachte das kleine Mädchen.

In einem Winkel zwischen zwei Häusern, von denen das eine etwas weiter vorstand als das andere, kauerte es sich nieder. Sie hatte die Beine heraufgezogen; aber nun fror sie nur noch mehr. Trotzdem wagte sie nicht nach Hause zu gehen, da sie noch nicht ein Schächtelchen Streichhölzer verkauft und nicht einen Heller bekommen hatte. Der Vater würde sie gewiß schlagen, und kalt war es zu Hause ja auch. Sie wohnten ganz oben unter dem Dache, und der Wind pfiff schneidend herein, obgleich die größten Ritzen mit Stroh und Lumpen verstopft waren. Die Hände waren dem armen Kinde vor Kälte fast ganz erstarrt. Ach, wie gut mußte die Wärme eines Schwefelholzes tun! Wenn es nur wagen dürfte, eines herauszunehmen, es an der Wand anzustreichen und die Finger daran zu wärmen! Endlich zog es eins heraus. Ritsch! wie sprühte es, wie brannte es! Als das Kind die Händchen darumhielt, strahlte das Schwefelholz eine helle warme Glut aus wie ein kleines Licht! Oh, das war ein merkwürdiges Licht! Es kam dem kleinen Mädchen vor, als sitze es vor einem großen eisernen Ofen mit blanken Messingbeschlägen; das Feuer brannte darin so lustig und wärmte so wohltuend. Ach, wie wohl das tat! Schon streckte die Kleine die Füßchen aus, um auch diese zu wärmen – da erlosch die Flamme, der Ofen verschwand – sie saß mit einem Stümpfchen des abgebrannten Schwefelholzes in der Hand da.

Ein zweites wurde angestrichen. Es brannte, es leuchtete, und wo immer der Schein auf die Mauer fiel, da wurde diese durchsichtig wie ein Flor. Das kleine Mädchen schaute in eine Stube hinein, wo der Tisch mit einem blendendweißen Tischtuch und feinem Porzellan gedeckt stand, und köstlich dampfte die mit Pflaumen und Äpfeln gefüllte gebratene Gans darauf. Und was noch herrlicher war: die Gans sprang von der Platte herab und watschelte mit Gabel und Messer im Rücken über den Boden hin und gerade auf das arme Mädchen zu. Da – erlosch das Schwefelholz, und nur noch die dicke kalte Mauer war zu sehen.

Das Kind zündete ein neues an. Da saß es unter dem herrlichen Weihnachtsbaume; er war sogar noch größer und reicher geschmückt als der, den es am Heiligen Abend bei dem reichen Kaufmann durch die Glastüre erblickt hatte. Tausende von Lichtern brannten auf den grünen Zweigen, und viele farbenreiche Bilder, gleich jenen, welche in den Schaufenstern ausgestellt sind, schauten auf die Kleine herab. Sie streckte beide Hände nach ihnen aus – da erlosch das Schwefelholz. Die vielen Weihnachtslichter stiegen höher und höher, und nun sah sie, daß es die glänzenden Sterne am Himmel waren. Einer davon fiel gerade herab und zog einen langen goldenen Streifen am Himmel hin.

»Jetzt stirbt jemand!« sagte die Kleine; denn die alte Großmutter, die allein freundlich gegen sie gewesen, nun aber schon lange tot war, hatte gesagt: »Wenn ein Stern fällt, steigt eine Seele zu Gott empor!«

Wieder strich sie ein Schwefelholz gegen die Mauer. Es verbreitete einen hellen Lichtschein ringsumher, und mitten darin stand die alte Großmutter, so klar und deutlich, so mild und freundlich da!

»Großmutter!« rief die Kleine, »oh, nimm mich mit! Ich weiß, daß du verschwindest, sobald das Schwefelholz ausgeht, ja, verschwindest wie der warme Kachelofen, der herrliche Gänsebraten und der große, glänzende Weihnachtsbaum!« – Schnell strich sie den ganzen Rest der Schwefelhölzer, die noch im Schächtelchen waren, an; sie wollte die Großmutter festhalten. Und die Schwefelhölzer verbreiteten einen solchen Glanz, daß es heller um sie war als am lichten Tage. Noch nie hatte die Großmutter so groß, so schön ausgesehen! Sie nahm das kleine Mädchen auf ihren Arm, und hoch schwebten sie empor in Glanz und Freude, so hoch, so hoch! Kälte, Hunger und Angst waren vorüber – sie waren bei Gott.

Aber im Winkel am Hause saß in der kalten Morgenfrühe das kleine Mädchen mit roten Wangen und einem Lächeln um den Mund – tot, erfroren am letzten Abend des alten Jahres. Der Neujahrsmorgen ging über der kleinen Leiche auf, die mit ihren Schwefelhölzern, von denen ein Schächtelchen fast verbrannt war, dasaß. »Sie hat sich wärmen wollen!« sagten die Umstehenden. Niemand wußte, was sie Schönes gesehen hatte, in welchem Glanze sie mit der alten Großmutter zur Neujahrsfreude eingegangen war.

*Stefan Andres*

# Die beinah verhinderte Weihnacht

An den Tagen vor Weihnachten sollte man nicht reisen. Denn die Herbergen sind meist auch heute noch überfüllt wie zu den Zeiten der Heiligen Drei. Jedermann ist unterwegs, sich anzumelden, ein jeglicher in seiner Stadt, in seiner Familie.

Meine Weihnachtsreise ging in jenem Jahr durch ganz Italien gen Süden, wo in einem kleinen Felsennest am Mittelmeer meine Familie auf den Vater wartete. Mit neun Stunden Verspätung kam ich in Castellamare an. Jenseits des gewaltigen Berges, des Monte Sant' Angelo, warteten die Meinen auf mich, sehr nah und doch sehr weit, denn es fuhr kein Zug und kein Omnibus mehr. In zwei Stunden würden sie die tausend Treppenstufen des Dorfes hinab zur Mitternachtsmette steigen – ohne mich! Denn ich hatte noch genau anderthalb Stunden mit dem Auto zu fahren für den Fall, daß ich überhaupt eines auftreiben würde. Und das schien mir aussichtslos.

In diesem Augenblick stand ein Mann vor mir, genau gesagt: ein Herr. Und er fragte mich – wirklich, warum ich derart traurig zum Monte Sant' Angelo aufgeblickt habe. Ich sagte ihm: weil da hinter dem Berg meine Familie auf mich warte, ich hätte aber die Hoffnung bereits aufgegeben, in so später Nacht noch eine Fahrmöglichkeit aufzutreiben. Der Herr hörte aufmerksam zu, schloß die Augen und sagte dann lächelnd: »Sie sollen nicht vergebens Ihre Augen zu den hilfreichen Bergen aufgehoben haben. Kommen Sie!«

Er hieß mich mitten auf einem großen Platz warten. Die Cafés waren längst geschlossen, nur da und dort war ein Fenster erleuchtet. Ich betrachtete diese Lichter und zählte sie; mit jedem, das erlosch, schwand auch meine Hoffnung, noch in dieser Nacht heimzukommen, mehr und mehr dahin. Die Zeit kam mir endlos vor, und ich wartete doch erst einige Minuten. Da fuhr neben mir ein Mietwagen vor. Der freundliche weißhaarige Herr stieg aus, wies auf den Fahrer und sagte: »Ecco!« Ich dankte dem Unbekannten und malte ihm die Freude meiner Frau und der Töchter aus.

Er wandte sich mit leicht grüßender Hand schnell ab, ich blickte ihm geradezu erschrocken nach. Indem fuhr der Wagen mit einem scharfen Ruck an und warf mich gegen das Polster. Ich merkte, der Mann neben mir war nicht gut gelaunt. Der Preis, den er mir jetzt nannte, war nicht so hoch, wie ich befürchtete. Ich hatte mich auf den Platz neben

ihm gesetzt, um mit ihm zu plaudern. Aber er antwortete auf meine Fragen nur mürrisch, blickte geradeaus und rauchte.
Als wir die Paßhöhe hinter uns hatten und an der Südseite des Gebirges fuhren, zu unserer Rechten in der Tiefe das Meer, zur Linken die meist steil aufsteigenden Kalkfelsen, stieß der dicke Mann neben mir plötzlich einen gewürgten Schrei aus – es klang so, als habe er seinen Zigarettenstummel verschluckt. Ich fuhr herum, hörte die Bremsen kreischen, und wie ich wieder nach vorn blickte, bemerkte ich im Scheinwerferlicht etwas auf dem Weg – etwas...
Im letzten Augenblick hielt der Wagen. Ein richtiger Bergrutsch hatte, wie das auf dieser Küstenstraße oft geschieht, Schotter und Erde und auch einige zentnerschwere Felsbrocken auf den Weg geschüttet. Wir saßen fest. Denn auf einem derartig gewundenen Weg bis zur nächsten Stelle, wo der Wagen gedreht werden könnte, rückwärts zu fahren, das war nicht nur mühsam und gefährlich, sondern ohne starkes Rücklicht unmöglich.
Ich stieg aus, legte den Mantel ab und begann ohne ein Wort die größeren Steine, sofern ich sie bewegen konnte, auf die Seite zu rollen. Der in seinem Grimm erstummte Fahrer sah mir keine halbe Minute zu, da stand er neben mir, und wir wälzten größere Brocken, an denen ich vergeblich gerüttelt hatte, mit gemeinschaftlichem Hau und Ruck einen Meter nach rechts oder links. Bald hatte er den Befehl übernommen, wir schwitzten, und unsere einander anfeuernden Rufe wurden immer lauter und vergnügter.
Als wir den größten Brocken, den wir bisher, um nicht den Mut zu verlieren, übersehen und erst gar nicht angepackt hatten, endlich ins Auge faßten, merkten wir, daß er gar nicht zu bewegen war. Plötzlich lief mein dicker Mit-Arbeiter zu seinem Wagen und kam lachend mit der Winde wieder, mit der sonst der Wagen gehoben wird. Mit diesem unansehnlichen Werkzeug schoben wir den schweren Brocken so weit auf die Seite, daß uns der Weg schließlich notdürftig frei schien. Es kam nun nur noch darauf an, daß der Wagen auf der Masse aus Erde und Grießstein nicht seitlich abrutschte und über das Wegmäuerchen zur Rechten in die Tiefe kippte.
»Ich heiße übrigens Giuseppe«, sagte der dicke Mann, als wir zum Wagen gingen und einstiegen. Ich nannte meinen Namen. Wir lachten. »Eine schöne Nacht«, sagte Guiseppe und blickte in den wolkenlosen, ganz klaren Himmel. Ich hatte selten so viele Sterne auf einmal gesehen. Der Motor sprang an, und der Wagen nahm den breiten, unebenen Buckel des Hindernisses. Wir hörten die Steine

gegen den Boden des Wagens schlagen, dann fuhren wir auf dem Asphaltband.

Giuseppe bat mich, ich solle ihm die Zigarette anzünden. Bei der Flamme blickte er mich mit einem verschmitzten Lächeln an und sagte:

»Aber zurück fahr ich doch über Gragnano, man soll Gott nicht zweimal auf derselben Stelle versuchen!«

Ich dankte ihm und begann nun in der Vorfreude des Wiedersehens, ihm von meiner Frau und den Töchtern zu erzählen.

Giuseppe erzählte von seinem ältesten Jungen, der dreizehn Jahre alt sei und ihm einmal, da er knapp zehn gewesen, mit dieser Karre hier ausgerückt sei. Wenn er dem Kleinen die Geschichte dieser Nacht erzähle, dann steige er, der Vater, gewaltig in der Achtung des Jungen.

Als wir Abschied nahmen, war es mir, als hätten wir uns schon seit langem gekannt. Zehn Minuten später trat ich durch den kleinen Garten in das weiße Haus auf dem Berge, gerade als die Glocken die Mitternacht verkündeten.

## *Jean Anouilh*
## Das Lied vom verlorenen Jesuskind

»Jesuskind, wo bist du? Du bist nicht mehr zu sehn.
Leer ist deine Krippe, wo Ochs und Esel stehn...
Ich seh Maria, die Mutter, und Joseph Hand in Hand,
ich seh die schönen Fürsten vom fernen Morgenland.
Doch dich kann ich nicht finden:
Wo bist du, Jesuskind?«
»Ich bin im Herzen der Armen, die ganz vergessen sind!«

»Maria, voller Sorgen, die sucht dich überall,
draußen bei den Wirten, in jeder Eck im Stall.
Im Hof ruft Vater Joseph und schaut ins Regenfaß.
Sogar der Mohrenkönig, er wird vor Schrecken blaß.
Alles sucht und ruft dich:
Wo bist du, Jesuskind?«
»Ich bin im Herzen der Kranken, die arm und einsam sind!«

»Die Könige sind gegangen, sie sind schon klein und fern;
die Hirten auf dem Felde, sie sehn nicht mehr den Stern.
Die Nacht wird kalt und finster – erloschen ist das Licht.
Die armen Menschen seufzen: Nein, nein, das war Er nicht!
Doch rufen sie noch immer:
Wo bist du, Jesuskind?«
»Ich bin im Herzen der Heiden, die ohne Hoffnung sind!«

## *Wystan Hugh Auden*
## Unter euch ist ein Kind

Unter euch ist ein Kind,
ein Sohn geboren.
Wir preisen verkündend
den Einzug der Liebe.
Aus dem Dunkel der Erde
hebt sich
himmlischer Glanz,
aus frostigem Schweigen
hebt sich Gesang.
Denn große Freude
erfüllt
die Kleinen,
die Betrübten,
selbst die Laune
der Großen und Mächtigen,
die dauernde Klippe,
die wandernde Woge
ist voller Nachsicht.
Singt Ehre sei Gott
und Friede den Menschen,
all allen Menschen.
Eilt nach Bethlehem.

*Herman Bang*

## Ein Weihnachtsabend in der Fremde

»Es hat Schnee!« rief ich, als ich in der Wohnstube die Vorhänge aufzog.

»Nein zum Teufel!« schrie der Maler, der im Schlafzimmer aus dem Bett fuhr und spärlich bekleidet zum Fenster lief.

»Wahrhaftig, es hat geschneit«, sagte er.

Es lag viel Schnee: Schneewehen auf der Straße, Schneehaufen vor den Türen. Massenhaft Schnee. Schnee und Schnee.

»Dann sitzen die Züge fest«, sagte der Maler.

»Ja«, antwortete ich.

»Sie kommen niemals über die Berge«, sagte er.

»Niemals«, bekräftigte ich und betrachtete die Dächer. Der Schnee lag wie Gebirgsfelsen auf den Dächern.

»Na ja, es sind ja noch vier Tage bis Weihnachten«, sagte der Maler.

»Und die Post wird mit Schlitten befördert.«

Wir trösteten uns mit den Schlitten.

Es war in Prag. Wir wohnten vier Mann hoch in einer Vorstadt – ein Maler und ich im zweiten Stock, ein Pianist und ein Student der Rechte im dritten. Für alle vier kochte die Hausmeisterin Suppe, die sie in einer Terrine auftrug. Wir waren alle vier gleich wohlhabend. Im dritten Stock gab man seine Armut zu, im zweiten verbarg man sie, so gut es sich machen ließ.

Darum hatte man auch im zweiten Stock schon im November – es ist gut, so etwas beizeiten zu tun – die vom dritten zum Weihnachtsabend eingeladen.

Wir hatten daraufhin Vorbereitungen fürs Fest getroffen. Im Ausland gewöhnt man sich allmählich an alles. Die Redaktionen merken nicht immer sofort, was man schreibt. Einiges landet im Papierkorb, und einiges kommt am Montag zurück. Und wenn die Redaktionen endlich etwas gemerkt haben, haben sie es nicht so eilig, das Honorar zu schicken. Die Postanweisungen kommen unregelmäßig, und manchmal lassen sie Monate auf sich warten.

Mit den Verlegern ist es nicht viel besser.

Wenn man im Ausland lebt, ist man einer – nun ja, das kann man zwar auch werden, wenn man in der Heimat bleibt –, der draußen steht.

So muß man sich beizeiten vorsehen.

Das hatten wir getan.

Ich war Feuilletonist für fünf Länder. Im letzten Monat hatte ich keines von ihnen verschont. Ich hatte in weihnachtlichem Schnee geschwelgt, während dichter Novembernebel über dem Hradschin lag, und ich hatte für alle die Familienblätter, die aufzutreiben waren, Festglocken erklingen lassen.
Auch sonst hatte ich keinerlei journalistische Arbeit versäumt. Politik und soziale Fragen flossen reichlich aus meiner Feder. In den Zeitschriften war ich ernst gewesen, und für die leichteren Blätter hatte ich möglichst kurzweilig geschrieben. Journalisten gewöhnen sich ja mit den Jahren Vielseitigkeit an.
Einem deutschen Familienblatt, dessen Herausgeber seine Linie mit den Worten ausdrückte: »Sehr geehrter Herr, unser Blatt wendet sich an die Herzen«, hatte ich Novellen abgeliefert. Die eine trug den Titel »Ophelia aus dem Dorfe«, einen Titel, der Erfolg verdiente in einem Lande, wo man das große Repertoire so pietätvoll pflegt.
Der Maler hatte auch nicht auf der faulen Haut gelegen.
Seinen Absatzmarkt fand er in Berlin, und seine Spezialität waren Studienköpfe von Zigeunertypen. Noch nie hatte ich so schwarze Haare, noch nie so große Augen gesehen.
Er malte täglich ein Bild.
Es gab in ganz Berlin keine einzige Kunsthandlung, die nicht mit einem seiner Zigeuner geschmückt war.
Je näher Weihnachten kam, desto geringer wurden die Schönheiten des Formats und desto größer die Rahmen.
»So will man es haben«, sagte der Maler, »so eignen sie sich besser als Weihnachtsgeschenk.«
Er malte das Leben an sich. Alle Schönheiten glichen einander.
»Aber das macht nichts«, sagte er, »wenn man nur für Verbreitung sorgt.«
Er verbreitete sie, wie gesagt, über ganz Berlin.
Aber der Malerberuf ist ja immer unsicher. Am sichersten sind die Ausgaben für die Rahmen. Man muß sie im voraus bezahlen. Erst dann kann man die Bilder ausstellen, was ja nicht immer besagt, daß man sie verkaufen wird – sofort.
Das wußten wir. Und darum war ich mit meinen Zeitungen um so unbarmherziger.
Trotzdem freuten wir uns. Die meisten meiner Sachen waren angenommen, so daß wir uns in dem Stadium befanden, wo man Postanweisungen entgegensieht.
Ein Tag nach dem andern verging, ohne daß etwas eintraf. Auch die

Redaktionssekretärin, die gewöhnlich die Honorarabrechnung besorgt, hat vor Weihnachten Hochbetrieb, so daß sie kaum Zeit findet, sich mit Postanweisungen abzugeben.
Es wurde der fünfzehnte: Kein Honorar. Es wurde der achtzehnte: Noch immer keine Postanweisung. Was die Kunsthandlungen anbelangte, so verhielten sie sich beunruhigend ruhig.
Allmählich spannten wir mit der Arbeit ein wenig ab, der Maler und ich. Tagsüber schlenderten wir durch die Straßen, betrachteten die Schaufenster und überlegten, was wir unseren Gästen verehren wollten.
Denn es sollte ein richtiges Weihnachtsfest mit Baum und Geschenken werden.
Der neunzehnte neigte sich dem Ende zu. Der Postbote ging am zweiten Stock vorbei.
Am Abend sagte der Maler: »Du, das wäre ja reizend, wenn Schnee käme und keine Züge gingen.«
»Ja«, antwortete ich gedehnt. An Schnee hatte ich schon selbst gedacht. Ich hatte mich daran gewöhnt, das Schlimmste zu denken.
Am einundzwanzigsten lag also morgens hoher Schnee. Es war ein armseliger Trost, daß ich damit gerechnet hatte.
Zuerst trösteten wir uns damit, daß Schneefälle örtlich bedingt sind. Doch dann berichtete die Zeitung, daß seit dem Jahre 1830 keine derartigen Schneemassen mehr aufs ganze Land niedergestürzt wären. In ganz Mitteleuropa war der Verkehr lahmgelegt.
Die folgenden Tage waren nicht gerade lustig. Wir sprachen nicht viel. Ich verwünschte die Redaktionen, als ob sie auch an dem Schneefall schuld wären.
Unsere Hoffnungen mußten wir nach und nach mit den Verhältnissen in Einklang bringen.
»Von Geschenken kann ja keine Rede sein«, sagte der Maler.
Wochenlang hatten wir, offen gestanden – denn Erwachsene werden Kinder, wenn man draußen in der Fremde so vereint ist –, wegen der Geschenke beratschlagt. Es gab kaum einen Gegenstand, den wir nicht in Betracht gezogen hatten.
»Nein«, antwortete ich, »davon kann keine Rede sein.«
»Aber weißt du«, sagte der Maler, »vielleicht ist es sogar viel netter. Es wäre bloß rücksichtslos, wenn die andern nichts zu geben hätten... und sie können sich ja keine Geschenke leisten...«
Ich hoffte es.
Inzwischen schneite es weiter, und es blieb dabei bis zum Weihnachts-

abend. Unsere Kasse enthielt einen Gulden und ein paar Kreuzer. Der Maler kramte in allen Westentaschen, wie er es in kritischen, geldlosen Augenblicken zu tun pflegte.
Er fand nichts. Er hatte wohl längst alles durchsucht.
Der alte Veith, der Mann der Hausmeisterin, der uns bediente, schlich unschlüssig in seinen Filzpantoffeln herum und wurde mit dem Aufräumen überhaupt nicht fertig. Der alte Veith trat auf den ganzen Fußballen auf und zog bei jedem Schritt die Knie hoch, als ob er sich fortwährend mit Vorbereitungen zu Turnübungen und Kniebeugen abgäbe.
Wenn er uns nicht bediente, befestigte er Fadenenden.
Die Hausmeisterin arbeitete mit zwei Schwestern für eine Hemdenfabrik. Die Nähmaschinen ratterten die langen Säume herunter. Der Hausmeister befestigte die Fadenenden. Diese weibliche Beschäftigung hatte ihm mit der Zeit gewisse Handbewegungen verliehen, als ob er immerzu die Nadel durch ein Stück Stoff stäche.
Jetzt ging er verlegen umher, zog die Knie hoch, machte ein besorgtes Gesicht und wollte etwas sagen, brachte es aber erst heraus, als er in der Tür stand, wo er sich am Rahmen rieb, als ob es ihn schüttelte.
»Es ist wegen des Baumes«, sagte er endlich und wurde kupferrot, der arme Kerl, »ich dachte mir... meine Frau dachte sich, ja, vielmehr meine Frau dachte sich, ob ich nicht... ob wir nicht den Baum kaufen sollten, denn ich kenne mich ja aus, und so Fremde... so Fremde... die werden nur... die bezahlen wohl das Doppelte...«
Der Alte konnte nicht weiter, er war so rot wie Blutstropfen.
Wir begriffen, daß er uns bei dem Baum helfen wollte.
»Also abgemacht«, sagte er. Er war etwas kühner geworden, als er merkte, daß wir sein Angebot annahmen.
Wir schwiegen lange, nachdem er gegangen war.
»Je nun, morgen kann ja Post kommen«, sagte der Maler.
»Ja-a«, antwortete ich.
Keiner von uns erwartete im Grunde noch Post.
Im Treppenhaus wurde gesungen und gelacht. Das waren die vom dritten Stock, unsere morgigen Gäste: Sie schienen schon in Feststimmung zu sein.
Im zweiten Stock wurde in dieser Nacht nicht viel geschlafen. Um sieben Uhr früh hörten wir den Postboten. Wir hatten nichts anderes erwartet: Jetzt ging er langsam an unserer Tür vorbei.
Nichts, nichts.
Wir schwiegen. Und wir hörten den Postboten hinunterstampfen,

und der Hausmeister schlich auf seinen Filzschuhen herein. So leise hatte er sich noch nie bewegt.
Je nun, da konnten wir ja aufstehen und Weihnachten feiern.
Mit unserer Kasse: *ein* Gulden.
Als wir das Schlafzimmer verließen, nahmen wir Tannenduft wahr. In der Diele stand der Baum. Er stammte sicher von einem Waldesrand, denn er sah aus, als ob ihn mancher rauhe Sturm gezaust hätte.
»Der Trottel«, sagte der Maler, der an Veith dachte. Wir betrachteten das schiefe Ding. Wir wußten nicht, wie wir daran etwas aufhängen sollten.
Der alte Veith kam dazu. Er hielt den Kopf schräg und sagte: »Ein hübscher Baum, richtig hübsch. So ist es eben, wenn man sich auskennt.«
»Ja, richtig hübsch«, sagten wir mit belegter Stimme.
Der Baum wurde im Wohnzimmer auf den Tisch gestellt. Dort stand er in seiner Kahlheit.
Es klingelte, und wir fuhren zusammen. Obwohl der Postbote weggegangen war, dachten wir: Vielleicht ist es doch die Post.
Es waren unsere Gäste vom dritten Stock. Sie wünschten uns frohe Weihnachten – sie strahlten übers ganze Gesicht – und fragten, wann sie kommen sollten.
Ich sagte: »Nun ja... um acht Uhr.« Und der Maler bat sie herein.
Aber sie wollten uns bei den Vorbereitungen nicht stören...
Das mit den Vorbereitungen war gelungen.
Der Maler sagte: »Es muß etwas geschehen.«
»Ja«, antwortete ich, ohne einen Einfall zu haben.
Der Maler sagte: »Man kann ja Watte auf die Zweige legen.«
»Ja«, gab ich zurück, »aber es gehören Kerzen dazu.«
Sinnend sagte er: »Man könnte einen Wachsstock benutzen.«
»Ja«, stimmte ich zu.
Vom Essen sprach keiner. Wir wußten, daß es ums Essen verzweifelt stand. Denn wir hatten das Fest auf dänische Weise mit Gänsebraten und Süßigkeiten feiern wollen – und das hatten wir unseren Gästen gesagt. Schon im November.
Der Hausmeister ging weiter ein und aus. Seine Augen schweiften vom einen zum andern. Wir hatten ihn ein wenig satt. Die Lage war nicht so, daß man sie gern mit Fremden teilte.
»Sie haben heute viel Zeit, Veith«, sagte der Maler.
Auch wir hatten viel Zeit. Jeder saß einfach auf seinem Stuhl und starrte den schiefen Baum an.

»Ja«, stammelte Veith, »heute... heute nähen wir nicht.« Dann fügte er hinzu: »Mutter kocht ein Festessen.«
Und plötzlich brach er in einen Wortschwall aus: Sie koche Karpfen, Karpfen blau koche sie. »Das ißt man hier am Weihnachtsabend, auch bei den feinsten Leuten... mit Backpflaumen... ja, das kocht sie... Sie kann ihn übrigens auf alle mögliche Weise kochen, noch aus der Zeit, als wir eine Kantine hatten... Und in Sülze schmeckt er auch köstlich...«
Das war eine lange Rede für den Hausmeister.
»Ja«, sagte der Maler (wir hatten kaum die Hälfte gehört), »in Sülze ist er sicher gut.«
Der Hausmeister nahm einen Anlauf: »Ja, das ist nämlich so... Meine Frau meinte, Sie könnten Karpfen essen... Sie sollten merken, daß Sie in Böhmen sind... Das dachten wir...« Außer Atem sagte er: »Mutter hat uns deswegen heute nacht geweckt.«
Ich glaube wahrhaftig, wir hatten beide Tränen in den Augen, der Maler und ich. Wir hatten ja verstanden: Es wurde nicht genäht, weil die Hausmeisterin kochte – für uns Fremde kochte.
»Ja, danke. Das wäre wirklich lustig... sehr lustig... einmal nach böhmischem Brauch Weihnachten feiern.«
Das sagten wir. Und wir dachten: Die Gäste sind ja zum Glück Böhmen. Ich war nicht ganz sicher, ob Karpfen mit Backpflaumen auch Ausländern schmeckte.
Veith strahlte und lief hinaus und herein. Er war wie ein Sieger auf dem Schlachtfeld. Die Tür zur Pförtnerstube ließ er offen. Koch- und Backgeruch zog durchs ganze Haus.
Der Maler nahm unseren Gulden und kaufte Wachsmasse.
Veith rumorte herum und zog die Knie hoch.
Er sprach davon, daß sein Schwiegersohn Eisenbahnschaffner war. Bei der Nordbahn.
Ja, das wußte ich.
»Das ist übrigens eine gute Stellung bei der Nordbahn... wegen der Bäder. So Badegäste sparen nicht an einem Groschen, wenn sie allein in einem Abteil sein wollen.«
»Nein, natürlich nicht.«
»Außerdem haben sie einen Verbraucherausweis«, sagte er unvermittelt.
»Einen Verbraucherausweis?« wiederholte ich, obwohl es mich nicht sonderlich interessierte.
»Ja, und sie bekommen alles... den besten Wein... aus Tropau. Sie

wissen ja, das ist der beste Wein, reiner Wein... Sie bekommen ihn für dreißig Kreuzer.« Er kehrte mir den Rücken. »Ja, wir haben noch ein paar Flaschen... wenn...«
So geschah es, daß wir auch zu Wein kamen – zu dreißig Kreuzer die Petroleumflasche, vom Verbraucherverein der Eisenbahnschaffner.
Der Maler kehrte zurück, und ich berichtete es ihm.
»Das wird ja ein gemeinschaftliches Festessen«, sagte er.
»Na ja«, antwortete ich, »aber wir haben eigentlich nur die Watte beigesteuert – und das Wachs.«
Von einem alten Rittermantel, den der Maler unter seinen Sachen hatte, trennten wir Golddraht ab; das wurde der Flitter für den Baum.
Veith lief weiter herauf und hinunter, herein und hinaus. Er war so geräuschvoll, und er meinte es so gut. Er brachte Gläser, und er brachte Flaschen: Wir mußten unbedingt den Wein der Eisenbahnschaffner kosten.
Er stieß mit an und sagte: »Meine Tochter bekommt ihn jedesmal nach der Niederkunft zur Stärkung.«
Wir lachten – zum erstenmal – und leerten die Gläser.
Der Maler bestreute die Zweige mit Watte und hängte den Flitter auf. Es sah ein bißchen armselig aus. »Zum Teufel«, sagte der Maler, »von dem Wachsstock ist nicht viel zu sehen.«
Er hatte recht.
Ich wußte nicht, warum, aber der Hausmeister wollte unbedingt, daß wir mit ihm ins Untergeschoß gingen. Wir müßten uns die Karpfen anschauen, erklärte er, und Mutter habe auch gebacken.
Da wir es dem Alten nicht gut abschlagen konnten, folgten wir ihm.
Unten hatte die Hausmeisterin die Nähmaschinen in einen Winkel geschoben und einen sauber geschrubbten Tisch mitten auf die Straße gestellt. Sie kochte und schmorte, so daß sie ganz in Dampf eingehüllt war.
Der Hausmeister schlich ab und schloß die Tür hinter sich.
»Ja, das ist eine Veränderung«, sagte die Frau und lachte über ihr rundes, gutes Gesicht, »aber Feste muß man feiern.«
Darüber redete sie eine ganze Weile, bis sie plötzlich in ärgerlichem Tone sagte: »Veith ist ein alter Dummkopf... Da hat er mir doch einen Zehnguldenschein in die Hand gedrückt, einfach so. Dafür muß beim Krämer noch eingekauft werden, und wir haben doch keine Zeit! Nun müssen Sie sich aber beeilen.«
Wir traten zu ihr und ergriffen ihre Hände.

»Ja«, sagte sie geschäftig, »ich mache zweierlei Karpfengerichte, so daß Sie wählen können. Das hier ist also Karpfen blau...«
Sie blieb bei ihren Fischen, von etwas anderem wollte sie nichts hören.
Wir stiegen wieder die Treppe hinauf – mit dem erhaltenen Schein. Es dunkelte. In der Stube stand der Baum mit der weißen Watte. Der alte Veith deckte den Tisch.
Wir gingen aus, um für die zehn Gulden der Hausmeisterin einzukaufen. Wir beschlossen, Kerzen zu nehmen und richtigen Flitter, um die viele Watte ein wenig aufzuputzen.
Wir kauften vorsichtig wie arme Leute, die auf dem Boden ihrer Geldbörse angelangt sind.
Als wir den Laden verließen, sagte der Maler: »Du, wir müssen noch etwas aufsparen, es kommen noch mehr Tage, und wer weiß, wann wir Geld bekommen werden.«
Sicher geschah es zum erstenmal in seinem Leben, daß er an den nächsten Tag dachte. Aber in der letzten Zeit hatten wir ja wirklich sparsam gelebt.
Ich meinte, wir müßten alles Geld ausgeben: Die Hausmeistersleute hatten solche Freude daran, als ob es ihr eigener Weihnachtsbaum wäre.
Als wir nach Hause kamen, war es dunkel.
Der Maler erzählte von Weihnachten in seiner Heimatstadt in der Mark Brandenburg. Um vier Uhr früh wurden die Kinder geweckt, und dann gingen sie mit großen Wachslichtern in den Händen durch die Straßen zur Kirche. »Wie achteten wir darauf, daß die Kerzen nicht ausgeblasen wurden. Ganz behutsam traten wir auf und sahen mit großen runden Augen auf die Flamme. Dann sangen wir Weihnachtslieder, als wir uns der Kirche näherten.«
Er erzählte weiter von seiner Heimat und seiner Kindheit.
Ich hörte wohl nur halb zu und dachte an meine eigene Heimat. Auf einmal sagte ich: »Du, ob man vielleicht ein Telegramm bekommt?«
»Hast du denn einen Menschen, der dir telegraphieren könnte?«
»Ach ja«, sagte ich und dachte: Früher waren es viele.
»Na, ich habe keinen«, sagte der Maler.
Danach schwiegen wir eine Weile.
Veith weckte uns. Er kam mit zwei brennenden Kerzen in alten Dubleeleuchtern. Er sagte, auf dem Tisch müßte doch Licht sein.
Bald war es auch soweit, daß wir unsere Gäste erwarten konnten.

Die brennenden Kerzen beleuchteten den gedeckten Tisch. Der Eindruck war erträglich.
Alle Schüsseln der Hausmeisterin wurden gebraucht. Sie waren, wie Veith erklärte, bei einer »Gelegenheit« gekauft worden und sahen aus, als hätten sie ein bewegtes Dasein hinter sich. Das Tischtuch war zumindest reichlich, es hing auf allen Seiten bis auf den Boden hinunter, und es war grob wie eins der ehelichen Bettücher.
Die Gäste klingelten. Sie waren festlich gekleidet und strahlten.
Wir tauschten Weihnachtsgrüße aus – mir saß das Herz im Halse – und sagten, es sei doch ein böhmisches Weihnachtsfest geworden – im Hinblick auf Frau Veiths Kochkunst.
Veith öffnete mit einem »Gesegnete Mahlzeit« die Eßzimmertür, und wir gingen alle zu den Karpfen hinein.
Anfangs war es ein bißchen still. Die Böhmen aßen, und wir Wirte blickten meistens ein wenig geistesabwesend auf die vielerlei Teller.
Der alte Veith war wie in einem Rausch. Er brachte so gewaltige Schüsseln herein, als ob er noch seine Kantine hätte und eine halbe Division füttern müßte. Bei jeder neuen Schüssel, die er brachte, glänzte sein Gesicht, als ob er einer Kinderschar die Tür zum Weihnachtsbaum aufmachte.
Er bot die Karpfen herum – Karpfen sauer und Karpfen süß – und plauderte: »Ja, ja, Herr Pianist, Sie wissen wohl, daß es eine tschechische Mahlzeit ist... Ja, ja, Karpfen ist ein Festessen...« Er nötigte uns unentwegt, seinen blauen Fisch zu verzehren. Zwetschgensauce war seine Leibspeise. »Wahrhaftig, die Soldaten liebten die Zwetschgensauce anno sechsunddreißig... Aber schwer war das, recht schwer, wenn die Preußen aßen...«
Das war 1836 gewesen, als Herr Veith die Kantine geführt hatte.
Mit seiner Fischschüssel in der Hand schilderte er des langen und breiten, wieviel die Preußen essen konnten. »Man bekam ja einen Gulden im Tag für jeden Mann, aber aufpassen mußte man. Denn die Kerle aßen, was sie sahen.« Doch Veith hatte sein Verfahren: Wenn sie ins Quartier kamen, waren sie, versteht sich, so hungrig wie gierige Wölfe. »Dann aber«, sagte Veith und hielt den Finger an die Nase, während er die Augen zusammenkniff, »dann mochten sie ruhig vollstopfen, was sie nur konnten, am ersten Tage. Am nächsten Tage hatte der Appetit schon nachgelassen.«
Veith lachte laut; diese List war seine Lebenstat. Und wir andern mußten mitlachen, obwohl wir die Geschichte zum zwanzigsten Male hörten.

Veith sah so glücklich aus, als ob er auch heute einen Gulden pro Kopf bekäme. Dann winkte er mich ins Schlafzimmer.
»Sie sind ein bißchen still«, sagte er. »Schenken Sie tüchtig ein. Der Wein ist gut, unverfälscht.«
Es kreisten die Krüge mit dem Eisenbahnerwein, der bischofssüß war. Noch mehr Fisch kam, und die Stimmung begann sich zu beleben.
Der Pianist erzählte von Weihnachten daheim in Brüx, als sie wohlhabend waren und sein Vater noch lebte. Sein Vater war Gerber gewesen. Am Weihnachtsabend wurden zwei große Kessel voller Karpfen in der Diele aufgestellt, und seine Mutter teilte die blauen Fische an jeden Armen aus, der sich meldete.
»So war es eben in den kleinen Städten, müssen Sie wissen«, sagte er, »man teilte.«
Der Maler und ich sahen einander an – wir wollten mit dem alten Veith anstoßen. Er trocknete sich erst den Mund mit dem Hemdsärmel – er war in Sonntagstracht mit schwarzer Weste und weißschimmernden Hemdsärmeln –, bevor er mit uns beiden anstieß.
Der Pianist erzählte weiter von daheim in Brüx: Alle Gesellen und Lehrlinge wurden am Abend bewirtet.
Der Student, dessen Vater Amtsvorsteher in einem kleinen Ort war, hörte auf zu essen und schaute gleichsam mit einem langen Blick auf *sein* Weihnachtsfest zurück.
»Nun ja«, sagte er, »wir waren sechzehn Kinder...«
Als ob damit alles gesagt wäre.
Und er beugte den mageren Hals, der von dem Beamtenhunger in seiner Kindheit Zeugnis abzulegen schien.
Die Krüge kreisten, und alle redeten. Die Hausmeisterin hatte sich aus ihrem Untergeschoß heraufgeschlichen und war ins Schlafzimmer geschlüpft. Der Maler holte sie zu uns herein, und alle stießen mit ihr an.
Mit gefalteten Händen stand sie in den Strümpfen da und sagte: »Es ist doch etwas Schönes um die Jugend.« So blieb sie stehen und betrachtete mit froh glänzenden Augen den Tisch mit den Karpfen und den beiden Kerzen.
Wir hoben die Tafel auf, und der Maler zündete den Baum an. Er erstrahlte recht hübsch mit seiner Watte und dem Flitter von dem Rittermantel. Aber wir vier wurden wieder ein wenig stiller, bis der Pianist vorschlug, zu singen.
Er sang vor. Aber es ging nicht richtig.
Wir versuchten ein Lied nach dem andern, während der Baum sanft

strahlte. Wir kannten jedoch nicht dieselben Lieder, und so fiel das Singen dahin...

Am besten war es wohl, beim Baum weiterzuessen. Veith brachte viele Süßigkeiten; es gab Gebäck und Eingemachtes. Und gut war es, daß es so viel zu essen gab, denn das Gespräch ging ein bißchen träge, bis wir alle vier stumm saßen.

Im Eßzimmer hörte ich Schleichschritte. Das war Mutter Veith, die wieder heraufgekommen war. Sie stand bei der Tür und sah mit großen Augen auf den schiefen Baum.

Unsere Gäste gingen.

Der Maler und ich saßen vor der gelöschten Tanne.

Veith machte sich im Eßzimmer zu schaffen. Wir hörten ihn nicht hereinkommen, doch da rumorte er mit einem Stuhl, und als ich mich umdrehte, merkte ich, daß er etwas auf dem Herzen hatte.

Schließlich sagte er mit ganz unsicherer Stimme: »Ja, Sie müssen uns entschuldigen – wir konnten es ja nicht besser machen!«

Der Maler und ich hatten Tränen in den Augen.

Veith war gegangen, und wir saßen lange stumm.

Dann erzählte der Maler von anderen Weihnachtstagen und anderen Weihnachtsfesten.

Er erzählte von einem Weihnachtsfest in München – einem heidnischen Fest mit reichen, schönen Frauen, mit Wein und Witz und einem riesigen Rosenstock statt eines Tannenbaumes.

Und er erzählte – ohne Sentimentalität, aber vielleicht ein wenig wehmütig – von dem Freund, der damals die Seele des Festes war, eine Art Dichter, zweiundzwanzig Jahre alt, plötzlich tatenfreudig in München aufgetaucht. Er hatte ein wenig Talent und viel Energie. Mit weicher Stimme und gefühlvollem Vortrag umkleidete er die Gedichte, die er überall vorlas.

Es kam ein Jahr, wo eine ganze Stadt ihn verhätschelte – vielleicht nur, weil es in diesem Augenblick keinen andern zu verhätscheln gab. Das war ein Jahr wie ein Märchen, so voller Erfolg und Gunst... Er nahm es, glaube ich, wie etwas, das so sein mußte. Und eigentlich war er ganz anspruchslos, und er teilte auch mit dem einen und dem andern.

Aber der Publikumsrausch war kurz, und Groll und Gleichgültigkeit dauerten länger. So geht es immer, wenn sich das Publikum hat überrumpeln lassen.

»Er wachte jetzt auf, mein Bester, und das hat der Mann nie verziehen. Nun schrieb er viel talentvollere Sachen als damals – sogar ein Buch, das gut ist, glaube ich –, aber er blieb vom Leben ausgeschlossen und von allen Unternehmungen. Weil diejenigen, die das Wort führten, befürchteten, sie würden sich an ihm die Finger verbrennen, wenn sie nur seinen Namen nannten. Er kam nie mehr hinein. Es war, als hätte man einen Kreis gezogen, und er stand draußen.«

»Und nahm er das schwer?« fragte ich.

»Schwer!« sagte der Maler. »Immer schwerer... Das war wohl eine Zeit... Ich glaube, er setzte sich andere Ziele – innerliche, wenn ich so sagen darf. Er, den die Witzblätter – sie beschäftigten sich noch immer ab und zu mit ihm; hast du nicht bemerkt, daß sie noch nach zehn Jahren beharrlich auf einem ›Gegenstand‹ herumhacken, obwohl er alle Aktualität verloren hat, und daß man erst wirklich tot ist, wenn auch sie schweigen – er, den diese Blätter noch immer einen Reklameheld nennen, er ist eine menschenscheue Seele geworden, glaube ich, die in Winkeln umherschleicht und sich nur Frieden wünscht... in Ruhe gelassen zu werden.«

Sinnend fuhr der Maler fort: »Aber vielleicht leidet er manchmal doch darunter, daß so viele seiner Kräfte brachliegen. Vielleicht schmerzt ihn das. Bayern ist nämlich ein kleines Land. Und er sagt sich vielleicht selbst, daß es in einem kleinen Land immer nur einige wenige Tüchtige gibt – so daß man ihn am Ende brauchen kann –, also auch für ihn eine Arbeit, die ihn hinaushebt übers tägliche Leben und sich in Jahrzehnten zu Ergebnissen zusammenreiht. Er sagt sich manchmal bekümmert, daß man auch ihn hätte brauchen können. Denn er hatte wirklich Tatkraft in sich und wohl auch ein wenig Eigennutz – etwas von dem Drang, der dazu treibt, zum Vorteil für alle zu handeln, von dem Drang, der Gesellschaftsführer schafft, große und kleine. Davon hatte er etwas. Und möglich ist es auch, daß er mitunter, wenn er die anderen und sich selbst mißt, die andern, die statt seiner zu Stellung und Einfluß gelangt sind, daß er dann bei sich selbst denkt, daß sie nur Macht haben, um sie zu fühlen und zu besitzen, wohingegen er sie zum Wirken benutzt hätte. Aber jetzt hilft das ja nicht mehr. Außerdem können die andern alles ebensogut machen wie er – dort in München. Es gibt nichts Dümmeres, als zu glauben, daß gerade auf mir größeres Gewicht liegt. Was ein anderer nicht zu machen vermag, kann ja von zwei andern gemacht werden.« – Der Maler schwieg eine Weile. Dann sagte er: »Wie deutlich erinnere ich mich an unseren letzten gemeinsamen Weihnachtsabend. Nach dem Essen saßen wir in seinem Wohnzimmer vor dem Feuer. Damals hatte er noch seine Stellung, aber es fing schon an, halbdunkel um ihn zu werden...«

Wir saßen stumm. Auf einmal sagte er: »Du siehst aus, als ob du lauschst.«
»Lauschen... ich... Nein, hätte ich auf etwas lauschen sollen?«
»Was weiß ich?« erwiderte er. »Du sahst nur so aus.«
Nach und nach brannten die Kerzen am Baum. Und die Glocke an der Wohnungstür begann zu läuten. Es waren Geschenke über Geschenke, Blumen über Blumen. Das ganze Zimmer füllte sich.
Draußen in der Nacht saßen wir wieder vor dem Feuer. Ich blickte mich in dem geschmückten Zimmer um.
»Du«, sagte ich, »ich lauschte wirklich auf etwas.«
»Ja, das sah ich... Und worauf?«
»Auf die Türglocke«, antwortete ich und wies auf das Zimmer draußen. »Ich möchte nicht gern, daß man dich heute abend vergißt.«
Er lachte – und lächelte dann ein wenig wehmütig. »Mein Gott, dazu kann man ja nichts sagen... Es gibt solche Gelegenheiten, wo man merkt, daß man dumm genug war, sich verhätscheln zu lassen.«
Er schwieg, und wir saßen wieder stumm.
Der Maler sagte: »Du redest nicht viel.«
»Nein...«
»Du könntest aber versuchen...«
»Ach«, sagte ich, »vielleicht denke auch ich daran, daß es im Leben sonderbar auf und ab geht... und meistens abwärts wie bei deinem Freund.«
»Tja«, sagte er. »Weißt du, woran ich denke«, fuhr er fort. »Ich hätte Lust, Mutter Veith zu malen, wie sie vor den beiden Kerzen stand und sagte: ›Es ist doch etwas Schönes um die Jugend.‹ Herrgott, die guten Leutchen, die guten Leutchen.«
Der Maler erhob sich und begab sich zur Ruhe.
Ich saß noch eine Weile vor dem gelöschten Baum. Im Zimmer war es ganz dunkel. Draußen in der Diele ging jemand sehr leise. Es war der alte Veith, der sehen wollte, ob wir zu Bett gegangen waren.
Ich rieb ein Streichholz an und machte Licht.
Die Vergoldung der Veithschen Kaffeetassen glänzte. Es waren Sonntagstassen mit vielen Aufschriften. Drinnen im Eßzimmer lagen schützende Teller über den vielen Karpfenresten. Ich sagte mir: Morgen gibt es wieder Karpfen.
Ich wußte, Frau Veith wünschte, daß die Reste aufgegessen wurden.
Drüben im Hinterhaus war eine Bäckerei. Durch die Fenster sah ich die Gesellen vor dem langen Trog arbeiten.
Sie feierten überhaupt kein Weihnachtsfest.

Aber eine Stadt muß ja Brot haben.
Am folgenden Morgen kamen die Geldanweisungen. Sie waren tatsächlich auf den Bergpässen hängengeblieben. Sogar der Maler erhielt Geld. Kunstfreunde hatten sich seiner Zigeuner erbarmt.
»Das ist es eben«, sagte er, »man muß sich darauf verstehen, das passende Format zu wählen.«
Er nahm die Einzahlungsscheine fächerförmig zusammen und betrachtete sie.
»Weißt du«, sagte er, »wenn man nur fleißig ist und arbeitet, daß es dampft, dann kommt doch etwas herein.«
»Manchmal ein bißchen spät«, sagte ich.
Und wir lachten beide.
Aber wir aßen einige Tage auswärts und überließen die Karpfen und den Wein der Eisenbahnschaffner den Veiths.
So undankbar ist nun einmal die Welt.

*Hans-Werner Bartsch*

## Nehmen wir an

*Nehmen wir an,* es geschah im Jahre 6 oder 7
vor Christus in Bethlehem unter
der Herrschaft des Cäsar Augustus –.
Nehmen wir an, die Geburt des Jesus von Nazareth
stand im Zusammenhang jener Zählung
der Steuerpflichtigen in Syrien, die
die Herrschaft des Cäsar sichern sollte, so
war dies kein gleichgültiger Zufall, denn
ein anderer sagte zur gleichen Zeit, daß
es ein Unrecht vor Gott sei, den
Cäsar als Herrn anzuerkennen.
*Nehmen wir an,* Jesus wurde
in einer Hütte geboren, sein
erster Schrei übertönte das ruhige
Atmen des Viehs im Hintergrund und
das Rascheln des Strohs, auf dem
seine Mutter lag –,

*Nehmen wir an,* Hirten kamen und
legten als erste die Hand auf
das Kind, ihm Heil und Segen
zu wünschen, so war es
kein Zufall; denn sie waren Männer
mit Waffen, allen Behörden verdächtig –
wie später, ohne Waffen, der
von ihnen Gesegnete.

*Nehmen wir an,* sie kamen, weil Engel
vom Frieden auf Erden für jedermann
sangen (oder war es ein lautloses Sehnen,
ein Singen in ihnen – nur ihnen hörbar?),
so ist dies kein törichtes Märchen, von
Pfaffen erdacht, das welkende Blumen um
drückende Ketten legen soll, anstatt sie
zu zerbrechen; denn der, dem
dies Singen galt, hing später,

zum Mann geworden, am Kreuz als Rebell,
weil er das Ende der Herrschaft allen
verkündet hatte, die unter Cäsar
unfrei waren.

*Nehmen wir an,* es kamen zum Kind auch
Magier aus dem Osten, die dem König
von einem Stern berichteten, der
wunderbarer und heller war als jener, der
früher fälschlich das Heil mit der
Geburt des Cäsar Augustus angezeigt hatte,
so ist auch dies keine Träumerei; denn
es erzählen uns jene, denen der Mann am
Kreuz als Befreier erschienen war, und
sie erzählen, weil sie diese Befreiung in
einer feindlichen Welt zu leben suchten.

*Nehmen wir an,* die Angst jenes Königs
wandelte sich in Grausamkeit, so
ist dies bis heute nicht anders. Die Angst
der Herrschenden tötet grausam Kinder, –
sie könnten einmal – wie Jesus – die Welt
befreiend verändern. Aber das Leuchten
des Sterns kann kein Herrscher verhindern.

Wir tragen es weiter – durch unser Tun.

*Dagmar Beiersdorf*

## Du bist zu früh gegangen

du bist zu früh gegangen
du solltest noch einmal
unter uns leben so wie damals
mit deiner liebe deinen worten
die menschen verlernten es
dir gegenüber ehrlich zu sein
damals haben sie die
armut ihrer seele
offen gezeigt den haß
ihres lieblosen herzens:
sie wollten dich töten
als du geboren wurdest
sie verlachten und verachteten dich
sie spuckten dir vor die füße
sie nagelten dich an das kreuz
und würfelten um deine kleider
heute kennen sie dich
nicht mehr sie behängen dich
im winter mit lametta
und bunten kugeln
im frühling verstecken sie
eier süße bemalte dinger
in deinen händen
deinen augen
deinen wunden
du bist zu früh gegangen christus
sie kennen dich nicht mehr
sie behängen dich mit gold
und lametta im winter
sie kennen dich nicht mehr

*Hans Bender*

# Die Herberge

Rechts vom Pult, zwei und zwei hintereinander, saßen die Buben, links die Mädchen der ersten Klasse. Ich saß in der letzten Bank neben Edwin, den ich beneidete, weil er eine Federbüchse aus Amerika hatte.

Der Ofen glühte. Die Schritte und Räder vor den Fenstern dämpfte frischgefallener Schnee. Es war vor Weihnachten. Lehrer Kuhn erzählte die Geschichte der Herbergssuche in Bethlehem. In der Bibel stand nur ein Satz darüber, aber was machte Lehrer Kuhn daraus! Er setzte sich mit gekreuzten Beinen auf das Pult, nahm die Pfeife aus den Zähnen und begann: Ja, damals kamen Maria und Josef auch durch unser Dorf. Es war schon dunkel, als sie die Straße von Eichtersheim herzogen. Maria saß auf einem Esel, Josef ging voraus und suchte mit Stock und Laterne den Weg. Maria sagte: »Ich habe Hunger und bin sehr müde.« Josef sagte: »In der ersten Gastwirtschaft werden wir übernachten.«

Vor dem Gasthaus »Zum Adler« band Josef den Esel ans Treppengeländer, klopfte die Stiefel an der untersten Stufe ab und ging hinein. Babette – ihr kennt sie alle – stand hinter der Theke und schwenkte die Gläser. Josef fragte: »Haben Sie ein Zimmer für zwei Personen? Nicht zu teuer?« Babette war an diesem Tag mit dem linken Fuß aufgestanden. Sie sagte kurz: »Wir haben eins, aber das ist schon belegt. Leider.«

Josef nahm den Esel am Halfter und zog ein paar Häuser weiter vor das Gasthaus »Zum Lamm«. Erschrocken blieb er unter der Türe stehen, denn an den Tischen saßen vornehme Herren mit weißen Kragen und weißen Manschetten. Das waren die Geometer, die das neue Bachbett vermessen sollten. Der Lammwirt sah Josef unter der Türe stehen und ging rasch zu ihm hin, weil er nicht wünschte, daß die Herren gestört würden.

»Nein, nein, mein Lieber, es geht nicht. Bei mir nicht. Aber frag doch in der ›Sonne‹ nach, die haben ein Extrazimmer für Handwerksburschen! Vielleicht kannst du da –.« Das mit dem Extrazimmer sagte er so laut, daß es die Geometer hören konnten.

Der Sonnenwirt und die Sonnenwirtin waren recht freundlich zu Josef. Sie sagten beide fast gleichzeitig: »Aber beim besten Willen, es geht nicht! – Das Handwerksburschenzimmer ist schon voll. Dann ist unser Ältester in Ferien da, er studiert in Freiburg Theologie, sonst hätten wir recht gern sein Zimmer zur Verfügung gestellt.«

»Danke«, sagte Josef. »Gute Nacht, gute Reise!« sagten der Sonnenwirt und die Sonnenwirtin.

Auch im nächsten Gasthaus, in der »Reichspost«, hatten Maria und Josef kein Glück. Die Lichter waren schon gelöscht, und als Josef mit dem Knotenstock gegen das Tor schlug, fuhr der Kopf des Wirtes oben aus dem Fenster. »Was ist los? Ist das eine Manier?«

»Haben Sie ein Zimmer für meine Frau und mich? Meine Frau ist krank!« rief Josef hinauf. »Schert euch fort!« schrie der Wirt. »Ich vermiete meine Zimmer nicht an Vagabunden!« Klirrend schlug das Fenster zu.

Josef war traurig. Maria nahm den Schal über den Kopf und sagte: »Vielleicht gibt es noch ein Gasthaus im Dorf.«

Lehrer Kuhn sah zu mir. Alle Buben und Mädchen drehten die Gesichter zu mir. Sie wußten nämlich, das letzte Gasthaus, bevor das Dorf zu Ende war, war der Gasthof meiner Eltern, der »Badische Hof«.

Mir schoß das Blut in die Stirne, und ich wußte nicht, wohin ich blikken sollte. »Na, Hansel«, fragte Lehrer Kuhn, »was hättest du gemacht, wenn Josef bei euch um eine Herberge gebeten hätte?«

Ich stand auf und stotterte hervor: »Oh, Herr Lehrer, ... ich ... ich, ich hätte sie bestimmt aufgenommen.«

Die Wirkung der Erzählung war tief. In allen Gasthäusern, die Maria und Josef abgewiesen hatten, wurden in den kommenden Tagen die Fensterscheiben eingeworfen, dem Lammwirt aber, auf dem Weg zur Kirche, ein Knallfrosch am Rockschoß angezündet.

Seit der Erzählung waren zwei, drei Jahre vergangen. Es war Heiligabend. Meine älteren Geschwister und ich warteten in der Gaststube auf die Bescherung. Am Stammtisch saßen einige Männer, tranken Bier, Wein, Schnaps und sprachen über die uninteressantesten Dinge von der Welt. Jede neue Bestellung war eine Verzögerung unserer Weihnachtsfreude. Und schließlich sagte mein Vater: »Schluß! Feierabend! Geht nach Hause. Wir wollen wenigstens einen Abend im Jahr allein sein.«

Sie zahlten nacheinander und gingen.

Mein Vater wollte hinter dem letzten Gast den Riegel vorschieben, als auf der Straße ein Auto hielt und gleich darauf Schritte die Treppe hochkamen. Ein Herr und eine Dame standen unter der Türe und fragten: »Haben Sie ein Fremdenzimmer?« – »Ja«, sagte mein Vater, »aber es ist Heiligabend.« – »Nehmen Sie uns trotzdem auf«, sagte die

Frau. »Eigentlich wollten wir bis zur Stadt fahren, doch ich fühle mich nicht wohl.« Mein Vater sagte. »Schön, es wird sich machen lassen.«
Ich war verzweifelt. Ich wußte, was Gäste bedeuteten, eine neue, unendliche Verzögerung unserer Weihnachtsfreude. Essen mußte gekocht, die Betten mußten überzogen, die Krüge mit Wasser gefüllt, die Bettflaschen gewärmt werden. Und mein Vater sagte einfach »ja«, nahm keine Rücksicht auf den Heiligen Abend, auf mich! Ich lief in den zweiten Stock, schloß mich in mein Zimmer ein, warf mich auf das Bett und heulte in das Kissen, laut und herzzerreißend, wie nur ein Junge in seinem Trotz weinen kann.
Als kurz nachher meine Mutter an die Tür klopfte und bat, ich solle zur Bescherung kommen, gab ich keine Antwort. Dann hörte ich die Schritte meines Vaters die Treppe heraufkommen. Noch ehe er die Türklinke fassen konnte, hatte ich drinnen den Schlüssel umgedreht. Vor meinem Vater fürchtete ich mich. Er aber war ganz ruhig. Er legte mir die Hand auf den Kopf, der noch vom Schluchzen gestoßen wurde, und sagte: »Kennst du die Geschichte von Bethlehem, als Maria und Josef Herberge suchten und niemand sie aufnahm?«
Natürlich kannte ich sie, und wie schämte ich mich, jetzt daran erinnert zu werden.
Als ich in die Gaststube kam, saß mein Bruder Hugo am Klavier und spielte das erste Weihnachtslied. Wir sangen dazu. Der Baum war angezündet. Auch die beiden Fremden standen davor. Es wurde ein richtiger Weihnachtsabend. Ich bekam einen Anker-Steinbaukasten, einen Farbkasten und den Robinson Crusoe. Wertvoller als alle Geschenke aber war die frühe Erkenntnis, wie schwer es ist, das Gute, von dem man gehört hat, auch zu tun.

*Walter Benjamin*

## Ein Weihnachtsengel

Mit den Tannenbäumen begann es. Eines morgens, noch ehe Ferien waren, hafteten an den Straßenecken die grünen Siegel, die die Stadt wie ein großes Weihnachtspaket an hundert Ecken und Kanten zu sichern schienen. Dann barst sie eines schönen Tages dennoch, und Spielzeug, Nüsse, Stroh und Baumschmuck quollen aus ihrem Innern: der Weihnachtsmarkt. Mit ihnen aber quoll noch etwas anderes hervor. Die Armut. Wie nämlich Äpfel und Nüsse mit ein wenig Schaumgold neben dem Marzipan sich auf dem Weihnachtsteller zeigen durften, so auch die armen Leute mit Lametta und bunten Kerzen in den besseren Vierteln. Die Reichen aber schickten ihre Kinder vor, um denen der Armen wollene Schäfchen abzukaufen oder Almosen auszuteilen, die sie selbst vor Scham nicht über ihre Hände brachten. Inzwischen stand bereits auf der Veranda der Baum, den meine Mutter insgeheim gekauft und über die Hintertreppe in die Wohnung hatte bringen lassen. Und wunderbarer als alles, was das Kerzenlicht ihm gab, war, wie das nahe Fest in seine Zweige mit jedem Tage dichter sich verspann. In den Höfen begannen die Leierkästen die letzte Frist mit Chorälen zu dehnen. Endlich war sie dennoch verstrichen und einer jener Tage wieder da, an deren frühesten ich mich hier erinnere. In meinem Zimmer wartete ich, bis es sechs werden wollte. Kein Fest des späteren Lebens kennt diese Stunde, die wie ein Pfeil im Herzen des Tages zittert. Es war schon dunkel, trotzdem entzündete ich nicht die Lampe, um den Blick nicht von den dunklen Fenstern überm Hof zu wenden, hinter denen nun die ersten Kerzen zu sehen waren. Es war von allen Augenblicken, die das Dasein des Weihnachtsbaumes hat, der heimlichste, in dem er Nadeln und Geäst dem Dunkel opfert, um nichts zu sein als nur ein unnahbares und doch nahes Sternbild im trüben Fenster einer Hinterwohnung. Doch wie ein solches Sternbild hin und wieder eins der verlassenen Fenster begnadete, indessen viele weiter dunkel blieben und andere, noch trauriger, im Gaslicht der frühen Abende verkümmerten, schien mir, daß diese weihnachtlichen Fenster die Einsamkeit, das Alter und das Darben – all das, wovon die armen Leute schweigen – in sich faßten. Dann fiel mir wieder die Bescherung ein, die meine Eltern eben rüsteten. Kaum aber hatte ich so schweren Herzens wie nur die Nähe eines sicheren Glücks es macht, mich von dem Fenster abgewandt, so spürte ich eine fremde Gegenwart im Raum. Es war nichts als ein Wind, so daß die Worte, die sich auf meinen Lippen bildeten, wie Falten waren, die ein träges Segel plötzlich vor einer frischen Brise wirft.

›Alle Jahre wieder
Kommt das Christuskind
Auf die Erde nieder,
Wo wir Menschen sind‹

– mit diesen Worten hatte sich der Engel, der in ihnen begonnen hatte, sich zu bilden, auch verflüchtigt. Doch nicht mehr lange blieb ich im leeren Zimmer. Man rief mich in das gegenüberliegende, in dem der Baum nun in die Glorie eingegangen war, welche ihn mir entfremdete, bis er, des Untersatzes beraubt, im Schnee verschüttet oder im Regen glänzend, das Fest da endete, wo es ein Leierkasten begonnen hatte.

*Werner Bergengruen*

## Der mystische Tau

Es fällt ein Tau zur Winternacht,
Der alle Eise schmelzen macht.

Er sinkt in dunklen Wurzelraum,
Tränkt Weinstock, Korn und Mandelbaum.

Bis alles, was der Erdgrund nährt,
Sich über die Natur verklärt.

Da steht im starren Schneegefild
Ein ewiger Sommer vorgebildt.

Du Tau, den keine Sonne trinkt,
Kein Frosten zur Gefriernis bringt.

Willkommen, Tau, willkommen, Kind,
Die Berge dir geniedrigt sind,

Die Hügel ziehn die Buckel ein,
Die Täler wolln erhöhet sein,

Die Krümmen grad wie Bolzen sind,
Eismauern dir geschmolzen sind.

Schneebäche drängen sich zu Fall,
Der Weg springt freudig bis zum Stall.

Der Mond sein bestes Silber schickt.
Kreuzschnabel an die Stalltür pickt.

Das Reh äugt aus dem Waldversteck,
Das Heimchen geigt im Krippeneck.

Und Ochs und Esel kennen dich,
Im Schnee die Meisen nennen dich.

Der Mensch allein ist unbestellt,
Das letztgeschaffne Kind der Welt.

Du aber voll Geduldigkeit
Erlässest ihm die Schuldigkeit

Und wartest still – und lächelst gar –,
Ein zweites Mal zweitausend Jahr.

*Werner Bergengruen*
## Kaschubisches Weihnachtslied

Wärst du, Kindchen, im Kaschubenlande,
Wärst du, Kindchen, doch bei uns geboren!
Sieh, du hättest nicht auf Heu gelegen,
Wärst auf Daunen weich gebettet worden.

Nimmer wärst du in den Stall gekommen,
Dicht am Ofen stünde warm dein Bettchen,
Der Herr Pfarrer käme selbst gelaufen,
Dich und deine Mutter zu verehren.

Kindchen, wie wir dich gekleidet hätten!
Müßtest eine Schaffellmütze tragen,
Blauen Mantel von kaschubischem Tuche,
Pelzgefüttert und mit Bänderschleifen.

Hätten dir den eignen Gurt gegeben,
Rote Schuhchen für die kleinen Füße,
Fest und blank mit Nägelchen beschlagen!
Kindchen, wie wir dich gekleidet hätten!

Kindchen, wie wir dich gefüttert hätten!
Früh am Morgen weißes Brot mit Honig,
Frische Butter, wunderweiches Schmorfleisch,
Mittags Gerstengrütze, gelbe Tunke,

Gänsefleisch und Kuttelfleck mit Ingwer,
Fette Wurst und goldnen Eierkuchen,
Krug um Krug das starke Bier aus Putzig!
Kindchen, wie wir dich gefüttert hätten!

Und wie wir das Herz dir schenken wollten!
Sieh, wir wären alle fromm geworden,
Alle Kniee würden sich dir beugen,
Alle Füße Himmelswege gehen.

Niemals würde eine Scheune brennen,
Sonntags nie ein trunkner Schädel bluten, –
Wärst du, Kindchen, im Kaschubenlande,
Wärst du, Kindchen, doch bei uns geboren!

*Wolf Biermann*
## Wann ist denn endlich Frieden

Wann ist denn endlich Frieden
in dieser irren Zeit
Das große Waffenschmieden
Bringt nichts als großes Leid

Es blutet die Erde
Es weinen die Völker
Es hungern die Kinder
Es droht großer Tod
Es sind nicht die Ketten
Es sind nicht die Bomben
Es
ist ja der Mensch
der den Menschen bedroht

Die Welt ist so zerrissen
Und ist im Grund so klein
Wir werden sterben müssen
Dann wird wohl Frieden sein

Es blutet die Erde
Es weinen die Völker
Es hungern die Kinder
Es droht großer Tod
Es sind nicht die Ketten
Es sind nicht die Bomben
Es
ist ja der Mensch
der den Menschen bedroht.

*Johannes Bobrowski*
## Weihnachtsgetier

Ich habe eine Wut, sagt der Hahn,
ich will mein Idyll.
Lieber, sag ich, dann rett deinen Kamm,
jetzt federn die Hühner.
Ach, ich sing nur, sagt er,
und ich in der Dämmerung früh
geh um das Haus, um den Wald
der Dachs
zieht seine Torkelspur.
Und kein Schnee.
Nur die Eule
mit Katzenlauten. Die Fichten
feucht. Auf den Nebeln
zittert das Licht.

Stroh
werden wir streun. Die Stille
sammeln unter das Dach,
einmal die Fenster
öffnen für einen Kerzentanz,
Ochs und Esel beschenken,
wir kennen da eine Geschichte,
die ist wie wir – eine große
Finsternis unter den Himmeln.
Darin die Winter fahren
mit Flügeln rot, umglänzt
von silbernen Stimmen.

## *Dietrich Bonhoeffer*
## Uns ist ein Kind geboren

Mitten unter unheilvollen Worten und Zeichen, die dem abgefallenen Volk den nahenden Untergang, den göttlichen Zorn und schreckliche Strafen ankündigen, mitten in tiefster Schuld und Not des Volkes Gottes spricht eine Stimme leise und geheimnisvoll, aber voll seliger Gewißheit von der Erlösung durch die Geburt eines göttlichen Kindes. Noch sind es 700 Jahre bis zur Zeit der Erfüllung, aber so tief ist der Prophet in Gottes Gedanken und Ratschlüsse versenkt, daß er von dem Künftigen spricht, als sähe er es schon, daß er von der rettenden Stunde spricht, als stehe er schon anbetend vor der Krippe Jesu.
»Uns ist ein Kind geboren.« Was dereinst geschehen wird, das ist in Gottes Augen schon wirklich und gewiß, und das wird nicht nur den künftigen Geschlechtern zum Heil, sondern schon dem Propheten, der es kommen sieht, und seinem Geschlechte, ja allen Geschlechtern auf Erden. »Uns ist ein Kind geboren.« So kann kein menschlicher Geist aus sich heraus sprechen.
Die wir nicht wissen, was im nächsten Jahr geschehen wird, wie sollen wir es begreifen, daß einer über Jahrhunderte hinaussieht? Und die Zeiten waren damals nicht durchsichtiger als heute. Nur der Geist Gottes, der Anfang und Ende der Welt umfaßt, kann einem erwählten Menschen das Geheimnis der Zukunft so offenbaren, daß er weissagen muß zur Stärkung der Gläubigen, zur Warnung der Ungläubigen. Diese Stimme eines einzelnen, die leise durch die Jahrhunderte hindurchklingt und zu der sich hier und dort eine andere vereinzelte Stimme eines Propheten gesellt, geht zuletzt ein in die nächtliche Anbetung der Hirten und in den vollen Jubel der christusgläubigen Gemeinde: »Uns ist ein Kind geboren, ein Sohn ist uns gegeben.«
Von der Geburt eines Kindes ist die Rede, nicht von der umwälzenden Tat eines starken Mannes, nicht von der kühnen Entdeckung eines Weisen, nicht von dem frommen Werk eines Heiligen. Es geht wirklich über alles Begreifen: Die Geburt eines Kindes soll die große Wendung aller Dinge herbeiführen, soll der ganzen Menschheit Heil und Erlösung bringen. Worum sich Könige und Staatsmänner, Philosophen und Künstler, Religionsstifter und Sittenlehrer vergeblich bemühen, das geschieht nun durch ein neugeborenes Kind. Wie zur Beschämung der gewaltigsten menschlichen Anstrengungen und Leistungen wird hier ein Kind in den Mittelpunkt der Weltgeschichte ge-

stellt. Ein Kind von Menschen geboren, ein Sohn von Gott gegeben. Das ist das Geheimnis der Erlösung der Welt; alles Vergangene und alles Zukünftige ist hier umschlossen. Die unendliche Barmherzigkeit des allmächtigen Gottes kommt zu uns, läßt sich zu uns herab in der Gestalt eines Kindes, seines Sohnes. Daß uns dieses Kind geboren, dieser Sohn gegeben ist, daß mir dieses Menschenkind, dieser Gottessohn gehört, daß ich ihn kenne, ihn habe, ihn liebe, daß ich sein bin und er mein ist, daran hängt nun mein Leben. Ein Kind hat unser Leben in der Hand.

Wie wollen wir diesem Kinde begegnen? Sind unsere Hände durch die tägliche Arbeit, die sie vollbrachten, zu hart und zu stolz geworden, um sich beim Anblick dieses Kindes anbetend zu falten? Tragen wir unseren Kopf, der so viele schwere Gedanken hat denken, Probleme hat lösen müssen, zu hoch, als daß wir ihn vor dem Wunder dieses Kindes noch demütig beugen könnten? Können wir alle unsere Anstrengungen, Leistungen, Wichtigkeiten noch einmal ganz vergessen, um mit den Schafhirten und mit den Weisen aus dem Morgenland vor dem göttlichen Kind in der Krippe kindlich anzubeten; um mit dem alten Simeon das Kind in die Arme zu nehmen und in diesem Augenblick die Erfüllung unseres ganzen Lebens zu erkennen? Es ist wahrhaftig ein seltsamer Anblick, wenn ein starker stolzer Mann seine Knie vor diesem Kind beugt, wenn er einfältigen Herzens in ihm seinen Heiland findet und verehrt, und es muß wohl ein Kopfschütteln, ja vielleicht sogar ein böses Lachen durch unsere alte, kluge, erfahrene, selbstgewisse Welt gehen, wenn sie den Heilsruf der gläubigen Christen vernimmt: »Uns ist ein Kind geboren, ein Sohn ist uns gegeben.«

»Und die Herrschaft ist auf seinen Schultern.« Auf den schwachen Schultern dieses neugeborenen Kindes soll die Herrschaft über die Welt liegen! Eines wissen wir: Diese Schultern werden jedenfalls die ganze Last der Welt zu tragen bekommen. Mit dem Kreuz wird alle Sünde und Not dieser Welt auf diese Schultern geladen werden. Die Herrschaft aber wird darin bestehen, daß der Träger unter der Last nicht zusammenbricht, sondern sie ans Ziel bringt. Die Herrschaft, die auf den Schultern des Kindes in der Krippe liegt, besteht im geduldigen Tragen der Menschen und ihrer Schuld. Dieses Tragen aber fängt in der Krippe an, fängt dort an, wo das ewige Wort Gottes das menschliche Fleisch annahm und trug. Gerade in der Niedrigkeit und Schwachheit des Kindes nimmt die Herrschaft über alle Welt ihren Anfang. Als Zeichen der Herrschaft über das Haus pflegte man dem

Hausherrn die Schlüssel über die Schulter zu hängen. Das bedeutet, daß er die Macht hat, auf- und zuzuschließen, einzulassen und abzuweisen, wen er will. Das ist auch die Weise der Herrschaft dessen, der das Kreuz auf seinen Schultern trug. Er schließt auf, indem er Sünde vergibt, er schließt zu, indem er den Stolzen verstößt. Das ist die Herrschaft dieses Kindes, daß es die Demütigen, Geringen, die Sünder annimmt und trägt, daß es aber die Stolzen, Hoffärtigen, die Gerechten zunichte macht und verwirft.

Wer ist dieses Kind, von dem Propheten weissagen und über dessen Geburt Himmel und Erde jauchzen? Nur stammelnd kann man seinen Namen aussprechen, kann man zu umschreiben versuchen, was in diesem Namen umschlossen ist. Worte häufen und überstürzen sich, wenn sie sagen sollen, wer dieses Kind sei. Ja, seltsame Wortgebilde, die wir sonst nicht kennen, entstehen, wo der Name dieses Kindes über menschliche Lippen gebracht werden soll: »Wunder-Rat«, »Gott-Kraft«, »Ewig-Vater«, »Friede-Fürst«. Jedes einzelne dieser Worte von einer unendlichen Tiefe, und alle zusammen versuchen nur einen einzigen Namen auszusprechen: Jesus.

»Wunder-Rat« – heißt dieses Kind. In ihm ist das Wunder aller Wunder geschehen, aus Gottes ewigem Rat ging die Geburt des Heilandkindes hervor. In der Gestalt eines Menschenkindes gab Gott uns seinen Sohn, Gott ward Mensch, das Wort ward Fleisch. Das ist das Wunder der Liebe Gottes zu uns, und es ist der unergründliche weise Rat, daß diese Liebe uns gewinnt und rettet. Weil aber dieses Kind Gottes eigener Wunder-Rat ist, darum ist es auch selbst eine Quelle aller Wunder und alles Rates. Wer in Jesus das Wunder des Sohnes Gottes erkennt, dem wird jedes seiner Worte und jede Tat zum Wunder, der findet bei ihm in allen Nöten und Fragen letzten, tiefsten, hilfreichsten Rat. Ja, bevor das Kind seine Lippen auftun kann, ist es voller Wunder und voller Rat. Geh zum Kind in der Krippe, glaube in ihm den Sohn Gottes, und du findest in ihm Wunder über Wunder, Rat über Rat.

»Gott-Kraft« – heißt dieses Kind. Das Kind in der Krippe ist kein anderer als Gott selbst. Größeres kann nicht gesagt werden. Gott wurde ein Kind. In dem Jesuskind der Maria wohnt der allmächtige Gott. Halt einen Augenblick inne! Sprich nicht, denk nicht weiter! Bleib stehen vor diesem Wort! Gott ist ein Kind geworden! Hier ist es arm wie wir, elend und hilflos wie wir, ein Mensch von Fleisch und Blut wie wir, unser Bruder. Und doch ist er Gott, doch ist er Kraft. Wo ist die Gottheit, wo ist die Kraft dieses Kindes? In der göttlichen Liebe, in der es uns gleich wurde. Sein Elend in der Krippe ist seine Kraft. In der

Kraft der Liebe überwindet es die Kluft zwischen Gott und den Menschen, überwindet es Sünde und Tod, vergibt es Sünde und erweckt vom Tode. Knie nieder vor dieser armseligen Krippe, vor diesem Kind armer Leute, und sprich im Glauben die stammelnden Worte des Propheten nach: »Gott-Kraft!« – und er wird dein Gott und deine Kraft sein.

»Ewig-Vater« – wie kann dies der Name des Kindes sein? Nur so, daß sich in diesem Kinde die ewige väterliche Liebe Gottes offenbart und daß das Kind nichts anderes will als die Liebe des Vaters auf die Erde bringen. So ist der Sohn mit dem Vater eins, und wer den Sohn sieht, der sieht den Vater. Dieses Kind will nichts für sich sein, kein Wunderkind in menschlichem Sinne, sondern ein gehorsames Kind seines himmlischen Vaters. In der Zeit geboren, bringt es die Ewigkeit mit sich auf Erden, als Sohn Gottes bringt es uns allen die Liebe des Vaters im Himmel. Geh hin, suche und finde an der Krippe den ewigen Vater, der hier auch dein lieber Vater geworden ist.

»Friede-Fürst« – wo Gott in Liebe zu den Menschen kommt, sich mit ihnen vereint, dort ist Friede geschlossen zwischen Gott und Mensch und zwischen Mensch und Mensch. Fürchtest du dich vor Gottes Zorn, so geh zum Kind in der Krippe und laß dir hier den Frieden Gottes schenken. Bist du in Streit und Haß mit deinem Bruder zerfallen, komm und sieh, wie Gott aus lauter Liebe unser Bruder geworden ist und uns miteinander versöhnen will. In der Welt herrscht die Gewalt, dieses Kind ist der Fürst des Friedens. Wo es ist, dort herrscht Friede.

»Wunder-Rat, Gott-Kraft, Ewig-Vater, Friede-Fürst« – so sprechen wir an der Krippe von Bethlehem, so überstürzen sich unsere Worte beim Anblick des göttlichen Kindes, so versuchen wir in Begriffe zu fassen, was für uns in dem einen Namen beschlossen liegt: Jesus. Diese Worte aber sind ja im Grunde nichts anderes als ein wortloses Schweigen der Anbetung vor dem Unaussprechlichen, vor der Gegenwart Gottes in der Gestalt eines Menschenkindes.

Von der Geburt und dem Namen des göttlichen Kindes haben wir gehört. Nun hören wir zuletzt noch von seinem Reich. Groß wird die Herrschaft dieses armen Kindes sein. Die ganze Erde wird sie umfassen, und alle Menschengeschlechter bis ans Ende der Zeiten werden ihr, wissentlich oder unwissentlich, dienen müssen. Es wird eine Herrschaft über die Herzen der Menschen sein, aber auch Throne und große Reiche werden an dieser Macht sich stärken oder zerbrechen. Die heimliche, unsichtbare Herrschaft des göttlichen Kindes über die

Menschenherzen ist fester gegründet als die sichtbare und glänzende Macht irdischer Herren. Zuletzt muß alle Herrschaft auf Erden allein der Herrschaft Jesu Christi über die Menschen dienen. Durch alle Feindschaft hindurch wird diese Herrschaft nur immer größer und gefestigter werden.

Mit der Geburt Jesu ist das große Friedensreich angebrochen. Ist es nicht ein Wunder, daß dort, wo Jesus wirklich Herr über die Menschen geworden ist, auch Friede herrscht? Daß es eine Christenheit gibt auf der ganzen Erde, in der es mitten in der Welt Frieden gibt? Nur wo man Jesus nicht herrschen läßt, wo menschlicher Eigensinn, Trotz, Haß und Begehrlichkeit sich ungebrochen ausleben dürfen, dort kann kein Friede sein. Nicht durch Gewalt will Jesus sein Friedensreich aufrichten, sondern wo Menschen sich willig ihm unterwerfen, ihn über sich herrschen lassen, dort schenkt er ihnen seinen wunderbaren Frieden. Wenn heute wieder christliche Völker zerrissen sind in Krieg und Haß, ja wenn selbst die christlichen Kirchen nicht zueinander finden, dann ist das nicht die Schuld Jesu Christi, sondern die Schuld der Menschen, die Jesus Christus nicht herrschen lassen wollen. Dadurch fällt aber die Verheißung nicht hin, daß »des Friedens kein Ende« sein wird, wo das göttliche Kind über uns herrscht.

»Auf dem Thron Davids und in seinem Königreich« herrscht Jesus Christus. Es ist kein weltlicher Thron und kein weltliches Reich mehr, wie es einst war, sondern ein geistlicher Thron und ein geistliches Reich. Wo ist Thron und Reich Jesu? Dort, wo er mit seinem Wort und seinem Sakrament gegenwärtig ist, herrscht und regiert, in der Kirche, in der Gemeinde.

»Mit Gericht und Gerechtigkeit« regiert Jesus in seinem Reich. An der Gemeinde der Gläubigen geht sein Gericht nicht vorüber, nein, an ihr gerade übt er sein strengstes Gericht, und sie erweist sich als seine Gemeinde, indem sie sich diesem Gericht nicht entzieht, sondern beugt. Nur wo Jesus die Sünde richtet, kann er neue Gerechtigkeit schenken. Ein Reich der Gerechtigkeit soll sein Reich sein, aber nicht der Selbstgerechtigkeit, sondern der göttlichen Gerechtigkeit, die nur durch das Gericht über die Sünde aufgerichtet werden kann. Es wird die Dauer dieses Reiches sein, daß Unrecht in ihm nicht ungestraft bleibt.

Ein Reich des Friedens und der Gerechtigkeit, unerfüllte Sehnsucht der Menschen, ist mit der Geburt des göttlichen Kindes angebrochen. Wir sind zu diesem Reich berufen. Wir können es finden, wenn wir in der Kirche, in der Gemeinde der Gläubigen Wort und Sakrament des

Herrn Jesus Christus annehmen und uns seiner Herrschaft unterwerfen, wenn wir in dem Kind in der Krippe unseren Heiland und Erretter erkennen und uns ein neues Leben in der Liebe von ihm schenken lassen. »Von nun an« – das heißt von der Geburt Jesu an – »bis in Ewigkeit« wird dieses Reich dauern. Wer bürgt dafür, daß es nicht unter den Stürmen der Weltgeschichte zerschmettert wird und zugrunde geht, wie alle anderen Reiche auch?

»Solches wird tun der Eifer des Herrn Zebaoth.« Der heilige Eifer Gottes um seine Sache bürgt dafür, daß dieses Reich in Ewigkeit bleibt und zu seiner letzten Vollendung kommt, aller menschlichen Schuld, allem Widerstand zum Trotz. Ob wir dabei sind oder nicht, darauf wird es nicht ankommen. Gott selbst führt seinen Plan zum Ziel mit uns oder gegen uns. Aber er will, daß wir mit ihm seien. Nicht um seinetwillen, sondern um unsretwillen. Gott mit uns – Immanuel – Jesus – das ist das Geheimnis dieser Heiligen Nacht. Wir aber jubeln: »Uns ist ein Kind gegeben, ein Sohn ist uns geboren.« Ich glaube, daß Jesus Christus, wahrhaftiger Mensch von der Jungfrau Maria geboren und auch wahrhaftiger Gott, vom Vater in Ewigkeit geboren, sei mein Herr.

*Wolfgang Borchert*

# Die drei dunklen Könige

Oh, nichts, wisperte er, das sind nur die Nerven.
Man hat eben zuviel Angst gehabt.

Er tappte durch die dunkle Vorstadt. Die Häuser standen abgebrochen gegen den Himmel. Der Mond fehlte, und das Pflaster war erschrokken über den späten Schritt. Dann fand er eine alte Planke. Da trat er mit dem Fuß gegen, bis eine Latte morsch aufseufzte und losbrach. Das Holz roch mürbe und süß. Durch die dunkle Vorstadt tappte er zurück. Sterne waren nicht da.

Als er die Tür aufmachte (sie weinte dabei, die Tür), sahen ihm die blaßblauen Augen seiner Frau entgegen. Sie kamen aus einem müden Gesicht. Ihr Atem hing weiß im Zimmer, so kalt war es. Er beugte sein knochiges Knie und brach das Holz. Das Holz seufzte. Dann roch es mürbe und süß ringsum. Er hielt sich ein Stück davon unter die Nase. Riecht beinahe wie Kuchen, lachte er leise. Nicht, sagten die Augen der Frau, nicht lachen. Er schläft.

Der Mann legte das süße mürbe Holz in den kleinen Blechofen. Da glomm es auf und warf eine Handvoll warmes Licht durch das Zimmer. Die fiel hell auf ein winziges rundes Gesicht und blieb einen Augenblick. Das Gesicht war erst eine Stunde alt, aber es hatte schon alles, was dazugehört: Ohren, Nase, Mund und Augen. Die Augen mußten groß sein, das konnte man sehen, obgleich sie zu waren. Aber der Mund war offen, und es pustete leise daraus. Nase und Ohren waren rot. Eri lebt, dachte die Mutter. Und das kleine Gesicht schlief.

Da sind noch Haferflocken, sagte der Mann. Ja, antwortete die Frau, das ist gut. Es ist kalt. Der Mann nahm noch von dem süßen weichen Holz. Nun hat sie ihr Kind gekriegt und muß frieren, dachte er. Aber er hatte keinen, dem er dafür die Fäuste ins Gesicht schlagen konnte. Als er die Ofentür aufmachte, fiel wieder eine Handvoll Licht über das schlafende Gesicht. Die Frau sagte leise: Guck, wie ein Heiligenschein, siehst du? Heiligenschein! dachte er, und er hatte keinen, dem er die Fäuste ins Gesicht schlagen konnte. Dann waren welche an der Tür. Wir sahen das Licht, sagten sie, vom Fenster. Wir wollen uns zehn Minuten hinsetzen. Aber wir haben ein Kind, sagte der Mann zu ihnen. Da sagten sie nichts weiter, aber sie kamen doch ins Zimmer,

stießen Nebel aus den Nasen und hoben die Füße hoch. Wir sind ganz leise, flüsterten sie und hoben die Füße hoch. Dann fiel das Licht auf sie.
Drei waren es. In drei alten Uniformen. Einer hatte einen Pappkarton, einer einen Sack. Und der dritte hatte keine Hände. Erfroren, sagte er, und hielt die Stümpfe hoch. Dann drehte er dem Mann die Manteltasche hin. Tabak war darin und dünnes Papier. Sie drehten Zigaretten. Aber die Frau sagte: Nicht, das Kind.
Da gingen die vier vor die Tür, und ihre Zigaretten waren vier Punkte in der Nacht. Der eine hatte dicke umwickelte Füße. Er nahm ein Stück Holz aus seinem Sack. Ein Esel, sagte er, ich habe sieben Monate daran geschnitzt. Für das Kind. Das sagte er und gab es dem Mann. Was ist mit den Füßen? fragte der Mann. Wasser, sagte der Eselschnitzer, vom Hunger. Und der andere, der dritte? fragte der Mann und befühlte im Dunkeln den Esel. Der dritte zitterte in seiner Uniform. Oh, nichts, wisperte er, das sind nur die Nerven. Man hat eben zuviel Angst gehabt. Dann traten sie die Zigaretten aus und gingen wieder hinein.
Sie hoben die Füße hoch und sahen auf das kleine schlafende Gesicht. Der Zitternde nahm aus seinem Pappkarton zwei gelbe Bonbons und sagte dazu: Für die Frau sind die.
Die Frau machte die blassen Augen weit auf, als sie die drei Dunklen über das Kind gebeugt sah. Sie fürchtete sich. Aber da stemmte das Kind seine Beine gegen ihre Brust und schrie so kräftig, daß die drei Dunklen die Füße aufhoben und zur Tür schlichen. Hier nickten sie nochmal, dann stiegen sie in die Nacht hinein.
Der Mann sah ihnen nach. Sonderbare Heilige, sagte er zu seiner Frau. Dann machte er die Tür zu. Schöne Heilige sind das, brummte er und sah nach den Haferflocken. Aber er hatte kein Gesicht für seine Fäuste.
Aber das Kind hat geschrien, flüsterte die Frau, ganz stark hat es geschrien. Da sind sie gegangen. Kuck mal, wie lebendig es ist, sagte sie stolz. Das Gesicht machte den Mund auf und schrie.
Weint er? fragte der Mann.
Nein, ich glaube, er lacht, antwortete die Frau.
Beinahe wie Kuchen, sagte der Mann und roch an dem Holz, wie Kuchen. Ganz süß.
Heute ist ja auch Weihnachten, sagte die Frau.
Ja, Weihnachten, brummte er, und vom Ofen hier fiel eine Handvoll Licht hell auf das kleine schlafende Gesicht.

*Bertolt Brecht*

## Das Paket des lieben Gottes

Nehmt eure Stühle und eure Teegläser mit hier hinter an den Ofen und vergeßt den Rum nicht. Es ist gut, es warm zu haben, wenn man von der Kälte erzählt.

Manche Leute, vor allem eine gewisse Sorte Männer, die etwas gegen Sentimentalität hat, haben eine starke Aversion gegen Weihnachten. Aber zumindest ein Weihnachten in meinem Leben ist bei mir wirklich in bester Erinnerung. Das war der Weihnachtsabend 1908 in Chicago.

Ich war anfangs November nach Chicago gekommen, und man sagte mir sofort, als ich mich nach der allgemeinen Lage erkundigte, es würde der härteste Winter werden, den diese ohnehin genügend unangenehme Stadt zustande bringen könnte. Als ich fragte, wie es mit den Chancen für einen Kesselschmied stünde, sagte man mir, Kesselschmiede hätten keine Chance, und als ich eine halbwegs mögliche Schlafstelle suchte, war alles zu teuer für mich. Und das erfuhren in diesem Winter 1908 viele in Chicago, aus allen Berufen.

Und der Wind wehte scheußlich vom Michigan-See herüber durch den ganzen Dezember, und gegen Ende des Monats schlossen auch noch eine Reihe großer Fleischpackereien ihren Betrieb und warfen eine ganze Flut von Arbeitslosen auf die kalten Straßen.

Wir trabten die ganzen Tage durch sämtliche Stadtviertel und suchten verzweifelt nach etwas Arbeit und waren froh, wenn wir am Abend in einem winzigen, mit erschöpften Leuten angefüllten Lokale im Schlachthofviertel unterkommen konnten. Dort hatten wir es wenigstens warm und konnten ruhig sitzen. Und wir saßen, so lange es irgend ging, mit einem Glas Whisky, und wir sparten alles den Tag über auf dieses eine Glas Whisky, in das noch Wärme, Lärm und Kameraden mit einbegriffen waren, all das, was es an Hoffnung für uns noch gab.

Dort saßen wir auch am Weihnachtsabend dieses Jahres, und das Lokal war noch überfüllter als gewöhnlich und der Whisky noch wässriger und das Publikum noch verzweifelter. Es ist einleuchtend, daß weder das Publikum noch der Wirt in Feststimmung geraten, wenn das ganze Problem der Gäste darin besteht, mit einem Glas eine ganze Nacht auszureichen, und das ganze Problem des Wirtes, diejenigen hinauszubringen, die leere Gläser vor sich stehen hatten.

Aber gegen zehn Uhr kamen zwei, drei Burschen herein, die, der Teufel mochte wissen woher, ein paar Dollars in der Tasche hatten, und die luden, weil es doch eben Weihnachten war und Sentimentalität in der Luft lag, das ganze Publikum ein, ein paar Extragläser zu leeren. Fünf Minuten darauf war das ganze Lokal nicht wiederzuerkennen. Alle holten sich frischen Whisky (und paßten nun ungeheuer genau darauf auf, daß ganz korrekt eingeschenkt wurde), die Tische wurden zusammengerückt, und ein verfroren aussehendes Mädchen wurde gebeten, einen Cakewalk zu tanzen, wobei sämtliche Festteilnehmer mit den Händen den Takt klatschten. Aber was soll ich sagen, der Teufel mochte seine schwarze Hand im Spiel haben, es kam keine rechte Stimmung auf.

Ja, geradezu von Anfang an nahm die Veranstaltung einen direkt bösartigen Charakter an. Ich denke, es war der Zwang, sich beschenken lassen zu müssen, der alle so aufreizte. Die Spender dieser Weihnachtsstimmung wurden nicht mit freundlichen Augen betrachtet. Schon nach den ersten Gläsern des gestifteten Whiskys wurde der Plan gefaßt, eine regelrechte Weihnachtsbescherung, sozusagen ein Unternehmen größeren Stils, vorzunehmen.

Da ein Überfluß an Geschenkartikeln nicht vorhanden war, wollte man sich weniger an direkt wertvolle und mehr an solche Geschenke halten, die für die zu Beschenkenden passend waren und vielleicht sogar einen tieferen Sinn ergaben.

So schenkten wir dem Wirt einen Kübel mit schmutzigem Schneewasser von draußen, wo es davon gerade genug gab, damit er mit seinem alten Whisky noch ins neue Jahr hinein ausreichte. Dem Kellner schenkten wir eine alte, erbrochene Konservenbüchse, damit er wenigstens ein anständiges Servicestück hätte, und einem zum Lokal gehörigen Mädchen ein schartiges Taschenmesser, damit es wenigstens die Schicht Puder vom vergangenen Jahr abkratzen könnte.

Alle diese Geschenke wurden von den Anwesenden, vielleicht nur die Beschenkten ausgenommen, mit herausforderndem Beifall bedacht. Und dann kam der Hauptspaß.

Es war nämlich unter uns ein Mann, der mußte einen schwachen Punkt haben. Er saß jeden Abend da, und Leute, die sich auf dergleichen verstanden, glaubten mit Sicherheit behaupten zu können, daß er, so gleichgültig er sich auch geben mochte, eine gewisse, unüberwindliche Scheu vor allem, was mit der Polizei zusammenhing, haben mußte. Aber jeder Mensch konnte sehen, daß er in keiner guten Haut steckte.

Für diesen Mann dachten wir uns etwas ganz Besonderes aus. Aus einem alten Adreßbuch rissen wir mit Erlaubnis des Wirtes drei Seiten aus, auf denen lauter Polizeiwachen standen, schlugen sie sorgfältig in eine Zeitung und überreichten das Paket unserm Mann.
Es trat eine große Stille ein, als wir es überreichten. Der Mann nahm zögernd das Paket in die Hand und sah uns mit einem etwas kalkigen Lächeln von unten herauf an. Ich merkte, wie er mit den Fingern das Paket anfühlte, um schon vor dem Öffnen festzustellen, was darin sein könnte. Aber dann machte er es rasch auf.
Und nun geschah etwas sehr Merkwürdiges. Der Mann nestelte eben an der Schnur, mit der das »Geschenk« verschnürt war, als sein Blick, scheinbar abwesend, auf das Zeitungsblatt fiel, in das die interessanten Adreßbuchblätter geschlagen waren. Aber da war sein Blick schon nicht mehr abwesend. Sein ganzer dünner Körper (er war sehr lang) krümmte sich sozusagen um das Zeitungsblatt zusammen, er bückte sein Gesicht tief darauf herunter und las. Niemals, weder vor- noch nachher, habe ich je einen Menschen so lesen sehen. Er verschlang das, was er las, einfach. Und dann schaute er auf. Und wieder habe ich niemals, weder vor- noch nachher, einen Mann so strahlend schauen sehen wie diesen Mann.
»Da lese ich eben in der Zeitung«, sagte er mit einer verrosteten, mühsam ruhigen Stimme, die in lächerlichem Gegensatz zu seinem strahlenden Gesicht stand, »daß die ganze Sache einfach schon lang aufgeklärt ist. Jedermann in Ohio weiß, daß ich mit der ganzen Sache nicht das Geringste zu tun hatte.« Und dann lachte er.
Und wir alle, die erstaunt dabei standen und etwas ganz anderes erwartet hatten und fast nur begriffen, daß der Mann unter irgendeiner Beschuldigung gestanden und inzwischen, wie er eben aus dem Zeitungsblatt erfahren hatte, rehabilitiert worden war, fingen plötzlich an, aus vollem Halse und fast aus dem Herzen mitzulachen, und dadurch kam ein großer Schwung in unsere Veranstaltung, die gewisse Bitterkeit war überhaupt vergessen, und es wurde ein ausgezeichnetes Weihnachten, das bis zum Morgen dauerte und alle befriedigte.
Und bei dieser allgemeinen Befriedigung spielte es natürlich gar keine Rolle mehr, daß dieses Zeitungsblatt nicht wir ausgesucht hatten, sondern Gott.

*Bertolt Brecht*

## Maria

Die Nacht ihrer ersten Geburt war
Kalt gewesen. In späteren Jahren aber
Vergaß sie gänzlich
Den Frost in den Kummerbalken und rauchenden Ofen
Und das Würgen der Nachgeburt gegen Morgen zu.
Aber vor allem vergaß sie die bittere Scham
Nicht allein zu sein
Die dem Armen eigen ist.
Hauptsächlich deshalb
Ward es in späteren Jahren zum Fest, bei dem
Alles dabei war.
Das rohe Geschwätz der Hirten verstummte.
Später wurden aus ihnen Könige in der Geschichte.
Der Wind, der sehr kalt war
Wurde zum Engelsgesang.
Ja, von dem Loch im Dach, das den Frost einließ, blieb nur
Der Stern, der hineinsah.
Alles dies
Kam vom Gesicht ihres Sohnes, der leicht war
Gesang liebte
Arme zu sich lud
Und die Gewohnheit hatte, unter Königen zu leben
Und einen Stern über sich zu sehen zur Nachtzeit.

*Bertolt Brecht*

## Friedenslied

(Frei nach Neruda)

Friede auf unserer Erde!
Friede auf unserem Feld!
Daß es auch immer gehöre
Dem, der es gut bestellt!

Friede in unserem Lande!
Friede in unserer Stadt!
Daß sie den gut behause
Der sie gebauet hat!

Friede in unserem Hause!
Friede im Haus nebenan!
Friede dem friedlichen Nachbarn
Daß jedes gedeihen kann!

Friede dem Roten Platze!
Und dem Lincolnmonument
und dem Brandenburger Tore
Und der Fahne, die drauf brennt!

Friede den Kindern Koreas!
Und den Kumpels an Neiße und Ruhr!
Friede den New Yorker Schoffören
Und den Kulis von Singapore!

Friede den deutschen Bauern!
Und den Bauern im Großen Banat!
Friede den guten Gelehrten
Eurer Stadt Leningrad!

Friede der Frau und dem Manne!
Friede dem Greis und dem Kind!
Friede der See und dem Lande
Daß sie uns günstig sind!

*Clemens von Brentano*

## Wiegenlied

Da droben auf dem Turme
Da wehet der Wind,
da wieget im Sturme
Der Adler sein Kind.

Hier unten im Turme
Hier wehet kein Wind,
Hier betet die Mutter
Und wieget ihr Kind,

Und hat von der Wiege
Zur Krippe ein Band,
Von Glaube und Hoffnung
Und Liebe gespannt.

Weit über die Meere
Die Sehnsucht sie spinnt,
Dort sitzet Maria
Und wieget ihr Kind,
Die Engel, die Hirten,
Drei König und Stern,
Und Öchslein und Eslein
Erkennen den Herrn.

Wohl über dem Monde
Und Wolken und Wind
Mit Zepter und Krone
Steht Jungfrau und Kind.
Hier unten wards Kindlein
Am Kreuz ausgespannt,
Dort oben wiegts Himmel
Und Erd auf der Hand.

Komm mit, laß uns fliegen
Zu Maria geschwind,
Komm mit! und lern biegen
Dein Knie vor dem Kind,
Komm mit! schnür dein Bündlein,
Schon führet die Hand
Maria dem Kindlein,
Es segnet das Land.

*Christine Brückner*

# Geboren am 24. Dezember 1945

In jener kalten, dunklen Nacht. In Vicovice. Polanka. Rosnova. Nemece. Oder eine andere tschechische Stadt. Wer weiß heute noch ihren Namen? Das ist lange her.

Aber da war ein Kind. Das ist dort geboren. In seinem Paß muß der Name jener tschechischen Stadt stehen, die es nie gesehen hat. Wo ist dieses Kind geblieben, dessen Mutter gestorben ist, bevor man erfahren hat, woher sie kam? Ein Kind, ein neugeborenes Kind in einem tschechischen Lazarett, zwischen Sterbenden, Schwerverwundeten, Verzweifelten, Hoffenden und: tschechischer Miliz. In Hunger, in Kälte, ein neugeborenes Kind, in jenem ersten Winter, in dem der Krieg zu Ende war. War er wirklich zu Ende?

Und dann starb die Mutter, von der niemand etwas wußte, nur daß sie Maria hieß. Viele Frauen im Osten heißen Maria. Eine junge Mutter, fast noch ein Mädchen, sie hat dort ihr erstes Kind geboren, einen Sohn, und weil es der vierundzwanzigste Dezember war, hatte man ihm den Namen Christian gegeben. Aber nicht nur deshalb. Dieses Kind, von dem niemand je wieder gehört hat, ist für eine Stunde das Kind in der Krippe gewesen, das Heil der Welt.

Von jener Weihnachtsnacht in Vicovice, Rosnova, Nemece erzählen die Männer, die dabeigewesen sind, manchmal ihren Frauen. Jener, der damals ein Hirte war und heute ein Pfarrer ist, erzählt, wenn er in der Heiligen Nacht seine Ansprache hält, seiner Gemeinde von diesem Kind; und auch der, der nur die Beine des Schafes festgehalten hat, erzählt davon, damals war er Sanitäter, und an jenem Abend war auch er ein Hirte; alle, die noch am Leben sind, es sind nicht mehr viele, suchen insgeheim noch immer nach diesem Kind. In seinem Paß muß der Name jener tschechischen Stadt stehen und das Datum des vierundzwanzigsten Dezember neunzehnhundertfünfundvierzig.

Wenn er noch lebt – sagen sie dann nachdenklich zu ihren Frauen, wenn er noch am Leben ist –, was ist aus ihm geworden? Er hat doch eine Stunde in der Krippe gelegen, verstehst du? Und was ist aus den anderen geworden; dem, der den Hammel festgehalten hat, weißt du, er war Sanitäter, er konnte Tschechisch, er stand sich gut mit denen, er hat immer den Wassermann geprüft, dazu braucht man einen Hammel, aber davon verstehst du nichts. Dieses Tier zwischen uns, das war wichtig, daran erkannte man nämlich, daß wir Hirten waren, die von dem Felde kamen, weißt du, »und hüteten des Nachts ihre Herden«, wir kamen doch aus dem Felde, von überallher kamen wir, es war so ein Sammellazarett. Und dann war da einer, der hat angefangen: er hat seine Jacke, die innen aus Lammfell war, gegeben, und dahinein hat ein anderer das Kind gelegt. Er brauchte sie bald nicht mehr, er wußte das. Er war mit dabei, alle waren wir dabei, die Sterbenden und die Schwerverwundeten, die beiden Schwestern, die keine Engel sein wollten, nur zuerst, da hatten sie sich aufgestellt wie Engel. Sie hatten sogar die Haube vom Haar genommen und gelacht, aber dann muß etwas geschehen sein: sie traten zurück, sie wollten nicht im Vordergrund stehen, zwei Schritte nur, aber alle merkten: Engel waren sie nicht, konnten sie auch nicht werden, auch eine solche Nacht erlöst ein Mädchen nicht. Sie reihten sich zu den Hirten, stellten sich neben den Hammel, und die eine von ihnen hielt die Stallaterne hoch, als die Kerze abgebrannt war. Die junge Mutter Maria weinte; in ihrem Schoß und zu ihren Füßen lagen Brot, ein Stück Speck, eine Decke aus Wolle. Weihrauch, Myrrhe und Gold auch für dieses Kind. Es waren keine Könige, die vor das Kind hintraten, aber sie sahen aus, als seien sie weise geworden. Weise aus dem Morgenland. Sie kamen aus dem Osten, ein unheiliger Stern hatte sie dorthin geführt, wo sie jetzt standen, aber ein guter Stern würde sie bald nach Hause führen. Sie trugen graue wattierte Röcke, einer hatte den Arm in der Schlinge, einer hatte nur noch ein Bein, und ein dritter trug eine Binde vor den zerstörten Augen, er war der Jüngste von ihnen. Der Älteste hatte den Platz neben Maria eingenommen, er hieß Josef, viele heißen so. Er hätte ihr Vater sein können, und er hätte sie wohl auch länger beschützt als nur diese eine Nacht. Er hatte niemanden mehr, der ihn noch brauchte. Er wollte sie mit sich nehmen, sie und das Kind. Der Krieg war zu Ende, man mußte ihn bald entlassen, alt und krank, wie er war. Mit ihr wollte er nach Hause, in ein neues Zuhause. Sie wußte das noch nicht, er hatte es sich ausgedacht, als er das Kind im Schein der Laterne sah.

Es hat keinen Zuschauer gegeben in jener Nacht. Es war auch kein Spiel gewesen, kein Spiel an der Krippe mit frommen Liedern. Gesungen hatte keiner.

Angefangen hat es mit diesem Kind. Am späten Vormittag hatte man das Weinen gehört, einer hatte es zuerst gehört, hatte die anderen aufmerksam gemacht: sie horchten. Ein Kind. Ein neugeborenes Kind! Irgendwo im Lazarett, versteckt vor den tschechischen Wachtposten. Also hatte man die Frau doch nicht fortgeschickt. Am Nachmittag

trug die Schwester, die jüngere von den beiden, das Kind auf einem Kissen im Arm und lief damit von einem Saal in den anderen und rief: ein Kind! Seht bloß, ein Kind! – Sie war seit drei Jahren im Krieg, seit drei Jahren war sie Krankenschwester, aber sie hatte noch nie ein neugeborenes Kind im Arm getragen. Nur Tote kannte sie. In dem einen Saal hat sie gesagt: Seht! Ein Kind ist uns geboren! – Sie wußte nicht, daß sie mit den Worten des Evangeliums sprach, vielleicht hatte sie die nie gehört. Sie weinte, weil sie erst seit einer Stunde wußte, daß ein Kind Liebe bedeutet und daß alles, was sie von der Liebe wußte, falsch war, weil das Kind die Liebe und die Liebe das Kind ist. Sie weinte und stand zwischen den Betten und hielt den Männern das Kind hin. Keiner hat gelacht. Sie wandten nur die Köpfe weg, zogen die grauen Decken höher, daß man den Atem nicht sah. Dann kam einer von den tschechischen Soldaten und scheuchte die Schwester aus dem Saal; die aber lächelte und hielt auch ihm das Kind hin, und da ließ er sie vorbeigehen, rührte sie nicht an, was er sonst tat und was sie sonst zuließ.
Es dämmerte früh. Kein Baum, keine Lichter, keine Briefe und kein Paket von zu Hause. Schlimmer als im Krieg. Dann weint das Kind, und niemand weiß nachher mehr, wie das alles gekommen war. Sie heißt Maria, hat einer gesagt, und der hat es dem im nächsten Bett weitergesagt. – Es geht ihr schlecht. – Sie muß wohl sterben. – Da war es schon eine Stunde später, die Suppe war schon ausgeteilt, die Lampe über der Tür brannte, die vergitterte blaue Glühbirne, bei deren Schein man keinen Brief hätte lesen können.
Bald danach waren sie aufgestanden, hatten ihre wattierten Röcke und Mäntel angezogen, einer hatte dem anderen geholfen. Sie hatten das Kind sehen wollen. Sie hatten eine Frau sehen wollen, die ein Kind geboren hat. – Jeder hatte seinen Platz bald gefunden: die einen als Hirten, die anderen als Könige, als Josef der eine. Sie hatten auch Witze gemacht, so ganz geheuer war es ihnen nicht. Einer von ihnen hieß nämlich Ochse, und der mußte sich neben den Hammel stellen, den Wassermannhammel. Sie trugen herbei, was sie unter dem Kissen vor den Blicken der Kameraden und dem Zugriff der Wachsoldaten versteckt gehalten hatten. Einer soll noch sein Eisernes Kreuz besessen haben, das hat er auch hingelegt. So etwas geschieht, da lacht keiner. Keiner hat darin das Kreuz gesehen, damals, das Kreuz bei der Krippe. Er hat ja auch nur gegeben, was ihm zu geben am schwersten fiel. Die Soldaten standen in der einen Ecke, die Tschechen, die Feinde, mit ihren Gewehren in der anderen; zuerst stützten sie sich drauf, dann legten sie sie auf den Boden, zu Füßen des Kindes. Die junge Maria lächelte, die

Wangen gerötet, die Augen glänzend und das Haar aufgelöst und blond. Sie verstand nichts mehr von alldem, ihr Kind lag warm und beschützt, sie fürchtete sich nicht mehr, sie lächelte in Traum und Fieber.
Hat wirklich einer gesagt: »Friede auf Erden?« – Gehört hatten sie es alle, in dieser Stunde haben sie alle das Heil der Welt erblickt; die Könige, die keine Weisen waren, die Hirten, der Mann, der den blökenden Hammel an den Beinen hielt, daß er stillstand und das Bild nicht störe, und die Schwester, die die Laterne hochhielt, und der Mann, der ein Josef sein wollte, und der, der seine Jacke hergegeben hat, weil er wußte, daß das Kind sie nötiger brauchen würde als er.
In der Weihnachtsnacht, wenn ihre Kinder in den Betten liegen, versuchen die Männer, die damals dabeigewesen sind, in jener kalten, dunklen Nacht in Vicovice, Polanka, Rosnova, Nemece oder wie dieser Ort nun heißen mag, ihren Frauen davon zu erzählen. Und dann fragen die: wer warst denn du? – Ich? Ich war der mit dem Hammel, sagen sie. – Ich war der Junge, der mit der Binde vor den Augen, weißt du das nicht? Der geführt werden mußte. – Ich war einer von den Königen aus dem Morgenlande, ich hatte Wein, einen ganzen Krug voll Wein –
Wirklich –? fragen die Frauen. Du warst einer von den Königen, den Weisen? – Du warst der mit dem blökenden Hammel? – Du warst jener Josef?
Sie sind ungläubig, sie lachen.
Es ist schwer, diese Geschichte zu erzählen. Von Jahr zu Jahr wird es schwerer.

*Wilhelm Busch*

## Der Stern

Hätt einer auch fast mehr Verstand
Als wie die drei Weisen aus Morgenland
Und ließe sich dünken, er wär wohl nie
Dem Sternlein nachgereist wie sie;
Dennoch, wenn nun das Weihnachtsfest
Seine Lichtlein wonniglich scheinen läßt,

Fällt auch auf sein verständig Gesicht,
Er mag es merken oder nicht,
Ein freundlicher Strahl
Des Wundersternes von dazumal.

*Dino Buzzati*

# Die Nacht im Dom

Wer klopft am Weihnachtsabend an die Domtür? – fragte sich Don Valentino. – Haben die Leute noch nicht genug gebetet? Was für eine Sucht hat sie ergriffen?

Mit diesen Worten ging er öffnen, und mit einem Windstoß trat ein zerlumpter Mann herein.

– Wieviel von Gott ist hier –, rief er lächelnd aus und sah sich um. – Wieviel Schönheit! Man spürt es sogar von draußen. Hochwürden, könnten Sie mir nicht ein wenig davon abgeben? Denken Sie, es ist der Heilige Abend.

– Das gehört Seiner Exzellenz, dem Erzbischof –, antwortete der Priester. – Er braucht es in wenigen Stunden.

– Und auch nicht ein kleines bißchen könnten Sie mir geben, Hochwürden? Es ist so viel davon da! Seine Exzellenz würde es gar nicht einmal merken!

– Nein, habe ich gesagt... du kannst gehen... der Dom ist für die Allgemeinheit geschlossen –, und er geleitete den Armen mit einem Fünf-Lire-Schein hinaus. Aber als der Unglückliche aus der Kirche hinausging, verschwand im gleichen Augenblick auch Gott. Bestürzt schaute sich Don Valentino um und forschte in den dunklen Gewölben: Selbst da oben war Gott nicht mehr. Und in ein paar Stunden sollte der Erzbischof kommen. In höchster Erregung öffnete Don Valentino eine der äußeren Pforten und blickte auf den Platz. Nichts. Auch draußen keine Spur von Gott, wiewohl es Weihnachten war. Aus den tausend erleuchteten Fenstern kam das Echo von Gelächter, zerbrochenen Gläsern, Musik und sogar von Flüchen. Keine Glocken, keine Lieder. Don Valentino ging in die Nacht hinaus, schritt durch die unheiligen Straßen. Er wußte die rechte Anschrift. Als er in das Haus trat, setzte sich die befreundete Familie gerade zu Tisch. Alle sahen einander wohlwollend an, und um sie herum war ein wenig von Gott.

– Frohe Weihnachten, Hochwürden –, sagte der Vater. – Wollen Sie nicht unser Gast sein?

– Ich habe Eile, ihr Freunde –, antwortete er. Durch eine Unachtsamkeit meinerseits hat Gott den Dom verlassen, und Seine Exzellenz kommt gleich zum Gebet. Könnt ihr mir nicht euern Herrgott geben? Ihr seid ja in Gesellschaft und braucht ihn nicht so unbedingt.

– Mein lieber Don Valentino –, sagte der Vater. – Sie vergessen, daß heute Weihnachten ist. Gerade heute sollten meine Kinder ohne Gott auskommen? Ich wundere mich, Don Valentino.
Und in dem gleichen Augenblick, in dem der Mann so sprach, schlüpfte Gott aus dem Hause, das freundliche Lächeln erlosch, und der Truthahnbraten war wie Sand zwischen den Zähnen. Und wieder hinaus in die Nacht und durch die verlassenen Straßen. Don Valentino lief und lief und erblickte ihn schließlich von neuem. Er war bis an die Tore der Stadt gekommen, und vor ihm breitete sich, licht im Schneegewande schimmernd, das weite Land. Über den Wiesen und den Zeilen der Maulbeerbäume schwebte Gott, als wartete er. Don Valentino sank in die Knie.
– Aber was machen Sie, Hochwürden? – fragte ihn ein Bauer. – Wollen Sie sich in dieser Kälte eine Krankheit holen?
– Schau, da unten, mein Sohn! Siehst du nicht?
Der Bauer blickte ohne Erstaunen da hin.
– Das ist unser –, sagte er. – Jede Weihnacht kommt er, um unsere Felder zu segnen.
– Höre –, sagte der Priester, – könntest du mir nicht ein wenig davon geben? Wir sind in der Stadt ohne Gott geblieben, sogar die Kirchen sind leer. Gib mir ein wenig davon ab, damit wenigstens der Erzbischof ein anständiges Weihnachten feiern kann.
– Fällt mir nicht im Traume ein, Ihr lieben Hochwürden! Wer weiß, was für ekelhafte Sünde ihr in der Stadt begangen habt. Das ist eure Schuld. Seht allein zu.
– Gewiß, es ist gesündigt worden. Und wer sündigt nicht? Aber du kannst viele Seelen retten, mein Sohn, wenn du mir nur ja sagst.
– Ich habe genug mit der Rettung meiner eigenen zu tun! – sagte der Bauer mit höhnischem Lachen, und im gleichen Augenblick hob sich Gott von seinen Feldern und verschwand im Dunkel. Und Don Valentino ging weiter und suchte. Gott schien seltener zu werden, und wer ein bißchen davon besaß, wollte nichts hergeben (aber im gleichen Augenblick, da er mit »nein« antwortete, verschwand Gott und entfernte sich immer weiter). Endlich stand Don Valentino am Rande einer grenzenlosen Heide, und in der Ferne am Horizont leuchtete Gott sanft wie eine längliche Wolke. Der Priester warf sich in den Schnee auf die Knie.
– Warte auf mich, o Herr –, bat er, – durch meine Schuld ist der Erzbischof heute allein geblieben.
Seine Füße waren zu Eis erstarrt, er lief im Schnee weiter und sank bis

ans Knie ein, und alle Augenblicke fiel er der Länge nach hin. Wie lange konnte er es noch aushalten?

Endlich vernahm er einen großen, leidenschaftlichen Chor von Engelstimmen, ein Lichtstrahl brach durch den Nebel. Er öffnete ein hölzernes Türchen, es war eine riesige Kirche, und in ihrer Mitte betete ein Priester zwischen einigen Lichtern. Und die Kirche war voll des Paradieses. – Bruder –, seufzte Don Valentino, am Ende seiner Kräfte und mit Eisnadeln bedeckt, – habe Mitleid mit mir. Mein Erzbischof ist durch meine Schuld allein geblieben und braucht Gott. Gib mir ein bißchen von ihm, ich bitte dich. – Langsam wandte sich der Betende um. Und Don Valentino wurde, als er ihn erkannte, fast noch bleicher, als er ohnedies war.

– Ein gesegnetes Weihnachten dir, Don Valentino –, rief der Erzbischof aus und kam ihm entgegen, ganz von Gott umgeben. – Aber Junge, wo bist du nur hingelaufen? Was hast du um Himmels willen in dieser bärenkalten Nacht draußen gesucht?

*Ernesto Cardenal*

## Die Hirten von Bethlehem

(Lukas 2, 8–20)

*In der Gegend von Bethlehem waren Hirten auf dem Felde bei den Hürden, die hüteten des Nachts ihre Herde. Plötzlich trat der Engel des Herrn zu ihnen, und die Klarheit des Herrn leuchtete um sie, und sie fürchteten sich sehr. Aber der Engel sprach zu ihnen: Fürchtet euch nicht! Siehe, ich verkündige euch große Freude, die allem Volk widerfahren wird:*

Wir sind in der kleinen Kirche versammelt.
Zuerst spricht der alte Tomás Peña, wie immer mit großer Einfachheit: – Ich sehe, daß die Leute, die da die Herden hüteten, eine frohe Nachricht erhielten. Sie waren auf dem Feld wie unsereins hier und hörten plötzlich diese große Freude. So wie wir, als wir hörten, daß Sie zu uns kämen. Man hatte uns gesagt, bald käme ein Priester zu uns, und wir wollten es zuerst nicht glauben, weil wir früher noch nie einen Priester hatten... Genauso freuten sich diese Hirten. Sie waren traurig. Sie feierten kein Fest, sondern es ging ihnen schlecht.
– Und warum erhielten gerade sie die Nachricht? – frage ich.
Tomás Peña: – Vielleicht weil sie näher bei Gott waren. Andere dachten an Schlechtes, nicht an Gutes. Glaube ich...
Patricio: – Sie waren näher bei Gott, weil sie sich dort die Nacht um die Ohren schlugen. Darum wollte Gott ihnen eine Freude schicken. Ich glaube, so könnte es gewesen sein.
Felipe: – Der Engel kam zu ihnen, weil sie arbeiten, und ich finde, das ist eine große Sache für uns. Denn sie waren arm und mußten nachts arbeiten, sie hüteten die Schafe, so wie wir hier die Kühe versorgen. Es waren Arbeiter, arme Leute. Der Engel hätte auch zum König gehen können und sagen: »Der Retter ist geboren.« Aber er ging nicht zum König, sondern zu den Arbeitern. Das heißt, diese Botschaft ist nicht für die großen Typen, sondern für die Masse, das heißt, für alle Armen und Unterdrückten.
Ich: – Tatsächlich standen die Hirten auf der untersten Stufe der sozialen Leiter in Israel...
Alejandro: – Ein Teil der Botschaft war auch, daß einer geboren werden sollte, der genau wie sie war: arm, in Windeln gewickelt.

*Euch ist heute der Heiland geboren aus dem Volk Davids, welcher ist Christus, der Herr.*

Félix: – Der Engel erklärt ihnen, daß er für sie gekommen ist. Ich glaube, sie waren so etwas wie Sklaven, und als sie hörten, daß ein Heiland oder ein Befreier für sie kommen sollte, da freuten sie sich. Sie hatten schon etwas von einem Messias gehört, und als der Engel ihnen sagte, er wäre schon geboren, da waren sie froh. Sie wußten, daß diese Geburt sie von der Sklaverei befreien sollte. Ein Befreier für alle Sklaven! Er kam, um alle Sklaven zu befreien, alle Armen, nicht nur die in der damaligen Zeit, nein, auch die von heute. Jeder Arme, der gezwungen ist, für einen Reichen zu arbeiten, lebt wie ein Sklave.
Felipe: – Ein Arbeiter ist immer arm, auch wenn er in einer Fabrik arbeitet.
Félix fährt fort: – Er kam, um die Armen zu befreien, nicht die Reichen. Darum mußte die Nachricht von seiner Geburt den Armen gebracht werden. Und heute ist es genauso: Die Botschaft, das Wort Gottes, wird mehr von den Armen gehört als von den Reichen. Ich glaube, es liegt gerade an der Armut der Armen, daß sie das Wort Gottes eher hören als die Reichen. Viele reiche Leute gehen sonntags in die Kirche, aber ohne das Wort Gottes richtig zu hören. Sie gehen in die Kirche aus purer Gewohnheit... oder sie gehen überhaupt nicht.
Sabino: – Viele Arme gehen auch nicht in die Kirche.
Francisco: – Der Engel kam auch nicht zu allen Armen...
Felipe: – Er kam zu denen, die arbeiteten, und nicht zu denen, die auf der faulen Haut lagen...
Félix: – Der Geist Gottes kommt eher zu den Armen, weil der Arme in seiner Sklaverei Gott jeden Tag um Hilfe bitten muß. Und wenn er am wenigsten daran denkt, kommt ihm plötzlich eine gute Idee: Zu dem ist dann der Geist Gottes gekommen.
Oscar: – Die Hirten waren genau wie wir, sie brauchten dringend einen Befreier. Denn die Tiere wurden von ihnen gehütet, aber sie selbst waren allein, von aller Welt verlassen. So werden wir auch von den Reichen gedemütigt und sind von aller Welt verlassen. Aber wenn dann einer kommt und uns sagt, so könne es nicht weitergehen, wir könnten nicht immer weiter Sklaven der Reichen sein, es müsse eine Revolution kommen oder so, dann begreifen wir, daß auch wir um unsere Freiheit kämpfen können.
Julio: – Mir kommt es so vor, als wären wir die Hirten der Reichen,

weil wir für sie arbeiten und sie mit unserer Arbeit unterhalten. Für uns muß auch ein Befreier kommen. Wir sind Bauern und Macheteros, aber ich glaube, zu uns braucht kein Engel persönlich zu kommen, um uns darauf aufmerksam zu machen..., oder vielleicht ist er schon gekommen.
Felipe: – Der Engel, das ist irgendeine gute Idee, irgendeine Erleuchtung, die man plötzlich im Wald hat, wenn man mit der Machete arbeitet, wie Félix sagt..., irgendeine Idee, was man für die andern tun könnte oder für die Gemeinschaft. Eben der Heilige Geist, denn das ist der Geist der Liebe zum Nächsten, nicht wahr?
Julio: – Ja, darum sagte ich vorhin, dieser Engel sei vielleicht schon zu uns gekommen, und wir brauchten nicht darauf zu warten, daß er uns persönlich erscheint, wie eine Vision... Während wir diese Worte lesen und darüber sprechen, ist er vielleicht gerade dabei, uns zu erscheinen und uns diese Botschaft zu bringen.
Ich: – So ist es. In diesem Augenblick empfangen wir die gleiche Botschaft wie die Hirten damals in Bethlehem.
Laureano: – Die Botschaft kennen wir schon lange. Aber jetzt müssen wir daran arbeiten...
– Wir müssen sie ausstreuen – unterbricht ihn sein Vetter Julio.
Laureano spricht weiter: – Und zusehen, wie wir uns befreien. Denn die Befreiung geschieht durch den Menschen.
Felipe: – Wenn einer dagegen ist, dann immer aus Egoismus.
Oscar: – Auch aus Angst. Viele von uns haben Angst. Angst, daß einem etwas passieren könnte. Gefängnis, Tod... Oft hat diese Angst ihren Grund in der Unwissenheit.

*Und das habt zum Zeichen: Ihr werdet finden das Kind in Windeln gewickelt und in einer Krippe liegen.*

Oscar: – Jesus wurde in einem Stall geboren. Der Befreier kam für die Armen, darum mußte er auf diese Weise geboren werden. Er mußte uns ein Beispiel geben, damit der eine sich nicht besser vorkommt als der andere, damit wir uns alle gleich fühlen. Denn alle sind wir auf die gleiche Art geboren, alle aus dem Leib unserer Mutter.
Angel, Félix' Sohn: – Wenn man ihnen eine gute Unterkunft angeboten hätte, hätten Maria und Josef sie dann nicht angenommen?
Rafael: – Sie hätten sie nicht abgelehnt, meine ich...
Oscar: – Dann wäre er besser nicht gekommen.
Félix: – Er wollte den Armen eben zeigen, daß er einer von ihnen war.

Angel: – Sie konnten sie nicht annehmen, weil sie ihnen ja keiner angeboten hatte ...
Julio: – Und warum lud sie keiner in sein Haus ein?
Oscar: – Sie waren eben sehr arm. Darum.
Tomás Peña: – Sie dachten vielleicht sogar, sie wären Langfinger, sie könnten sie bestehlen ...
Félix: – Ja, heute ist das so. Wenn einer schlecht angezogen in die Stadt kommt und eine Unterkunft sucht, findet er keine. Und wenn, dann höchstens in so einer Art Hühnerstall, da kann er bei den Hühnern wohnen.
Tomás: – Wenn Jesus in einem reichen Haus zur Welt gekommen wäre, dann hätten ihn die Hirten nicht besuchen können. Man hätte ihnen wahrscheinlich nicht einmal die Tür aufgemacht.
Oscar: – Dann hätten ihn die Hirten auch gar nicht besuchen wollen, weil ihnen klargewesen wäre, daß er nicht für sie, sondern für die Reichen geboren wurde.
Ich sage: – Die Reichen hatten keine Befreiung nötig. Wovon will ein Reicher schon befreit werden!
William: – Die Reichen haben es nötig, von ihrem Geld befreit zu werden.
Felipe: – Wenn die Armen sich befreien, dann werden die Reichen auch frei.
Adancito: – Die Armen machen sie frei.
Francisco: – Und die Armen haben auch die Möglichkeit, groß zu werden, wie der Messias, der aus dem Volk geboren wurde.
Ich sage: – Tatsächlich hat das Volk große Fähigkeiten, die nur entwikkelt zu werden brauchen. Wenn es genug Schulen gibt, ausreichende Ernährung ...
Natalia: – Wenn die Kinder gesund heranwachsen, wenn die Alten versorgt werden, wenn es genug Ärzte für alle gibt ... Wie wir das in Kuba anfangen sehen. Und wenn man gesund ist, dann hat man auch Lust zum Arbeiten. Aber wenn man sich elend fühlt ... Und in Kuba können auch die Armen einen Beruf lernen. Aber hier, welche Möglichkeiten hat man hier schon?

*Und alsbald waren bei dem Engel viele andere Engel des Himmels, die lobten Gott und sprachen: Ehre sei Gott in der Höhe und Frieden auf Erden allen Menschen, die lieben.*

Der alte Tomás Peña fragt: – Waren diese anderen Engel, die erst später nach dem ersten Engel kamen, zurückgeblieben, weil sie einen längeren Weg hatten, oder hatte Gott sie vielleicht noch nicht erleuchtet?
Ich: – Vielleicht hatten die Hirten sie noch nicht gesehen. Zuerst spricht ein Engel, und dann hören sie plötzlich auch andere...
Tomás: – Ja, das ist wie hier: Wir hören alle, aber wir verstehen nicht alle sofort. So hatten sie den einen Engel gehört und nicht auf die anderen geachtet.
Don Julio Chavarría: – In diesem Augenblick war Frieden auf Erden durch die Geburt des Kindes, und darüber freute man sich im Himmel. Ich glaube, das ist es, was die Engel singen.
Edgard, ein junger Mann, der Franziskanermönch gewesen war und der jetzt bei uns zu Besuch ist: – Gott kann im Himmel nicht gelobt werden, solange es auf der Erde keinen Frieden gibt – das heißt Gerechtigkeit, Brüderlichkeit, Gleichheit. Das alles ist Frieden. Die Reichen glauben oft, sie lobten Gott, aber sie halten keinen Frieden und üben keine Gerechtigkeit. Darum loben sie Gott auch nicht wirklich, denn beides geht Hand in Hand.
William: – Liebe und Friede auf Erden, das ist die wirkliche Ehre Gottes.

*Und sie kamen eilend und fanden beide, Maria und Josef, dazu das Kind in der Krippe liegen. Da sie es aber gesehen hatten, verbreiteten sie alles, was ihnen der Engel von diesem Kind gesagt hatte. Und alle, die es hörten, verwunderten sich über ihre Worte.*

Julio: – Früher fühlten sie sich unterdrückt, und als ihr Befreier geboren war, da fühlten sie sich schon frei. Die Freude erzählten sie dann weiter.
Tomás: – Und alle Leute freuten sich mit ihnen, oder besser gesagt, alle Armen, weil diese Neuigkeit hauptsächlich für sie bestimmt war.

*Maria aber behielt alle diese Worte in ihrem Herzen und dachte über sie nach.*

Tomás: – Sie verwunderte sich nicht wie die anderen, weil sie vom Heiligen Geist erleuchtet war. Aber vielleicht dachte sie, die anderen könnten etwas erzählen, was nicht stimmte, sie könnten vielleicht übertreiben, etwas erzählen, was sie gar nicht gesehen hatten. Und dann dachte sie auch, daß die Mächtigen ihr Kind töten könnten oder ihm irgend etwas antun, nicht wahr? Gefährlich...

Ich: – Ja, Maria wußte schon von dem Engel, daß Jesus der Messias war...

Tomás: – Darum glaubte sie, daß sie ihm etwas antun könnten, weil er der Messias war. Und sie waren ja auch tatsächlich immer gegen ihn. Weil er uns alle befreien wollte, das ganze Volk, mußte er mit vielen Feinden rechnen. Er würde viele Kämpfe auszustehen haben.

Julio: – Wenn Maria das alles schon wußte, also schon vor den Engeln, die es den Hirten verkündeten, warum erzählte sie es dann nicht selbst, warum wartete sie, daß die Engel es verkündeten? Ich glaube, sie hatte Angst, daß sie ihn töten könnten. Darum bewahrte sie das Geheimnis und erzählte es keinem weiter.

Oscar: – Die Hirten erfuhren es, der König und die Reichen erfuhren es nicht. Genau wie heute, heute wissen auch nicht alle etwas von der Ankunft dieses Jesus.

Julio: – Ich glaube, die meisten wissen davon, sie haben bloß Angst. Sie trauen sich nicht, so nah an Jesus heranzukommen wie die Hirten, weil sie Angst haben. Und dann gibt es natürlich auch viele, die nichts davon wissen.

## *Blaise Cendrars*
# Weihnachten mit denen aus dem verheißenen Land

Für Pierre Lazaroff

Es ereignete sich im Jahre 1910, an Bord der »Volturno«, eines Frachtschiffes, das in Libau eine volle Ladung der ärmsten Auswanderer der Welt aufgenommen hatte, um sie nach New York zu bringen; ich befand mich als Dolmetscher unter ihnen.

Die »Volturno« war ein ganz kleines Frachtschiff und hatte nichts von einem Überseedampfer an sich; aber es war ein guter kleiner Kahn, der dem Meer wacker standhielt. Trotzdem konnte man vor Kälte und auch ein wenig vor Hunger fast umkommen.

Das Schiff war vollgestopft mit Armen, mit den Ärmsten aus allen Ecken der asiatischen Länder, mit Sibiriern und Tataren und Georgiern und Persern und Armeniern und Kirgisen und Mohammedanern aus der Petrolgegend und nomadisierenden Buddhisten aus dem Steppengebiet sowie ein paar seltenen Nord-Chinesen, Riesen aus der Mandschurei, und dann mit Juden, einer Menge armer Juden, die aus allen Ghettos Polens kamen und in Gruppen auf Deck sangen, um sich ihre Besorgnis aus dem Sinn zu schlagen und ihre Erwartung der Neuen Welt, des verheißenen Landes, zum Ausdruck zu bringen...

Die Überfahrt dauerte lang: achtundzwanzig Tage. Denn als Weihnachten näher kam, wurden wir von einem entsetzlichen Sturm überfallen, bei dem die »Volturno« ihre Schiffsschraube verlor. Man hatte die Stückpforten schließen und alle Öffnungen zuriegeln müssen, um die Menschenmenge in den unteren Schiffsräumen festzuhalten. Der tanzende Schiffsrumpf der »Volturno« widerhallte vom Klagegeschrei dieser Unglücklichen, die tief im untersten Schiffsraum eingeschlossen waren und um die sich, trotz der wiederholten Schläge, mit denen sie an die Ausgänge der wasserdichten Schotten hämmerten, niemand kümmerte.

Weihnachten wurde in Neufundland gefeiert, wo wir – um die Schiffsschraube zu ersetzen – in Saint-Johns eine lange Zwischenlandung einschalten mußten. Es war eines der sonderbarsten Weihnachtsfeste meines Lebens, mit all diesen Elendsgefährten, dieser wunderlichen Menge, die in den Schuppen der Hafenunternehmer versammelt waren, wo jeder dem Himmel dafür dankte, daß er den großen Gefahren der Tiefsee entronnen war und das verheißene Land erreicht hatte.

Ein jeder pries seinen Gott und sagte ihm auf seine Weise Dank. Die Parsen taten es, indem sie die Küchenfeuer im Freien dadurch unterhielten, daß sie die Gläser voller Schnaps, die man ihnen servierte, hineingossen. Die Juden standen mit den Hüten auf dem Kopf, wie vor der Klagemauer, den Wellblechwänden der Docks entlang, stießen Seufzer aus, weinten laut und zerrissen den obern Teil ihres Kaftans. Der größte Teil verhielt sich stumm, einfältig vor Entsetzen, aber betend: Gott ist Gott.

*Matthias Claudius*
## Vor Gott geht's göttlich her

Vor Gott geht's göttlich her,
und nicht nach Stand und Würden.
Herodem läßt er leer,
mit seinem ganzen Heer;
und Hirten auf dem Felde bei den Hürden
erwählet er.

Sie saßen da und hüteten im Dunkeln ihre Herde
mit unbefangnem frommen Sinn;
da stand vor ihnen, an der Erde,
der Engel Gottes, und trat zu ihnen hin,
und sie umleuchtete des Herren Klarheit,
und er sagte ihnen die Wahrheit.
Und eilend auf sie standen,
gen Bethlehem zu gehn;
und kamen hin und fanden,
ohn' weiters zu verstehn,
Mirjam und Joseph beide,
und in der Krippen lag zu ihrer großen Freude
in seinem Windelkleide
aus Grummet von der Weide
der Knabe wunderschön.

*Simon Dach*

## Das Volk, so im Finstern wandelt, siehet ein großes Licht

Die wir in Todes Schatten
So lang gesessen sind
Und kein Erleuchtung hatten,
In Gottes Sachen blind,
Und kunnten nichts verstehen,
Nicht Gnade noch Gericht,
Sehn über uns aufgehen
Anjetzt ein großes Licht;

Ein Licht, dadurch wir schauen
In Gottes Herz hinein,
Daß er in Zuvertrauen
Der Unsere nun will sein;
Ein Licht, das heftig brennet
In unser Fleisch und Blut,
Daß sich ein Mensch erkennet,
Und was für Sünd er tut;

Ein Licht, das plötzlich fähret
Tief in der Gräber Nacht
Und uns den Tod erkläret
Mit aller seiner Macht,
Das uns die Hölle zeiget
Und was darinnen ist,
Da Satan sich eräuget
Samt seiner ganzen List,

Das über Mond und Sonne
Sich in den Himmel dringt
Und uns der Engel Wonne
Klar zu Gesichte bringt,
Das uns vor Augen malet,
Wie nichts sei Welt und Zeit
Und wie für allen strahlet
Der Glanz der Ewigkeit.

Das Wünschen und Verlangen
Der Väter allzumal,
Das ist uns aufgegangen
In einem finstern Stall;
Das Kind ist uns geboren,
Der Sohn ist uns geschenkt,
Durch den Gott Herz und Ohren
Nun gnädig zu uns lenkt;

Durch den wir sind genesen
Von unser großen Not,
Als die wir sind gewesen
Viel tausendfältig tot;
Durch den wir sind entnommen
Der Arbeit und Gefahr
Und zur Gemeinschaft kommen
Der reinen Engel-Schar.

O Kindelein, du Pflanze
Der wahren Seligkeit,
Du heller Glanz vom Glanze
Gezeugt vor aller Zeit,
Du bist es, den wir meinen,
Das wesentliche Licht,
Dadurch uns Gott läßt scheinen
Sein Gnaden-Angesicht.

Was werd ich dir erzeigen
Für solcher Liebe Sinn?
Was hat ein Mensch wohl eigen,
Das dein nicht sei vorhin?
Du willst die Herzen haben;
Das schenk ich, Heiland, dir
Für alle deine Gaben,
Nichts Bessers ist bei mir.

Laß dir es, Herr, gefallen,
Mach es zu deinem Saal,
Erleucht es dir für allen
Durch deines Geistes Strahl;

Hilf mir den Richtsteig merken
Zu meiner Seligkeit,
Und für den finstern Werken
Behüt mich allezeit.

Voraus, geh ich die Schatten
Des Todes letzlich ein,
Komm mir, o Licht, zustatten
Und leit mich Himmel-ein;
Wend Kleinmut, Furcht und Grausen
Und laß mich deine Zier
Und alles dort anschauen,
Was Hoffnung ist allhier.

*Alphonse Daudet*

# Die drei Stillen Messen

Eine Weihnachtsgeschichte aus der Provence

Aus dem Französischen von Helmut Bartuschek

## I

»Zwei Truthennen, gefüllt mit Trüffeln, Garrigou...?« – »Ei und wie, Hochwürden, zwei leckere, herrliche Truthennen – und vollgestopft mit Trüffeln! Ich kann Euch sagen...! Ich habe ja selber beim Füllen mitgeholfen: Man möchte meinen, gleich auseinanderknacken müsse sie beim Braten, ihre Haut, so gespannt war sie, zum Platzen...«

»Jesus-Maria, und ich esse die Trüffeln doch für mein Leben gern – Garrigou, mach schon, reich mir mein Chorhemd her!... Und außer den Puten? Was hast du da noch so gesehen in der Küche...?!«

»O-ah! alle möglichen guten Sachen... Seit dem Mittagsläuten haben wir nichts getan als gerupft: Fasanen, Wiedehöpfe, fette Haselhühnchen, Birkhähne... Es stiebte überall nur so von Federn! – Und was dann so noch aus den Fischweihern herangeschleppt wurde: die Aale, die Goldkarpfen, Forellen und...«

»Forellen, sagst du? Wie groß, Garrigou?«

»Na, so-o hier von dieser Güte, Hochwürden! Solche Ungeheuer...!«

»Ah, Gott, ich glaube, ich sehe sie...! Hast du den Meßwein in die Kännchen gefüllt?«

»Schon eingegossen, Hochwürden... Aber, verdammich, unser Meßwein, der kann sich nicht messen mit dem, den Ihr da drüben gleich schlürfen werdet, in einer Stunde, nach der Mitternachtsmesse! Wenn Ihr das gesehen hättet im Speisesaal drüben: die Karaffen voll Wein, in allen Farben funkelnd... Und das Silbergeschirr, die ziselierten Tafelaufsätze... Und die Blumenpracht, die festliche Kerzenbeleuchtung...! So einen Weihnachtsschmaus wird man wohl kaum ein zweites Mal wieder erleben. Unser Herr Marquis, der hat sich doch alle Seigneurs aus der ganzen Umgegend eingeladen zu diesem Feste: Mindestens vierzig Herren werdet Ihr da bei Tisch sein, unseren Amtmann und seinen Schreiber gar nicht mitgerechnet... Ah, Hochwürden, Ihr seid gut dran, mit dazuzugehören...! Schon vom bloßen Bratengeruch dieser herrlichen Puten könnte man ganz selig werden – oh und der Duft, der Duft der Trüffeln, der will mir nicht mehr von der Nase weg... Höm-m-m!«

»So mach schon, mein Junge, mach schon! Und ja immer schön auf der Hut sein vor der Sünde der Völlerei und der Schlemmerei, zumal in der heiligen Christnacht... Eil dich, zünd die Kerzen an, und dann lauf und läute die Messe ein: Die Mitternacht ist da, und wir dürfen uns nicht verspäten...!«

Dieses Zwiegespräch geschah in einer Weihnacht – im Jahre des Heils sechzehnhundert und etliches dazu – zwischen Hochwürden Dom Balaguère, dem ehemaligen Barnabiterprior und derzeit wohlbestallten Schloßkaplan der Edlen Herren von Trinquelague, und seinem kleinen Mesner Garrigou – oder vielmehr demjenigen, welchen Dom Balaguère für seinen Ministranten hielt. (Denn ihr wißt ja wohl, daß in jener denkwürdigen Nacht und dem Dämmerschein der Kerzen aus dem pausbäckigen jungen Sakristansgesicht mit den verschmitzten Zügen der Teufel selber sprach, um Hochwürden leichter herumzubekommen und zu der entsetzlichsten Erzsünde, der Leckermäuligkeit, zu verlocken!) Währenddem also unser sogenannter Garrigou (hum! hum!) aus Leibeskräften die Glocken im Turm der Schloßkapelle erschallen ließ, machte sich Hochwürden in seiner kleinen Sakristei für den Gottesdienst fertig. Und wie er sich so sein Chorhemd überstreifte und im vollen Meßornate dastand, wiederholte er sich in seinem Geiste, der schon etwas umnebelt und entrückt war von all den gastronomischen Schildereien, immer wieder die Worte:

»Gebratene Truthennen... goldgelbe Karpfen... Forellen von dieser Güte...!«

Draußen bließ der Nachtwind und trieb in mächtigem Schwall die Klänge der Glocken nach allen Richtungen weiter ins Land; und alsbald glommen da und dort Lichter auf aus dem Dunkel längs den Hängen des Mont Ventoux, auf dessen Gipfel sich die altersgrauen Türme der Veste Trinquelague in den Himmel reckten. Das waren die Familien der Pächtersleute und Hofmeier, die da der Schloßkapelle zuströmten, um die Weihnachtsmesse zu hören. Sie klommen den Burgweg hinan, in Gruppen zu fünf oder sechs, und sangen fromme Choräle: Den Seinen voran der Vater, mit der Laterne in der Hand, dahinter das Weibervolk, in ihre weiten braunen Umschlagtücher gehüllt, unter denen die Kinder, eng aneinandergedrückt, mit Schutz suchten.

Trotz der Mitternachtsstunde und der Winterkälte stapfte all das wackre Volk fröhlich voran, von der Vorfreude beschwingt, daß es auch diesmal, wie alle Jahre, nach dem Ausklang der Weihnachtsmesse für sie einen Festtisch, in den Tiefen der Schloßküchen drunten ge-

deckt, geben werde. Im Mondlicht gleißten von Zeit zu Zeit beim holprigen Aufstieg die Spiegelscheiben einer vorüberrollenden, von Fackelträgern geleiteten Karosse auf; oder auch einmal ein Maultier trottete bergan an ihnen vorbei und ließ im Takt seiner Hufe die Schellen an seinem Ledergeschirr mit erklingen, und beim Licht der Kienspäne im Nebeldunst erkannten die Meiersleute ihren Amtmann und grüßten ihn im Vorbeizug: »Grüß Gott, grüß Gott, Meister Arnoton!«
»Guten Abend mitsammen, liebe Leute, guten Abend...!«
Die Nacht war klar, die Sterne glitzerten lebhaft in der Frostluft; der scharfe Wind schnitt und stach ins Gesicht, und ein feiner körniger Graupelschauer rieselte nieder über die Kleider, ohne sie zu durchnässen – ganz wie es immer schon gewesen war, seit Menschengedenken, zu unseren schneeweißen Weihnachten! Ganz droben auf der Höhe – ihr Ziel – war das Schloß sichtbar, mit seinen massigen Türmen, Giebeln, Zinnen und dem Glockenturm seiner Kapelle, der in den nachtblauen Himmel hinaufragte; und ein Gewimmel von kleinen Lichterchen bewegte sich hinter den vielen Fenstern droben: Sie gingen und kamen, blitzten auf und verschwanden wieder – es sah aus, dies Lichterspiel vor dem düsteren Hintergrund des großen Gemäuers, als liefen und huschten tausend glühende Funken und leuchteten auf aus grauen Aschenhaufen verbrannten Papiers... Um zu der Kapelle zu gelangen, mußte man, wenn man endlich über die Zugbrücke und durch die Torhalle oben eingezogen war, erst noch den vorderen Burghof überqueren. Voller Kutschen, Tragsänften und Dienervolk war er und ganz erhellt vom flackernden Scheine der Fackeln und von dem Feuerglanz, der aus den offenen Küchenkaminen herausflammte. Man konnte das Geklicker der sich drehenden Bratspieße hören, das Scheppern der hin und her gerückten Schmorpfannen, Klirren von Kristallgläsern und von all dem Silberzeug, das beim Anrichten solch eines Festmahles andauernd in Bewegung war. Und über allem waberte und wölkte ein warmer Dunst, aus dem es wunderbar nach allem möglichen Gebratenen roch; und der Duft, der von den vielerlei starkgewürzten Kräutersaucen herwehte, schien den Pächtersleuten ebenso spürbar wie auch dem Hochwürden Hofkaplan und dem Herrn Amtmann, kurz, jedem hier zu Gast Erschienenen zu verkünden:
»Was für einen herrlichen Weihnachtsschmaus werden wir – nach der Messe – sogleich allhier genießen...!«

## II

Kling-ling-ling-ling! Kling-ling-ling-ling...!
Schon hebt sie an, die Mitternachtsmesse. In der Schloßkapelle, dieser winzigen Miniatur-Kathedrale, mit den spitzbogig feinen Kreuzgewölben und eichenen Täfelungen, die alle Mauern überziehen, sind die Schmuckbehänge festlich ausgespannt und alle Kerzen angezündet. Und welch Fülle und Glanz der Welt! Welcher Aufwand an Pracht der Gewänder! Da erblickt man, ganz vornean im geschnitzten Gestühle zunächst dem Altarchor thronend, den Edlen Sire de Trinquelague, im Feststaat aus lachsrosa Taffet, und in seiner nächsten Umgebung alle die anderen vornehmen Herren, die heute seine Gäste sind. Gegenüber, auf den samtbeschlagenen Betstühlen, haben die beiden Damen aus dem Hause Trinquelague sich niedergelassen, die verwitwete alte Madame Marquise in ihrer feuerroten Brokatrobe und ihr zur Seite die junge Herrin des Hauses mit ihrer hohen spitzengezierten Turmhaube, gewaffelt, gefälbelt und gekräuselt nach der letzten Mode des Hofes von Frankreich. Etwas dahinter kann man durch die Banklükken zwei schwarzgewandete männliche Gestalten erkennen, glattrasierte Gesichter unter ihren imposanten Perücken: Amtmann Thomas Arnoton und sein Schreiber Meister Ambroy – zwei dunkle Punkte zwischen all den hellen, rauschenden Seiden und goldknisternden Damasten.
Und danach reihen sich an: die feisten Haushofmeister, die Edelpagen, die Piqueure, die Verwalter, die schlüsselbartgewaltige Dame Barbe mit ihrem klimpernden Hüftgehänge von feinstem Silber. Hinter ihrem Rücken, auf den folgenden Bänken: das niedere Gesinde, die Dienstleute, Mägde und Hofmeier mit ihrer vielköpfigen Sippschaft; und ganz im Hintergrund, gegen die Pfeiler der Portaltüren gedrückt, die sich immer wieder halb öffnen und sachte schließen hinter den Eintretenden: die Herren Küchenjungen, die zwischen Sauceeinrühren und Tunkeabschmecken für ein Augenblickchen immer mal wieder hereingeguckt kommen, um ein Weihrauchdüftchen aus der Messe aufzuschnappen und dafür einen lockenden Hauch aus der Weihnachtsfestküche in der nach warmem Kerzenwachs riechenden, festlich erstrahlenden kleinen Kirche dazulassen...
Ob es der Anblick so vieler blanker Küchenjungenmützen sein mag, der Hochwürden immer wieder von seinem Zelebrieren ablenken will? Oder kommt das nicht vielmehr von dem Meßglöckchen in der Hand dieses Garrigou her, diesem wie irrsinnig scheppernden Schel-

lengeklingel, das da am Fuß des Altars in einem fort, mit höllischer Hast, zu treiben scheint: »Schnell-schnell-schnell! Schnell-schnell-schnell! Je schneller wir hier zu Rand sind, um so schneller geht's zu Tisch und zu Teller!«

Und in der Tat, jedesmal wenn sie so absonderlich bimmelt, diese kleine verteufelte Schelle, dann gerät der hochwürdige Schloßkaplan ganz aus seiner Meßlitanei und ist in Gedanken bereits mitten beim Weihnachtsschmause: Er hat es wieder vor Augen, das Leben und Rumoren in den Schloßhofküchen drüben, die offenen Herde, in denen ein wahres Schmiedeessenfeuer brennt, die duftende Dunstwolke, die unter halbgeöffneten Schmorpfannendeckeln hervordampft, und in dieser köstlichen Dunstwolke – zwei herrliche, knusprige Truthennen, mit einer Haut, zum Platzen gedehnt, vollgestopft mit marmorrunden Trüffeln ...

Und es wird immer wunderbarer: er sieht Reihe um Reihe kleiner Pagen an sich vorüberziehen, Schüsseln dahertragend, von den verführerischsten Düften umwallt ... Und plötzlich steht er mit ihnen in einem großen Saale, in dem alles schon hergerichtet ist für den Festschmaus ... O Wonnen! Da wartet sie bereits, in Duft und Glanz, die unermeßlich lange Tafel, bis zum Biegen beladen ... Fasanen, braunrote, mit ihren knusprig gespreizten Flügeln ... Flaschen, voll rubinrot funkelndem Wein ... Pyramiden von Früchten, die hervorschwellen zwischen ihren grünen Blätterzweigen ... und all die wundervollen Fische, von denen der Garrigou schwätzte (ah, Garrigou, wirklich!) – da liegen sie, herrlich lecker ausgebreitet auf ihrem Bett von Fenchelblättern, mit schimmernden Schuppen, frisch wie aus dem Wasser gezogen, und aus ihren weit offenen Nasenlöchern winken Sträußchen duftender Würzkräuter ... So lebhaft ist das Gaukelspiel all dieser Wunder, daß es Dom Balaguère deucht, als seien all diese zauberhaften Gerichte eigens ihm serviert, ganz dicht ihm vor Nase und Augen auf dem festlich bestickten Altartuche, und zwei, drei Mal ertappt er sich darüber, wie er statt des Dominus vobiscum bereits das Benedicite murmeln will. Abgesehen von diesen kleinen Versuchungen, waltet der würdige Mann so gewissenhaft wie nur möglich weiter seines Amtes und zelebriert seine Messe herunter, ohne eine Zeile zu überspringen, ohne eine Kniebeugung zu unterlassen, und alles geht gut bis zum Ende der ersten Messe – denn, wie ihr wißt, müssen in der Christnacht ja drei solcher Stillen Messen vom selben Offizianten zelebriert werden.

»So – ah, die erste wäre geschafft!« atmet, mit einem Seufzer der Erleichterung, der Schloßkaplan auf; dann winkt er, ohne eine Minute zu verlieren, seinem Ministranten – oder vielmehr dem, welchen er dafür hält, zu und...

Kling-ling-ling-ling! Kling-ling-ling-ling!

Schon geht die zweite Messe los, und mit ihr verhaspelt sich Dom Balaguère immer weiter in seine Sünde – »Schnell-schnell-schnell! Schnell-schnell-schneller!« wispert ihm das schrille Bimmelglöckchen Garrigous zu: Und diesmal stürzt sich der unglückselige Priester, schon ganz von dem Dämon irdischer Tafelgenüsse in Bann gezogen, wie hingerissen auf sein Meßbuch und verschlingt Seite um Seite des Liturgietextes mit einer Gier, die mit seinem rasenden Appetit um die Wette wächst. Mit einem wilden Eifer bückt er sich nieder, fährt wieder hoch, wirft er um sich mit den Kreuzeszeichen, macht er seine Knickse, kürzt er alle Gebärden, die zu der heiligen Handlung gehören, ab, um nur so schnell wie möglich, ja noch schneller zu Ende zu kommen. Kaum daß er noch die Arme nach dem Evangelium ausstreckt, kaum daß er sich an die Brust schlägt beim Confiteor. Ein immer schnelleres Wettgemurmel geht zwischen ihm und seinem Mesner los: Litaneiverse und Responsorien überstürzen sich nur so und verheddern sich schier unheilig ineinander. Die Worte werden nur noch so halb hingebrabbelt – den Mund dabei aufzumachen würde zuviel Zeit wegnehmen –, und so endet alles schließlich in einem Wortsalat unverständlichen Gemurmels:

»Oremus ps... ps... ps-Mea culpa... pa...«

Gleich zwei Winzern, die geschäftig in der Kelter ihre Trauben zu Saft quetschen, so zermantschen eiligst die beiden und pressen sie das Meßlatein durch, daß die Spritzer nur so nach allen Seiten fliegen.

»Dom... scum!« blubbert Balaguère:

»...stutuo!« gurgelt Garrigou dazwischen – und die ganze Zeit durch bimmelt auch noch in einem fort das verdammte kleine Glöckchengeklingel in den Ohren, wie Schellen, die man den Postpferden umhängt, um sie anzutreiben zu immer schnellerem und schnellerem Galoppieren.

Ihr könnt euch vorstellen, wie bei solch rasendem Eiltempo geradezu im Hui so eine Stille Messe heruntergerasselt ist!

»Nummer zwei, ah –!« schnauft ganz außer Atem der Schloßkaplan und stolpert auch schon, ohne sich Zeit zum Atemholen zu lassen, puterrot und schweißtriefend von neuem die Altarstufen herunter und...

Kling-ling-ling-ling! Kling-ling-ling-ling!

Die dritte Messe setzt ein – nur noch weniger Schritte bedarf es, bis der Speisesaal erreicht ist: Aber ach! mit jedem Schritte, mit dem das Festziel näher rückt, verspürt der unselige Dom Balaguère ein immer tolleres, unbändigeres Gelüste nach den irdischen Tafelgenüssen. Immer überwältigender wird das Gaukelspiel: Da, da sind sie wieder ihm vor den Augen, die goldgelben Karpfen... die gebratenen Puten... zum Greifen nahe... er will sie... O himmlischer Duft... die vielen dampfenden Platten, der herrliche, blumige Wein... Und immer wieder dazwischen diese aufreizende kleine Schelle, die ihm ins Ohr schrillt: »Schnell-schnell-schnell! Noch schneller...!«

Ach Gott, aber wie nur –?! Seine Lippen bewegen sich kaum noch, die Worte wollen sich nicht mehr formen... Wenn man doch wenigstens so ein bißchen bloß den lieben Gott hinters Licht führen könnte und ihm ganz leise seine dritte Stille Messe wegpraktizierte – und da ist er auch schon dabei, der Unselige! Von Versuchung zu Versuchung gelockt, fängt er an, hier einen Litaneivers zu überspringen, da gleich mal zwei. Und dann die Epistel, die ist viel zu lang, er liest sie nicht zu Ende; das Evangelium wird nur noch gestreift; beim Credo hält er sich gar nicht erst auf; das Pater noster nimmt er in einem Satz und weiter – der Praefation winkt er von ferne zu: So stürzt er sich schwungvoll geradewegs hinein in die Damnatio in aeternis, immer hineingehetzt von dem höllischen Garrigou (vade retro, Satanas!), der ihm mit unheimlich wunderbarem Einfühlungssinn dabei ministriert, mit fliegenden Bewegungen die Stola abnimmt und wieder überhängt, immer zugleich zwei Blätter im Meßbuch überschlägt, die Pulte durcheinanderschiebt, die Abendmahlskännchen umkippt und zwischendurch unaufhörlich seine Schelle bimmeln läßt, immer durchdringender, immer schneller und immer schneller...

Was da die andächtigen Zuhörer für erschreckte Gesichter machten – das hättet ihr sehen müssen!

Krampfhaft und zwangsläufig suchen sie dem Gebärdenspiel und der Mimik ihres Messepriesters zu folgen, angestrengt horchen sie hin und verstehen doch kein Wort; die einen erheben sich, während die anderen in die Knie sinken: So stiftet dies absonderliche Hochamt unter der Menge der Gläubigen in den Bankreihen die unheilvollste Verwirrung an. Selbst der Stern der Weihnacht oben am Himmelsgewölbe über der kleinen Krippe erblaßt vor Ohnmacht und Entsetzen angesichts dieses höllischen Durcheinanders...

»Der Abbé zelebriert viel zu schnell... Man kann ihm ja gar nicht mehr folgen!« murmelt, ganz aus der Ordnung geraten, die alte Frau

Marquise und schwenkt bedenklich ihren Haubenschleier hin und her. Meister Arnoton, mit seiner großen Stahlbrille auf der Nase, sucht in seinem Gebetbuch, wo zum Teufel man jetzt ungefähr sein könnte. Aber im Grunde sind alle diese ehrsamen Festteilnehmer, die in Gedanken ebenfalls – alle durch die Bank, wie sie dasitzen – schon ganz bei ihrem Weihnachtsfeste sind, gar nicht mal so sehr ungehalten darüber, daß diese Messe in solchem Höllengalopp ihrem Ende zugeht; und als sich nun Dom Balaguère mit strahlender Miene der andächtigen Festgemeinde zuwendet und mit voller Stimmstärke verkündet: »Ite missa est!«, schallt ihm wie aus einem Munde ein so fröhliches und so mitreißendes »Deo gratias« entgegen, daß man hätte vermeinen können, alles säße schon bei Tisch und es würde da soeben der erste Trinkspruch zum Weihnachtsschmaus ausgebracht.

## III

Und keine fünf Minuten darauf saßen die Herrengäste schon im großen Speisesaale, der die Fülle kaum fassen konnte, und mitten unter ihnen der hochwürdige Herr Hofkaplan. Das ganze Schloß, das von oben bis unten im Lichterglanz erstrahlte, hallte wider von dem fröhlichsten Leben und Treiben, Lachen, Rufen, Liedersingen; und Hochwürden Dom Balaguère spießte behaglich seine Gabel hinein in den knusprigen Flügel vom rotbraunen Haselhuhn da vor ihm und ertränkte die Gewissensskrupel, die über seine Sünde in ihm aufkommen wollten, unter Fluten päpstlichen Weines und deckte alles fein mit dem saftigen Fittich des herrlichen Geflügels zu. Und er schmauste und becherte so viel, der arme Herr Hochwürden, daß er noch in derselbigen Nacht an einem schmerzvollen Übelsein verschied, ohne auch nur die Zeit gehabt zu haben, seine Sünden noch zu bereuen; so langte er denn am Morgen darauf beim Himmelstor an. Ich überlasse es euch, weiter auszumalen, in welcher – noch über die Christnacht herrschenden Stimmung er da oben empfangen wurde:
»Hinweg aus meinen Augen, du elender Mensch von einem Christen!« donnerte ihn der höchste Richter (unser aller Herr und Meister) an. »Deine Untat ist so ungeheuerlich, daß du damit dein ganzes seliges Leben verwirkt hast! Ah, Sünder, du hast mir eine Mitternachtsmesse unterschlagen... Zur Wiedergutmachung wirst du dafür dreihundert an Ort und Stelle mir abbeten. Und du wirst nicht eher deinen Fuß in mein Paradies setzen, bevor du mir nicht in deiner Kapelle da

unten diese dreihundert Weihnachtsmessen zelebriert hast, wie es sich gehört, und zwar in Anwesenheit und im Beisein aller derer, die durch deine Missetat und mit dir sich so schwer versündigt haben...!«
Und so wahr ihr sie hier lesen könnt: das ist die Legende von dem hochwürdigen Dom Balaguère, so, wie sie erzählt wird bei uns im Lande der Oliven. Zwar, heutzutage steht es nicht mehr, das feste Schloß der Edlen von Trinquelague, aber die Kapelle mit ihrem Glockenturm, die erhebt sich noch immer hoch in den Himmel, auf dem Gipfel des Mont Ventoux, mitten aus einem Kranz grüner Eichen. Der Wind rüttelt an ihrer schiefen Pforte, und das Gras wuchert über den Schwellenstein. Vögel nisten in den Winkeln ihres Altarchores und in den Höhlungen der hohen Fensterkreuze, deren buntgemalte Glasscheiben längst dahingeschwunden sind. Und dennoch scheint es, als geistere Jahr um Jahr, in der Weihnacht, durch diese verfallenen Mauern ein seltsamliches, unirdisches Licht. Unsere Bauersleute haben es beobachtet, jedesmal, wenn sie auf dem Wege zur Christmesse oder zu ihren Weihnachtsschmäusen waren, wie um diese mitternächtliche Stunde da droben die gespenstische Kapelle immer hell erleuchtet war, als brennten in den hohen, luftigen Mauern viele unsichtbare Kerzen, sogar bei Schnee und bei Wind. Ihr mögt lachen darüber, wenn ihr wollt, aber ein Winzer aus der Gegend, ein gewisser Garrigue – ohne Zweifel ein Nachfahre unseres Garrigou –, hat mir glaubwürdig dazu folgendes versichert:
An einem solchen Weihnachtsabend sei er mal unterwegs dortherum gewesen, nach einem Festschmaus; und weil er ein bißchen zuviel durch das Glas nach den Sternen geguckt hatte und leicht angesäuselt war, sei er auf dem Bergwege etwas abgekommen, in Richtung auf Trinquelague zu... Ja, und da habe er folgendes wahrgenommen und mit eigenen Augen gesehen: Genauer gesagt, bis elf Uhr eigentlich noch nichts... alles wie gewöhnlich, totenstill, stockduster, nirgends der geringste Sterbenslaut... Plötzlich, um die Mitternacht, hebt da oben doch, ganz hoch oben vom Turm, ein Gebimmel an wie von einem alten, uralten Glockenspiel; es hörte sich an, als wisperte es ganz dünn hernieder, wie aus zehn Meilen Weite her... Und bald – so erzählte mir unser Garrigue weiter – sah er, den Burgweg hinauf, vor seinen Augen Lichter hin und her flackern und undeutliche Schatten sich bewegen... und nach der Pforte der Kapelle zu war es anzuhören wie Getrappel von vielen Füßen, wie Geflüster: »Grüß Gott, Meister Arnoton...!« – »Guten Abend, liebe Leute, guten Abend mitsammen...«

Und was da mein Winzer und Gewährsmann war – ein unentwegter Bursch war er schon –, der schlich doch so sachte wie möglich all dem geisterhaften Volke nach und spähte durch die zerborstene Pforte hinein in die Kapelle: – da bot sich ihm ein ganz seltsames Schauspiel dar! Alle die Leute, die er hatte dahinein verschwinden sehn, waren um den Altarchor versammelt und in dem verfallenen Kirchenschiff gereiht, so, als ständen noch all die Bankreihen von ehedem wie zum Platznehmen da: Schöne Damen in Brokatroben, mit spitzenumsäumten hohen Hauben, Edelherren, reichverbrämt von Kopf bis zu den Füßen, Bauernvolk in bunter Festtracht, wie sie noch unsere Großeltern trugen – aber alle Gesichter fahl und vergilbt, wie von Moderstaub überrieselt, mit müdem, erloschenem Blick... Von Zeit zu Zeit strichen Nachtvögel umher – die gewohnten Gäste der zerfallenen Kapelle –, wie aufgeschreckt von dem geisterhaften Kerzenschein, der unbewegt und still wie hinter einem dunstigen Gazeschleier stand... Ja, und was dabei unserem Garrigue ganz besonders spaßig vorkam, das war der Anblick einer gravitätischen Gestalt mit großen stahlumrandeten Brillengläsern auf der Nase: In jedem Augenblick schüttelte sich die mächtige schwarze Allongeperücke, in deren Locken sich einer der herumflatternden Nachtvögel verfitzt hatte und ganz aufgeregt aber lautlos mit den Flügeln schlug... Und ganz hinten im Chor, an den Altarstufen, kniete – kindlich anzusehen – eine verschrumpfte, greisenhafte Gestalt; sie schwang wie verzweifelt eine kleine Meßglocke, die nicht das leiseste Schellengeschepper von sich gab, indes ein Priester, in vergilbte altgoldene Meßgewänder gehüllt, vor dem Altar auf und ab wandelte. In einem fort schienen seine Lippen Gebete zu murmeln, ohne daß der geringste Laut zu vernehmen gewesen wäre. Wer anders wohl konnte das gewesen sein als Hochwürden Dom Balaguère, der dabei war, seine dritte Stille Messe zu zelebrieren...

## *Fernando Diaz-Plaja*

## »... und sie kamen nach Bethlehem«

An den Spuren im Schnee ließ sich der Weg verfolgen, den das Paar zurückgelegt hatte. In sich gekehrt stapften sie in der Mitte des Pfades, dicht nebeneinander und langsam wie alle Ermatteten; immer wieder gingen sie auf ein Haus zu, immer von gleicher Art: Eine mit einem Schild gekennzeichnete Herberge. Dort waren ihre Fußspuren tiefer in den Schnee gedrückt. Das Paar hatte die Antwort auf sein Klopfen abgewartet. Dann waren sie wieder bis zur Mitte des Pfades zurückgekehrt und auf der Hauptstraße des kleinen Dorfes, das Bethlehem hieß, weitergegangen.
Ibrahim öffnete die Türe und schaute sich die Gesichter an, die aus dem Halbdunkel auftauchten. Es bedurfte nicht einmal der Erfahrung des Gastwirtes, um am Ausdruck der Reisenden zu erkennen, daß sie ein Zimmer suchten; der Ausdruck verriet, daß sie auf das Schlimmste gefaßt waren, und nicht einmal die Aussicht, das Gesuchte zu finden, konnte sie aufheitern. Der Mann sprach bedächtig und bekümmert.
»Friede sei mit dir. Wir kommen von Nazareth, um das Gesetz des Kaisers zu erfüllen und uns einschreiben zu lassen. Wir möchten, wenn es sein kann, Unterkunft für diese Nacht.«
Ibrahim schaute die Frau an, die nicht nur aus Demut so niedergebeugt stand. Es schien, als ob sie weniger den Gatten als sich selbst hörte. Oder daß sie vielmehr hörte, was sie in sich trug. Ibrahim bemerkte die volle Rundung ihres Leibes unter den ländlichen Kleidern... im gleichen Augenblick erklärte es ihm der Mann: »... Maria, mein Weib, erwartet ein Kind. Sie ist müde von der langen Reise. Wäre es nicht möglich, in einem Winkel...«
Schon lange, bevor der Fremde zu Ende war, hatte Ibrahim angefangen, den Kopf zu schütteln. Er hatte es in den letzten Stunden so oft getan, daß die Bewegung schon automatisch war. Auch die Worte, die sie begleiteten, wirkten abgedroschen. Es tat ihm leid... es war alles voll... Sogar er und seine Frau mußten in den hintersten Winkel des Hauses weichen, um den Gästen Platz zu machen... alle kamen zur gleichen Zeit und unangemeldet... er verstand wohl... aber es war unmöglich... Während er sprach, schaute er unverwandt die Frau an, die kurz aufsah, als ob sie aus einer andern Welt zurückkehre. Ibrahim war auf einen schroffen Blick gefaßt, auf eine zornige Anklage... Er wußte aus Erfahrung, wie Frauen sein können, wenn sie nicht bekom-

men, was sie erwarten. Er hörte schon den bitterbösen Satz, die Anspielung auf das viele Geld, das er in diesen Tagen verdiente, auf seine Hartherzigkeit den Armen gegenüber... aber Maria – sie hatte blaue Augen – lächelte.

»Vielen Dank gleichwohl. Friede sei mit dir.« Sie stützte sich auf den Arm des Gatten, der immer noch versuchte, seine Sache zu verfechten und der Berührung auswich; erst schaute er sie, dann Ibrahim an.

»Friede sei mit dir.«

Langsam gingen sie zum Weg zurück. Ibrahim war sich seiner Pflicht als Gastwirt bewußt. Sofort die Tür zumachen, nicht die geringste Aussicht auf Meinungsänderung offen lassen. Aber er konnte nicht. Die Tür ging unsäglich langsam zu, und durch die Türspalte schaute er ihnen nach, wie sie sich straßaufwärts entfernten. Dann schob er den Riegel vor. Seltsame Gedanken überkamen ihn..., natürlich, vielleicht in einem Winkel..., wenn man den Verschlag räumte, wo die Hunde waren, und ihn ein wenig herrichtete...

Von drinnen rief eine Stimme nach ihm. Seine Frau brauchte seine Hilfe, um die Gäste zu bedienen. Ibrahim schüttelte den Kopf, und die Gewissensbisse fielen von ihm ab wie die Regentropfen von einem Baum, wenn der Wind hineinfährt. Er ging wieder an seine Arbeit.

Es waren kaum fünf Minuten vergangen, als es schon wieder an die Tür klopfte. Aber es war nicht das schüchterne Klopfen von vorhin. Es war das eines Reichen, der es sich leisten kann, Lärm zu machen: So klopfte Isaak. Er hatte an derselben Straße eine Herberge, einige Häuser weiter unten, und er vertrug sich gut mit seinem Geschäftsrivalen. Er klopfte zweimal laut an die Tür und rief: »Ibrahim!«

Die Türe ging geräuschlos auf, und Isaak erschrak ein wenig, denn er hatte keine Schritte gehört. Er trat zurück und sah argwöhnisch die Gestalt ihm gegenüber an. Der Mann schien größer zu sein als Ibrahim, aber es war unverkennbar sein Gesicht. Und auch seine Stimme, die herausfordernd fragte: »Was ist los?«

Isaak erklärte hastig. Vor wenigen Augenblicken hatte er Reisende abweisen müssen... einen Mann... und eine Frau... Waren sie hier gewesen? Verwechseln konnte man sie nicht..., sie war in Erwartung... Waren sie hier gewesen? Und Ibrahim hatte sie auch nicht unterbringen können, war es nicht so? Natürlich, so hatte er es sich vorgestellt..., nun war soeben in seinem Haus unverhofft ein Zimmer frei geworden... Die Gäste, für die es vorgesehen war, kämen erst morgen abend... wie ihm ein Bote gemeldet hatte... und Isaak hatte nun dieses Zimmer frei, das schönste des Hauses... Er fand das eine wunderbare Fügung, denn das Paar hatte ihm leid getan; Ibrahim auch, nicht wahr? Es schienen so gute Leute zu sein... Jetzt wollte er sie bitten, in sein Haus zu kommen. Es war ein schön ausgestattetes Zimmer mit Teppichen und Räucherpfanne... und einem Kaminfeuer, sie hätten es bequem. Und überdies hatte seine Frau viele Kinder in der Nachbarschaft auf die Welt bringen helfen, sie war eine sehr gute Hebamme..., von überallher wurde sie in solchen Fällen gerufen..., und falls das Kind sich zu früh melden sollte (man weiß ja nie bei Hochschwangeren), war es gut, sie im Hause zu haben..., aber sie vertrödelten nur die Zeit. Er wollte ja das Paar einholen. Konnte ihm Ibrahim sagen, in welcher Richtung sie weggegangen waren? Da sie ja langsam gingen, konnten sie noch nicht weit sein... Wohin waren sie gegangen?

Er trat auf den Weg zurück und wartete auf die Angabe. Ibrahim stellte sich neben ihn, und Isaak hatte das seltsame Gefühl, daß Ibrahim die paar Schritte bis zu ihm nicht gegangen, sondern »geflogen« war. Nun streckte er neben ihm den Arm aus, einen seltsam langen Arm, der die Straße hinunterzeigte.

»Dorthin.«

Isaak bedankte sich und begann zu laufen. Seine Schritte, die Schritte eines starken und eiligen Mannes, ließen tiefe Spuren zurück und verwischten die alten. Er verschwand im Dunkel.

Ibrahim ging zum Haus zurück. Bevor er eintrat, schaute er die Straße hinauf, wo weit weg zwei Schatten sich auf eine Herberge zubewegten, die letzte an der Straße und die letzte des Dorfes. Er schaute die Straße hinunter. Isaak sah er schon nicht mehr, aber seinen eilenden Schritt hörte er noch. Er seufzte erleichtert auf.

»Beinahe hätte er alles verdorben.«

Er machte eine schroffe Bewegung, und aus seinen Schultern wuchsen zwei große Flügel. Ein Betrunkener, der kurz darauf des Weges kam, rätselte, wie wohl die beiden vereinzelten menschlichen Fußstapfen in den Schnee gekommen waren.

## *Walter Dirks*
# Weihnachten

Einer der besten von den frommen Weihnachtsartikeln, die ich gelesen habe, trug den Titel »Fest in trüber Zeit«. Das kann man wohl sagen! Wir sind mitten drin, in beiden, im Fest und in der trüben Zeit. Reden wir nicht von dieser; es wäre nicht passend, mitten im Fest, zumal da Sie wohl schon etwas müde sind und weil Sie vor diesen Tagen viel gelesen und gehört haben, sind Ihnen die schlimmen Wörter Arbeitslosigkeit und Inflation, Hunger und Folter, Selbstzerstörung der Erde im Kopf, vielleicht sogar im Herzen – als gewichtiges Syndrom namens Krise. Reden wir lieber vom Fest. Wie steht es mit dem dubiosen und kuriosen Fest, das uns trotz trüber Zeiten wieder kräftig in Trab gebracht hat? Viele haben es aus ihrem Kalender streichen wollen, teils mit zeitkritischen, teils mit theologischen Begründungen. Solcher Abwärtsbewegung könnte eine nostalgische Wiederaufwärtsbewegung entgegenlaufen. Eine dritte Bewegung nennt sich »ein anderes Weihnachten« oder schicker »Alternativ-Weihnacht«. Wollen wir die Frage stellen, ob die christlich progressive und gesellschaftskritische Antiwelle stärker ist oder die nostalgische und die sozusagen neuchristliche Prowelle, dann müßten wir natürlich bedenken, daß Weihnachten keineswegs eine einfache, einheitliche Struktur ist, sondern, um es genauso modisch wie in Sachen Krise auszudrücken, ein Syndrom.

Da wäre vieles zu registrieren. Um mit dem heißen Kern anzufangen: Wie steht es mit dem Glauben an die Heiland-Geburt? Sodann: Welchen Stellenwert hat das 13. Monatsgehalt? Ganz demonstrativ im Vordergrund des Syndroms steht der Weihnachtsbaum, mit oder ohne Krippe, mit oder ohne Lametta, das ist eine Stilfrage, aber nie ohne Lichter. Die Kerze verdient auch als selbständige Erscheinung genannt zu werden, ebenso der Stern: der von Bethlehem, der aus Messing oder Goldpapier ausgestanzte oder der Zimtstern. Vieles Weihnachtliche muß sich essen lassen, selbst das Christkind aus Marzipan. Alkohol. Frau Barbara bittet in der »Zeit« besonders dringlich. Die Christmette, nachts, eine Märchenszene oder ein Gottesdienst. Das große Geschenk, das Geschenk des Jahres. Liebe. Der Anteil, den das Weihnachtsgeschäft am gesamten Jahresumsatz hat, unentbehrlich in der Bilanz. Kinderjubel, auch Kindertränen, Kinderschlaf. Die gebratene Gans, allerdings nicht in allen Schichten vorfindlich beziehungsweise erschwinglich. Erwartungen, Erfüllungen, Enttäuschungen, Sehnsüchte. Drei oder, wenn es gut fällt, vier freie Tage. Stress: Käuferstress, Verkäuferstress, Hausfrauen- und Hausmännerstress. Päckchenberge – eines hat übrigens der Verkehrsschutzmann an der Kreuzung bekommen. Gott ist Mensch geworden. Der Christstollen. Die Gerüche – duftendes Wachs oder nicht so gut riechendes Paraffin und ein paar versengte Fichtennadeln, Weihrauch und das Duftgemisch von Braten und Gebäck. Ein Element schließe ich aus, den Weihnachtsmann: der ist mir als Ersatz fürs Christkind zu billig, gestohlen der christlichen Legende vom heiligen Nikolaus, aber der hat, das sollten wir wissen, sein Dezemberfest lange gehabt. Undsoweiter undsofort.

Die Elemente des Syndroms ließen sich nach zwei Polen hin ordnen: hier Christgeburt, dort Herzenslust. Die Zweideutigkeit der Herzenslust gehört zur Sache: Sie ist ja selber zweipolig, so wie der Name es andeutet, hier das Herz, dort die Lust. Der geradezu heidnische Pol einer Lust, die das Herz verrät, steckt in der Weihnachts-Devise: »Wer hat, dem wird gegeben.« Mit dem Haben und seinem Gehabe steigen ja auch die Ansprüche an die Liebhaber und die Geldgeber. Carlo Levi erzählt da in seinem autobiographischen Roman »Christus kam nur bis Eboli« eine bittere Geschichte: Jenseits von Eboli, im ländlichen Kalabrien, dort, wohin Christus und also die humane Zivilisation eben nie gekommen sind, bringen am Weihnachtsfest die Armen den Reichen ihre Geschenke. Auch bei uns kommt es vor, daß die Gabe in Wahrheit ein Tribut ist. Doch haben wir die Geschichte von den Hirten, die ihren Schafskäse bringen, und den mit Gold, Weihrauch und Myrrhen beladenen Magiern nicht so radikal umgestülpt, sondern sie unserer Gesellschaft angepaßt. Reich beschenken die Reichen die Reichen, und Gott sei Dank die Armen, wenn auch arm, die Armen; auch kommt es erfreulicherweise vor, daß das Geschenk solche Grenzen nicht nur redlich überwindet, sondern geradezu aufhebt, zunichte macht. Denn Liebe ist zwar nicht *die* Chiffre von Weihnachten, gehört aber doch zum Syndrom. Fazit: Die Kluft bleibt erheblich zwischen dem Festgegenstand: »Gott schenkt der Welt ihren Befreier« und der Art, wie wir dessen Geburtstag feiern. Es muß daran liegen, daß wir das mit der Befreiung nicht so recht ernstgenommen haben.

Denn das darf man nicht vergessen, auch das christliche Weihnachten für sich genommen ist nicht ganz ohne Probleme. Nicht nur Ostern, sondern auch das Fest der »Erscheinung des Herrn«, das wir Dreikönigsfest nennen, standen liturgisch bis in unsere Zeit hinein höher im

Rang als das Weihnachtsfest. Es ist nicht einmal ein Doppelfest, denn morgen feiern wir nicht den zweiten Weihnachtstag, sondern Sankt Stephan, den ersten Märtyrer. Darin dürfte sich widerspiegeln, daß die frühen Christen anders als die heutigen die biologische Geburt Jesu nicht so wichtig nahmen wie vieles andere, zum Beispiel deren Voraussetzung, die Menschwerdung neun Monate vorher, wie seine Erscheinung vor den Menschen, seinen Tod und seine Auferstehung. Ein Fest der Bergpredigt haben sie allerdings vergessen. Aber den Titel »Unbesiegte Sonne«, welchen die Römer am Fest der Wintersonnenwende proklamierten, und den eines Tages die römischen Kaiser dem Gott gestohlen und für sich beschlagnahmt hatten, haben die Christen diesen ziemlich spät wieder abgenommen und auf die Geburt des Lichtbringers Jesus bezogen. Seitdem gibt es statt der Wintersonnenwende Weihnachten. Den richtigen Energiestoß gab ihm erst der arme Mann aus Assisi, als er die Krippen in die Kirchen stellte, um den Armen klar zu machen: Christus, dessen Fresko so riesengroß, so triumphal, so angsterregend von den Apsiden der romanischen Basiliken aufs Volk herniederschaute, hat als armes Kind im Stall zu leben angefangen. Seine Krippe geriet dann dem Barock reichlich ins Barocke, die Deutschen erfanden die Poesie, im Salzburgischen Land das Lied »Stille Nacht« – wie konnte ich es in der Syndromliste vergessen –, im Elsaß den Weihnachtsbaum, und so haben wir denn die Bescherung. Ein Fest der Bergpredigt dagegen haben wir auch heute noch nicht.

In solchen Erscheinungen wittern kritische Theologen die Einseitigkeit einer Theologie, die nur die Erlösung von unserem Sündenelend im Auge hat und sich deshalb auf die heilige Dreiheit Inkarnation, Sühnetod und Auferstehung konzentriert. Heute entdeckt man neu, und auch das hat Konsequenzen für die Art, wie die Christen und mit ihnen die Humanisten Weihnachten feiern können, seine Botschaft vom anbrechenden Reich eines sehr realen Friedens und einer sehr realen Liebe, von einem Reich, das jeden Tag mitten unter uns und zwischen uns neu Macht gewinnen kann, in großartigen Taten, wenn einer dieser fähig werden sollte, und im bescheidenen Tun der Tage unseres Lebens.

Ich komme auf jenen Artikel zurück, der »Ein Fest in trüber Zeit« hieß, aber nicht, um weiterhin geistlich zu reden, wie in den letzten Sätzen, sondern weltlich. Der Autor macht nämlich plausibel, wie sinnvoll, ja wie notwendig auch das weltliche Fest zu jeder Zeit und deshalb selbst in trüben Tagen ist. Nicht um Trübes hell zu machen –

das gewiß auch –, sondern um Allzumenschliches menschlich zu machen. Der Theologe sprach also hier als Anthropologe, und wann sollte das berechtigter sein als an dem Tag, da davon gesprochen wird, Gott sei Mensch geworden. Anthropologisch also warb er um den Mut zum Feste-Feiern. Die anthropologisch interessierten Völkerkundler werden ihm zustimmen, die zeitgenössischen Soziologen haben das Fest und seinen Stellenwert noch nicht alle bemerkt. Die Weltrevolution mag dringend sein; noch dringender ist, daß die Menschen, die unterwegs zu ihr oder anderswohin sein mögen, nicht unterwegs ihre eigene Menschlichkeit verlieren. Auch sie brauchen Rastzeiten auf ihrem langen Marsch durch die Institutionen, durch die Köpfe und die Herzen, und am richtigen Rasttag ist ein Fest fällig, auch für uns andere in der Tretmühle.

Aber was für ein Fest? Matthias Claudius berichtet von seiner Lust, neue Feste in der Familie zu erfinden. »Victoria! Victoria! Der kleine weiße Zahn ist da!« Aber das war noch vor dem Biedermeier, lange vor dem Biedermeier. Große Feste, allgemeine Feste werden selten neu gestiftet. Der 1. Mai ist ein nicht sehr großartiges Beispiel für ein junges Fest. Es ist erst hundert Jahre alt. Feste sind im allgemeinen vorgegeben, das ist das eine, und man soll seine Spontaneität darein geben, das ist das zweite. Die erste Bedingung erfüllt bei uns im Land doch tatsächlich wohl einzig und allein das Weihnachtsfest, als kurios geistlich-weltliches Syndrom. Ostern und Pfingsten werden im Grunde nur von den Gläubigen gefeiert. Der Fastelovend, der Fasching oder die Fastnacht oder Fasnet, schon ihre verschiedenen Namen bezeugen das, sind regionale Feste, wenigstens so lange, als gewisse Landschaften noch fernsehresistent sind. Silvester ist ein Festklecks nebenbei, nicht viel dran. Aber Weihnachten gilt, überall und fast unangefochten, und wie meine Hinweise zeigen, scheint auch die umfassendste Kritik seiner problematischen Elemente es nicht umbringen zu können.

Es wäre zu überlegen, ob wir nicht einfach dabei bleiben sollten. Dann müßten wir allerdings mitfeiern, sonst stirbt das Vorgegebene, das wahrhaft problematisch, aber immerhin erstaunlich reich Vorgegebene, doch noch in trüben Zeiten ab, mangels unserer Spontaneität. Wir müßten dann akzeptieren, daß es sich um ein christlich-heidnisches Fest handelt, oder sagen wir schonender: um ein Fest der Gläubigen und Weltleute. Wir sollten einander in dieser Hinsicht gelten lassen. Gelten lassen ist mehr als Tolerieren. Das gilt übrigens nicht nur Weihnachten. An diesem Tag geschieht es ohnehin, denn als ich Elemente des Weihnachtssyndroms aufzählte, habe ich bewußt eine wichtige Sache für den Schluß ausgespart: das Wohlwollen. Was da kurz vor dem Fest aufbricht und im allgemeinen dann bis zum Neujahrstag hält, kann man doch so nennen. Der Virus der ansteckenden Krankheit Weihnachten heißt Wohlwollen. Ist das wenig, ist das viel? Am christlichen Maß der Liebe, die alle umfaßt, und am menschlichen Maß einer realen Liebesbeziehung gemessen ist es wenig. Aber man kann das Wohlwollen auch mit anderen Haltungen vergleichen: mit der Glut des Hassenden und der Eiseskälte der Verachtenden, vor allem aber mit ihrer grauen Schwester, der wahrhaft tödlichen Gleichgültigkeit. Nicht Wohlwollen regiert die Geschichte, aber insoweit wir Menschen geblieben sind und bleiben wollen, ist das Wohlwollen, wenn es nicht herablassend oder anbiedernd ist, sondern ehrlich, als kleine Münze und kleiner Schein von der Gold-Währung Liebe voll gedeckt. Wären wir reich im Reiche der Empfindung und der Phantasie, so ließen sich ganz andere Feste feiern. Ich wage es nicht, sie vor ihrer Einbildungskraft erstehen zu lassen. So lange uns Armen nur die Vision dieses ganz großen Festes vor Augen steht, von dem Schiller und Beethoven im Lied von der Freude träumen, ist Wohlwollen schon etwas. Man braucht nicht zu verhungern, wenn man statt Liebe wahres Wohlwollen annehmen kann; man ist nicht völlig ohne Gabe, wenn man es schenken kann.

Sehen wir das Weihnachtsfest so, dann können wir es weiterhin zwischen Christen und Weltleuten in der Schwebe halten. Es hat ja ohnehin in seinen besten Momenten etwas Schwebendes, – als kostbaren Rest und, wo es gelingt, als Vorschein freierer Feste.

## *Hilde Domin*
## Stullen mit Sekt

Ich will versuchen, es festzuhalten, obwohl es unvergeßlich ist. Eigentlich war gar nichts passiert, es war ganz alltäglich. Aber es gehört auf immer zu den besonderen Weihnachten meines Lebens, den besonderen Jahresanfängen. Wie besonders, das entscheidet sich noch. Die Schrift an der Wand: Für viele ist das eine Schrift in der Luft, gleich weggeweht. Die Wand dahinter macht diese Schrift erst zu einem Zeichen. Was ist beispielhaft? An sich genommen gar nichts. Aber fast alles.

Weihnachten war herrlich gewesen, vor zwei Jahren. Ich mobilisierte die Heidelberger für einen kleinen Wanderzirkus, der in Not war, und plötzlich rührten sie sich: die Bäcker, die Taxifahrer, die Tierärzte, die Kinder und die alten Damen aus der Stadt und aus dem Odenwald. Schließlich gingen schon Betrüger von Haus zu Haus und sammelten für den »Zirkus«. Da sah man, was der Poet noch kann, soweit die Zeitung reicht. Es wurde ein heiteres Fest, für diese Zirkusleute und auch für mich.

Und? Ich war wieder allein. Weihnachten kam gerade in das Loch zwischen Aufräumen und Aufgeräumthaben. Den ganzen Dezember über trug ich den Papierberg ab, bis ich beim April war, der untersten Lage. Am vierundzwanzigsten ein wunderbar leerer Schreibtisch, die freie Tischplatte als Startbahn. Fast erschreckend. Kommt das Startzeichen pünktlich? Es muß kommen, als warte man nicht.

Fast fluchtartig ging ich mit Freunden in den Weihnachtsgottesdienst. Den evangelischen, in den romanischen Ländern gingen wir natürlich in den katholischen, die Mitternachtsmesse in Santa Maria Maggiore, wo es aus allen Mündern nach Aal riecht, dem italienischen Weihnachtsessen.

Um fünf war es schon dunkel, die Heiliggeistkirche hell erleuchtet, Weihnachtsbäume auf Straßen, Plätzen, Türmen, sogar auf den Tortürmen der alten Neckarbrücke. Die Universitätsstadt war wie weggewischt, das konnte nichts schaden. Das Johannesevangelium. Am Anfang war das Wort. Dann das Lukasevangelium. Und der Engel mit dem Schwert gab in dieser Nacht die Paradiespforte wieder frei. »Die Tür zum Paradies«, hieß es. Das Paradies und ob man zurück kann. Ich hatte es mir nie überlegt, daß es ja weiter bewacht und verboten ist. Um so aufregender diese nie gehörte Botschaft. Das war für

mich die Weihnachtsbotschaft: daß in dieser Nacht der Cherub den Wachposten räumte.
In den Tagen darauf fragte ich jeden, den ich traf. Allen war es neu, und sie schienen es mit Aufmerksamkeit und Verwunderung zu hören, angeknackst, wie wir alle sind. Nur eine Organistin wußte, daß es im Gesangbuch steht. Der Pfarrer sprach von Bethlehem: »In der jüdischen Stadt«, sagte er wieder und wieder. Wo es doch eine westjordanische ist. Ich war dem Pfarrer dankbar, daß er so ohne Umschweife und ohne Entschuldigungen sagte, daß es an diesem Dezembertag vor fast zweitausend Jahren eine jüdische Stadt war und daß es ein jüdisches Land war, durch das Maria und Joseph zogen, weil der Kolonialherr Augustus eine Bevölkerungsstatistik angeordnet hatte. Die Juden waren noch in dem ihnen verheißenen Lande Unterjochte, wie sie es seither immer waren, und der Messias erstand und war einer von ihnen und Gottes Sohn oder ein jüdischer Wunderrabbi und wurde auf keinen Fall erkannt und würde wiederkommen, am Ende der Zeiten. So daß es egal war, ob er schon dagewesen war (dieser menschenmordende Streitfall), weil er auf jeden Fall kommen mußte. Und Frieden auf Erden. Vorläufig, diese Weihnachten, die PLO und die Kriege in Beirut und Angola. Aber keine Toten heute nacht in Bethlehem, Leibesvisitation der Beter wie auf den Flugplätzen und jüdisches Militär als Schutz vor den Terroristen. Das konnte man am 25. Dezember im Fernsehen sehen. Und auch die Toten in Beirut und Angola.
Die Kinder sangen und auch die Gemeinde. Es war eine tapfere Religion. Wie es nur möglich war, aus der Kirche in die Stadt zu gehen. Ich war in Tränen. Aber ich war auch der einzige Ungetaufte in dieser Versammlung. Ich bemühte mich, gleichgültig auszusehen wie alle. Es war ungehörig. Und ich stellte mir diese Kirche voller Singender vor, in den 30er Jahren. Zum Teil ja dieselben, die jetzt hier saßen, nur jetzt soviel älter. Und wie sie dann hinausgingen, und was sie alles getan oder auch nicht getan hatten. Man sah ihnen nichts an, nichts Böses und auch nichts Gutes. Sie absolvierten die Feier.
»Brot für die Welt«, die Kinder gaben ihr Erspartes, wir waren draußen.
»Wann ist Chanukka?« sagte die junge Frau, mit der ich gekommen war, zu mir. »Es ist doch das jüdische Weihnachten.« – »Und wann ist Neujahr?« Ich wußte beides nicht. »Ich hatte Sie für einen orthodoxen Juden gehalten«, sagte sie enttäuscht. Es gab mir einen Ruck, sie kennt meine Bücher und mußte es doch wissen, daß ich keiner Gemeinde angehöre, keiner solchen und keiner solchen. »Seit meiner Kinderzeit

habe ich die christliche Folklore mitgemacht«, sagte ich. »Weihnachtsbäume, Osterhasen, Sankt Nikolaus, ganz wie alle Kinder.«
Da saßen wir schon im VW, und vor dem Haus rief das eine der kleinen Kinder von oben herab: »War es sehr langweilig?« Als wir hinaufkamen, brannten schon die Kerzen am Weihnachtsbaum. Die Kinder waren im Zimmer. Mein Bruder und ich, wir hatten immer draußen warten müssen, bis die Kerzen brannten. (Später waren es nur kleine bunte Lichter, elektrisch, wegen der Brandgefahr.) Man sah den Weihnachtsbaum durch einen Spalt, das Zimmer war sonst dunkel. Es mag daran gelegen haben, daß es ein dunkel getäfeltes Zimmer war, unser Eßzimmer. Die Zimmer waren ja auch höher. »O Tannenbaum« sangen wir, als die Tür aufgemacht wurde. Unter dem Baum lagen die Geschenke. Das ist heute anders. Die Geschenke sind eingepackt, in viel buntes Papier. Das scheint weltwelt Mode zu sein, wir leben in einer Verpackungsgesellschaft. Früher wurden einfach Servietten über die Geschenke gelegt, bis man sie sehen durfte.
Der junge Vater setzte sich hin und, ganz patriarchalisch, las den Kindern die Weihnachtsgeschichte vor, wieder nach Lukas, und dann spielte und sang die Mutter »O Tannenbaum« und andere Weihnachtslieder. Das war ganz wie immer. Und eines der Kinder spielte die Tonleiter auf der Blockflöte, das hatte es gerade gelernt. Dann durften sich die Kinder, aus den Armen einer Hausfreundin befreit, auf die Geschenke stürzen und auswickeln, eine lange Prozedur. Kinder des bescheidenen Mittelstandes können heute beschenkt werden wie früher Millionärskinder, besonders wenn Tanten und Onkel sich beteiligen. Es dauert, bis Kinder sich überhaupt entscheiden können, worüber sie sich freuen wollen, so viel ist da. Zum Teil schon gemeinsam aus Katalogen ausgesucht. Genau spezifizierte Wünsche.
Die lebensgroßen Steiftiere mit den weichen Gliedmaßen und dem naturgetreuen Fell haben mit den kleinen Bären, die unsereins bekam, kaum noch Ähnlichkeit. Es sind richtige Tiere, nur eben stubenrein und geduldig. Die Baukästen sind bunter, ich zähle nicht auf, was die Kinder bekamen. Dazu bekamen sie, auf alle Fälle, sozusagen als gesellschaftlichen Schwimmgürtel, noch eine kleine niedliche Spieluhr, die mit glockenhellen Tönen die Internationale spielte.
Nach dem Truthahn und vor dem erwähnenswerten Rumtopf sprach ich das Tischgebet. »Im Namen dieses Wunderrabbis«, sagte ich und wurde rot vor Entsetzen über meinen Mut, es war ja auch mein erstes Tischgebet, »im Namen dieses jüdischen Wunderrabbis«, sagte ich, »dessen Geburtstag wir heute feiern, sei er nun der Sohn Gottes oder

der Menschensohn, in seinem Namen geloben wir dankbar zu sein, daß wir in einem Lande leben dürfen, wo es keine Zwangsarbeitslager gibt und nichts dergleichen. So daß wir heute keinen Mitbürger auf dem Gewissen zu haben brauchen. Dafür wollen wir dankbar sein von diesem Geburtstag des jüdischen Wunderrabbis bis zum nächsten. Amen. – Und dankbar wollen wir sein, daß wir in einem Lande leben, wo unsere Arbeit – die wir keine reichen, sondern arbeitende Menschen sind, Kopfarbeiter – so gut und besser bezahlt wird als die Arbeit in den meisten andern Ländern, wo die Menschen nicht weniger gut arbeiten als wir, aber viel weniger dafür bekommen. So daß ein so wunderbares Spieltier ihnen gar nicht ins Haus käme. Und vieles andere auch nicht. Dafür wollen wir dieser vielbeschimpften Bundesrepublik gelegentlich dankbar sein, von diesem Geburtstag des Menschensohns bis zum nächsten. Amen.« Alle sagten »Amen« und »Es ist wahr«. Und keiner war mir böse. Ich atmete auf. Es war ein Kraftakt gewesen.

Übrigens, das war schon das Mittagessen gewesen, das Mittagessen am fünfundzwanzigsten. Am Abend aßen wir Stullen. Immerhin Stullen mit Sekt.

## *Fjodor M. Dostojewski*
# Der Knabe bei Christus
Aus dem Russischen übersetzt von Arthur Luther

Ich träume von einem Knaben, einem noch sehr kleinen Knaben, sechs Jahre alt oder noch jünger. Dieser Knabe erwachte an einem Morgen im feuchten und kalten Keller. Er war mit einem Kittel bekleidet und zitterte. Sein Atem entfloh als weißer Dampf, und er saß auf einer Kiste in der Ecke und blies vor Langeweile den Dampf absichtlich aus dem Mund und unterhielt sich damit, daß er zuschaute, wie er entfloh. Aber er hätte gerne etwas gegessen. Er war schon einige Male im Laufe der Morgens zu der Pritsche gegangen, wo, auf einer pfannkuchendünnen Unterlage und mit einem Bündel statt eines Kissens unter dem Kopf, seine kranke Mutter lag. Wie war sie hierhergeraten? Wahrscheinlich war sie mit ihrem kleinen Knaben aus einer fremden Stadt gekommen und plötzlich erkrankt. Die Vermieterin der Schlafstelle war schon vor zwei Tagen von der Polizei geholt worden, die Mieter hatten sich zerstreut, da gerade Feiertag war, und der einzige Zurückgebliebene, ein Trödler, lag völlig betrunken in seiner Ecke, ohne erst noch die Feiertage abgewartet zu haben. In der anderen Ecke des Zimmers stöhnte, gequält vom Rheumatismus, eine achtzigjährige Greisin, die einmal irgendwo Kinderfrau gewesen war und nun einsam sterben mußte; sie ächzte und brummte und schalt den Knaben, so daß er sich fürchtete, sich ihrer Ecke zu nähern. Zu trinken hatte er im Flur etwas bekommen, aber ein Endchen Brot war nirgends zu finden, und wohl schon zum zehnten Male versuchte er, seine Mutter zu wecken. Ihm wurde schließlich ganz bang im Dunkeln, denn es war schon lange Abend, aber noch immer wurde kein Licht angezündet. Er befühlte das Gesicht der Mutter und wunderte sich, daß sie sich gar nicht rührte und so kalt war wie die Wand. Es ist sehr kalt hier, dachte er, stand eine Weile da, unbewußt seine Hand auf der Schulter der Entschlafenen lassend, hauchte dann auf seine Finger, um sie zu erwärmen, und ging plötzlich, nachdem er seine Mütze von der Pritsche genommen hatte, leise tastend aus dem Keller hinaus. Er wäre schon früher gegangen, aber er fürchtete sich vor dem großen Hund, der oben auf der Treppe den ganzen Tag vor den Türen der Nachbarn heulte. Jetzt jedoch war der Hund nicht mehr da, und der Knabe ging gleich auf die Straße hinaus.

Herr, war das eine Stadt! Nie zuvor hatte er etwas Ähnliches gesehen.

Dort, woher er gekommen war, war es nachts so finster; eine einzige Laterne beleuchtete die ganze Straße. Die Fenster der niedrigen Holzhäuschen wurden mit Lädchen verschlossen; auf den Straßen war, wenn es kaum dämmerte, kein Mensch mehr zu sehen, alle schlossen sich in ihren Häusern ein, nur ganze Rudel von Hunden, Hunderte, Tausende von Hunden heulten und bellten die ganze Nacht hindurch. Aber dafür war es dort warm, und er hatte zu essen gehabt, aber hier... Gott, wenn es doch etwas zu essen gäbe! Und was für ein Dröhnen und Lärmen war hier, wieviel Licht und Menschen, Pferde und Wagen, und die Kälte, die Kälte! Eisig strömt den gejagten Pferden der Dampf aus den heiß atmenden Mäulern; durch den lockeren Schnee schlagen die Hufeisen auf die Pflastersteine, und alle stoßen ihn, und, o Gott, er möchte so gern essen, nur ein kleines Stück, und so weh tun ihm auf einmal die Fingerchen! Ein Hüter der Ordnung ging vorbei und wandte sich ab, um den Knaben nicht zu sehen.

Wieder eine Straße – ach, wie breit! Hier wird man sicher überfahren; wie sie alle schreien, laufen und fahren, und das Licht, das Licht! Und was ist das? Oh, ein großes Fenster, und hinter dem Glas ist ein Zimmer und im Zimmer ein Baum, bis zur Decke. Das ist ein Christbaum, und auf dem Christbaum so viele Lichter, so viele goldene Papierchen und Äpfelchen, und um den Baum Puppen und kleine Pferde; und im Zimmer laufen Kinder umher, schön gekleidet, sauber, und lachen und spielen, essen und trinken. Da tanzt ein kleines Mädchen mit einem Knaben. So ein hübsches Mädchen! Jetzt hört er die Musik durch das Fenster. Der Knabe schaut, wundert sich, lacht jetzt, aber es tun ihm die Zehen weh, und die Finger an den Händen sind ganz rot geworden, lassen sich nicht mehr biegen, und es tut weh, wenn er sie bewegt. Und plötzlich merkte der Knabe, wie sehr ihn die Finger schmerzten, er weinte und lief weiter. Und da sieht er durch ein anderes Fenster ein Zimmer, in dem auch solche Bäume stehen, aber auf den Tischen stehen allerlei Kuchen – rote, gelbe Mandelkuchen, und es sitzen vier reich gekleidete Damen da, und wenn jemand hereinkommt, bekommt er Kuchen, und die Tür geht jeden Augenblick auf, und es kommen viele Herrschaften von der Straße herein. Der Knabe schlich heran, öffnete plötzlich die Tür und trat ein. Ach, wie sie ihn anschrien, mit den Armen fuchtelten! Eine Dame trat hastig auf ihn zu, steckte ihm eine Kopeke in die Hand und öffnete ihm selber die Tür. Wie er da erschrak! Die Kopeke entfiel ihm und klirrte über die Stufen hinab; er konnte seine roten Fingerchen nicht mehr biegen und sie festhalten. Der Knabe lief hinaus, ging schneller und immer schneller und wußte selbst nicht wohin. Er hätte gerne wieder geweint, aber er fürchtete sich; er lief, lief und hauchte in seine Händchen. Und es ward ihm so weh ums Herz, denn er fühlte sich auf einmal so verlassen, aber plötzlich, o Gott! was ist denn das wieder? Eine ganze Schar von Menschen steht da und staunt in ein Fenster, hinter der Glasscheibe stehen drei kleine Puppen in schönen roten und grünen Kleidern und sehen ganz wie lebendig aus! Ein alter Mann sitzt dabei und scheint auf einer großen Geige zu spielen; zwei andere stehen neben ihm und spielen auf kleinen Geigen und wackeln mit den Köpfen im Takt und blicken einander an und bewegen die Lippen. Sie sprechen, sie sprechen wirklich, nur kann man sie durch die Fensterscheibe nicht hören. Anfangs meinte der Knabe, sie seien lebendig, als er aber erriet, daß es Puppen waren, fing er plötzlich zu lachen an. Nie hatte er solche Püppchen gesehen und auch nicht gewußt, daß es solche gibt. Er möchte weinen, aber die Püppchen sind so spaßig! Plötzlich fühlte er, daß ihn jemand von hinten am Röckchen packte; ein großer, böser Knabe stand neben ihm, haute ihn auf den Kopf, riß ihm die Mütze herunter und stellte ihm ein Bein. Der Knabe fiel zu Boden, er hörte Schreien, erstarrte vor Schrecken, sprang auf und lief davon, ohne selber zu wissen wie, vor ein geschlossenes Tor, kroch unten durch in einen fremden Hof und versteckte sich hinter dem aufgestapelten Holz. Hier finden sie mich nicht; es ist auch dunkel. Er kauerte sich zusammen und konnte vor Schreck lange nicht zu Atem kommen. Und plötzlich wird ihm so wohl: Hände und Füße schmerzten nicht mehr, und ihm wurde so warm, so warm, wie auf einem Ofen. Da fuhr er zusammen: Ach, bald wäre ich eingeschlafen! Wie schön wäre es, hier einzuschlafen! Ich bleibe eine Weile sitzen, dann gehe ich wieder die Püppchen ansehen, dachte der Knabe und lächelte in Gedanken an sie. Ganz wie lebendig. Und plötzlich hörte er seine Mutter über seinem Haupt ein Lied singen. »Mutter, ich schlafe, ach, wie schön ist es, hier zu schlafen!«

»Komm mit mir, mein Knabe, zum Christbaum«, flüsterte plötzlich eine leise Stimme über ihm.

Anfangs glaubte er, es wäre wieder seine Mutter, aber nein, sie ist es nicht! Wer ihn gerufen hat, sieht er nicht, aber jemand bückt sich über ihn und umarmt ihn im Dunkeln. Und er streckt die Hand entgegen und... plötzlich – oh, soviel Licht! Oh, was für ein Christbaum! Das ist kein Tannenbaum, solche Bäume hat er noch nie gesehen! Wo befindet er sich nun? Alles glänzt, alles leuchtet – und ringsherum lauter Püppchen! Aber nein, es sind lauter kleine Knaben und Mädchen, alle leuchtend; sie drehen sich um ihn, schweben umher, küssen ihn, umfassen ihn, tragen ihn mit sich, jetzt schwebt er selbst und sieht – seine Mutter schaut ihn an und lächelt freudig. »Mutter, Mutter! Ach, wie schön ist es hier, Mutter!« rief der Knabe und küßte wieder die Kinder und möchte ihnen schnell von den Püppchen im Fenster erzählen. »Wer seid ihr, Knaben? Wer seid ihr, Mädchen?« fragte er sie lachend und von Liebe zu ihnen erfüllt.

»Das ist der Weihnachtsabend bei Christus«, antworteten sie ihm. »An diesem Tag hat der Heiland immer einen Christbaum für kleine Kinder, die dort keinen eigenen Baum haben.« Und er vernahm, daß diese Knaben und Mädchen genau solche Kinder waren wie er, doch einige von ihnen waren schon in ihren Körben erfroren, als man sie vor den Türen der Petersburger Beamten auf der Treppe liegen ließ, während andere bei den finnischen Weibern erstickten, denen das Findelhaus sie zur Pflege gegeben hatte, und wieder andere an den ausgezehrten Brüsten ihrer Mütter (während der Hungersnot in Samara) starben oder im Gestank der Eisenbahnwagen dritter Klasse umkamen. Sie alle sind jetzt da, sie alle sind jetzt Engel, alle bei Christus, und Er selbst ist mitten unter ihnen, streckte seine Arme nach ihnen aus und segnete sie und ihre sündigen Mütter. Und die Mütter dieser Kinder stehen auch alle da, etwas abseits, und weinen. Jede erkennt ihren Knaben oder ihr Mädchen, und die Kinder schweben auf sie zu und küssen sie, wischen ihnen die Tränen mit ihren Händen ab und bitten sie, nicht zu weinen, weil es ihnen hier so gut ginge...

Am nächsten Morgen fanden die Hausknechte hinter dem Holz die kleine Leiche eines hergelaufenen, erfrorenen Knaben: man machte auch seine Mutter ausfindig... Die war noch vor ihm gestorben; beide sahen sich beim Herrgott im Himmel wieder.

*Ingeborg Drewitz*
# Barbaratag

Am Barbaratag Kirschzweige schneiden, damit sie am 24. Dezember blühen – in meiner Kindheit habe ich davon nichts gewußt. Noch immer habe ich nicht die Ursache der völligen Abwendung von traditionellen Bräuchen in meiner Familie ergründen können, kann nur vermuten, daß die Zuwandererfamilien meiner Voreltern durch die Armut, die sie gekannt hatten, durch ihre flüchtige Berührung mit dem Sozialismus, durch die Viertelbildung, die sie sich neben der Arbeit erschlossen hatten, jene Scheu in sich hatten aufkommen lassen, die sie jeder Gefühlsäußerung gegenüber hatten. Vielleicht war es auch die Scheu, irgend, was auf ländliche Herkunft hätte schließen lassen, auch nur zu erinnern.
So habe ich erst als Erwachsene von dem schönen Brauch gehört und ihn mit meinen Kindern zusammen wieder aufgenommen. Ich seh' uns bei Schneegestöber nach Kirschbäumen in den Laubengärten suchen, überhängende Zweige ausmachen, um sie bei einbrechender Dunkelheit gleich zu finden, noch ehe der Haupteingang der Laubenkolonie abgeschlossen würde. Ich seh' mich mit den Zweigen unterm Mantel heimkommen, die Kinder in die Küche holen, ihnen die Anschnitte zeigen, ihre Finger die Feuchte spüren lassen, den Saftdruck, der im November einsetzt, ich seh' uns die Zweige ordnen, die Knospen zählen. Und wie wir das zögernde Anschwellen der Knospen beobachten von Tag zu Tag. Ein bißchen schlechtes Gewissen war schon dabei, aber ich hatte nachgelesen, daß das Obst geschnitten werden muß. Über die Heilige Barbara hatte ich nichts nachgelesen. Es genügte uns das Wunder des Erblühens, Jahr für Jahr. Mal schnitt ich die Zweige bei schneidender Kälte, mal bei Regen. Und im Aprilmai prüften wir auf unsern Spaziergängen, ob die Kirschbäume uns nichts nachtrugen. Und im Juli gingen wir in die Laubenkolonie, um Kirschen zu kaufen. »Wenn Sie wollen, können Sie im Dezember rings um den Baum schneiden. Was draußen überhängt, ist doch so zufällig!« Ich sah den Mann an, der seine Kirschen in Spankörben ausgestellt hatte. Der hatte mich also doch beobachtet.
»Na, wer'n Se man nich rot, junge Frau. Klar kenn ich Sie. Komm' Se ruhig über Tag, wenn wieder Dezember is.«
Gegen so viel Freundlichkeit brauchte ich keine Ausrede. Und die wäre mir auch gar nicht eingefallen. Der Mann hängte den Kindern

Kirschen über die Ohren. Und im Dezember sind wir alle hingegangen. Die Laube war überheizt, in die er uns einlud, und Holzgeschnitztes hatte er für die Kinder, auch Pfefferkuchen. »Ich bin Witwer«, sagte er. »Und meine Jungs, naja, die war'n so etwa Ihr Jahrgang. Darum bin ich allein.« Er zeigte uns den Komposthaufen; und daß da ein Igel überwinterte, machte die Kinder neugierig. Aber das ginge nicht, den stören. »Kommt im Frühjahr, wenn so'n richtiger warmer Sonnentag ist. Da schlabbert er die Milch aus der Schüssel.«
Wir haben ihn immer wieder besucht im Junijuli und am 4. Dezember und im Frühjahr, bis die Laubenkolonie aufgelassen wurde und die Bagger sich ins Gelände fraßen. Da ist denn auch der Kirschbaum, den er aufgepfropft hatte, um ihn zu veredeln, mit in die Greifer geraten. Wir haben dem Mann noch geholfen, den eisernen Ofen auf den Handwagen zu heben. Wir haben dann nie mehr von ihm gehört, obwohl er eine Postkarte versprochen hatte »aus'm Westen, wenn ich da erst wieder 'n Kirschbaum hab'«.

*Annette von Droste-Hülshoff*

## Am Feste der Heiligen Drei Könige

Durch die Nacht drei Wandrer ziehn,
Um die Stirnen Purpurbinden,
Tiefgebräunt von heißen Winden
Und der langen Reise Mühn.
Durch der Palmen säuselnd Grün
Folgt der Diener Schar von weiten;
Von der Dromedare Seiten
Goldene Kleinode glühn,
Wie sie klirrend vorwärts schreiten,
Süße Wohlgerüche fliehn.

Finsternis hüllt schwarz und dicht,
Was die Gegend mag enthalten;
Riesig drohen die Gestalten:
Wandrer, fürchtet ihr euch nicht?
Doch ob tausend Schleier flicht
Los und leicht die Wolkenaue:
Siegreich durch das zarte Graue
Sich ein funkelnd Sternlein bricht.
Langsam wallt es durch das Blaue,
Und der Zug folgt seinem Licht.

Horch, die Diener flüstern leis:
»Will noch nicht die Stadt erscheinen
Mit den Tempeln und den Hainen,
Sie, der schweren Mühe Preis?
Ob die Wüste brannte heiß,
Ob die Nattern uns umschlangen,
Uns die Tiger nachgegangen,
Ob der Glutwind dörrt' den Schweiß:
Augen an den Gaben hangen
Für den König, stark und weis'.«

Sonder Sorge, sonder Acht,
Wie drei stille Monde ziehen
Um des Sonnensternes Glühen,

Ziehn die Dreie durch die Nacht,
Wenn die Staublawine kracht,
Wenn mit grausig schönen Flecken
Sich der Wüste Blumen strecken,
Schaun sie still auf jene Macht,
Die sie sicher wird bedecken,
Die den Stern hat angefacht.

O ihr hohen heilgen Drei!
In der Finsternis geboren,
Hat euch kaum ein Strahl erkoren,
Und ihr folgt so fromm und treu!
Und du, meine Seele, frei
Schwelgend in der Gnade Wogen,
Mit Gewalt ans Licht gezogen,
Suchst die Finsternis aufs neu!
O wie hast du dich betrogen;
Tränen blieben dir und Reu!

Dennoch, Seele, fasse Mut!
Magst du nimmer gleich ergründen,
Wie du kannst Vergebung finden;
Gott ist über alles gut!
Hast du in der Reue Flut
Dich gerettet aus der Menge,
Ob sie dir das Mark versenge
Siedend in geheimer Glut,
Läßt dich nimmer dem Gedränge,
Der dich warb mit seinem Blut.

Einen Strahl bin ich nicht wert,
Nicht den kleinsten Schein von oben.
Herr, ich will Dich freudig loben,
Was Dein Wille mir beschert!
Sei es Gram, der mich verzehrt,
Soll mein Liebstes ich verlieren,
Soll ich keine Tröstung spüren,
Sei mir kein Gebet erhört:
Kann es nur zu Dir mich führen,
Dann willkommen Flamm und Schwert!

## *Joseph von Eichendorff*
## Weihnachten

Markt und Straßen stehn verlassen,
still erleuchtet jedes Haus.
Sinnend geh' ich durch die Gassen,
alles sieht so festlich aus.

An den Fenstern haben Frauen
buntes Spielzeug fromm geschmückt,
tausend Kindlein stehn und schauen,
sind so wunderstill beglückt.

Und ich wandre aus den Mauern
bis hinaus in's freie Feld,
hehres Glänzen, heil'ges Schauern –
wie so weit und still die Welt!

Sterne hoch die Kreise schlingen,
aus des Schnees Einsamkeit
steigt's wie wunderbares Singen –
o du gnadenreiche Zeit!

*T. S. Eliot*

## Die Reise aus dem Morgenland

Einen kalten Weg hatten wir hin,
Just des Jahres schlechteste Zeit
Für eine Reise, und eine so lange Reise:
Die Wege tief und das Wetter schneidend,
Mitten im strengsten Winter.
Und die Kamele sattelwund, huflahm, störrisch
Sich in den schmelzenden Schnee werfend.
Stunden gab es, da bangten wir uns
Nach den Sommerpalästen am Berghang, den Terrassen
Und seidenen Mägden, den Sorbet bringenden.
Dann die Kameltreiber fluchend und polternd
Die fortliefen, auf ihren Schnaps und Weiber bedacht
Und Nachtfeuer wieder ausgehend, und rings kein Obdach,
Und Festen feindlich und Städte unfreund
Und Dörfer schmutzig und die Zölle hoch:
Eine schwere Zeit hatten wir hin.
Schließlich dünkte es besser die Nacht zu reisen,
Stundenweis schlafend,
Immer im Ohr die Stimmen singend, sagend
Dies alles wär Wahnsinn.

Dann eines Dämmerns ging es hinab in ein mildes Tal,
Feucht, unter der Schneegrenze, Fruchtbarkeit duftend,
Wo ein Strom zog und eine Wassermühle das Dunkel schlug,
Und drei Bäume gegen den niedren Himmel standen
Und ein alter Schimmel über die Wiesen trabte.
Und dann eine Schenke mit Weinlaub über dem Pfosten,
Sechs Hände bei offner Tür um Silberlinge würfelnd
Und Füße, nach leeren Weinschläuchen tretend.
Doch keinerlei Auskunft und so ritten wir fürbaß
Und abends kamen wir an, nicht einen Augenblick zu früh,
Und fanden den Ort; es war (man kann sagen) befriedigend.

All dies war vor langer Zeit, ich erinnere mich,
Und ich würd es noch einmal tun, doch schreibe dir auf,
Dies schreib auf,

Dies: führte uns all dieser Wege zu
Geburt oder Tod? Da war Geburt, gewiß, uns wurde
Augenschein, zweifelsohne. Ich hatte Geburt gesehn und Tod
Doch immer geglaubt, sie seien verschieden; diese Geburt war
Harter und bitterer Schmerz für uns, wie Tod, unser Tod.
Wir kehrten nach Hause, in diese Königreiche,
Doch hier war uns nicht mehr wohl, in der alten Ordnung,
Bei einem fremden Volk, das sich an seine Götter klammert.
Ich wäre froh um einen andern Tod.

*Theodor Fontane*

## Zum 24. Dezember

Noch einmal ein Weihnachtsfest,
Immer kleiner wird der Rest,
Aber nehm' ich so die Summe,
Alles Grade, alles Krumme,
Alles Falsche, alles Rechte,
Alles Gute, alles Schlechte –
Rechnet sich aus all dem Braus
Doch ein richtig Leben raus.
Und dies können ist das Beste
Wohl bei diesem Weihnachtsfeste.

*Anne Frank*

## Briefe an Kitty

Dienstag, 22. Dezember 1942

Liebe Kitty!

Das »Hinterhaus« hat mit Freuden gehört, daß zu Weihnachten jeder ein viertel Pfund Butter extra bekommt. Offiziell ist es ein halbes Pfund, aber das gilt für die glücklichen Sterblichen, die draußen in Freiheit leben. Untergetauchte, wie wir, die zu acht nur vier Lebensmittelkarten kaufen können, freuen sich auch schon über ein viertel Pfund. Von dieser Butter wollen wir alle etwas backen. Ich mache für uns Plätzchen und zwei Torten. Mutter sagt, ehe die Haushaltspflichten nicht erfüllt sind, dürfte ich nicht lesen oder lernen.

Frau v. Daan liegt mit einer gequetschten Rippe zu Bett, klagt von früh bis spät, läßt sich bedienen und dauernd Umschläge machen, ist aber nie zufrieden. Ich werde froh sein, wenn sie erst wieder auf ist und ihre Sachen selbst machen kann. Eins muß ich sagen: Sie ist sehr fleißig und, wenn sie sich seelisch und körperlich gut fühlt, auch vergnügt.

Da ich wahrscheinlich tagsüber noch nicht oft genug mit »pst, pst« ermahnt werde, weil ich angeblich zu laut bin, hat sich mein Herr Zimmergenosse nun auch noch angewöhnt, nachts sein »pst, pst« hören zu lassen. Wenn es nach ihm ginge, dürfte ich mich nicht einmal in meinem Bett umdrehen. Ich tue, als ob ich nichts merke, aber nächstens werde ich einfach mal »pst« zurückrufen. Des Sonntags habe ich sowieso eine Wut auf ihn, wenn er in aller Frühe das Licht andreht, um seine Freiübungen zu machen. Das scheint mir dann immer stundenlang zu dauern, und da er in seiner Unachtsamkeit auch dauernd an die Stühle stößt, die meinem Bett zur Verlängerung dienen, werde ich dann richtig wach. Dabei bin ich noch gar nicht ausgeschlafen und würde so gerne noch Ruhe haben. Wenn die »Wege zu Kraft und Schönheit« beendet sind, beginnt die Toilette. Die Unterhose hängt an einem Haken, also erst dorthin, dann wieder zurück. Aber natürlich hat er die Krawatte vergessen, die auf dem Tisch liegt. Nun muß er wieder hin und her laufen und stößt von neuem an die Stühle. Mit meiner Sonntagsruhe ist es endgültig vorbei!

Aber was nützt es, über komische alte Herren zu klagen? Manchmal juckt es mich in den Fingern, ihm einen Streich zu spielen: Die Tür abschließen, Lampe ausschrauben, Kleider verstecken?! Aber um des lieben Friedens willen tue ich es dann doch nicht.

Ach, ich werde sooo vernünftig! Zu allem gehört hier Vernunft: Den Mund halten, gehorchen, freundlich sein, hilfsbereit, nachgeben, und ich weiß nicht, was noch alles! Ich werde meinen Verstand, der ohnedies schon nicht so weit reicht, zu schnell verbrauchen und bin in Sorge, daß dann für die Nachkriegszeit nichts mehr übrigbleibt. Anne

Montag, 27. Dezember 1943

Liebe Kitty!

Ich habe zum erstenmal in meinem Leben etwas zu Weihnachten bekommen. Die Mädels, Koophuis und Kraler hatten wieder eine reizende Überraschung. Miep hat einen Kuchen gebacken mit der Aufschrift: *Friede 1944*. Elli hat ein Pfund Vorkriegs-Plätzchen ergattert. Außerdem bekamen Peter, Margot und ich jeder eine Flasche Yoghurt, die Erwachsenen je eine Flasche Bier. Alles war hübsch verpackt, immer mit passendem Verschen auf jedem Paket.

Die Weihnachtstage sind schnell vorübergegangen. Anne

*Christian Fürchtegott Gellert*
## Weihnachtslied

Dies ist der Tag, den Gott gemacht;
sein werd in aller Welt gedacht!
Ihn preise, was durch Jesum Christ
im Himmel und auf Erden ist!

Die Völker haben dein geharrt,
bis daß die Zeit erfüllet ward;
da sandte Gott von seinem Thron
das Heil der Welt, dich, seinen Sohn.

Wenn ich dies Wunder fassen will,
so steht mein Geist vor Ehrfurcht still;
er betet an und er ermißt,
daß Gottes Lieb unendlich ist.

Damit der Sünder Gnad erhält,
erniedrigst du dich, Herr der Welt,
nimmst selbst an unsrer Menschheit teil,
erscheinst im Fleisch und wirst uns Heil.

Herr, der du Mensch geboren wirst,
Immanuel und Friedefürst,
auf den die Väter hoffend sahn,
dich, Gott Messias, bet ich an.

Jauchzt, Himmel, die ihr ihn erfuhrt,
den Tag der heiligsten Geburt;
und Erde, die ihn heute sieht,
sing ihm, dem Herrn, ein neues Lied!

Dies ist der Tag, den Gott gemacht;
sein werd in aller Welt gedacht!
Ihn preise, was durch Jesum Christ
im Himmel und auf Erden ist.

*Paul Gerhardt*

## Fröhlich soll mein Herze springen

Fröhlich soll mein Herze springen
dieser Zeit, da vor Freud alle Engel singen.
Hört, hört, wie mit vollen Choren
alle Luft laute ruft:
Christus ist geboren!

Heute geht aus seiner Kammer
Gottes Held, der die Welt reißt aus allem Jammer.
Gott wird Mensch dir, Mensch, zugute,
Gottes Kind, das verbindt sich mit unsrem Blute.

Nun er liegt in seiner Krippen,
ruft zu sich mich und dich,
spricht mit süßen Lippen:
Lasset fahren, liebe Brüder,
was euch quält, was euch fehlt;
Ich bring alles wieder.

Ei, so kommt und laßt uns laufen,
stellt euch ein, groß und klein,
eilt mit großen Haufen!
Liebt den, der vor Liebe brennet;
Schaut den Stern, der euch gern Licht und Labsal gönnet.

Die ihr schwebt in großen Leiden,
sehet, hier ist die Tür zu den wahren Freuden;
faßt ihn wohl, er wird euch führen
an den Ort, da hinfort euch kein Kreuz wird rühren.

Süßes Heil, laß dich umfangen,
laß mich dir, meine Zier, unverrückt anhangen.
Du bist meines Lebens Leben;
nun kann ich mich durch dich wohl zufrieden geben.

Ich will dich mit Fleiß bewahren;
Ich will dir leben hier,
dir will ich abfahren;
Mit dir will ich endlich schweben,
voller Freud, ohne Zeit dort im andern Leben.

## *Albrecht Goes*
## Die Weihnacht der Einsamen

Nie tut Einsamkeit so weh wie am Heiligen Abend, da die einen zu ihren Eltern, die andern zu Ehegatten und Freunden, die Glücklichsten aber zu ihren Kindern gehen können. Und alle Versuche, mit künstlichen Mitteln sich aus dieser Einsamkeit zu befreien – sei es durch den Lärm, sei es durch die Musik, sei es durch den Trost im Becher – sie sind vergeblich; sie schmecken schal, diese Tränke der vermeintlichen Beglückung, noch ehe man auf den Grund des Bechers kommt. Und auch dies ist wahr: daß an den allermeisten Orten, an denen man das Jahr über gut und gern zu Gast sein kann, an diesem Tag kein rechter Platz sein will, und daß man auch die Begegnung mit den Gefährten des besonderen Loses der Einsamkeit scheut, es könnte sein, daß diesmal nicht einer dem anderen die Einsamkeit abzunehmen vermag, daß sie vielmehr vom einen Angesicht unversehens ins andere stürzt mit schlimmer, steigernder Gewalt.
Soll man das nicht aussprechen? Ich denke: doch, das soll man aussprechen. Es ist ja eines von dem, was wir ein wenig gelernt haben: die Dinge beim Namen zu nennen, so gut es geht. Freilich nur eben: so gut es geht. Und das hieße mit einer verborgenen und gewiß nicht unwichtigen Einschränkung: daß wir niemals die Dinge bei allen ihren Namen nennen können, daß wir vielleicht auch jetzt für dieses Ding, für die Gewalt Einsamkeit, nur eben einen Namen mehr haben, sie selbst aber viele Namen. Einsamkeit, das ist ein Ausdruck für das, was wir wirklich sind. Mit jedem Menschen wird ein neuer Versuch gewagt, ein einzigartiger, unverwechselbarer, ein unwiederholbarer Versuch. Bei dem Dichter Friedrich Hebbel, einem tief einsamen Mann, findet sich ein Vierzeiler, der lautet:

Geht stumm an dir vorbei die Welt,
so fühle stolz und andachtsvoll:
Ich bin ein Kelch, für Gott bestellt,
der ihn allein erquicken soll.

Das Wort, oberflächlich aufgenommen, könnte seinem Dichter als ein Zeugnis des Hochmuts ausgelegt werden, diktiert von der Eitelkeit des Unverstandenen, der sich über die Welt erhebt. In Wahrheit freilich ist nichts Überhebliches gesagt. Gesagt ist: der Mensch, dieser immer wieder einzigartige Versuch, ist ein Geheimnis; sich selbst ein Geheimnis, und erst recht für den anderen. Es ist nicht möglich, daß man den anderen wirklich kennt. Nur der, der ihn geschaffen hat, kennt ihn, wie er ist. Das wird mit dem Wort »Einsamkeit« ausgesprochen, und es geschieht einem Menschen nichts Böses, wenn ihm diese Einsicht zuteil wird. Das Fest aber, das nun wieder in der Christenheit aller Erde gefeiert wird, und das noch durch all die bunten Verkleidungen, die zärtlichen Verzauberungen und die dummen Verzuckungen hindurch mit seinem letzten, reinen Wahrheitskern uns anleuchtet, dieses Fest gehört den Einsamen auf eine besondere Weise zu. Seit wir Weihnachten denken können, sind Bilder um diese Tage gestellt. Die richtigen Bilder meinen wir, nicht die Scheinbilder – was sollten wir auch mit den Scheinbildern anfangen wollen im Ernst? – Und es sind Bilder von der Einsamkeit dieser Heiligen Nacht. Da sind die, von denen es heißt: »denn sie hatten sonst keinen Raum in der Herberge« – die Frau in ihrer Stunde, der Mann mit seiner Frage und seiner Verantwortung. Da sind die Hirten in ihrer Furcht auf dem Feld: was immer die Maler, Albrecht Altdorfer und andere, zu malen wußten, da ist nichts, was die Einsamen unserer Tage nicht anzusehen wüßten mit dem Ausdruck erstaunter Brüderlichkeit: auch ihr? Und wenn es in dem alten Wiegenlied auf Christi Geburt anhebt: »Groß, groß, groß, die Lieb' ist übergroß! Gott hat den Himmelsthron verlassen und muß reisen auf den Straßen« – so ist auch dies Botschaft von einem, der sich die Straße der Verlassenen erwählt hat. Es ist wohl ein freundliches Spiel, am Heiligen Abend in alle die Stuben der Gemeinschaft, in alle Kinderzimmer hinein zu grüßen mit Gedanken ohne Neid, aber näher an die eigentlichen Geheimnisse der Weihnacht führt doch die Frage: »Kann auch ein Mensch des andern auf der Erde, ganz wie er möchte, sein?« – die Frage dessen, der sich sagen muß: »In langer Nacht bedacht ich mir's und mußte sagen: Nein!« und dem dann doch »aus Finsternissen hell... aufzückt ein Freudenschein«, die Antwort der Weihnacht nämlich, jenes »Gott selbst zu eigen haben auf der Erde!«

Aber nicht leicht ist das Herz des Einsamen so ein freies Herz, daß es – mit Mörike, dem Dichter dieser Verse – fragen mag: »Sollte ich mit Gott nicht können sein, so wie ich möchte. Mein und Dein? Was hielte mich, daß ich's nicht heute werde?« Denn da sind noch immer die Bilder des vergangenen Lebens, Bilder an den Wänden, in den Alben, in den Brieftaschen, die gehüteten Bilder geliebter, entrissener Welt. Die Bilder von Schlesien und Ostpreußen, vom Lande Bessarabien, von der Bukowina, der Batschka, die Bilder von Pferdekoppeln und Weingärten, die Wege des Lebens und der Liebe und die Gärten des Todes; da sind die Zwiegespräche, die noch immer neu begonnenen, die nicht zu Ende geführten, die im Leeren verhallenden. Wir dürfen einander nicht mit falschem Zuspruch kränken. Wir dürfen nicht sagen: Diese Welt, nach der du fragst, ist unverloren, weil sie in dir, in deiner Traurigkeit, in deinem Heimweh lebt; wir wissen zu gut, daß die Liebe sehen, spüren, fassen, halten will. Aber das darf, das soll einer dem anderen sagen: daß die Einsamkeiten in der Welt, daß die Verlassenheiten der Erde beieinander wohnen wie seltsame Nachbarn, daß sie sich ähnlich sehen wie ernste Geschwister, ja noch mehr: daß sie unaufhörlich wandern und sich verwandeln. Der geliebte Schatten, eben noch ist's, daß er sich von dir entfernt, aber eine kleine Weile nur, und er kehrt dir zurück, in ein anderes Antlitz versenkt, und dieses Antlitz sucht dich. Es gibt einen Ort, an dem die Bekannten, die Freunde, die Vermißten für die Einsamen dieser Erde zu finden sind: im Antlitz der Unbekannten.

Ganz nahe sind diese Unbekannten. Du könntest noch in der Dämmerung des Heiligen Abends einen guten Gang tun, könntest dem Unbekannten einen Gruß ans Fenster stecken, einen Zweig an die Tür hängen, könntest dem Schmerzlich-Entfremdeten einen Brief schreiben und dabei erfahren, wie das Licht über deinem Briefblatt, die einsame Flamme mit deiner Einsamkeit um die Wette niederbrennt. Und wenn das Weihnachten ist, daß die Verlassenen einen Gesellen haben, so könnte doch auch zu dir schon der Gruß unterwegs sein, der Gruß des Unbekannten. Und sieh, in dem kargen Zeichen dessen, der dich kaum kennt, reden mit dir die innigen Worte der Vergangenheit. Es ist wie eine neue Sprache, aber du hast den Schlüssel.

Vielleicht waren wir alle dem wirklichen Weihnachten nie so nahe wie in jenem dunkelsten Jahr 1944, in dem es uns so ganz gebrach an allen Möglichkeiten, ins Freundlich-Dumpfe zu entfliehen. Ich durfte nicht viel schlafen in jener Heiligen Nacht, zwei Stunden nur oder anderthalb, und als ich noch vor Tag in den Frühzug einstieg, irgendwo in einem armen Teil von Österreich, da war die Morgenkälte, eine dunkle Kälte, feindselig und ganz und gar unfesttäglich. Ich wollte an ein Weihnachtslied denken, aber ich war viel zu müde und zu durchfroren, um es nun vor mich hinzusummen. Da machte ich am Fenster eine kleine Kerze fest. Ich zündete sie an und hielt zuweilen ein wenig die Hände über die winzige Flamme. Das tat wohl; aber weihnachtlich, was man so weihnachtlich heißt, war mir durchaus nicht zumute.

Unversehens jedoch kam mir eine von den schönen Geschichten Tolstois in den Sinn, die Geschichte von Pjotr Michejew, von dem Bauern, der den bösen Verwalter besiegte. Die Bauern mußten auf Geheiß des bösen Verwalters am heiligen Osterfest pflügen, und sie rächten sich mit Scheltworten und schlimmen Verwünschungen. Nicht so aber Pjotr Michejew. Er – so heißt es – hatte das Fünfkopekenwachslicht an das Querholz seines Pflugs geklebt, und der Wind blies es ihm nicht aus. So pflügte er und sang zugleich sein »Christ ist erstanden«. Daran dachte ich. Singen, wie Tolstois Bauer, das konnte ich nicht, auch jetzt nicht, es hätte sich ja auch recht wunderlich ausgenommen im Eisenbahnwagen bei Nikolsburg. Aber als man mich am Abend fragte: »Und Sie waren ganz allein?« – da gab ich doch aus überzeugtem Sinn heraus die Antwort: »Zunächst – ja. Ganz allein. – Aber es war alles da.«

Niemand in der Welt soll hurtig trösten wollen, gerade an Weihnachten ist es nicht erlaubt. Aber warum sollte nicht wirklich einer dem anderen dies sagen dürfen: das Dunkel ist voll von Stimmen, und eine Stimme meint dich. Und wäre jetzt keine da, die dich erreichte, so wäre noch Platz bei Pjotr Michejew, und sein Lied nähme dich mit.

*Helmut Gollwitzer*
# Weihnachten
1945–1948

24. 12. 1945

Wenn die dünne Abendsuppe ausgelöffelt war, saßen sie noch eine Zeitlang auf der Pritsche, bevor sie unter die Decke krochen. Hätte einer von Euch unsichtbar durch die Baracke gehen können, so wäre ihm dieses Bild wohl als das trübste und charakteristischste für das Gefangenenleben erschienen: im düsteren Scheine der wenigen, schwachkerzigen Lampen die mageren Gesichter, die bewegungslos, oft mit geschlossenen Augen, vor sich hinstarrten, die in sich zusammengesunkenen Gestalten, an den Pritschenpfosten gelehnt, wortlos, jeder einzelne wie vereinsamt von der Traurigkeit der ganzen Welt. Aber wenn Ihr ins Innere hättet sehen können, so hättet Ihr zu Eurem Erstaunen erfahren, daß dies die seligsten Minuten in jenen elenden Jahren waren: Das Äußere versank, die häßlichen, rauchgeschwärzten Barackenwände, die verdreckten Mäntel, die an der Pritsche hingen, verschwanden, und wir waren im Geiste zu Hause. Wir gingen die Straße entlang, drückten die Klingel, die wir genau vor unserem Auge sahen, die altbekannte, braungestrichene Tür ging auf, und die liebsten Menschen, die wir auf Erden hatten, fielen uns um den Hals; dann führten sie uns ins Zimmer, der Weihnachtsbaum stand da, genau wie damals..., und wir durften uns das Lied wählen, das wir nun miteinander singen wollten. Abend für Abend wiederholte sich das, und keiner wurde dessen müde, am wenigsten in jenen Weihnachtstagen des schlimmsten Jahres der Gefangenschaft.

Es waren Arbeitstage wie alle anderen auch. Dadurch, daß an der kargen Verpflegung vorher noch einiges abgespart worden war, gab es ein für unsere Begriffe festliches Essen; die Baracke hatten wir, wo es nur ging, mit Tannenzweigen geschmückt, und sogar einige Kerzen waren aufgetrieben worden für den kleinen Weihnachtsbaum, an dem auch ein paar Sterne hingen, die mit Silberpapier – es war völlig rätselhaft, woher es auf einmal in dieser Wüste auftauchen konnte! – beklebt waren. Das alles war nicht ohne Widerspruch geschehen. Die russische Lagerleitung hatte es zwar genehmigt, aber unter den Kameraden selbst regten sich heftige Stimmen dagegen, ja einer bat mich sogar auf die flehentlichste Weise, in diesen Tagen doch ja jede Erinnerung an Weihnachten zu unterlassen: »Nur nicht daran denken, nur nicht daran

denken, das ist die einzige Art, wie ich es überstehen kann; wenn ihr eine Feier macht, halte ich's nicht mehr aus und hänge mich auf...«
Er hing sich nicht auf; sicher nicht nur, weil er im entscheidenden Augenblick zu feige dazu war, sondern weil er das weihnachtliche Licht, das in der Finsternis leuchtet, zu Gesicht bekommen hatte. Nicht »nicht daran denken«, sondern mit aller Kraft daran denken – das hatte uns der Heilige Abend gelehrt. Woran aber? Jenes Versinken in den Traum wäre allein keine Rettung gewesen. Zu schmerzlich schnitt die Sehnsucht gerade in diesen Tagen ins Herz. Aber als wir das Weihnachtsevangelium hörten und uns auslegten, da ging es wie ein Wunder auf:

»Gott hat derer nicht vergessen,
die im Finstern sind gesessen.«

Auf Erden war keine Macht, die uns helfen konnte oder auch nur wollte. Von Urwäldern umgeben, waren wir verschollen und preisgegeben. Daß es jemals wieder anders werden würde, wagten wir kaum zu hoffen und konnten von der Hoffnung doch nicht lassen. War es, daß Einer an uns dachte und von uns wußte, Einer, der mehr Macht hatte als Stalin und die MWD?
»Siehe, ich verkündige euch große Freude!« Auf kleine, glattgehobelte Holzbrettchen – Papier war hier eine Seltenheit – hatten wir uns Weihnachtsgrüße geschrieben; am Kopfende meiner Pritsche stand eines, auf das ein Kamerad mir Joh 14,18 gemalt hatte, da er es oft von mir in meinen Predigten gehört hatte: »Ich lebe, und ihr sollt auch leben.« Beraubt waren wir all dessen, was das Leben lebenswert macht, und nun stand hier geschrieben, daß uns das Leben nicht endgültig versagt sein sollte. Ob uns Heimkehr bevorstand oder das Grab in der hartgefrorenen russischen Erde, in das wir in diesem Winter noch so manchen von uns hineinlegen sollten – ins *Leben* hinein ging dieser harte Weg, das stand nun fest, weil Weihnachten galt; das konnte uns nicht mehr genommen werden, das ließ uns tief aufatmen.
Manchmal hatten wir früher etwas verächtlich über die üblichen Weihnachtslieder gesprochen, über ihre Süßlichkeit und Gefühlhaftigkeit. Es war nicht zu leugnen, daß die alten reformatorischen Lieder die Botschaft der Christnacht ungleich kräftiger verkündigten als jene vielgesungenen »Stille Nacht« und »O du fröhliche«. Nun aber bat ich ihnen manche Verurteilung ab und war froh, daß wenigstens sie noch unserem Volk als Gemeingut erhalten geblieben sind. Nicht nur, weil

sie jetzt, als wir sie sangen, mit einem Schlage die Häßlichkeit der Baracke verwandelten und uns in die ferne Heimat verzauberten und auch die, die sich bitter dagegen gesträubt hatten, in die Stimmung des Weihnachtszimmers hereinnahmen. Wer hätte diese »Stimmung« noch verachten können, da sie so wohltätig war wie eine weiche Mutterhand für diese Männer, deren Herz hart geworden war, weil sie nichts als Härte erfuhren? Aber jene Lieder brachten doch nicht nur »Stimmung«, sondern sie enthielten auch die große Verkündigung: »Christ, der Retter, ist da!« – »Welt ging verloren, Christ ward geboren« – »...da uns schlägt die rettende Stund, Christ, in deiner Geburt«, – uns, auch uns hier in dieser Baracke, die am nächsten Morgen, als die Verzauberung der »Stimmung« gewichen war, noch genau so häßlich da stand und aus der wir in den kalten Wintermorgen hinaustraten, um zur Sklavenarbeit zu ziehen, während sie zu Hause in den Weihnachtsgottesdienst gingen.

23. 12. 1946

»Er ist auf Erden kommen arm, daß er unser sich erbarm.« Das ging mir mit der Beharrlichkeit einer Melodie durch den Kopf, die ganzen Stunden, in denen wir in einem finsteren Keller eingesperrt saßen, ein ungewisses, vielleicht schreckliches Schicksal vor uns. Unser altes Lager war soeben aufgelöst worden, und zu zwölft waren wir, von den anderen abgetrennt, in ein neues Lager transportiert worden. Warum hatte man gerade uns zwölf besonders genommen? Es waren zumeist Leute, die bei den Russen wegen der Einheit, zu der sie bei der deutschen Wehrmacht gehört hatten, oder wegen anderer Gründe in Mißgunst standen, und man hatte uns bei der Ankunft in diesem Lager sofort angekündigt, wir kämen in den Bunker und würden nach wenigen Wochen so aussehen, daß wir uns »an einem Grashalm festhalten« müßten. Dies war nun unser Weihnachten. Im vergangenen Jahr waren wir voll Grimm am Christtag zur Arbeit ausgezogen, und viel war geflucht worden auf die Russen, die auf unseren höchsten Feiertag keine Rücksicht nahmen. Jetzt sagte in der Finsternis mein Freund Herbert neben mir: »Wenn wir morgen wie alle anderen zur Arbeit mit ausrücken dürften, wäre das unser schönstes Weihnachtsgeschenk!« So relativ ist alles im Leben, so arm kann man werden auf Erden! Was aber ist ein Weihnachtsgeschenk? Doch ein Erinnerungszeichen an den schenkenden, lebendigen Gott, der uns aus dem Kerker des Todes errettet. Als wir in der Nacht ganz überraschend und ohne weitere Erklärung aus unserem Keller heraufgeholt wurden, waren wir uns selbst zum Gleichnis der Weihnacht geworden: »Ich lag in schweren Banden, du kommst und machst mich los.« Wir bekamen das ersehnte Weihnachtsgeschenk: Man hatte anders über uns entschieden, und wir »durften« am Heiligen Abend mit zur Arbeit ausrücken, mit Pickhacken und Eisenkeilen eine Zementmauer abtragen. Während der Arbeitspause saß ich mit den Kameraden um das Feuer und legte ihnen an dem, was wir soeben erlebt hatten, die ersten vier Verse von »Vom Himmel hoch« aus.

24. 12. 1947

Kein Tag im Jahr ist für den Gefangenen schwerer als der Weihnachtstag. Mich aber bewegen die Sätze aus dem letzten Brief meiner Mutter, die ich, wo ich nur kann, an die Kameraden weitergebe: »An Weihnachten muß uns das Schwerste in unserem Leben nicht schwerer, sondern leichter werden; denn wir kennen nun den, von dem alles kommt und zu dem alles führt und der bei uns ist alle Tage. Ohne Weihnachten wäre alles unerträglich schwer; aber wer von Christus hört, dem wird an Weihnachten das Herz nicht schwerer, sondern leichter.« – Wir haben in Ermangelung von Gesangbüchern, wie wir es für jeden Gottesdienst tun, die Lieder vielmals abgeschrieben, und keines klang diesmal so triumphierend wie das von Paul Gerhardt: »Kommt und laßt uns Christum ehren«: »...wir, die unser Heil annehmen, werfen allen Kummer hin.«

25. 12. 1948

Als ich am Heiligen Abend zu der Baracke ging, in der die Feier, die wir mit den katholischen Brüdern zusammen hielten, stattfinden sollte, lehnte ein junger Schwabe an einer Mauer, und ich hörte ihn im Vorbeigehen zu dem, der neben ihm stand, in einem Ausbruch des Stöhnens sagen: »Es ist ja alles so sinnlos, so sinnlos!« Das war es, genau das: Nicht nur unser Schicksal hier, alles, alles in der Welt war sinnlos, und alles in der Welt, auch unser Schicksal hier, wurde sinnvoll, voll von unverlierbarem Sinn durch Weihnachten, durch die »rettende Stunde«, in der ewiges Leben sich mit unserer Armut verband.

Warum ging ich vorbei und ließ ihn dort in seiner Verzweiflung an der Wand lehnen, statt ihn mit zu unserer Feier zu nehmen, zu der zu gehen er selbst offenbar nicht den Entschluß fassen konnte? Er versprach sich wohl auch von dieser Botschaft nichts mehr, und gerade ihn hätte sie vielleicht erreicht; denn gerade ihm galt sie doch. Oft habe ich zugegriffen und das Wort sagen können, diesmal aber ging ich, selber matt und unkräftig, vorüber wie der Priester und der Levit auf der Straße nach Jericho – und wenn ich heute daran denke, weiß ich, daß hier unsere schlimmste und häufigste Schuld liegt: im Genießen des Evangeliums, statt es weiterzugeben, im Vorübergehen, wo ein Verzweifelter sich vom Evangelium nichts mehr erwartet, weil er es noch nicht kennt.

*Maxim Gorki*

# Von einem Knaben und einem Mädchen, die nicht erfroren sind

In den Weihnachtserzählungen ist es von alther üblich, jährlich mehrere arme Knaben und Mädchen erfrieren zu lassen. Der Knabe oder das Mädchen einer angemessenen Weihnachtserzählung steht gewöhnlich vor dem Fenster eines großes Hauses, ergötzt sich am Anblick des brennenden Weihnachtsbaumes in einem luxuriösen Zimmer und erfriert dann, nachdem es viel Unangenehmes und Bitteres empfunden hat.

Ich verstehe die guten Absichten der Autoren solcher Weihnachtserzählungen, ungeachtet der Grausamkeit, welche die handelnden Personen betrifft; ich weiß, daß sie, diese Autoren, die armen Kinder erfrieren lassen, um die reichen Kinder an ihre Existenz zu erinnern; aber ich persönlich kann mich nicht dazu entschließen, auch nur einen einzigen Knaben oder ein armes Mädchen erfrieren zu lassen, auch zu solch einem sehr achtbaren Zweck nicht.

Ich selbst bin nicht erfroren und bin auch nicht beim Erfrieren eines armen Knaben oder armen Mädchens dabeigewesen und fürchte, allerhand lächerliche Dinge zu sagen, wenn ich die Empfindungen beim Erfrieren beschreibe, und außerdem ist es peinlich, ein lebendes Wesen erfrieren zu lassen, nur um ein anderes lebendes Wesen an seine Existenz zu erinnern.

Das ist es, weshalb ich es vorziehe, von einem Knaben und einem Mädchen zu erzählen, die nicht erfroren sind.

Es war Heiligabend, ungefähr um sechs Uhr. Der Wind wehte und wirbelte hier und da durchsichtige Schneewölkchen auf. Diese kalten Wölkchen von nicht greifbarer Gestalt, schön und leicht wie zusammengeknüllter Mull, flogen überall umher, gerieten den Fußgängern ins Gesicht und stachen ihnen mit Eisnadeln in die Wangen, bestäubten den Pferden die Köpfe, die sie – warme Dampfwolken ausstoßend – laut wiehernd schüttelten. Die Telegrafendrähte waren mit Reif behängt, sie sahen wie Schnüre aus weißem Plüsch aus. Der Himmel war wolkenlos und funkelte von vielen Sternen. Sie glänzten so hell, als ob jemand sie zu diesem Abend mit Bürste und Kreide sorgfältig geputzt hätte, was natürlich unmöglich war.

Auf der Straße ging es laut und lebhaft her. Traber sausten dahin, Fußgänger kamen, von denen einige eilten, andere ruhig dahinschritten.

Dieser Unterschied lag sichtlich darin begründet, daß die ersten etwas vorhatten und sich Sorgen machten oder keine warmen Mäntel besaßen, die letzteren aber weder Geschäfte noch Sorgen hatten und nicht nur warme Mäntel, sondern sogar Pelze trugen.
Dem einen dieser Leute, die keine Sorgen hatten und dafür Pelze mit üppigen Kragen, einem von diesen Herrschaften, die langsam und wichtig dahinschritten, rollten zwei kleine Lumpenbündel direkt vor die Füße und begannen, sich vor ihm herumdrehend, zweistimmig zu jammern. »Lieber, guter Herr«, klagte die hohe Stimme eines kleinen Mädchens. »Euer Wohlgeboren«, unterstützte es die heisere Stimme eines Knaben. »Geben Sie uns armseligen Kindern etwas!«
»Ein Kopekchen für Brot! Zum Feiertage!« schlossen sie beide vereint.
Das waren meine kleinen Helden – arme Kinder: der Knabe Mischka Pryschtsch und das Mädchen Katjka Rjybaja.
Der Herr ging weiter; sie aber liefen behende vor seinen Füßen hin und her, wobei sie ihm beständig im Wege waren, und Katjka flüsterte, vor Aufregung keuchend, immer wieder: »Geben Sie uns doch etwas!«, während Mischka sich bemühte, den Herrn soviel wie möglich am Gehen zu hindern. Und da, als er ihrer endlich überdrüssig geworden war, schlug er seinen Pelz auseinander, nahm sein Portemonnaie heraus, führte es an seine Nase und schnaufte. Darauf entnahm er ihm eine Münze und steckte sie in eine der sehr schmutzigen kleinen Hände, die sich ihm entgegenstreckten. Die beiden Lumpenbündel gaben augenblicklich dem Herrn im Pelz den Weg frei und fanden sich plötzlich in einem Torweg, wo sie eng aneinandergedrückt eine Zeitlang schweigend die Straße auf und ab blickten. »Er hat uns nicht gesehen, der Teufel!« flüsterte der arme Knabe Mischka, boshaft triumphierend. – »Er ist um die Ecke herum zu den Droschkenkutschern gegangen«, antwortete seine kleine Freundin. »Wieviel hat er denn gegeben, der Herr?«
»Einen Zehner!« sagte Mischka gleichmütig.
»Und wieviel sind es jetzt im ganzen?«
»Sieben Zehner und sieben Kopeken!«
»Oh, schon soviel!... Gehen wir bald nach Hause? Es ist so kalt.«
»Dazu ist noch Zeit!« sagte Mischka skeptisch. »Sieh zu, drängle dich nicht gleich vor; wenn dich die Polente sieht, packt sie dich und zaust dich... Dort schwimmt eine Barke! Los!«
Die Barke war eine Dame in einer Rotonde, woraus zu ersehen ist, daß Mischka ein sehr boshafter, unerzogener und älteren Leuten gegenüber unehrerbietiger Knabe war.

»Liebe gnädige Frau«, begann er zu jammern.
»Geben Sie etwas, um Christi willen!« rief Katjka.
»Drei Kopeken hat sie spendiert! Sieh mal an! Die Teufelsfratze!« schimpfte Mischka und schlüpfte wieder in den Torweg.
Und die Straße entlang stoben nach wie vor leichte Schneewölkchen, und der kalte Wind wurde immer rauher. Die Telegrafenstangen summten dumpf, der Schnee knirschte unter den Schlittenkufen, und in der Ferne hörte man ein frisches, helles weibliches Lachen.
»Wird Tante Anfissa heute auch betrunken sein?« fragte Katjka, sich fester an ihren Kameraden schmiegend.
»Warum denn nicht? Warum sollte sie nicht trinken? Genug davon!« antwortete Mischka wichtig.
Der Wind wehte den Schnee von den Dächern und begann leise ein Weihnachtsliedchen zu pfeifen; irgendwo winselte eine Türangel. Darauf erklang das Klirren einer Glastür, und eine helle Stimme rief: »Droschke!«
»Laß uns nach Hause gehen!« schlug Katjka vor.
»Nun, jetzt fängst du noch an zu jammern!« fuhr der ernste Mischka sie an.
»Was gibt es denn schon zu Hause?«
»Dort ist's warm«, erklärte sie kurz.
»Warm!« äffte er sie nach. »Und wenn sich wieder alle versammeln, und du mußt tanzen – ist es dann schön? Oder wenn sie dich mit Schnaps vollpumpen und dir wieder schlecht wird... und da willst du nach Hause!«
Er reckte sich mit dem Ausdruck eines Menschen, der seinen Wert kennt und von seiner richtigen Ansicht fest überzeugt ist. Katjka gähnte fröstelnd und hockte sich in ihrem Winkel des Torweges nieder.
»Schweig lieber... und wenn es kalt ist – halt aus... das schadet nichts. Wir werden schon wieder warm werden. Ich kenne das schon! Ich will...« Er hielt inne, er wollte seine Kameradin zwingen, sich dafür zu interessieren, was er wolle. Sie aber zeigte nicht das geringste Interesse und zog sich immer mehr zusammen. Da warnte Mischka sie besorgt:
»Paß auf, daß du nicht einschläfst, sonst erfrierst du! Katjuschka?«
»Nein, mir fehlt nichts«, antwortete sie zähneklappernd. Wenn Mischka nicht dagewesen wäre, wäre sie vielleicht auch erfroren; aber dieser erfahrene Bursche hatte sich fest vorgenommen, sie an der Ausführung dieser in der Weihnachtszeit üblichen Tat zu hindern.

»Steh lieber auf, das ist besser. Wenn du stehst, bist du größer, und der Frost kann dich nicht so leicht bezwingen. Mit Großen kann er nicht fertig werden. Zum Beispiel die Pferde – die frieren niemals. Aber der Mensch ist kleiner als das Pferd... er friert... Steh doch auf! Wir wollen es bis zu einem Rubel bringen – und dann marsch nach Hause!«
Am ganzen Körper zitternd, stand Katjka auf.
»Es ist schrecklich kalt«, flüsterte sie.
Es wurde in der Tat immer kälter, und die Schneewölkchen verwandelten sich nach und nach in herumwirbelnde dichte Knäuel. Sie drehten sich auf der Straße, hier als weiße Säulen, dort als lange Streifen lockeren Gewebes, mit Brillanten besät. Es war hübsch anzusehen, wenn solche Streifen sich über den Laternen schlängelten oder an den hellerleuchteten Fenstern der Geschäfte vorüberflogen. Dann sprühten sie als vielfarbige Funken auf, die kalt waren und die Augen mit ihrem Glanz blendeten. Obgleich alles schön war, interessierte es meine beiden kleinen Helden absolut nicht.
»Hu – hu!« sagte Mischka, indem er die Nase aus seiner Höhle hinausstreckte. »Da kommen sie geschwommen! Ein ganzer Haufen!... Katjka, schlaf nicht!«
»Gnädige Herrschaften!« begann das kleine Mädchen mit zitternder und unsicherer Stimme zu jammern, während es auf die Straße kullerte.
»Geben Sie uns ar-men... Katjuschka, lauf!« kreischte Mischka auf.
»Ach, ihr, ich werde euch«, zischte ein langer Polizist, der plötzlich auf dem Bügersteig erschienen war.
Aber sie waren bereits verschwunden. Sie waren wie zwei große zottige Knäuel fortgekullert und verschwunden. »Sie sind fortgelaufen, die kleinen Teufel!« sagte der Polizist vor sich hin, lächelte gutmütig und blickte die Straße entlang.
Und die kleinen Teufel rannten und lachten aus vollem Halse. Katjka fiel immer wieder hin, weil sie sich in ihren Lumpen verwickelte, und rief dann: »Lieber Gott! Schon wieder...«, und sah sich beim Aufstehen ängstlich lächelnd um.
»Kommt er hinterher?«
Mischka lachte, sich die Seiten haltend, aus vollem Halse und bekam einen Nasenstüber nach dem anderen, weil er fortwährend mit Vorübergehenden zusammenstieß. »Nun aber genug! Hol dich der Teufel! Wie sie herumkullert! Ach du dumme Trine! Plumps! Mein Gott, schon wieder plumpst sie hin, das ist ja zu komisch!«
Katjkas Hinfallen stimmte ihn heiter.

»Jetzt wird er uns nicht mehr einholen, sei nur ruhig! Er ist nicht schlecht, das ist einer von den guten... Der andere, der von damals, hat gleich gepfiffen... Ich renne los – und dem Polizisten direkt gegen den Bauch! Und mit der Stirn an seinen Knüppel...«

»Ich weiß noch, du bekamst eine Beule...«, und Katjka lachte wieder hellauf.

»Nun, schon gut!« sagte Mischka ernst. »Du hast genug gelacht! Hör jetzt, was ich dir sage.«

Sie gingen nun im bedächtigen Schritt ernster und besorgter Leute nebeneinander her.

»Ich hab' dich belogen, der Herr hat mir zwei Zehner gegeben, und vorher habe ich dich auch belogen, damit du nicht sagen solltest, es sei Zeit, nach Hause zu gehen. Heute haben wir einen guten Tag! Weißt du, wieviel wir gesammelt haben? Einen Rubel und fünf Kopeken! Das ist viel.«

»Ja-a-a!« flüsterte Katjka. »Für soviel Geld kann man sogar Schuhe kaufen... auf dem Trödelmarkt.«

»Nun, Schuhe! Schuhe stehle ich für dich... warte nur... ich habe es schon lange auf ein Paar abgesehen... ich werde sie schon stibitzen. Aber weißt du was, wir wollen gleich in eine Schenke gehen... ja?«

»Tantchen wird wieder davon erfahren, und dann setzt es was, wie das vorige Mal«, sagte Katjka nachdenklich; aber in ihrem Ton klang schon Vorfreude auf die Wärme. »Dann setzt es was? Nein, das wird nicht geschehen! Wir wollen uns eine Schenke suchen, wo uns niemand kennt.«

»Ach so«, flüsterte Katjka hoffnungsvoll.

»Also vor allem wollen wir ein halbes Pfund Wurst kaufen, das macht acht Kopeken; ein Pfund Weißbrot für fünf Kopeken. Das sind dreizehn Kopeken! Dann zwei Stück Kuchen zu drei Kopeken – das sind sechs Kopeken und im ganzen schon neunzehn Kopeken! Dann zahlen wir für zweimal Tee sechs Kopeken... das macht einen Fünfundzwanziger! Siehst du! Dann bleiben uns...«

Mischka schwieg und blieb stehen. Katjka schaute ihm ernst und fragend ins Gesicht.

»Das ist aber schon sehr viel«, wiederholte sie schüchtern.

»Sei still... warte... Das macht nichts, es ist nicht viel, es ist sogar noch wenig. Dann essen wir noch was für acht Kopeken... dann sind es im ganzen dreiunddreißig! Essen wir drauflos! Ist ja Weihnachten. Dann bleiben... bei fünfundzwanzig Kopeken acht Zehner und bei dreiunddreißig etwas über sieben Zehner übrig! Siehst du, wie viel! Hat sie noch mehr nötig, die Hexe?... Hei!... Geh mal schneller!«

Sie faßten sich an den Händen und hopsten auf dem Bürgersteig weiter. Der Schnee flog ihnen ins Gesicht und in die Augen. Mitunter wurden sie von einer Schneewolke vollständig bedeckt; sie hüllte die beiden kleinen Gestalten in einen durchsichtigen Schleier, den sie in ihrem Streben nach Wärme und Nahrung rasch zerrissen.

»Weißt du«, begann Katjka, vom schnellen Gehen keuchend, »ob du willst oder nicht, aber wenn sie es erfährt, werde ich sagen, daß du das alles... ausgedacht hast... Tu, was du willst! Du wirst schließlich fortlaufen... aber ich habe es schlechter... mich kriegt sie immer... und schlägt mich mehr als dich... sie mag mich nicht. Paß auf, ich werde alles sagen!«

»Nur zu, sag es nur!« nickte ihr Mischka zu. »Wenn sie uns auch durchprügelt – es wird schon wieder heilen. Das macht nichts... Sag es nur...«

Er war von Mut erfüllt und ging einher, pfeifend den Kopf zurückgeworfen. Sein Gesicht war schmal, und seine Augen hatten einen unkindlich schlauen Ausdruck, seine Nase war spitz und ein wenig gebogen.

»Da ist sie, die Schenke! Es sind sogar zwei! In welche wollen wir gehen?«

»Los, in die niedrige. Und zuerst in den Laden... komm!« Und nachdem sie im Laden alles, was sie sich vorgenommen, gekauft hatten, traten sie in die niedrige Schenke. Sie war voller Dampf und Rauch und einem sauren, betäubenden Geruch. Im dichten rauchigen Nebel saßen an den Tischen Droschkenkutscher, Landstreicher und Soldaten, zwischen den Tischen liefen unglaublich schmutzige Bediente umher, und alles schrie, sang und schimpfte. Mischka fand mit scharfem Blick in einer Ecke ein leeres Tischchen und ging geschickt lavierend darauf zu, nahm schnell seinen Mantel ab und begab sich zum Büfett. Schüchtern um sich blickend, begann nun Katjka ihren Mantel auszuziehen.

»Onkelchen«, sagte Mischka, »kann ich zwei Glas Tee bekommen?« Und schlug gleich mit der Faust auf das Büfett.

»Tee möchtest du haben! Bitte sehr! Gieß dir selber ein, und hol dir auch selbst kochendes Wasser... Sieh aber zu, daß du nichts zerbrichst! Sonst werde ich dich...«

Aber Mischka war schon nach dem heißen Wasser fortgerannt. Nach zwei Minuten saß er mit seiner Kameradin ehrbar am Tisch, im Stuhl zurückgelehnt, mit der wichtigen Miene eines Droschkenkutschers nach tüchtiger Arbeit – und drehte sich bedächtig eine Zigarette aus Machorka. Katjka schaute ihn voller Bewunderung für seine Haltung in einem öffentlichen Lokal an. Sie konnte sich noch gar nicht an den lauten, betäubenden Lärm der Schenke gewöhnen und erwartete im stillen, daß man sie beide »am Kragen nehmen« oder daß noch etwas Schlimmeres geschehen würde. Aber sie wollte ihre geheimen Befürchtungen nicht vor Mischka aussprechen und versuchte, indem sie ihr blondes Haar mit den Händen glättete, sich unbefangen und ruhig umzuschauen. Diese Bemühungen ließen ihre schmutzigen Backen immer wieder erröten, und sie kniff ihre blauen Augen verlegen zusammen. Aber Mischka belehrte sie bedächtig, bemüht, in Ton und Rede den Hausmann Signej nachzuahmen, der ein sehr ernster Mensch, wenn auch ein Trinker war und vor kurzer Zeit wegen Diebstahls drei Monate im Gefängnis gesessen hatte.

»Da bettelst du zum Beispiel... Aber wie du bettelst, das taugt nichts, offen gesagt, ›Ge-e-eben Sie, ge-e-eben Sie uns etwas!‹ Ist denn das die Hauptsache? Du mußt den Menschen vor den Füßen sein, mach es so, daß er Angst hat, über dich zu fallen...«

»Ich werde das tun...«, stimmte Katjka demütig zu.

»Nun, siehst du...«, nickte ihr Kamerad gewichtig. »So muß es auch sein. Und dann noch eins: Wenn zum Beispiel Tante Anfissa... was ist denn diese Anfissa? Erstens eine Trinkerin! Und außerdem...«

Und Mischka verkündete aufrichtig, was Tante Anfissa außerdem noch war. Im völligen Einverständnis mit Mischkas Bezeichnung nickte Katjka mit dem Kopf.

»Du folgst ihr nicht... das muß man anders machen. Sage zu ihr: ›Liebes Tantchen, ich werde brav sein... ich werde Ihnen gehorchen...‹ Schmier ihr also Honig ums Maul. Und dann tu, was du willst... So mußt du es machen...« Mischka schwieg und kratzte sich gewichtig den Bauch, wie es Signej immer tat, wenn er zu reden aufhörte. Damit war sein Thema erschöpft.

Er schüttelte den Kopf und sagte: »Nun wollen wir essen...«

»Ja, los!« stimmte Katjka bei, die schon längst gierige Blicke auf Brot und Wurst geworfen hatte.

Dann begannen sie ihr Abendessen zu verspeisen inmitten des feuchten, übelriechenden Dunkels der mit berußten Lampen schlecht beleuchteten Schenke, im Lärm zynischer Schimpfreden und Lieder. Sie aßen beide mit Gefühl, Verstand und Bedacht, wie echte Feinschmek-

ker. Und wenn Katjka, aus dem Takt kommend, heißhungrig ein großes Stück abbiß, wodurch sich ihre Backen blähten und ihre Augen komisch hervortraten, brummte der bedächtige Mischka spöttisch: »Schau mal einer an, Mütterchen, wie du über das Essen herfällst!« Das machte sie verlegen, und sie bemühte sich, beinahe erstickend, die wohlschmeckende Kost rasch zu zerkauen.
Nun, das ist auch alles. Jetzt kann ich sie ruhig ihren Weihnachtsabend zu Ende feiern lassen. Glauben Sie mir, sie werden nun nicht mehr erfrieren! Sie sind am richtigen Platz... Wozu sollte ich sie erfrieren lassen...? Meiner Meinung nach ist es äußerst töricht, Kinder erfrieren zu lassen, welche die Möglichkeit haben, auf gewöhnliche und natürliche Weise zugrunde zu gehen.

*Günter Grass*
# Advent

Wenn Onkel Dagobert wieder die Trompeten vertauscht
und wir katalytisches Jericho mit Bauklötzen spielen,
weil das Patt der Eltern
oder das Auseinanderdrücken im Krisenfall
den begrenzten Krieg,
also die Schwelle vom Schlafzimmer zur Eskalation,
weil Weihnachten vor der Tür steht,
nicht überschreiten will,
　　wenn Onkel Dagobert wieder was Neues,
　　die Knusper-Kneißchen-Maschine
　　und ähnliche Mehrzweckwaffen Peng! auf den Markt wirft,
　　bis eine Stunde später Rickeracke... Puff... Plops!
　　der konventionelle, im Kinderzimmer lokalisierte Krieg
　　sich unorthodox hochschaukelt
　　und die Eltern,
　　weil die Weihnachtseinkäufe
　　nur begrenzte Entspannung erlauben
　　und Tick, Track und Trick –
　　das sind Donald Ducks Neffen –
　　wegen nichts Schild und Schwert vertauscht haben,
　　ihre gegenseitige, zweite und abgestufte,
　　ihre erweiterte Abschreckung aufgeben
　　und minimal flüstern und bitteschön sagen,
wenn Onkel Dagobert wieder mal mit den Panzerknackern
und uns, wenn wir brav sind, doomsday spielt,
weil wir alles vom Teller wegessen müssen,
weil die Kinder in Indien Hunger haben
und weniger Spielzeug und ABC-Waffen,
die unsere tägliche Vorwärtsverteidigung
vom Wohnzimmer bis in die Hausbar tragen,
in die unsere Eltern das schöne Kindergeld stecken,
bis sie über dreckige Sachen lachen,
kontrolliert explodieren
und sich eigenhändig,
wie wir unseren zerlegbaren Heuler,
zusammensetzen können,

wenn ich mal groß und nur halb so reich
wie Onkel Dagobert bin,
werde ich alle Eltern, die überall rumstehen
und von Kindern anschaffen und Kinder abschaffen reden,
mit einem richtigen spasmischen Krieg überziehen
und mit Trick, Track und Tick –
das sind die Neffen von Donald Duck –
eine Familie planen,
wo bös lieb und lieb bös ist
und wir mit Vierradantrieb in einem Land-Rover
voller doll absoluter Lenkwaffen
zur Schule dürfen,
damit wir den ersten Schlag führen können;
denn Onkel Dagobert sagt immer wieder:
Die minimale Abschreckung hat uns bis heute –
und Heiligabend rückt immer näher –
keinen Entenschritt weitergebracht.

*Andreas Gryphius*

## Über die Geburt Jesu

Nacht, mehr denn lichte Nacht! Nacht, lichter als der Tag!
Nacht, heller als die Sonn!, in der das Licht geboren,
Das Gott, der Licht in Licht wohnhaftig, ihm erkoren!
O Nacht, die alle Nächt und Tage trotzen mag!
O freudenreiche Nacht, in welcher Ach und Klag
Und Finsternis, und was sich auf die Welt verschworen,
Und Furcht und Höllen-Angst und Schrecken war verloren!
Der Himmel bricht; doch fällt nunmehr kein Donnerschlag.
Der Zeit und Nächte schuf, ist diese Nacht ankommen
Und hat das Recht der Zeit und Fleisch an sich genommen
Und unser Fleisch und Zeit der Ewigkeit vermacht.
Der Jammer trübe Nacht, die schwarze Nacht der Sünden,
Des Grabes Dunkelheit muß durch die Nacht verschwinden.
Nacht, lichter als der Tag! Nacht, mehr denn lichte Nacht!

*Peter Härtling*

# Der Koffer

Koffer guckt man im allgemeinen nicht genauer an. Leute tragen sie herum, reisen mit ihnen. Manche Koffer sehen schön aus, sind aus glattem Leder, manche sind abgewetzt, fallen beinahe auseinander. Im Märchen gibt es Zauberkoffer; in der Wirklichkeit gibt es sie nicht.
Der Koffer, den Georg neben sich herschleifte, war für ihn zu schwer, aber wichtig. Georg war zehn Jahre alt, reiste mit seiner Mutter, seiner Schwester und seiner dauernd mürrischen Großmutter ins Ungewisse. Damals, 1945, reisten viele Leute ins Ungewisse. An einem Ort, den sie vorher nicht gekannt hatten, kamen sie dann an und richteten sich ein.
Sie waren noch nicht angekommen. Sie fuhren in einem Zug, von dem man sich heute keine Vorstellung mehr machen kann: er bestand aus lauter Güterwaggons, in die Menschen gepfercht waren. Und das für Wochen. Wer Glück und Kraft hatte, konnte sich einen Platz zum Liegen erobern. Die anderen saßen Tag und Nacht mit angezogenen Knien auf den Holzbrettern und warteten darauf, irgendwann aussteigen zu können.
Der Zug hielt des öfteren auf den Abstellgleisen größerer Bahnhöfe. Sehr viele Bahnstationen waren von Bomben getroffen, ein Teil der Gleise war aufgebrochen, es sah aus, als führten die Schienen, von der Hitze und den Detonationen gebogen, in den Himmel. Sie hielten auf dem Bahnhof von Landshut. Jemand sagte, heute ist Heiligabend. Die Leute, die seit zwei Wochen unterwegs waren, hatten es vergessen. Sie hatten nicht vergessen, daß es Winter war, denn sie froren Tag und Nacht und konnten sich nur aneinander wärmen.
Georg sprang aus dem Waggon, lief die Böschung hinunter, rutschte aus, fiel hin, blieb im Schnee liegen und sah im Fenster eines Hauses, das entfernt und einzeln stand, einen Weihnachtsbaum. Er konnte sich nicht denken, daß irgend jemand auf dieser Welt in einer warmen Wohnung Weihnachten feierte. Er haßte die Leute, die die Kerzen an dem Baum angezündet hatten, stellte sich vor, daß Kinder Geschenke auspackten und wünschte sich, sie verprügeln zu können.
Ein paar der älteren Leute fingen an, »Stille Nacht« zu singen. Er wollte das Lied nicht hören, stopfte sich die Finger in die Ohren. Für ihn gab es kein Weihnachtsfest, der Zug war kein Ort dafür, auch das Gleis am Rande des Bahnhofs nicht. Nur wußte er jetzt, daß es selbst

zu einer Zeit, da fast alle unterwegs waren und nichts hatten, Menschen gab, die in Häusern wohnten und Weihnachten wie früher feierten. Ihn entsetzte diese Ungerechtigkeit. Er erwartete, daß eine Bombe auf das Haus falle.
Seine Mutter rief ihn und sagte, er solle den Koffer aus der Ecke des Waggons holen, seinen Koffer, sie habe etwas hineingepackt, über das er sich freuen werde. Er weigerte sich, sagte: »Ich habe keine Lust, mich zu freuen. Laß mich in Frieden.«
Seine kleinere Schwester sagte: »Aber ich will mich freuen.« Er zerrte den Koffer aus der Ecke, traf mit einem Knie Schlafende, wurde beschimpft und gestoßen. Sie setzten sich in einem Kreis um den Koffer, die Mutter öffnete ihn, kramte unter Kleidern und Wäsche und holte ein Hindenburg-Licht heraus. Solche Lichter gibt es heute nicht mehr, und man würde sie wahrscheinlich nicht mehr so nennen. Es waren flache Schälchen aus Pappe, in die um einen Docht Wachs gegossen war. Sie brannten unendlich lange, mit sehr kleiner Flamme. Die Mutter hatte keine Streichhölzer und mußte eines erbetteln. Sie zündete die Kerze an, griff noch einmal in den Koffer, zog einen Schal und Handschuhe heraus. Den Schal gab sie ihm, die Handschuhe seiner Schwester. Die Großmutter sagte: »In Bethlehem war es gemütlicher.«
Sie sangen nicht, es bildete sich ein Kreis um das Licht, man sah zu, wie es im Luftzug flackernd brannte. Georg schaute hinüber zu dem Fenster. Es war ihm jetzt gleichgültig. Er fand, daß Weihnachten, wie es früher war, nicht mehr sein konnte. Er fror, wickelte sich den Schal um den Hals und freute sich über die Wärme.

## *Peter Härtling*
## »Es hätte sehr feierlich sein können«

Die Türen zu Herren- und Speisezimmer sind verschlossen; dort werden die Geschenke gestapelt. Aber andere Geschenke dürfen wir sehen und in Empfang nehmen. Wenn es schellt, rennen Lore und ich zur Tür. Manchmal werden wir enttäuscht, dann ist es der Briefträger oder irgendein Besucher, doch oft stehen eine Bäuerin oder ein Bauer vor der Schwelle, verlangen Vater und Mutter zu sprechen. Sie werden in die Küche geführt, und dort ziehen sie aus Korb oder Tasche den Segen, der uns graust und anzieht: einen Hasen, eine Gans, eine Ente. Es seien »Naturalien«, erklären sie. Ein Wort, das sich mir einprägt, sich ständig weitet und am Ende zahllose nützliche Dinge einschließt. Mit diesen Naturalien danken sie Vater, der sie vor Gericht verteidigt hat. Oft sind es Tschechen, die aus kleinen Orten in der Hana, der großen Ebene an der March, angereist kommen.

So gut wird es uns nie wieder gehen, sagt Mutter ein ums andere Mal. Vater ist stolz. Er erzählt von den Spendern, diesen »armen Würsteln«, die sich mit dem neuen Recht nicht auskennen.

Eine Gans und zwei Hasen bleiben übrig; alles andere wird weiterverschenkt, an Bohumila, unser tschechisches Dienstmädchen, an den alten Anwalt, an dessen Freunde, an Klienten.

Mutter hält sich fast nur noch in der Küche auf, rupft, zieht ab, berauscht sich mit Bohumila über die Erweiterung des Küchenzettels: daß wir einmal richtig schlemmen können und nicht nur zwischen Erbseneintopf, Armem Ritter und Kartoffelgulasch zu wählen haben. Es wäre schön, wir könnten so, geschäftig und redend, auf das Fest zutreiben, ich könnte ungefragt von der Schule erzählen, vor der ich mich geängstigt habe, in der ich aber unerwartet rasch Freunde gewann und die beherrscht wurde von dem Oberlehrer Kögler, der aus dem Riesengebirge stammte, wie Rübezahl aussah und ein noch gewaltigerer Heldenbeschwörer war als Kutzschebauch in Hartmannsdorf, Tschechen als Kreaturen bezeichnete und die Schlacht um Stalingrad als den Schlußpunkt des Kampfes gegen den Bolschewismus ansah. Nur ist es wichtig, Buben, fürs Winterhilfswerk zu sammeln, damit die Soldaten auch dicke Mäntel und festes Schuhwerk bekommen. Mutter schüttelt den Kopf, nennt den Oberlehrer einen dummen Schwärmer. Ich finde das ungerecht, denn schließlich hat er im Ersten Weltkrieg am Isonzo gestanden und war verwundet worden.

Wenn Vater mir zuhört, preßt er die Lippen zusammen. Kögler zählt offenbar zu denen, die er meidet. Immerhin redet er sie mir nicht aus. Er will nichts von ihnen wissen, wie von vielem nicht. Insgeheim und in Wachträumen rufe ich die Bewunderten gegen Vater zusammen, fühle mich stärker als er, fast schon wie ein Held. Weil Vater den Helden ausweicht und sich vor dem Kampf drückt, bin ich eigentlich ein Kind des Führers. Und natürlich liebe ich Mutter, die mir ab und zu mit ihrem Spott zwar unheimlich ist, aber niemals feige sein wird.

Die Vorbereitungen wurden turbulent, als der Weihnachtsbesuch, Großmutter und Tante Käthe, eintraf. Ein Plan Vaters verdarb mir schließlich alle Vorfreude. Er machte mich erst am Tag vor Weihnachten damit vertraut, weil er wohl ahnte, in welche Pein er mich bringen würde. Er saß an dem leeren Schreibtisch im Herrenzimmer, bat mich, ein wenig gereizt, Platz zu nehmen und, bitte, zuzuhören.

Ich möchte, begann er, daß wir diese Weihnachten besonders feierlich begehen, und habe dir eine wichtige Aufgabe zugedacht. Hörst du? Eine besonders wichtige Aufgabe. Du hast eine hübsche Stimme und deklamierst ja gerne. Ich habe also einen Geiger engagiert, der dich beim Singen begleiten soll. Mehr als zwei Lieder wünsche ich gar nicht. Sagen wir, Stille Nacht und Oh du fröhliche. Im übrigen – Vater sah auf die Armbanduhr – wird der Musiker gleich hier sein. Ihr solltet wenigstens einmal zusammen proben.

Ich antworte nicht. Ich kann es nicht. Schreck und Verblüffung machen mich starr, ich hoffe, daß ich die Stimme verliere, niemals singen kann, niemals.

Er merkt anscheinend nicht, daß ich die Sprache verloren habe und beugt sich fragend nach vorne: Was meinst du?

Endlich kann ich mich hören. Das Nein steht sichtbar vor meinem Mund, wie eine Sperre.

Bist du verrückt? Er steht auf. Seine Hand drückt meinen Hals. Willst du mir alles verderben?

Da er genau geplant hat, führt Bohumila den Geiger herein, einen kleinen verschwitzten Herrn, der eine Verbeugung nach der andern macht, mir flüchtig mit feuchter Hand die Wange tätschelt und dennoch entschieden den Herrn Doktor bittet, »uns zwei Musikanten« allein zu lassen. Dem Geiger scheint der Auftrag nicht weiter peinlich zu sein und er beginnt, mich zu trösten: Also, Bub, ein solches Konzert geht schneller vorüber als man denkt. Besonders an Festen. Da ist jeder so aufgeregt, daß ein Patzer gar nichts bedeutet. Die Kunst muß

das Gefühl verstärken, sonst nichts. Und was heißt schon Kunst. Ich rate dir, sing leis, dann werden sie besonders gerührt sein, auch wenn du stockst oder ein Wort vergißt. Es schadet nichts. Und überhaupt bin ich hier, um dir zu helfen. Denk daran, die Geige läßt dich nicht im Stich. Zwei Lieder, was sag ich, vergehen wie im Flug.
Er zieht ein schmutziges, zerknülltes Tuch aus der Hosentasche, klemmt es zusammen mit der Geige unters Kinn, stimmt das Instrument, blinzelt mir zu, zieht mich in ein Vertrauen, das ich zu ihm so wenig wie zu den anderen Erwachsenen habe und befiehlt: Stell dich am gescheitesten direkt neben mich, schon von wegen der Intonation.
Die Geige klingt zu meiner Überraschung mächtig und klar.
Zaghaft stimme ich ein. Ich flüstere mehr als daß ich singe. Er unterbricht das Spiel.
Ein bissel lauter müßte es schon sein. Piano meinetwegen, nicht pianissimo. Verstehst mich?
Ich versteh ihn gut.
Am liebsten würde ich ihm bloß zuhören.
Wir proben jedes Lied zweimal. Dann packt er unverzüglich die Geige in den Kasten, tätschelt mir die Wange, riecht, als habe er sich in Eukalyptusessenz gebadet.
Wir werden's überstehen, Bub. Denk an die Rührung.
Ich höre, wie er im Vorsaal mit Vater redet. Vater muß gelauscht und ihn abgefangen haben, vielleicht, um ihn zu bezahlen, vielleicht auch, um sich nach meiner Gesangskunst zu erkundigen.
Am Heiligen Abend weckte mich Geschrei. Die drei Frauen überboten sich in lärmender Hilfsbereitschaft. Nein, laß mich den Vorsaal bohnern, inzwischen kannst du die Küche – Ich bitte dich, das macht doch keine Umstände, noch den Teppich – Ehe Rudi den Baum schmückt, sollte aber – Die Fülle für die Gans müßte jetzt, wenn nicht – Die Würstel müßten noch heute vormittag – Wer geht mit den Kindern spazieren, ehe –
Ich hasse sie, ich hasse diese Stimmen, die mir die Freude nehmen, ich möchte das Fest verschlafen, das sie für sich und nicht für Lore und mich veranstalten, ich möchte ihnen nicht vorsingen müssen und ihnen helfen, in Tränen auszubrechen. Aber Mutter ist schon im Zimmer, zieht die Rolläden hoch und ihre Unrast elektrisiert uns. Raus! Ihr Siebenschläfer! Ihr habt eine Menge zu tun. Ihr müßt einkaufen gehen und Bohumila das Weihnachtsgeschenk bringen.
Wir werden von Befehlen, Anordnungen, Bitten, Zurufen in Bewe-

gung gehalten, dürfen da nicht hinein, müssen dort die Augen schließen, gehen Großmutter auf die Nerven, sollen Tante Käthe in Frieden lassen.
Die Kartoffelsuppe, »jetzt-will-sie-keiner-mehr-gekocht-haben«, um die wir uns mittags versammeln, schmeckt angebrannt. Die Frauen streiten sich, bis die Schüssel leer ist, Vater wortlos den Stuhl hinter sich schiebt, und uns Kinder mit einem Kopfnicken auffordert, ihm zu folgen.
Er sagt: Es wird ihnen gar nicht auffallen, wenn wir verschwinden. Er hilft uns in die Mäntel, wickelt die Schals um unsere Hälse und wendet sich mit dieser ungewohnten Aufmerksamkeit gegen die Zerstörung, den Zwist. Wir wandern an seinen Händen durch die Stadt. Erst an dem Marcharm entlang, der hinter unserem Haus vorbeiführt, dann hinauf zu den beiden großen Plätzen, umkreisen die Dreifaltigkeitssäule und mehrfach das Rathaus, ziehen Spuren durch den Schnee, sehen zur Kunstuhr hoch, deren Erbauer, so erfuhr ich in der Schule, geblendet wurde, weil man ihn für einen Hexenmeister hielt, und beenden unseren Rundgang, wie ich es erwartet habe, im Café Rupprecht, in dem Vater Stammgast ist, wo er abends oft Billard spielt.
Wir sitzen zwischen alten Männern, schlürfen Tee, ich spüre, daß ihnen meine Blicke lästig sind. Ich komme mir vor wie auf einem Schiff, auf dem man vergessen hat, daß Weihnachten ist.
Ein Herr tritt an unseren Tisch, fragt Vater, ob er auf eine Partie Billard Lust habe. Wir ziehen ihm nach, in den Raum, wo die drei Billardtische stehen, setzen uns. Ich höre, wie die Kugeln aufeinanderprallen, träume vor mich hin, wünsche mir, daß die Ruhe bis zur Bescherung nicht gestört werde.
Als wir das Café verlassen, ist es dunkel. Schön, sagt Vater und saugt die kalte Luft hörbar ein. Sie werden uns sicher schon erwarten.
Wir werden tatsächlich erwartet, doch anders, als wir es erhoffen, mit einer Art Kriegsbericht, und erst allmählich verstehen wir, was für ein Unglück geschehen ist: Mutter habe den Gasofen anzünden wollen und er sei explodiert, eine Flamme sei aus der Röhre geschossen. Schaut sie euch an, die Haare versengt, Lider und Augenbrauen verbrannt. Schaut sie euch doch an, die Ärmste!
Mutter wird vorgeführt. Sie wehrt sich gegen den Jammer von Großmutter und Tante Käthe. Es ist nicht so schlimm, sagt sie. Ich möchte lachen, traue mich aber nicht.
Es wird Zeit, daß ihr euch umzieht, sagt Vater sehr ruhig. Die Besche-

rung ist auf acht angesetzt, schon wegen des Geigers. Ich kann ihn nicht warten lassen. Wir sollten also um sieben abendessen.
Wo sollen wir bleiben? fragt Lore.
Geht ins Kinderzimmer und spielt, bis ihr gerufen werdet.
Wir setzen uns auf unsere Betten und warten im Dunkeln.
Mutter holt uns. Sie hat sich umgezogen und hat neue Augenbrauen. Die hab ich mir angemalt.
Beim Abendessen führt Großmutter das Gespräch. Sie findet die Würstchen gut, lobt Mutter für den Kartoffelsalat, der durch eine winzige Prise Zucker erst delikat werde.
Plötzlich läuft sie blau an, greift sich mit der Hand an den Hals, ringt nach Luft.
Der Erstickungsanfall überrascht uns so, daß wir alle wie angenagelt sitzen.
Mutter ist die erste, die etwas sagt: Sie hat sich verschluckt. Mein Gott! Tut doch was! schreit Tante Käthe. Sie erstickt uns doch. Mein Gott!
Lore beginnt zu weinen. Ich möchte schon wieder lachen. Vater schüttelt den Kopf. Großmutter droht zu sterben. Sie verdreht die Augen, so daß man nur noch das Weiße sieht.
Vater steht auf, schlägt ihr mit einer ungeheuren Wut ein-, zweimal auf den Rücken. Es dröhnt, und plötzlich schießt, wie aus einem Kanonenlauf, ein Stück Wurst aus Großmutters Mund. Ächzend zieht sie die Luft ein.
Nein, sagt Mutter.
Vater zündet sich eine Zigarette an.
Lore weint.
Ich wage leise zu lachen und Tante Käthe stimmt laut ein.
Großmutter sagt: So schlimm hättest du ja auch nicht losdreschen müssen.
Obwohl Großmutter sich noch nicht erholt hat, weiter nach Luft ringt, drängt Vater, den Tisch abzuräumen. Der Geiger müsse gleich erscheinen. Er werde nach nebenan gehen und inzwischen die Kerzen am Baum anzünden.
Ich sitze auf meinem Stuhl und rühre mich nicht.
Du kannst doch wenigstens die Teller zusammenstellen. Mutter sieht mich vorwurfsvoll an. Sie merkt nicht, daß ich eigentlich gar nicht mehr vorhanden bin. Ich werde stumm sein. Stumm und taub. Ich werde die Geige nicht hören und keinen Ton herausbringen.
Gleich ist Bescherung!
Lore rennt hinter Mutter her in die Küche, ich bleibe allein mit Groß-

mutter, die sich nicht beruhigen kann, vor sich hin murmelt, seufzt, sich das Taschentuch vor den Mund hält, mit ihrem Schreck beschäftigt ist, während ich auf meinen warte.
Es klingelt. Es kann nur der Geiger sein. Großmutter ist, ohne daß es mir auffiel, aus dem Zimmer verschwunden. Ich könnte mich verstecken, hinterm Vorhang, unter der Couch. Aber ich sitze, starre auf die Tür, die jetzt auch geöffnet wird, und Mutter sagt mit einer Stimme, die trösten will: Komm, wir warten schon alle auf dich.
Im dunklen Vorsaal steht der Musiker. Er hat die Geige aus dem Kasten genommen. Mutter schiebt mich auf ihn zu. Die Tür zum Speisezimmer wird aufgerissen. Ich sehe die Kerzen brennen, Vaters Schatten, und stehe mit einem Mal vor allen anderen, die auf Stühlen Platz nehmen, wie im Theater, mich anglotzen, auffordernd anlächeln.
Ich höre den Geiger sagen: In der Reihenfolge, wie wir es besprochen haben, nicht wahr?
Der Geiger klemmt sich sein Instrument unters Kinn, schiebt sich noch näher an mich heran, zählt leise: Eins, zwei, drei, und die Geige singt, während meinem Mund ein krächzender Laut entfährt, nicht mehr. Der Geiger bricht ab, sagt sehr ruhig: Wir fangen noch einmal an. Du mußt, wie ich dir erklärt hab, nicht laut singen, Bub. Nicht laut.
Ich halte mich an seinen Rat, bin erstaunt, daß ich ihm folgen kann, die Sätze nicht vergessen habe, flüstere einfach mit, schaue auf den Boden, höre jemanden seufzen, singe schneller, als die Geige es will und bekomme einen Stoß in die Seite: Nicht so rasch, Bub! Singe mehr und mehr gegen die Musik, gegen die albernen Zuhörer, gegen Vaters Erwartung, renne zu Mutter hin und werfe mich auf sie, weine, schreie.
Es war doch zuviel für ihn. Mutter preßt mich an sich.
Schade, sagt Vater, es hätte sehr feierlich sein können.
Der Geiger spielt nun allein weiter, ohne mich. Ich beginne, mein Gesicht gegen Mutters Brust gepreßt, zuzuhören und verberge mich, auch nachdem er geendet hat, Vater ihn hinausbringt, Lore schon Geschenke auspackt.
Willst du dir deine Geschenke nicht ansehen? fragt Großmutter. Mutter läßt mich los. Es ist schon gut, sagt sie.
Ich kann mich nicht erinnern, was ich geschenkt bekommen habe, bis auf die alte Ausgabe des »Sigismund Rüstig«, denn ich habe den

ganzen Abend gelesen, mich gegen alle wehrend, die sich nun um mich bemühen, auch Vater, der sich für eine Weile neben mich setzt, nichts spricht, nur manchmal den Kopf schüttelt. Ehe er aufsteht und zu Großmutter geht, sagt er: Wir hätten uns vorher über alles unterhalten sollen.

*Rudolf Hagelstange*

## Auf dem Wege

Von Askalon bis nach Jerusalem sind es nicht mehr als zwei Tagesreisen, wenn man so gut beritten ist wie Muhamed und Ganguly.

Es sollte sich aber zeigen, daß Habakuks Eselin nicht – wie die beiden insgeheim gefürchtet hatten – das Tempo der Reise verlangsamte. Wenn auch Habakuk am Schluß der kleinen Karawane ritt, so trippelte sein Reittier doch leicht und beharrlich dahin, und wenn auch Muhamed gelegentlich seinem Araberhengst ungeduldig die Sporen gab und in einem rasanten Zwischengalopp, Staub aufwirbelnd, vorausssprengte – das Schrittmaß bestimmten die schleppfüßigen Kamele und Dromedare. Wenn es Verzögerungen oder Aufenthalte gab, so kamen sie vor allem von diesen, die einmal ein Stück ihrer Last verloren, ein andermal sich untereinander stritten, ein drittes Mal sich ohne ersichtlichen Grund störrisch zeigten. Es sind wohl doch zumeist die Kamele und die Esel, die das durchschnittliche Tempo des Fortkommens bestimmen.

So hoch und dekorativ freilich der Inder auf seinem Reittier thronte und so kühn und herrscherlich sich Muhamed in seinem wehenden Burnus ausnahm – der heimliche Führer, das Herz und das Hirn der Gruppe war Habakuk. Seit er zu den beiden anderen gestoßen war, schien die ungewisse Dämmerung zu weichen, das Geheimnis einen Namen zu erhalten. Dem neuen Sternbild würde sich nun ein neues Schicksal zugesellen.

Wer aber sollte der Heilige sein, den der jüdische Prophet mit einer Flamme verglichen hatte, deren heißer Atem alle Dornen und Hecken anzünden und verzehren würde auf einen Tag?

Abends, nachdem sie ihre Tagesreise zurückgelegt und eine günstige Raststelle ausfindig gemacht hatten, saßen sie am Lagerfeuer wieder beisammen, vor einer kleinen Felseinbuchtung, abgeschirmt durch die Zelte Gangulys und Muhameds und ihren kleinen Troß. Die Wüstenfüchse bellten, und die Nacht war bewölkt und kühl.

Sie hatten ein einfaches Nachtmahl eingenommen und beschlossen, am nächsten Morgen früh aufzubrechen, um ihrem Ziel Jerusalem möglichst nahe zu kommen. Denn Jerusalem, so hatte Habakuk ihnen gesagt, sei die Brücke, über die man ans andere Ufer, ins neue Leben, in einen neuen Äon gelangen werde. Aber was sie am jenseitigen Ufer erwarten würde, das wußte wohl auch er nicht zu sagen, obwohl er der Landeskundige, der Schriftgelehrte, der Heilsbesessene war...

Aber – mit einem Male begann er zu reden, wie im Selbstgespräch und ihnen unverständlich, in der Sprache seiner Väter. Seine Rede war zunächst leise, stockend, tastend: aber dann überstürzte sie sich fast. Es war, als ob ein Gedanke den anderen, eine Erinnerung die andere überholen wolle. Er schien sich selbst davonzulaufen.
Dann jedoch hielt er inne. Wie ein Erwachsener sah er um sich, ein wenig schuldbewußt, und bat die Reisegefährten um Verzeihung für sein seltsames Gebaren, seine Abwesenheit.
»Ich war nicht mehr bei mir«, sagte er entschuldigend. »Ich war weit in den Jahrhunderten, die hinter uns liegen, und war auch in denen, die noch kommen werden. Adler haben mich getragen.« Er lächelte. Und nach einer Weile schloß er an: »Wir werden das Heil sehen, meine Freunde. Gott hat meinen Verstand erleuchtet und meine Augen sehend gemacht.«
Dann schob er ein paar Reiser in das Feuer, hieß Muhameds Gehilfen trockenen Kamelmist bringen, den er mit den Gebärden eines Krankenpflegers, der einem Verletzten ein Pflaster auflegt, behutsam ins Feuer verteilte, lachte einige Male leise dabei, als ob er sich eines gelungenen Scherzes erinnerte, und dann hockte er sich näher zu den beiden und berichtete von dem, was ihn bewegte und beschäftigte.
Er sprach von einem neuen König, den die großen jüdischen Propheten vorausgesagt hätten und der jetzt kommen müsse und den sie vielleicht schon in wenigen Tagen von Angesicht zu Angesicht sehen würden. Die Propheten hätten ihm wunderbare Namen gegeben: Weiser Rat, Held, Friedefürst, Ewigvater... und sein Leib werde wie Türkis sein, seine Rede Donner, sein Antlitz wie ein Blitz. Seine Augen aber würden wie feurige Fackeln leuchten und sprühen.
»Wenn sie nur sprühen wie die deinen«, sagte Muhamed in lächelnder Verwunderung, »will ich schon zufrieden sein.« Und der Ganguly nickte dazu, auch er lächelnd. Sie sahen staunend die lodernde Begeisterung, die ihn ergriffen hatte, und liebten ihn dafür. Aber Habakuk schien der Einrede nicht zu achten. Er war schon wieder bei seinem Friedefürsten, der endlich, endlich das Verlangen aller Welt stillen und den so bitter entbehrten Frieden bringen werde, der erhoffte Messias, der erwartete große Immanuel, der Ersehnte aller Völker und Geschlechter, der kommen werde, auf daß seine Herrschaft groß werde und des Friedens kein Ende auf dem Stuhl Davids und in seinem Königreich, daß er es zurichte und stärke mit Gericht und Gerechtigkeit von nun an bis in Ewigkeit.
Ach, er malte den beiden ein Reich, daß ihnen die Ohren widerhallten

und die Augen übergingen. Es werde »ganz« friedlich zugehen in diesem Reich des neuen Königs. Und wie es zugehen würde, dafür stand ihm die Weissagung des Jesaja, welche er ihnen hersagte:
Beim Lamm wird verweilen der Wolf, der Leopard lagert beim Böcklein. Kalb und Löwe mästen sich gemeinsam, ein kleiner Knabe kann sie hüten. Kuh und Bärin freunden sich an, ihre Jungen lagern beieinander, der Löwe frißt Stroh wie das Rind, der Säugling spielt am Schlupfloch der Otter, nach dem Jungen der Viper greift das Kind mit der Hand. Die Erde wird voll der Erkenntnis des Herrn sein, wie Wasser das Meer bedeckt. – Und die Worte flossen von seiner Zunge wie Honig aus übervollen Waben, und unter seinen Gebärden legten sich die wildesten Bestien, schossen Zedern aus dem Wüstensand, enthüllte der bedeckte Himmel seine Sternbilder, unter denen auch das ihre hell erstrahlte, tröstlich und Hoffnung weckend.
»Es geht eine wunderbare Kraft aus von dir und deinen Worten«, sagte Ganguly warm, den Blick an die Sterne geheftet, »eine Kraft, wie ich sie noch von keinem Lebendigen erfahren habe. Und wenn ich auch nicht glauben kann, daß meine alten Augen dieses Reich des Friedefürsten auf unserer Erde noch erschauen werden, so hast du es doch mein geistiges Auge erschauen lassen. Wer kann wissen, was möglich ist und was nicht. Ich weiß nur, daß wir ärmer wären als der Wurm im Staube, wenn wir nach dieser Läuterung nicht verlangten und nicht hoffen würden über alle getäuschte Hoffnung hinaus.«
»So ist es«, sagte Muhamed, und Habakuk, fast heiter, schloß an: »Wir haben unseren Stern.«

## *Peter Handke*
## Lebensbeschreibung

Was nützt es dem Menschen, wenn er an der Seele gewinnt, an der Welt aber Schaden leidet?

Gott erblickte das Licht der Welt in der Nacht vom vierundzwanzigsten zum fünfundzwanzigsten Dezember.

Die Mutter Gottes wickelte Gott in Windeln. Auf einem Esel flüchtete er sodann nach Ägypten. Als seine Taten verjährt waren, kehrte er in sein Geburtsland zurück, weil er fand, daß dort der Ort sei, an welchem ein jeder am besten gedeihen könnte. Er wuchs auf im stillen und nahm zu an Alter und Wohlgefallen. Es litt ihn in der Welt. Er wurde die Freude seiner Eltern, die alles daransetzten, aus ihm einen ordentlichen Menschen zu machen.

So erlernte er nach einer kurzen Schulzeit das Zimmermannshandwerk. Dann, als seine Zeit gekommen war, legte er, sehr zum Verdruß seines Vaters, die Hände in den Schoß.

Er trat aus der Verborgenheit. Es hielt ihn nicht mehr in Nazareth. Er brach auf und verkündete, daß das Reich Gottes nahe sei.

Er wirkte auch Wunder.

Er sorgte für Unterhaltung bei Hochzeiten. Er trieb Teufel aus. Einen Schweinezüchter brachte er auf solche Art um sein Eigentum. In Jerusalem verhinderte er eines Tages im Tempel den geregelten Geldverkehr. Ohne das Versammlungsverbot zu beachten, sprach er oft unter freiem Himmel. Aus der Langeweile der Massen gewann er einigen Zulauf. Indes predigte er meist tauben Ohren.

Wie später die Anklage sagte, versuchte er das Volk gegen die Obrigkeit aufzuwiegeln, indem er ihm vorspiegelte, er sei der ersehnte Erlöser. Andererseits war Gott kein Unmensch. Er tat keiner Fliege etwas zuleide. Niemandem vermochte er auch nur ein Haar zu krümmen.

Er war nicht menschenscheu. Unbeschadet seines ein wenig großsprecherischen Wesens war er im Grunde harmlos.

Immerhin hielten einige Gott für besser als gar nichts. Die meisten jedoch erachteten ihn für so gut wie nichts.

Deshalb wurde ihm ein kurzer Prozeß gemacht. Er hatte zu seiner Verteidigung wenig vorzubringen. Wenn er sprach, sprach er nicht zur Sache. Im übrigen blieb er bei seiner Aussage, daß er der sei, der er sei. Meist aber schwieg er.

Am Karfreitag des Jahres dreißig oder neununddreißig wurde er, in einem nicht ganz einwandfreien Verfahren, ans Kreuz gehängt.
Er sagte noch sieben Worte.
Um drei Uhr am Nachmittag, bei sonnigem Wetter, gab er den Geist auf. Zur gleichen Zeit wurde in Jerusalem ein Erdbeben von mittlerer Stärke verzeichnet. Es ereigneten sich geringe Sachschäden.

## *Hugo Hartung*
## Mein Vater und die Dampfmaschine

Während die Glocken das erste Mal läuteten, machte ich mich mit Mutter auf den Weg zur Kirche. Die schöne, alte, gotische Johanneskirche war voll bis auf den letzten Platz, und als wir eintraten, schnaufte schon die Orgel, die so asthmatisch war wie unser Papierwarenhändler. Der alte Bälgetreter schwebte auf und ab. Für mich war er als Mann himmlischer Winde eine Respektsperson.
In der Schule hatten wir uns ernsthafte Gedanken darüber gemacht, was wohl geschähe, wenn er bei »O du fröhliche« den Wind für »Vom Himmel hoch« in die Orgel träte. Wir konnten das Problem nicht lösen.
Die Christmette verlief dennoch in problemloser Schönheit. Die Kurrendeknaben sangen die alten Weihnachtslieder. An der riesengroßen Tanne im Chor brannten viele echte Kerzen, und von ihrer Wärme wehten die Lamettabüschel.
Als wir wieder draußen waren, blies vom Turme Herr Stadtmusikdirektor Braack mit seinen Trompetern noch einmal die schönsten Weihnachtslieder über die verschneiten Dächer hin. Die bunten Kirchenfenster leuchteten auf die sehr finstere Straße hinaus, deren Schaufenster, bis auf die beiden von Hildebrands Spielwarenladen, schon dunkel waren. Im Knabenfenster fehlte die Dampfmaschine. Ich schluckte tief.
Ich sah die Dampfmaschine als erstes, als ich daheim ins Wohnzimmer trat, in dem eine wunderschöne, breitästige Tanne mit vielen Kerzen ihr mildes Licht in den verwandelten Raum schickte. Alles im Zimmer war funkelnder Glanz. Das Christkind hatte während unserer Abwesenheit wunderbar gearbeitet. Ich fragte Vater, ob er nichts von ihm gehört hätte, während wir in der Kirche waren – aber er sagte, er hätte noch soviel im Büro zu tun gehabt, daß er gar nicht in die Wohnung hinaufgekommen wäre.
Schade, daß das himmlische Kind die Dampfmaschine nicht gleich in Betrieb gesetzt hatte. Nun mußte es Vater machen, der in technischen Dingen ohne himmlische Inspiration war. Aber ich wollte doch so schnell wie möglich sehen, wie die Maschine ihr blankes Nickelrad mit den roten Speichen drehte, wie sie den Bagger Luft schaufeln und die Säge am Blechbaum sägen ließ. Und ein Springbrunnen war dabei, der, laut Beschreibung, »einen naturechten Wasserstrahl in die Lüfte entsenden« sollte.

Vater las mit gerunzelter Stirn die Beschreibung, wonach er an der Maschine zuerst den Behälter F mit Spiritus füllen und den Docht H, nach Verschrauben des Behälters, mit einem Streichholz anzünden mußte. Der Kessel B finge dann an, sich zu erwärmen, und die Maschine käme in Gang, sobald das Schwungrad A sich leicht anstoßen lasse. Wenn das Sicherheitsventil G einen andauernden Pfeifton ertönen lasse, sei es ratsam, den Spiritusbrenner sofort zu löschen, damit es zu keiner Explosion kommen könne.
Meine Eltern machten alles nach Vorschrift, ich hörte sie Buchstaben murmeln, und manchmal standen sie einander im Weg und knurrten sich an. Es war gar nicht mehr so gemütlich wie vor Weihnachten.
Während der Kessel B sich vom Docht H erwärmen ließ, schauten sich die Eltern ihre Geschenktische an. Als wir noch herumgingen und plauderten, fing es auf meinem Tisch zu rumoren an. Das Schwungrad hatte sich von selbst in Betrieb gesetzt. Klirrend rasten die Eimerchen des Baggers, und die Säge ratterte wie ein Zahnarztbohrer. Nur der Springbrunnen entsandte seinen naturechten Strahl nicht, auf den ich mich besonders gefreut hatte. Vater sagte, wahrscheinlich sei die Düse verstopft, und schickte Mutter nach einer Nähnadel. Sie lief in den obersten Stock, weil während der Weihnachtszeit alle Möbel umgeräumt wurden und die Nähmaschine nach oben gebracht worden war. Unser Mädchen Anna, das den Heiligen Abend bei uns verbrachte, schaute auf den Brunnen und sagte vorsichtig:
»Vielleicht muß man da erst Wasser reintun, Herr Direktor?«
Natürlich, das war's. Woher sollte der Springbrunnen den naturechten Strahl nehmen, wenn er trocken stand? Annas Unschuld hatte erraten, was unserer technischen Unbegabtheit entgangen war.
»Ich bring's Wasser«, sagte sie diensteifrig, aber Vater, der sich ein wenig zu schämen schien, lief selbst in die Küche. Kaum war er draußen, fing das Ventil G zu pfeifen an.
»Hübsch«, sagte Anna.
Das Schwungrad raste jetzt, daß alle kleinen Treibriemchen zu den Modellen zerrissen. Ich fand es großartig. Auch das Pfeifen. Die Eltern traten beide gleichzeitig wieder ein. Vater erschrak, stürmte auf die Maschine los und riß den Behälter F heraus. Aber noch ehe er den Docht B gelöscht hatte, ergoß sich ein Spiritusbächlein über den Gabentisch und fing zu brennen an.
»Feuer!« schrie Mutter.
»Wasser!« schrie Vater, obwohl er eben einen Topf mit Wasser aus der

Küche gebracht hatte. Jetzt raste Mutter in die Küche. Ich begann zu beten »Ich bin klein, mein Herz ist rein«, und Anna rannte in blinder Verzweiflung davon und die Treppe hinunter. Sie sah wohl schon draußen in Vaters Gaswerk die Gasometer in die Luft fliegen.
Mit nassen Scheuerlappen löschte Vater die Flamme, wobei er sich ein Loch in den Ärmel seines neuen Anzugs brannte, den er eben noch vor dem Fest von seinem Schneider aus Pösneck bekommen hatte. Auch das Tischtuch hatte einen Brandfleck, und mein »Deutsches Knabenbuch« war angekokelt. Es roch unweihnachtlich.
Während wir alle erschöpft dastanden, fing im Hausflur die Kurrende, die am Heiligen Abend in die Wohnungen kam, zu singen an: »Stille Nacht, heilige Nacht.« Wir glaubten in diesem Augenblick nicht so recht an das Lied. Trotzdem bekamen die Jungen, wie üblich, ein goldenes Zwanzigmarkstück von Vater – und von Mutter ein vorbereitetes Säckchen mit Äpfeln, Nüssen und Pfefferkuchen. Sie bedankten sich, jeder gab die Hand, machte einen Diener und wünschte »ein frohes Fest«.
»Bei Ihnen stinkt's aber«, sagte der kleinste der Jungen, der zugleich der Chorführer war, mit schnuppernder Nase. »Schon gut«, sagte Vater erschöpft und geistesabwesend.
Wir waren an diesem verworrenen Weihnachtsabend schon zu Bett gegangen, als mir einfiel, daß wir überhaupt noch nicht die Weihnachtslieder gesungen hatten, die ich seit Wochen mit meinem Klavierlehrer Gotthard einstudiert hatte. Ich lief ins Schlafzimmer der Eltern, und sie folgten meiner flehentlichen Bitte, das Versäumte noch nachzuholen. Wir schlüpften in unsere Hausschuhe, und Mutter zog einen Morgenmantel über ihre Nachtjacke. Weil wir alle frische Wäsche anhatten – Vater ein Nachthemd mit blauen Börtchen, ich eins mit roten –, sahen wir recht festtäglich aus. Mutter zündete die winzigen Stümpfchen am Christbaum noch einmal an. Vor Aufregung und weil ich bei dem Licht auch die Noten schlecht lesen konnte, patzte ich ziemlich oft. Aber Vaters wohltönender Baß, der nicht vom üblichen Stehkragen behindert wurde und um den sich Mutters hohe Stimme rankte, deckte mein falsches Geklimper zu. Am Ende war doch alles recht weihevoll. Nur Anna sahen wir an diesem Abend nicht wieder. Sie hatte sich nach Hause in Sicherheit gebracht und erwartete dort vergebens die Explosion von Vaters Gasometern.

*Friedrich Hebbel*
## Die Weihe der Nacht

Nächtliche Stille!
Heilige Fülle,
wie von göttlichem Segen schwer,
säuselt aus ewiger Ferne daher.

Was da lebte,
wie aus engem Kreise
auf ins Weitste strebte,
sanft und leise
sank es in sich selbst zurück
und quillt auf in unbewußtem Glück.

Und von allen Sternen nieder
strömt ein wunderbarer Segen,
daß die müden Kräfte wieder
sich in neuer Frische regen,
und aus seinen Finsternissen
tritt der Herr, soweit er kann,
und die Fäden, die zerrissen,
knüpft er alle wieder an.

*Johann Peter Hebel*
## Die Mutter am Christabend

Er schläft, er schläft! Das ist einmal ein Schlaf!
So recht, du lieber Engel du!
Tu mir die Lieb' und lieg in Ruh,
Gott gönnt es meinem Kind im Schlaf!

Erwach mir nicht, ich bitt', ich bitt'!
Die Mutter geht mit stillem Tritt,
Sie geht mit zartem Muttersinn,
Und holt den Baum zur Kammer hin.

Was häng' ich dir denn an?
'nen Pfefferkuchenmann,
Ein Kätzelchen, ein Spätzelchen,
Und Blumen bunt und süß und weich,
Und alles ist von Zuckerteig.

Genug, du Mutterherz!
Viel Süßigkeit bringt Schmerz.
Gib sparsam wie der liebe Gott.
Tagtäglich nützt kein Zuckerbrot.

Jetzt rote Äpfel her,
Die schönsten, die ich haben kann!
Es ist auch nicht ein Fleckchen dran,
Wer hat sie schöner, wer?

's ist wahr, es ist 'ne Pracht,
Was so ein Apfel lacht.
Der Zuckerbäcker wär' ein Mann,
Der solchen Apfel machen kann!
Den hat nur Gott gemacht.

Was hab' ich denn noch mehr?
Ein Tüchelchen, hübsch weiß und rot,
Es ist eins von den schönen,
O Kind, vor bittren Tränen
Bewahr dich Gott, bewahr dich Gott!

Was häng' ich sonst noch hin?
Dies Büchlein, Kind, ist auch noch dein,
Da leg' ich Bilder dir hinein,
Gebete sind von selber drin.

Jetzt wär' genug wohl da? –
Jetzt hast du alles Gute –
Der Tausend! Ja, 'ne Rute,
Die fehlte noch, da ist sie ja!

Vielleicht – sie freut dich nicht,
Vielleicht – sie schlägt die Haut dir wund,
So manchem war es schon gesund,
Sei gut, so schlägt sie nicht.

Jetzt wär' er ausstaffiert,
Wie'n Kirmesbaum geziert,
Dann heißt es, wann der Tag erwacht,
Das Christkind hat den Baum gebracht.

Rief da der Wächter nicht
Schon elf? Wie doch die Zeit verrinnt!
Man merkt die Stunden nicht,
Wenn's Herz an etwas Nahrung find't.

Jetzt – Gott behüte dich,
Ein ander Mal denn mehr!
Heut war es, wo der heil'ge Christ
Ein Kind wie du geworden ist,
Werd auch so brav wie er!

*Heinrich Heine*

## Die Heiligen Drei Könige

Die Heiligen Drei Könige aus dem Morgenland,
sie fragten in jedem Städtchen:
»Wo geht der Weg nach Bethlehem,
ihr lieben Buben und Mädchen?«

Die Jungen und die Alten, sie wußten es nicht,
die Könige zogen weiter;
sie folgten einem goldenen Stern,
er leuchtete lieblich und heiter.

Der Stern blieb stehen über Josephs Haus,
da sind sie hineingegangen;
das Öchslein brüllte, das Kindlein schrie,
die Heiligen Drei Könige sangen.

## *O'Henry*
## Die Weihnachtsansprache

Es gibt keine Weihnachtsgeschichten mehr. Die Phantasie ist erschöpft; und Zeitungsnotizen, die zweitbeste Quelle, werden von klugen, jungen Journalisten geschrieben, die frühzeitig geheiratet haben und mit einer pessimistischen Lebensauffassung kokettieren. Deshalb bleiben uns für die Zerstreuung an Festtagen zwei sehr fragwürdige Quellen – Tatsachen und Philosophie. Wir werden beginnen mit – nun: der Name tut nichts zur Sache.

Kinder sind verteufelte kleine Geschöpfe, und wir müssen mit ihnen in verwirrend vielen Situationen fertig werden. Besonders wenn sie von kindlichem Schmerz überwältigt werden, stehen wir am Ende unserer Kunst. Wir erschöpfen unseren armseligen Vorrat an Trost und beschwindeln dann die schluchzenden Geschöpfe, bis sie einschlafen. Danach wühlen wir im Staub von Millionen Jahren und fragen Gott, warum. So versuchen wir das Pferd von hinten aufzuzäumen. Was die Kinder betrifft, so werden sie nur von alten Kindermädchen, Buckligen und Schäferhunden verstanden.

Jetzt komme ich zu den Tatsachen des Falles der Stoffpuppe, des Landstreichers und des fünfundzwanzigsten Dezember.

Am Zehnten dieses Monats verlor das Kind des Millionärs seine Stoffpuppe. Zahlreiche Diener lebten in dem Millionärspalast am Hudson, und sie alle durchsuchten das Haus und das Grundstück, ohne aber den verlorenen Schatz zu finden. Das Kind, ein fünfjähriges Mädchen, war eines dieser verdrehten kleinen Biester, die oft die Gefühle ihrer reichen Eltern verletzen, weil sie ihre Zuneigung einem gewöhnlichen, billigen Spielzeug schenken anstatt brillantenbesetzten Autos und Ponywagen.

Das Kind trauerte tief und echt, was dem Millionär völlig unverständlich war, da ihn die Stoffpuppenindustrie ebensowenig wie eine Benzinmarke aus Massachusetts interessierte; und was die Dame des Hauses, die Mutter des Kindes, betraf, so bestand sie nur aus guten Manieren – das heißt, beinahe nur aus guten Manieren, wie Sie sehen werden.

Das Kind weinte untröstlich, bekam tiefliegende Augen und X-Beine, wurde dürr und auch sonst sehr schwierig. Der Millionär lächelte und tastete vertrauensvoll seinen Geldschrank ab. Die Spitzenerzeugnisse der französischen und deutschen Spielwarenindustrie wurden von

Spezialboten an den Millionär geliefert; aber Rachel war weit entfernt davon, sich beruhigen zu lassen. Sie weinte ihrer Stoffpuppe nach und umgab sich gegen allen ausländischen Unsinn mit einer hohen Schutzmauer. Dann wurden Ärzte mit feinsten Krankenbesuchsmanieren und Stoppuhren zu Rate gezogen. Einer nach dem anderen hielt nutzlose Vorträge über eisenhaltiges Peptomanganat, über Seereisen und Hypophosphite, bis ihnen ihre Stoppuhr zeigte, daß die zu stellende Rechnung ihr Mindestsoll erreicht hatte. Da sie Männer waren, empfahlen sie das Auffinden der Stoffpuppe und möglichst schnelle Rückgabe an die trauernde Mutter. Das Kind rümpfte die Nase über die Medizinen, lutschte am Daumen und jammerte nach seiner Betsy. Dauernd kamen Telegramme vom Weihnachtsmann, in denen stand, daß er bald eintreffen werde und allen empfehle, eine wahre Weihnachtsstimmung aufkommen zu lassen und sich wenigstens eine Zeitlang nicht mit Spielsälen, Versicherungspolicen und Aufrüstung zu befassen, damit man ihn gebührend empfangen könne. Überall begann sich Weihnachtsstimmung auszubreiten. Die Banken gaben keine Kredite, die Pfandleiher hatten ihre Angestelltenzahl verdoppelt, auf den Straßen zerstießen sich die Leute gegenseitig mit roten Schlitten die Schienbeine, auf den Schanktischen brodelten die heißen Getränke, während man, in die Menge eingekeilt, auf einem Fuß stehend wartete, in den Schaufenstern hingen die Stechpalmenkränze der Gastfreundschaft, und die Leute holten ihre Pelze hervor, wenn sie welche besaßen. Man wußte gar nicht, was für Kugeln man nehmen sollte: Christbaum-, Motten- oder Marzipankugeln. Es war nicht der richtige Zeitpunkt, die heißgeliebte Stoffpuppe zu verlieren.
Wenn man Sherlock Holmes hinzugezogen hätte, um das geheimnisvolle Verschwinden aufzuklären, dann wäre ihm sehr bald im Zimmer des Millionärs ein Bild »Der Vampir« aufgefallen. Daraus hätte er sehr schnell einen seiner berühmten Schlüsse gezogen. »Ein Stück Stoff, Knochen und eine Haarsträhne.« Flip, der Scotchterrier, nach der Stoffpuppe der liebste Spielgefährte des Kindes, sprang durch die Zimmer. Die Haarsträhne! Aha! Gesucht ist X, X ist die Stoffpuppe. Aber der Knochen? Na ja, wenn Hunde Knochen finden, tragen sie – da ist die Lösung! Es war ein einfacher und erfolgreicher Einfall, Flips Vorderpfoten zu untersuchen. Sehen Sie, Watson! Erde – getrocknete Erde zwischen den Krallen. Natürlich, der Hund – aber Sherlock war nicht hier. Deshalb kam niemand auf diesen Gedanken. Ortskenntnis und Architektur müssen jetzt zu Hilfe kommen.
Der Palast des Millionärs hatte fürstliche Ausmaße. Vor dem Haus lag

ein Rasenteppich, so kurz geschnitten wie der zwei Tage alte Bart eines Südirländers. An einer Seite des Hauses stand eine beschnittene Hekkenlaube, außerdem lagen dort die Garagen und Ställe. Der kleine Scotch hatte die Stoffpuppe aus dem Kinderzimmer entführt, sie zu einer Ecke des Rasens geschleift und sie wie ein unordentlicher Leichengräber in ein Loch verscharrt. Jetzt haben Sie das Geheimnis gelöst und brauchen keine Schecks für medizinischen Zauber auszuschreiben oder lange, unnütze Gespräche mit Polizeiwachtmeistern zu führen. Aber laßt uns jetzt zu dem Kernpunkt der Sache kommen, ungeduldige Leser – dem weihnachtlichen Kernpunkt.

Fuzzy war betrunken – nicht lärmend, hilflos oder geschwätzig, wie es Ihnen oder mir vielleicht in so einem Falle geht, sondern still, gemessen und harmlos, wie ein Gentleman, den das Glück verlassen hat.

Fuzzy war vom Unglück verfolgt. Die Landstraße, der Heuschober, die Bank im Park, die Küchentüre, der Rundgang nach einem Bett mit Duschzwang im Obdachlosenasyl, kleine Diebereien, die mangelnde Freigebigkeit in den großen Städten – das alles waren die Stationen seines Lebens.

Fuzzy ging die Straße zum Fluß hinunter, die an dem Haus und dem Grundstück des Millionärs entlangführte. Er sah ein Bein von Betsy, der verlorenen Stoffpuppe, das aus ihrem unwürdigen Grab an der Ecke des Zaunes wie der Zeuge eines geheimnisvollen Liliputanermordfalles hervorragte. Er zog die mißhandelte Puppe hervor, klemmte sie unter den Arm und setzte seinen Weg fort, wobei er ein Landstreicherlied brummte, das nicht für die Ohren einer Puppe bestimmt war, die aus einem wohlbehüteten Haus stammte. Wie gut für Betsy, daß sie keine Ohren hatte! Und gut, daß sie auch keine Augen hatte, außer runden schwarzen Flecken; denn Fuzzy und der Scotchterrier glichen sich wie Brüder, und kein Herz einer Stoffpuppe hätte es zum zweitenmal ertragen, die Beute solcher furchterregender Ungeheuer zu werden.

Wahrscheinlich werden Sie nie in diese Gegend kommen, aber am Flußufer in der Nähe der Straße, die Fuzzy hinunterging, lag Grogans Kneipe. Bei Grogan herrschte bereits eine ausgelassene Weihnachtsstimmung.

Fuzzy trat mit seiner Puppe ein. Er fragte sich, ob er nicht als Possenreißer bei einem Trinkgelage ein paar Tropfen aus dem Humpen erben könne.

Er setzte Betsy auf den Bartisch, unterhielt sich laut und witzig mit ihr und schmückte seine Rede mit übertriebenen Komplimenten und

Zärtlichkeiten, wie einer, der seine Freundin unterhält. Den herumstehenden Landstreichern und Säufern gefiel die Posse, und sie brüllten vor Lachen. Der Barkellner gab Fuzzy etwas zu trinken. Oh, viele von uns tragen eine Stoffpuppe mit sich.

»Einen für die Dame?« schlug Fuzzy etwas frech vor und schüttete sich einen weiteren Lohn für seine Darbietung hinter die Binde.

Er erkannte Betsys Möglichkeiten. Der erste Abend war ein voller Erfolg. Visionen einer Gastspieltournee stiegen in ihm auf.

In einer Gruppe am Ofen saßen »Pigeon« McCarthy, Black Riley und »Einohr« Mike, berühmt und berüchtigt in dem rauhen Armenviertel, das wie ein schwarzer Fleck das linke Flußufer verunzierte. Sie tauschten eine Zeitung untereinander aus. Die Anzeige, auf die jeder mit seinem plumpen Zeigefinger deutete, trug die Überschrift: »Hundert Dollar Belohnung«. Um sie zu erlangen, mußte man eine verlorene Stoffpuppe zurückbringen, die in dem Haus des Millionärs verlorengegangen oder gestohlen worden war. Es schien, als tobte der Schmerz noch immer unvermindert in der Brust des allzu anhänglichen Kindes. Flip, der Scotchterrier, machte Kapriolen und schüttelte seinen komischen Schnurrbart vor ihr, aber er konnte sie nicht zerstreuen. Sie suchte weinend in den Gesichtern der laufenden, sprechenden, mamaschreienden und augenschließenden französischen Puppen nach ihrer Betsy. Das Inserat war die letzte Rettung. Black Riley kam hinter dem Ofen hervor und schlenderte geradewegs auf Fuzzy zu.

Der weihnachtliche Possenreißer, vom Erfolg geschwellt, hatte Betsy wieder unter den Arm geklemmt und wollte gerade weggehen, um seine Stegreifvorstellungen woanders zu geben.

»Hör mal, Strolch«, sagte Black Riley, »wo hast du diese Puppe geklemmt?«

»Die Puppe?« fragte Fuzzy und berührte Betsy mit dem Zeigefinger, als wolle er sichergehen, daß sich die Frage auf Betsy bezog. »Wieso? Diese Puppe hat mir der Kaiser von Belutschistan geschenkt. In meiner Heimat in Newport habe ich siebenhundert Puppen. Diese Puppe –«

»Laß diesen Quatsch«, sagte Riley. »Die hast du organisiert oder gefunden, da oben in dem Haus, wo – aber das is egal. Ich biete dir fünfzig Cents für den Lumpen, aber nimm's schnell. Das Kind meines Bruders zu Hause möchte vielleicht damit spielen. Also – was is?«

Er zog die Münze hervor.

Fuzzy lachte ihm eine gurgelnde, unverschämte Schnapsfahne ins Gesicht. Gehen Sie in das Büro von Sarah Bernhardts Manager und bitten Sie ihn, daß sie an einem Abend anstatt im Theater in der Volkshochschule und dem literarischen Zirkel einer Kleinstadt auftreten möchte. Sie würden genau so ein Lachen zu hören bekommen.
Black Riley schätzte Fuzzy schnell mit seinen Heidelbeeraugen ab, wie es Ringkämpfer zu tun pflegen. In seiner Hand zuckte es, ihm einen Doppelnelson anzusetzen und die Stoffpuppe Betsy dem improvisierten Hanswurst zu entwinden, der, ohne es zu wissen, einen Engel mit sich führte. Aber er hielt sich zurück. Fuzzy war wohlgenährt, kräftig und groß. Ein acht Zentimeter dicker, wohlgenährter Schmerbauch, nur mit schmutzigem Leinen gegen die winterliche Luft geschützt, füllte seine Weste und die Hose. Zahlreiche kleine Querfalten an seinen Jackenärmeln und an den Knien bürgten für die Qualität seiner Knochen und Muskeln. Seine kleinen, blauen Augen, voller Selbstlosigkeit und Schnapsseligkeit, blickten freundlich und ohne Verlegenheit. Er hatte einen Schnurrbart, trank gern Whisky und war gut im Fleisch. Deshalb zögerte Black Riley.
»Was willste denn dafür?« fragte er. – »Für Geld«, sagte Fuzzy mit heiserer Entschlossenheit, »is sie gar nich zu hab'n.«
Er war bereits von den ersten süßen Triumphgefühlen eines Künstlers berauscht. Eine blaßblaue, erdverschmierte Stoffpuppe vor sich auf der Theke, mit der man eine Unterhaltung vorführte, wobei das Herz mit dem ersten lauten Beifall höher schlug und seine Kehle von den ihr zur Ehre gestifteten Getränken brannte – konnte man ihm seine Leistungen mit einer solchen lächerlichen Münze bezahlen? Wie Sie bemerkt haben werden, hatte Fuzzy Temperament.
Fuzzy ging mit der Haltung eines dressierten Seelöwen hinaus, um sich auf die Suche nach weiteren Cafés zu begeben.
Obwohl die Dämmerung noch kaum zu spüren war, flammten überall in der Stadt Lichter auf, wie Maiskörner, die in einem tiefen Tiegel aufplatzten. Der ungeduldig erwartete Heilige Abend blinzelte bereits durch das Schlüsselloch. Millionen hatten sich für die Feier vorbereitet. Die Städte standen vor Freude Kopf. Auch Sie persönlich werden bereits Weihnachtschoräle gehört und sich einen Magenbitter bereitgestellt haben.
»Pigeon« McCarthy, Black Riley und »Einohr« Mike hielten vor Grogans Kneipe einen kurzen Kriegsrat. Sie waren schmalbrüstige, blasse Bürschchen, die den offenen Kampf scheuten, aber in ihrer Kriegsführung gefährlicher als die blutrünstigen Türken. In einer offenen

Schlacht hätte Fuzzy alle drei aufgefressen. In einem heimtückischen Kampf war er von vornherein zum Untergang verdammt.
Gerade als er Costigans Kasino betreten wollte, überholten sie ihn. Sie hielten ihn zurück und schoben ihm die Zeitung unter die Nase. Fuzzy konnte lesen – und mehr als das.
»Jungens«, sagte er, »ihr seid wirklich verdammt gute Freunde. Gebt mir eine Woche zum Überlegen.«
Die Seele eines wahren Künstlers wird nur mit Mühe zum Schweigen gebracht.
Die Kerle wiesen darauf hin, daß Anzeigen ruchlos seien und die Versprechungen des heutigen Tages morgen ungültig sein könnten.
»Ein glatter Hunderter«, sagte Fuzzy gedankenverloren.
»Jungens«, sagte er, »ihr seid wahre Freunde. Ich werde hingehen und die Belohnung einkassieren. Der Schauspieler ist nicht mehr so gefragt wie früher.«
Allmählich wurde es Nacht. Die drei blieben an seiner Seite bis zum Fuße des Hügels, auf dem das Haus des Millionärs stand. Hier wandte sich Fuzzy brüsk den dreien zu.
»Ihr seid nichts weiter als eine Meute blaßgesichtiger Spürhunde«, brüllte er. »Haut ab!«
Sie hauten ab, aber nur ein kurzes Stück.
In »Pigeon« McCarthys Tasche befand sich ein zweieinhalb Zentimeter dicker und zwanzig Zentimeter langer Gummischlauch. Im unteren Ende und in der Mitte steckte je eine Bleikugel, und die Hälfte des Schlauches war mit Zink angefüllt. Als geborener Rohling besaß Riley einen Schlagring. »Einohr« Mike verließ sich ebenfalls auf ein paar Schlagringe – ein altes Erbstück der Familie.
»Warum selber hingehen und sich abschleppen«, sagte Black Riley, »wenn ein anderer es für einen tut? Er soll's uns bringen. He – was?«
»Wir könnten ihn in'n Fluß schmeißen«, sagte »Pigeon« McCarthy, »mit einem Stein an seinen Füßen.«
»Ihr langweilt mich«, sagte »Einohr« Mike traurig. »Werdet ihr denn nie mit der Zeit gehen? Wir werden ihn mit etwas Benzin bespritzen und mitten auf die Straße legen – nicht wahr?«
Fuzzy betrat das Millionärsgrundstück und zickzackte auf die schwach erleuchtete Eingangstür des Hauses zu. Die drei Wichte kamen auf das Tor zu und postierten sich je einer rechts und links des Tores und der dritte auf der anderen Straßenseite. Voller Vertrauen hielten sie das kalte Metall und den Gummi umklammert.
Fuzzy läutete mit einem törichten und verträumten Lächeln. In Erin-

nerung an seine Vorväter griff er instinktiv nach dem Knopf seines rechten Handschuhs. Aber er trug keine Handschuhe; deshalb ließ er erstaunt die linke Hand wieder fallen.

Der Diener, der speziell dafür da war, daß er die Tür für Seide und Spitzen öffnete, fuhr bei Fuzzys Anblick zuerst zurück. Aber dann gewahrte er Fuzzys Paß, seine Zulassungskarte, die Gewißheit, willkommen zu sein – durch die verlorene Stoffpuppe der Tochter des Hauses, die unter seinem Arm hervorbaumelte.

Fuzzy durfte in die große Diele eintreten, die von indirektem Licht schwach beleuchtet war. Der Diener entfernte sich und kam mit einem Mädchen und dem Kind zurück. Die Puppe wurde der Trauernden zurückgegeben. Sie drückte ihren verlorenen Liebling an die Brust; und dann, in dem unberechenbaren Egoismus und der Ehrlichkeit eines Kindes, stampfte sie mit dem Fuß auf und überschüttete das abstoßende Wesen, das sie aus der Tiefe ihres Kummers und ihrer Verzweiflung errettet hatte, mit weinerlichem Haß und mit Furcht. Fuzzy versuchte mit einem blöden Lächeln und dummem Kleinkindergeschwätz, das angeblich den erwachenden Verstand des Kindes erfreuen soll, die Gunst der Kleinen zu gewinnen. Das Kind plärrte, drückte ihre Betsy fest an sich und wurde entfernt.

Dann kam der Sekretär, ein blasser, vornehmer, geschniegelter Herr in Pumps, angeschwebt, der Pomp und Zeremonie liebte. Er zählte Fuzzy zehn Zehndollarscheine in die Hand; dann fiel sein Blick auf die Türe, von da auf James, den Türhüter, und schließlich auf den verachtungswürdigen Empfänger der Belohnung, worauf er seinen Pumps gestattete, ihn wieder in die Regionen seines Sekretariats zu tragen.

Jetzt übernahm James das Kommando mit seinen Augen und wischte Fuzzy sozusagen bis zur Türe.

Als das Geld Fuzzys schmutzige Handfläche berührt hatte, war sein erster Impuls gewesen, augenblicklich abzuhauen; aber eine weitere Überlegung hatte ihn von diesem Verstoß gegen die Etikette abgehalten. Es gehörte ihm; man hatte es ihm überreicht. Es – oh, was für ein Paradies zauberte das Geld vor seinen Augen hervor! Er war bis an das Ende der Leiter getaumelt; er war hungrig, ohne ein Zuhause, ohne Freunde, zerlumpt, ihn fror, und er wurde hin und her gestoßen; und jetzt hielt er in seiner Hand den Schlüssel zu dem Paradies, in dem Milch und Honig fließt und nach dem er sich so gesehnt hatte. Die Zauberpuppe hatte in ihrer Lumpenhand einen Zauberstab geschwungen; und jetzt, wo immer er auch hingehen mochte, stan-

den die fröhlichen Paläste mit den glitzernden Fußleisten und den anziehenden Flüssigkeiten in funkelnden Gläsern für ihn offen.
Er folgte James zur Türe.
Hier blieb er stehen, während der Livrierte das schwere Mahagoniportal öffnete, um ihn in die Vorhalle hinauszulassen.
Hinter dem schmiedeeisernen Gitter auf der dunklen Straße schlenderten Black Riley und seine beiden Kumpane beiläufig auf und ab, während sie in ihren Taschen mit den unvermeidlich tödlichen Waffen spielten, mit deren Hilfe sie sich die Lumpenpuppenbelohnung verschaffen wollten.
Fuzzy hielt an der Eingangstür des Millionärs an und dachte nach. Wie junge Triebe an einem abgestorbenen Mistelzweig begannen bestimmte lebendige törichte Gedanken und Erinnerungen in seinem verwirrten Verstand zu sprießen. Wissen Sie, er war ziemlich betrunken, und die Gegenwart begann sich zu verflüchtigen. Diese Kränze und Girlanden aus Stechpalmen mit den roten Beeren, die die große Diele so fröhlich machten – wo hatte er diese Dinge nur schon einmal gesehen? Irgendwo hatte er auch polierte Fußböden und den Duft frischer Blumen mitten im Winter gekannt, und – irgend jemand im Haus sang ein Lied, das er seiner Meinung nach schon einmal früher gehört hatte. Jemand sang und spielte Harfe. Natürlich, es war Weihnachten – Fuzzy sagte sich, daß er sehr betrunken gewesen sein mußte, um das zu überhören.
Dann verließ er die Gegenwart, und aus einer unmöglichen, entschwundenen und unwiederbringlichen Vergangenheit tauchte ein kleiner, schneeweißer, durchscheinender, vergessener Geist auf – der Geist des »noblesse oblige«. Jeder Gentleman hat gewisse Verpflichtungen.
James öffnete die Außentür. Ein Lichtschein flutete über den Kiesweg bis zum Eisentor. Das sahen Black Riley, McCarthy und »Einohr« Mike und schlossen ihre finstere Absperrkette dichter um das Tor.
Mit einer gebieterischen Gebärde, wie sie James' Herr anwandte, gebot Fuzzy dem Diener, die Tür zu schließen. Jeder Gentleman hat Verpflichtungen. Besonders zu Weihnachten.
»Es ist ein alter Brauch«, sagte er zu dem verwirrten James, »daß ein Gentleman, der am Heiligen Abend einen Besuch macht, mit der Hausfrau die Glückwünsche zum Fest auswechselt. V'stehn Sie? Ich rühre mich nicht von der Stelle, bevor ich nicht der Hausfrau die Wünsche zum Fest überbracht habe. V'stehn Sie?«
Sie fingen zu streiten an. James verlor. Fuzzy erhob seine Stimme, und

es schallte unfreundlich durch das Haus. Ich sagte nicht, daß er ein Gentleman sei. Er war nur ein Landstreicher, über den ein Geist gekommen war.
Eine echte Silberglocke ertönte. James verschwand, um dem Ruf der Glocke zu folgen, und ließ Fuzzy allein in der Halle zurück. Irgendwo erklärte James jemandem etwas.
Dann kam er wieder und geleitete Fuzzy in die Bibliothek.
Einen Augenblick später trat die Dame des Hauses ein. Sie war schöner und verklärter als jedes Bild, das Fuzzy jemals gesehen hatte. Sie lächelte und sagte etwas von einer Puppe. Fuzzy verstand nichts; er konnte sich an keine Puppe erinnern.
Ein Diener brachte auf einem gehämmerten, echten Silbertablett zwei kleine Gläser mit funkelndem Wein. Die Dame nahm eins der Gläser. Das andere wurde Fuzzy gereicht.
Als sich seine Finger um den schlanken Stiel schlossen, verschwand seine Verwirrung einen Augenblick. Er richtete sich auf; und die Zeit, zu den meisten von uns unfreundlich, drehte sich zurück, um Fuzzy einen Gefallen zu erweisen.
Vergessene Geister aus der Weihnachtszeit, weißer als der falsche Bart des meist fülligen Knechts Ruprecht, neigten sich in die Alkoholdünste von Grogans Whisky herein. Was hatte der Herrensitz des Millionärs mit einer getäfelten Halle in Virginia zu tun, wo sich die Reiter um eine silberne Punschschale versammelten, um den uralten Trinkspruch des Hauses zu sagen? Und wieso sollte das Hufgeklapper eines Droschkengauls auf der gefrorenen Straße mit dem Gestampfe der gesattelten Renner unter dem Schutzdach einer westlichen Veranda in irgendeiner Verbindung stehen? Und was hatte überhaupt Fuzzy mit diesen Sachen zu tun?
Als ihn die Dame über das Glas hinweg anschaute, verschwand ihr herablassendes Lächeln wie ein künstlicher Sonnenuntergang. Ihre Augen wurden ernst. Sie sah etwas unter den Lumpen und dem Scotchterrierbart, was sie nicht verstand. Aber das machte nichts.
Fuzzy erhob sein Glas und lächelte leer.
»Ver-, Verzeihung, meine Dame«, sagte er, »aber konnte nich weggehn, bevor ich nicht Glückwünsche zum Fest der Dame d's Hauses überbracht hab'. Is gegn Prinzipien eines Gentl'man so su handln.«
Und dann begann er mit der uralten Grußformel, die zu der Tradition eines Hauses gehört hatte, als die Herren noch Spitzenkrausen und Puderperücken trugen.
»Der Segen des neuen Jahres –«

Das Gedächtnis ließ Fuzzy im Stich. Die Dame sprang ein: »– komme über dieses Herz.«
»– der Gast –«, stammelte Fuzzy.
»– und über sie, die –«, fuhr die Dame fort und lächelte aufmunternd.
»Oh, hören Sie auf«, sagte Fuzzy ungezogen. »Ich kann mich nicht mehr erinnern. Sehr zum Wohle.«
Fuzzy hatte seinen Pfeil verschossen. Sie tranken. Die Dame hatte wieder das Lächeln ihrer Gesellschaft aufgesetzt. James nahm Fuzzy wieder in seine Obhut und begleitete ihn zur Eingangstüre zurück. Noch immer tönte die Harfenmusik durch das Haus.
Draußen blies Black Riley in seine kalten Hände und umarmte das Gittertor.
»Ich möchte gern wissen«, sagte die Dame nachdenklich, »wer – aber es ist schon so vielen so gegangen. Ob die Erinnerung für sie ein Fluch oder ein Segen ist, wenn sie so tief gefallen sind?«
Fuzzy war mit seiner Eskorte fast an der Tür. Die Dame rief: »James!«
James marschierte unterwürfig zurück und ließ Fuzzy unsicher wartend zurück, unsicher, da ihn der kurze Funken einer göttlichen Eingebung wieder verlassen hatte.
Draußen vertrat sich Black Riley seine kalten Füße und umklammerte den Gummischlauch mit festerem Griff.
»Sie werden diesen Gentleman hinunterbegleiten«, sagte die Dame. »Dann sagen Sie Louis, er soll den Mercedes vorfahren und diesen Herrn hinbringen, wohin immer er wünscht.«

## *Hermann Hesse*
# Weihnacht
(Dezember 1917)

Auch früher schon, ehe die große Mahnung an uns ergangen war, bekam ich an Weihnachten je und je leise Widerstände, bekam einen etwas unangenehmen Geschmack auf der Zunge zu fühlen, wie bei einer Sache, welche zwar hübsch, aber nicht ganz echt ist, welche zwar allgemein Vertrauen und Achtung genießt, welcher man aber ganz heimlich doch ein wenig mißtraut.
Jetzt, da die vierte Kriegsweihnacht kommt, ist der Geschmack auf der Zunge unüberwindlich geworden. Gewiß, ich feiere Weihnacht, weil ich Kinder habe, die ich nicht um eine Freude bringen will. Aber ich begehe diese Kinderweihnacht ebenso, wie ich in meiner Kriegstätigkeit die Gefangenenweihnacht begehe – als einen hergebrachten, festlich-offiziellen Akt verjährten Herkommens, verstaubter Sentimentalität. Den armen Kriegsgefangenen, die wir seit drei Jahren wie Schwerverbrecher schmachten lassen, schicken wir hübsche Kisten und Päckchen mit Tannenzweigen darin – es ist rührend, und ich fühle das Rührende daran selber zuzeiten stark, denke mir die Gefühle eines Gefangenen, der sein kleines Geschenkchen erhält, male mir aus, welch ein Strom von Erinnerungen ihn unter Umständen beim Duft eines Tannenzweiges überfallen kann. Aber auch das ist ja schließlich nichts als eine Sentimentalität.
Und ebenso wie wir die Gefangenen jahrelang einsperren, obwohl sie nichts getan haben, als sich von einem Sturmangriff oder einer gewaltsamen Erkundung überraschen zu lassen, und wie wir diese armen Hunderttausende und Millionen dann an Weihnachten mit einer gefühlvollen Gabe heimsuchen und sie an das Fest der Liebe erinnern – ebenso machen wir es mit unseren Kindern. Einmal im Jahr lassen wir sie sich an der Legende von der göttlichen Liebe freuen, sind einen Abend lang beim Christbaum mit ihnen rührend nett und erziehen sie im übrigen zum selben Schicksal, das wir heut alle verfluchen.
Wenn der Kriegsgefangene mir das hübsche Weihnachtspaket, das ich ihm schicke, ins Gesicht schmeißt und den sentimentalen Tannenzweig mit Füßen tritt, so hat er ganz recht. Und wenn unsere Kinder uns am Lichterbaum unsere ganze Ergriffenheit und Erlöstheit durch das Christkind nicht recht glauben können und uns für ein wenig

falsch oder doch für ziemlich komisch ansehen, so haben sie ebenfalls völlig recht.
Unsere Weihnacht ist, von den paar wirklich Frommen abgesehen, ja schon sehr lange eine Sentimentalität. Zum Teil ist sie noch Schlimmeres geworden, Reklameobjekt, Basis für Schwindelunternehmungen, beliebtester Boden für Kitschfabrikation.
Das kommt daher: die Weihnacht und das Fest der Liebe und Kindlichkeit ist für uns alle schon längst nicht mehr Ausdruck eines Gefühls. Es ist das Gegenteil, ist längst nur noch Ersatz und Talmi-Nachahmung eines Gefühls. Wir tun einmal im Jahre so, als legten wir großen Wert auf schöne Gefühle, als ließen wir es uns herzlich gern etwas kosten, ein Fest unserer Seele zu feiern. Dabei kann die vorübergehende Ergriffenheit von der wirklichen Schönheit solcher Gefühle sehr echt sein; je echter und gefühlvoller sie ist, desto mehr ist sie Sentimentalität. Sentimentalität ist unser typisches Verhalten der Weihnacht und den wenigen anderen äußeren Anlässen gegenüber, bei denen noch heute Reste der christlichen Lebensordnung in unser Tagesleben eingreifen. Unser Gefühl dabei ist dieses: »Wie schön ist doch dieser Liebesgedanke, wie wahr ist es, daß nur Liebe erlösen kann! Und wie schade und bedauerlich, daß unsere Verhältnisse uns nur einen einzigen Abend im Jahr den Luxus dieses schönen Gefühls gestatten, daß wir sonst jahraus, jahrein durch Geschäfte und andere wichtige Sorgen davon abgehalten sind!« Dies Gefühl trägt alle Merkmale der Sentimentalität. Denn Sentimentalität ist das Sich-Erlaben an Gefühlen, die man in Wirklichkeit nicht ernst genug nimmt, um ihnen irgendein Opfer zu bringen, um sie irgend je zur Tat zu machen.
Wenn die Pfarrer und Frommen klagen, daß der Glaube und damit das Glück aus der Welt verschwunden sei, so haben sie recht. Unser Verhalten gegen alle wirklichen Werte des Menschen ist von einer Barbarei und Roheit, wie sie die Welt seit Jahrhunderten nicht mehr gesehen hat. Dies zeigt sich in unserm Verhalten zur Religion, in unserm Verhalten zur Kunst, in unserer Kunst selber. Denn die beliebte Meinung, daß die Kunst des modernen Europa auf einer ungeheuer hohen Stufe stehe, ist ebenso ein Irrtum der Bildungsphilister wie die Meinung vom Vorhandensein einer hochstehenden und Respekt verdienenden »Kultur« unserer Zeit.
Der »Gebildete« von heute verhält sich zur Lehre Jesu so, daß er das ganze Jahr hindurch an sie nicht denkt und nach ihr nicht lebt, daß er aber am Weihnachtsabend einer vagen wehmütigen Kindererinnerung nachgibt und ein wenig in zahmen, wohlfeil-frommen Gefühlen

schwelgt, ebenso wie er noch ein- oder zweimal im Jahre, etwa bei Aufführung der Matthäuspassion, dieser zwar längst verlassenen, dennoch aber noch unheimlichen und im Verborgenen mächtigen Welt seine Reverenz macht.

Ja, das alles gibt man zu, jedermann weiß es, und jeder weiß auch, daß es traurig ist. Schuld daran sind politische und ökonomische Entwicklungen, sagt man, schuld ist der Staat, schuld ist der Militarismus, und so weiter. Denn irgend etwas muß ja doch schuld sein. Kein Volk hat »den Krieg gewollt«, ebenso wie kein Volk den Vierzehnstundentag, die Wohnungsnot und die Kindersterblichkeit »gewollt« hat.

Ehe wir wieder Weihnacht feiern und das Ewige und einzig Wichtige in uns mit einem verlogenen Ersatzartikel von Gefühl abspeisen, sollten wir uns lieber dieses ganzen Elends recht bewußt werden, auch wenn es zur Verzweiflung führt. Schuld an unserem Elend, schuld an der Nichtigkeit und rohen Verödung unseres Lebens, schuld am Krieg, schuld am Hunger, schuld an allem Bösen und Traurigen ist keine Idee und kein Prinzip, schuld daran sind wir, wir selber. Und auch nur durch uns, durch unsere Erkenntnis, durch unsern Willen kann es anders werden.

Ob wir dann die Lehre Jesu wieder aufnehmen und uns neu zu eigen machen oder ob wir andere Formen suchen, das ist einerlei. Die Lehre Jesu und die Lehre Lao Tses, die Lehre der Veden und die Lehre Goethes ist in dem, worin sie das ewig Menschliche trifft, dieselbe. Es gibt nur eine Lehre. Es gibt nur eine Religion. Es gibt nur ein Glück. Tausend Formen, tausend Verkünder, aber nur einen Ruf, nur eine Stimme. Die Stimme Gottes kommt nicht vom Sinai und nicht aus der Bibel, das Wesen der Liebe, der Schönheit, der Heiligkeit liegt nicht im Christentum, nicht in der Antike, nicht bei Goethe, nicht bei Tolstoi – es liegt in dir, in dir und in mir, in jedem von uns. Dies ist die alte, einzige, immer in sich gleiche Lehre, unsere einzige ewig gültige Wahrheit. Es ist die Lehre vom »Himmelreich«, welches wir »inwendig in uns« tragen.

Zündet euren Kindern die Weihnachtsbäume an! Lasset sie Weihnachtslieder singen! Aber betrüget euch selber nicht, seid nicht immer und immer wieder zufrieden mit diesem ärmlichen, sentimentalen, schäbigen Gefühl, mit dem ihr eure Feste alle feiert! Verlangt mehr von euch! Denn auch die Liebe und Freude, das geheimnisvolle Ding, das wir »Glück« nennen, ist nicht da und nicht dort, sondern nur »inwendig in uns«.

## *Jochen Hoffbauer*
## Mirjam und Maria

Daß ich ein großer Schauspieler gewesen bin, möchte heute niemand mehr glauben. Und doch: Ich war es. Ich war ein hoffnungsvoller Mime, der Hauptrollen übernahm, die Texte leicht auswendig lernte, in Gestik und Darstellung bestehen konnte vor einem beifallsfreudigen, festlich gestimmten, zahlreichen Publikum. Denn ich war in den letzten drei Volksschuljahren der Josef unseres heimatlichen Weihnachtsspieles, der Nährvater Jesu also, der schon damals für mich eine recht unglückliche Rolle im himmlischen Heilsgeschehen einnahm.
Aller Glanz ging von Maria aus. Sie und das Kind in der Krippe waren Mittelpunkt unseres kleinen Spiels. Ich genoß den Vorzug, ganz nahe mit dabei zu stehen, auf der anderen Seite jener Futterkrippe, in der die nackte Puppe lag. Ich konnte immerfort die Puppe sehen in ihrer Bloßheit auf dem Stroh liegend, das wir uns vom Scheunert-Bauern holten; mit einer Windel bedeckt, aus den unerschöpflichen Beständen der kinderreichen Lehrersfrau entliehen.
Ich konnte auch immerfort Maria ansehen, wie sie in ihrer huldvollen Würde und Hoheit da stand, kaum ein Wort zu sagen hatte, auf das Kind blickte, auf ihr Kind, von dem das Heil kommen sollte über die Welt, in der wir unbeschwert lebten und spielten.
Ich liebte diese Maria, die eigentlich Mirjam hieß. Aber das wußten wir natürlich längst, daß Mirjam der jüdische Name für Maria war, und wir wußten auch und flüsterten es uns heimlich zu, daß Mirjams Eltern eigentlich Juden waren: eine der wenigen jüdischen Familien in unserer verträumten schlesischen Kleinstadt, in der nicht viel passierte in jenen dreißiger Jahren dieses bewegten Jahrhunderts.
Mirjams Eltern hatten sich taufen lassen, wir sahen sie in unserer Kirche beim Gottesdienst, und nichts unterschied die beiden einfältigen Leute von den anderen Kirchbesuchern. Bei der Taufe war aus Mirjam Maria geworden, aber ich weiß nicht mehr, wie es kam, wir Schulkinder riefen das schwarzhaarige, stille Mädchen immer noch Mirjam. Und auch unser Lehrer Körner sagte Mirjam zu ihr.
Anfang November begannen wir stets mit den Proben für das Krippenspiel. Die Rollen wurden verteilt und besprochen. Da ja immer ein Jahrgang an Ostern entlassen worden war, gab es naturgemäß Veränderungen. Die Hauptrollen jedoch wußten wir in festen Händen. Schon in den letzten beiden Jahren waren Mirjam und ich das biblische

Paar von Bethlehem: Maria und Josef. Aber die Lieder mußten wiederholt werden; Lehrer Körner ließ es sich auch nicht nehmen, in jedem Jahr ein neues Weihnachtslied hinzuzulernen. In diesem Jahr lernten wir das Lied: »Wißt ihr noch, wie es geschehen, immer werden wir's erzählen, wie wir einst den Stern gesehen, mitten in der dunklen Nacht.«

Das war die Zeit, da der Herbststurm die Kastanienbäume vor dem Schulzaun schüttelte wie ertappte Buben und der milchige Nebel unseren Schulweg zum Abenteuer werden ließ. In einer dieser ersten Novembernächte muß es dann geschehen sein, wovon anderen Morgens die Nachbarn erzählten: In den zwei jüdischen Geschäften der Stadt hätten die Uniformierten Scheiben eingeschlagen, Kleider und Stoffballen auf die Straße geworfen, darauf herumgetrampelt, den Ladentresen zerhackt, die Regale geräumt, gesungen und gelärmt. Und das wäre überall in Deutschland so gewesen in dieser merkwürdigen Nacht des neunten November 1938.

Einige Tage nach jener Herbstnacht, in der die Scheiben klirrten und die Waren flogen, war Mirjam wieder in unsere Schule gekommen. Sie war blaß und verstört. Die Spielproben für unser Weihnachtsstück, die nun begannen und sich in den Advent hineinzogen, kamen mir sehr gelegen. Ich war oft und viel mit Mirjam zusammen. Ich begleitete sie auf den Heimwegen. Meine Eltern sahen das nicht gern: Wir haben nichts gegen das Mädel, sagten sie, das Mädel ist ordentlich und gut. Aber sie ist eine Jüdin, sagten sie.

Der Schnee fiel wie Watte, lautlos und gleichmäßig, auf Mirjams Zöpfe, wenn wir durch die abendlichen Straßen gingen. Die Lichter aus den Geschäften brachen wie Fluten über uns herein. In der bergenden Dunkelheit konnte uns niemand erkennen. Nur eben der Schnee fiel auf ihr starkes Haar. Wenn wir uns verabschiedeten am Tor, scheu und mit einer unerklärlichen Schüchternheit, lag ein Schneegewand auf Mirjams Mantel.

An eine dieser Proben in jenem Jahr erinnere ich mich gut, wir hatten schon in der Kirche zu spielen begonnen. Lehrer Körner saß an der Orgel und begleitete unsere Lieder, die wir noch unsicher und zaghaft sangen. Durch die schmalen, hohen Fenster konnten wir die Sterne sehen, die jetzt zeitig kamen im Dezember. Ich zog mit Mirjam durch das dunkle Kirchenschiff. Wir gingen von einem Wirt Bethlehems zum anderen und suchten Herberge.

»Wer klopfet an?« fragte der erste Wirt, den der Zauser Carl spielte.

Wie oft hatten wir das gespielt, wie oft gesungen und gesagt. Es hatte uns kaum berührt.
Mirjam faßte mich am Arm, und ich spürte ihre Fingernägel durch die dicke Hirtenjacke in meinem Fleisch. Aber es war ein anderer Schmerz als der, den ich beim sommerlichen Spiel empfunden hatte, wenn mich Mirjams blitzende Zähne in den nackten Oberarm bissen.
In der Deutschstunde des folgenden Tages sagte Lehrer Körner, daß er leider gezwungen sei, kurzfristig eine Änderung in unserem Krippenspiel vorzunehmen. Er sah Mirjam nicht an, als er sagte: Mirjam darf nicht mehr die Jungfrau Maria spielen, denn sie ist Jüdin, und das geht nicht, daß sie eine Hauptrolle spielt. Das hinge mit dem »neuen Deutschland« zusammen und mit der Novembernacht und mit den Gesetzen. Wegen der Nachfolge habe er sich bereits Gedanken gemacht. Maria Guntram werde die Rolle übernehmen. Er lächelte. Und die paar Worte, die sie zu sprechen und zu singen habe, könne sie in den verbleibenden zehn Tagen noch lernen.
Sie hatte gut gelernt, das muß ich ihr lassen. Sie konnte die Texte genau so sicher wie Mirjam. Sie sang rein und makellos. Die erste Veränderung, die mir auffiel, war: Sie gab mir nicht die Hand und beachtete mich kaum, wenn sie lachend zu den Proben kam und den Mantel in eine der Kirchenbänke legte. Die zweite Veränderung: Sie strahlte keine Ruhe aus. Sie war ständig in Bewegung, aufgeregt, bemüht, nichts Falsches zu tun oder zu sagen.
Bei der Aufführung dann, einen Tag vor dem Heiligen Abend, die Kirche war wieder voller Menschen, erwartungsvollen und neugierigen, die Orgel spielte wie immer, gab es keinerlei Schwierigkeiten. Die meisten Menschen in den Kirchenbänken merkten gar nicht, daß unter dem roten Gewand und unter dem blauen Kopftuch nicht Mirjam steckte, sondern eine andere Maria. Eine Maria, die sich sehen lassen konnte. Mit der ich lachte und scherzte, als wir wie in jedem Jahr nach dem Spiel in der Schule fröhlich beisammensaßen. Es gab Kakao und Streuselkuchen.
Mirjam hatte sich entschuldigen lassen, es sei ihr nicht gut. Ich vermißte sie nicht. Im Gegenteil, ich war froh, daß sie unsere heitere Vorfreude nicht trübte mit ihrer Enttäuschung und mit ihrem blassen Gesicht.
Zum Schluß sang Lehrer Körner mit uns das neu gelernte Lied, das nun freier klang und harmonischer: »Immer werden wir's erzählen, wie das Wunder einst geschehen, und wie wir den Stern gesehen, mitten in der dunklen Nacht.« An Mirjam dachte ich nicht.

Nach den Weihnachtsferien im neuen Jahr kam sie nicht wieder. Sie gehe jetzt in eine andere Schule, sagte der Lehrer. Und er fügte mit wichtiger Miene hinzu: In eine extra Schule für jüdische Kinder.
Zu Ostern verließ ich die Schule. Ich kam in die Lehre. Von Mirjam sah und hörte ich nichts mehr in unserer Stadt. Auch Maria Guntram verlor ich aus den Augen.
Viele Jahre später, nach dem Kriege erst, erfuhr ich dann, daß beide Mädchen umgekommen waren: Mirjam in den Gaskammern von Auschwitz; Maria unter dem Bombenhagel in Dresden.

# *E. T. A. Hoffmann*
# Nußknacker und Mausekönig

## Der Weihnachtsabend

Am vierundzwanzigsten Dezember durften die Kinder des Medizinalrats Stahlbaum den ganzen Tag über durchaus nicht in die Mittelstube hinein, viel weniger in das daranstoßende Prunkzimmer. In einem Winkel des Hinterstübchens zusammengekauert, saßen Fritz und Marie, die tiefe Abenddämmerung war eingebrochen, und es wurde ihnen recht schaurig zumute, als man, wie es gewöhnlich an dem Tage geschah, kein Licht hereinbrachte. Fritz entdeckte ganz insgeheim wispernd der jüngern Schwester (sie war eben erst sieben Jahr alt worden), wie er schon seit frühmorgens es habe in den verschlossenen Stuben rauschen und rasseln und leise pochen hören. Auch sei nicht längst ein kleiner dunkler Mann mit einem großen Kasten unter dem Arm über den Flur geschlichen, er wisse aber wohl, daß es niemand anders gewesen als Pate Droßelmeier. Da schlug Marie die kleinen Händchen vor Freude zusammen und rief: »Ach, was wird nur Pate Droßelmeier für uns Schönes gemacht haben.« Der Obergerichtsrat Droßelmeier war gar kein hübscher Mann, nur klein und mager, hatte viele Runzeln im Gesicht, statt des rechten Auges ein großes schwarzes Pflaster und auch gar keine Haare, weshalb er eine sehr schöne weiße Perücke trug, die war aber von Glas und ein künstliches Stück Arbeit. Überhaupt war der Pate selbst auch ein sehr künstlicher Mann, der sich sogar auf Uhren verstand und selbst welche machen konnte. Wenn daher eine von den schönen Uhren in Stahlbaums Haus krank war und nicht singen konnte, dann kam Pate Droßelmeier, nahm die Glasperücke ab, zog sein gelbes Röckchen aus, band eine blaue Schürze um und stach mit spitzigen Instrumenten in die Uhr hinein, so daß es der kleinen Marie ordentlich wehe tat, aber es verursachte der Uhr gar keinen Schaden, sondern sie wurde vielmehr wieder lebendig und fing gleich an, recht lustig zu schnurren, zu schlagen und zu singen, worüber denn alles große Freude hatte. Immer trug er, wenn er kam, was Hübsches für die Kinder in der Tasche, bald ein Männlein, das die Augen verdrehte und Komplimente machte, welches komisch anzusehen war, bald eine Dose, aus der ein Vögelchen heraushüpfte, bald was anderes. Aber zu Weihnachten, da hatte er immer ein schönes künstliches Werk verfertigt, das ihm viel Mühe gekostet, weshalb es auch, nachdem es einbeschert worden, sehr sorglich von den Eltern aufbewahrt wurde. – »Ach, was wird nur Pate Droßelmeier für uns Schönes gemacht haben«, rief nun Marie; Fritz meinte aber, es könne wohl diesmal nichts anders sein, als eine Festung, in der allerlei sehr hübsche Soldaten auf und ab marschierten und exerzierten, und dann müßten andere Soldaten kommen, die in die Festung hineinwollten, aber nun schössen die Soldaten von innen tapfer heraus mit Kanonen, daß es tüchtig brauste und knallte. »Nein, nein«, unterbrach Marie den Fritz: »Pate Droßelmeier hat mir von einem schönen Garten erzählt, darin ist ein großer See, auf dem schwimmen sehr herrliche Schwäne mit goldenen Halsbändern herum und singen die hübschesten Lieder. Dann kommt ein kleines Mädchen aus dem Garten an den See und lockt die Schwäne heran und füttert sie mit süßem Marzipan.« »Schwäne fressen keinen Marzipan«, fiel Fritz etwas rauh ein, »und einen ganzen Garten kann Pate Droßelmeier auch nicht machen. Eigentlich haben wir wenig von seinen Spielsachen; es wird uns ja alles gleich wieder weggenommen, da ist mir denn doch das viel lieber, was uns Papa und Mama einbescheren, wir behalten es fein und können damit machen, was wir wollen.« Nun rieten die Kinder hin und her, was es wohl diesmal wieder geben könne. Marie meinte, daß Mamsell Trutchen (ihre große Puppe) sich sehr verändere, denn ungeschickter als jemals fiele sie jeden Augenblick auf den Fußboden, welches ohne garstige Zeichen im Gesicht nicht abginge, und dann sei an Reinlichkeit in der Kleidung gar nicht mehr zu denken. Alles tüchtige Ausschelten helfe nichts. Auch habe Mama gelächelt, als sie sich über Gretchens kleinen Sonnenschirm so gefreut. Fritz versicherte dagegen, ein tüchtiger Fuchs fehle seinem Marstall durchaus so wie seinen Truppen gänzlich an Kavallerie, das sei dem Papa recht gut bekannt. – So wußten die Kinder wohl, daß die Eltern ihnen allerlei schöne Gaben eingekauft hatten, die sie nun aufstellten, es war ihnen aber auch gewiß, daß dabei der liebe Heilige Christ mit gar freundlichen frommen Kindesaugen hineinleuchte und daß wie von segensreicher Hand berührt, jede Weihnachtsgabe herrliche Lust bereite wie keine andere. Daran erinnerte die Kinder, die immerfort von den zu erwartenden Geschenken wisperten, ihre ältere Schwester Luise, hinzufügend, daß es nun aber auch der Heilige Christ sei, der durch die Hand der lieben Eltern den Kindern immer das beschere, was ihnen wahre Freude und Lust bereiten könne, das wisse er viel besser als die Kinder selbst, die müßten daher nicht allerlei wünschen und hoffen, sondern still und fromm erwarten, was ihnen beschert worden. Die kleine Marie wurde

ganz nachdenklich, aber Fritz murmelte vor sich hin: »Einen Fuchs und Husaren hätt ich nun einmal gern.«
Es war ganz finster geworden. Fritz und Marie fest aneinandergerückt, wagten kein Wort mehr zu reden, es war ihnen als rausche es mit linden Flügeln um sie her und als ließe sich eine ganz ferne, aber sehr herrliche Musik vernehmen. Ein heller Schein streifte an der Wand hin, da wußten die Kinder, daß nun das Christkind auf glänzenden Wolken fortgeflogen zu andern glücklichen Kindern. In dem Augenblick ging es mit silberhellem Ton: Klingling, klingling, die Türen sprangen auf, und solch ein Glanz strahlte aus dem großen Zimmer hinein, daß die Kinder mit lautem Ausruf: »Ach! – Ach!« wie erstarrt auf der Schwelle stehenblieben. Aber Papa und Mama traten in die Türe, faßten die Kinder bei der Hand und sprachen: »Kommt doch nur, kommt doch nur, ihr lieben Kinder und seht, was euch der Heilige Christ beschert hat.«

## Die Gaben

Ich wende mich an dich selbst, sehr geneigter Leser oder Zuhörer Fritz –Theodor – Ernst – oder wie du sonst heißen magst, und bitte dich, daß du dir deinen letzten mit schönen bunten Gaben reich geschmückten Weihnachtstisch recht lebhaft vor Augen bringen mögest, dann wirst du es dir wohl auch denken können, wie die Kinder mit glänzenden Augen ganz verstummt stehenblieben, wie erst nach einer Weile Marie mit einem tiefen Seufzer rief: »Ach wie schön – ach wie schön«, und Fritz einige Luftsprünge versuchte, die ihm überaus wohl gerieten. Aber die Kinder mußten auch das ganze Jahr über besonders artig und fromm gewesen sein, denn nie war ihnen so viel Schönes, Herrliches einbeschert worden als dieses Mal. Der große Tannenbaum in der Mitte trug viele goldne und silberne Äpfel, und wie Knospen und Blüten keimten Zuckermandeln und bunte Bonbons und was es sonst noch für schönes Naschwerk gibt, aus allen Ästen. Als das Schönste an dem Wunderbaum mußte aber wohl gerühmt werden, daß in seinen dunklen Zweigen hundert kleine Lichter wie Sternlein funkelten und er selbst in sich hinein- und herausleuchtend die Kinder freundlich einlud, seine Blüten und Früchte zu pflücken. Um den Baum umher glänzte alles sehr bunt und herrlich – was es da alles für schöne Sachen gab – ja, wer das zu beschreiben vermöchte! Marie erblickte die zierlichsten Puppen, allerlei saubere kleine Gerätschaften, und was vor allem schön anzusehen war, ein seidenes Kleidchen mit bunten Bändern zierlich geschmückt, hing an einem Gestell so der kleinen Marie vor Augen, daß sie es von allen Seiten betrachten konnte, und das tat sie denn auch, indem sie ein Mal über das andere ausrief: »Ach das schöne, ach das liebe – liebe Kleidchen: Und das werde ich – ganz gewiß – das werde ich wirklich anziehen dürfen!« – Fritz hatte indessen schon drei- oder viermal um den Tisch herumgaloppierend und -trabend den neuen Fuchs versucht, den er in der Tat am Tische angezäumt gefunden. Wieder absteigend, meinte er: Es sei eine wilde Bestie, das täte aber nichts, er wolle ihn schon kriegen, und musterte die neue Schwadron Husaren, die sehr prächtig in Rot und Gold gekleidet waren, lauter silberne Waffen trugen und auf solchen weißglänzenden Pferden ritten, daß man beinahe hätte glauben sollen, auch diese seien von purem Silber. Eben wollten die Kinder, etwas ruhiger geworden, über die Bilderbücher her, die aufgeschlagen waren, daß man allerlei sehr schöne Blumen und bunte Menschen, ja auch allerliebste spielende Kinder, so natürlich gemalt als lebten und sprächen sie wirklich, gleich anschauen konnte. – Ja! eben wollten die Kinder über diese wunderbaren Bücher her, als nochmals geklingelt wurde. Sie wußten, daß nun der Pate Droßelmeier einbescheren würde, und liefen nach dem an der Wand stehenden Tisch. Schnell wurde der Schirm, hinter dem er so lange versteckt gewesen, weggenommen. Was erblickten da die Kinder! – Auf einem grünen mit bunten Blumen geschmückten Rasenplatz stand ein sehr herrliches Schloß mit vielen Spiegelfenstern und goldnen Türmen. Ein Glockenspiel ließ sich hören, Türen und Fenster gingen auf, und man sah, wie sehr kleine aber zierliche Herrn und Damen mit Federhüten und langen Schleppkleidern in den Sälen herumspazierten. In dem Mittelsaal, der ganz in Feuer zu stehen schien – so viel Lichterchen brannten an silbernen Kronleuchtern – tanzten Kinder in kurzen Wämschen und Röckchen nach dem Glockenspiel. Ein Herr in einem smaragdenen Mantel sah oft durch ein Fenster, winkte heraus und verschwand wieder, so wie auch Pate Droßelmeier selbst, aber kaum viel höher als Papas Daumen zuweilen unten an der Tür des Schlosses stand und wieder hineinging. Fritz hatte mit auf den Tisch gestemmten Armen das schöne Schloß und die tanzenden und spazierenden Figürchen angesehen, dann sprach er: »Pate Droßelmeier! Laß mich mal hineingehen in dein Schloß!« – Der Obergerichtsrat bedeutete ihn, daß das nun ganz und gar nicht anginge. Er hatte auch recht, denn es war töricht von Fritzen, daß er in ein Schloß gehen wollte, welches überhaupt mitsamt seinen goldnen Türmen nicht so hoch war, als er selbst. Fritz sah das auch ein. Nach einer Weile, als immerfort auf dieselbe Weise die Herrn und Damen hin und her spazierten, die Kinder tanzten, der smaragdne Mann zu demselben Fenster heraussah, Pate Droßelmeier vor die Türe trat, da rief Fritz ungeduldig: »Pate Droßelmeier, nun komm mal zu der andern Tür da drüben heraus.« – »Das geht nicht, liebes Fritzchen«, erwiderte der Obergerichsrat. »Nun, so laß mal«, sprach Fritz weiter, »laß mal den grünen Mann, der so oft herauskuckt, mit den andern herumspazieren.« – »Das geht auch nicht«, erwiderte der Obergerichtsrat aufs neue. »So sollen die Kinder herunterkommen«, rief Fritz, »ich will sie näher besehen.« – »Ei das geht alles nicht«, sprach der Obergerichtsrat verdrießlich, »wie die Mechanik nun einmal gemacht ist, muß sie bleiben.« – »So-o?« fragte Fritz mit gedehntem Ton, »das geht alles nicht? Hör mal Pate Droßelmeier, wenn deine kleinen geputzten Dinger in dem Schlosse nichts mehr können als immer dasselbe, da taugen sie nicht viel, und ich frage nicht sonderlich nach ihnen. – Nein, da lob ich mir meine Husaren, die müssen manövrieren vorwärts, rückwärts, wie ich's haben will und sind in kein Haus gesperrt.« Und damit sprang er fort an den Weihnachtstisch und ließ seine Eskadron auf den silbernen Pferden hin und her trottieren und schwenken und einhauen und feuern nach Herzenslust. Auch Marie hatte sich sachte fortgeschlichen, denn auch sie wurde des Herumgehens und Tanzens der Püppchen im Schlosse bald überdrüssig, und mochte es, da sie sehr artig und gut war, nur nicht so merken lassen, wie Bruder Fritz. Der Obergerichtsrat Droßelmeier sprach ziemlich verdrießlich zu den Eltern: »Für unverständige Kinder ist solch künstliches Werk nicht, ich will nur mein Schloß wieder einpacken«; doch die Mutter trat hinzu, und ließ sich den innern Bau und das wunderbare, sehr künstliche Räderwerk zeigen, wodurch die kleinen Püppchen in Bewegung gesetzt wurden. Der Rat nahm alles auseinander und setzte es wieder zusammen. Dabei war er wieder ganz heiter geworden und schenkte den Kindern noch einige schöne braune Männer und Frauen mit goldnen Gesichtern, Händen und Beinen. Sie waren sämtlich aus Thorn und rochen so süß und angenehm wie Pfefferkuchen, worüber Fritz und Marie sich sehr erfreuten. Schwester Luise hatte, wie es die Mutter gewollt, das schöne Kleid angezogen, welches ihr einbeschert worden, und sah wunderhübsch aus, aber Marie meinte, als sie auch ihr Kleid anziehen sollte, sie möchte es lieber noch ein bißchen so ansehen. Man erlaubte ihr das gern.

Eigentlich mochte Marie sich deshalb gar nicht von dem Weihnachtstisch trennen, weil sie eben etwas noch nicht Bemerktes entdeckt hatte. Durch das Ausrücken von Fritzens Husaren, die dicht an dem Baum in Parade gehalten, war nämlich ein sehr vortrefflicher kleiner Mann sichtbar geworden, der still und bescheiden dastand, als erwarte er ruhig, wenn die Reihe an ihn kommen werde. Gegen seinen Wuchs wäre freilich vieles einzuwenden gewesen, denn abgesehen davon, daß der etwas lange, starke Oberleib nicht recht zu den kleinen dünnen Beinchen passen wollte, so schien auch der Kopf bei weitem zu groß. Vieles machte die propre Kleidung gut, welche auf einen Mann von Geschmack und Bildung schließen ließ. Er trug nämlich ein sehr schönes violettglänzendes Husarenjäckchen mit vielen weißen Schnüren und Knöpfchen, ebensolche Beinkleider, und die schönsten Stiefelchen, die jemals an die Füße eines Studenten, ja wohl gar eines Offiziers gekommen sind. Sie saßen an den zierlichen Beinchen so knapp angegossen, als wären sie darauf gemalt. Komisch war es zwar, daß er zu dieser Kleidung sich hinten einen schmalen unbeholfenen Mantel, der recht aussah wie von Holz, angehängt, und ein Bergmannsmützchen aufgesetzt hatte, indessen dachte Marie daran, daß Pate Droßelmeier ja auch einen sehr schlechten Matin umhänge, und eine fatale Mütze aufsetze, dabei aber doch ein gar lieber Pate sei. Auch stellte Marie die Betrachtung an, daß Pate Droßelmeier, trüge er sich auch übrigens so zierlich wie der Kleine, doch nicht einmal so hübsch als er aussehen werde. Indem Marie den netten Mann, den sie auf den ersten Blick liebgewonnen, immer mehr und mehr ansah, da wurde sie erst recht inne, welche Gutmütigkeit auf seinem Gesichte lag. Aus den hellgrünen, etwas zu großen hervorstehenden Augen sprach nichts als Freundschaft und Wohlwollen. Es stand dem Manne gut, daß sich um sein Kinn ein wohlfrisierter Bart von weißer Baumwolle legte, denn um so mehr konnte man das süße Lächeln des hochroten Mundes bemerken. »Ach!« rief Marie endlich aus: »ach lieber Vater, wem gehört denn der allerliebste kleine Mann dort am Baum?« – »Der«, antwortete der Vater, »der, liebes Kind! soll für euch alle tüchtig arbeiten, er soll euch fein die harten Nüsse aufbeißen, und er gehört Luisen ebensogut, als dir und dem Fritz.« Damit nahm ihn der Vater behutsam vom Tische, und indem er den hölzernen Mantel in die Höhe hob, sperrte das Männlein den Mund weit, weit auf, und zeigte zwei Reihen sehr weißer spitzer Zähnchen. Marie schob auf des Vaters Geheiß eine

Nuß hinein, und – knack – hatte sie der Mann zerbissen, daß die Schalen abfielen und Marie den süßen Kern in die Hand bekam. Nun mußte wohl jeder und auch Marie wissen, daß der zierliche kleine Mann aus dem Geschlecht der Nußknacker abstammte und die Profession seiner Vorfahren trieb. Sie jauchzte auf vor Freude, da sprach der Vater: »Da dir, liebe Marie, Freund Nußknacker so sehr gefällt, so sollst du ihn auch besonders hüten und schützen, unerachtet, wie ich gesagt, Luise und Fritz ihn mit ebenso vielem Recht brauchen können als du!« – Marie nahm ihn sogleich in den Arm, und ließ ihn Nüsse aufknacken, doch suchte sie die kleinsten aus, damit das Männlein nicht so weit den Mund aufsperren durfte, welches ihm doch im Grunde nicht gut stand. Luise gesellte sich zu ihr, und auch für sie mußte Freund Nußknacker seine Dienste verrichten, welches er gern zu tun schien, da er immerfort sehr freundlich lächelte. Fritz war unterdessen vom vielen Exerzieren und Reiten müde geworden, und da er so lustig Nüsse knacken hörte, sprang er hin zu den Schwestern und lachte recht von Herzen über den kleinen drolligen Mann, der nun, da Fritz auch Nüsse essen wollte, von Hand zu Hand ging und gar nicht aufhören konnte mit Auf- und Zuschnappen. Fritz schob immer die größten und härtesten Nüsse hinein, aber mit einem Male ging es – krack – krack – und drei Zähnchen fielen aus des Nußknackers Munde, und sein ganzes Unterkinn war lose und wacklig. – »Ach mein armer lieber Nußknacker!« schrie Marie laut und nahm ihn dem Fritz aus den Händen. »Das ist ein einfältiger dummer Bursche«, sprach Fritz. »Will Nußknacker sein und hat kein ordentliches Gebiß – mag wohl auch sein Handwerk gar nicht verstehn. – Gib ihn nur her, Marie! Er soll mir Nüsse zerbeißen, verliert er auch noch die übrigen Zähne, ja das ganze Kinn obendrein, was ist an dem Taugenichts gelegen.« – »Nein, nein«, rief Marie weinend, »du bekommst ihn nicht, meinen lieben Nußknacker, sieh nur her, wie er mich so wehmütig anschaut und mir sein wundes Mündchen zeigt! – Aber du bist ein hartherziger Mensch – Du schlägst deine Pferde und läßt wohl gar einen Soldaten totschießen.« – »Das muß so sein, das verstehst du nicht«, rief Fritz; »aber der Nußknacker gehört ebensogut mir, als dir, gib ihn nur her.« – Marie fing an heftig zu weinen und wickelte den kranken Nußknacker schnell in ihr kleines Taschentuch ein. Die Eltern kamen mit dem Paten Droßelmeier herbei. Dieser nahm zu Mariens Leidwesen Fritzens Partei. Der Vater sagte aber: »Ich habe den Nußknacker ausdrücklich unter Mariens Schutz gestellt, und da, wie ich sehe, er dessen eben jetzt bedarf, so hat sie volle Macht über ihn, ohne daß jemand dreinzureden hat. Übrigens wundert es mich sehr von Fritzen, daß er von einem im Dienst Erkrankten noch fernere Dienste verlangt. Als guter Militär sollte er doch wohl wissen, daß man Verwundete niemals in Reihe und Glied stellt?« – Fritz war sehr beschämt und schlich, ohne sich weiter um Nüsse und Nußknacker zu bekümmern, fort an die andere Seite des Tisches, wo seine Husaren, nachdem sie gehörige Vorposten ausgestellt hatten, ins Nachtquartier gezogen waren. Marie suchte Nußknackers verlorne Zähnchen zusammen, um das kranke Kinn hatte sie ein hübsches weißes Band, das sie von ihrem Kleidchen abgelöst, gebunden, und dann den armen Kleinen, der sehr blaß und erschrocken aussah, noch sorgfältiger als vorher in ihr Tuch eingewickelt. So hielt sie ihn wie ein kleines Kind wiegend in den Armen und besah die schönen Bilder des neuen Bilderbuchs, das heute unter den andern vielen Gaben lag. Sie wurde, wie es sonst gar nicht ihre Art war, recht böse, als Pate Droßelmeier so sehr lachte und immerfort fragte: wie sie denn mit solch einem grundhäßlichen kleinen Kerl so schöntun könne? – Jener sonderbare Vergleich mit Droßelmeier, den sie anstellte, als der Kleine ihr zuerst in die Augen fiel, kam ihr wieder in den Sinn, und sie sprach sehr ernst: »Wer weiß, lieber Pate, ob du denn, putzest du dich auch so heraus wie mein lieber Nußknacker, und hättest du auch solch schöne blanke Stiefelchen an, wer weiß, ob du denn doch so hübsch aussehen würdest, als er!« – Marie wußte gar nicht, warum denn die Eltern so laut auflachten und warum der Obergerichtsrat solch eine rote Nase bekam und gar nicht so hell mitlachte, wie zuvor. Es mochte wohl seine besondere Ursache haben.

*Friedrich Hoffmann*
# Das Jesuskind von Ostrowice

Ich bin ein Deutscher, der dir das erzählt, mußt du wissen. Trink noch einen. Und der es erschossen hat, vor unseren Augen hochgehoben und erschossen, das war ein Deutscher. Aber der geschrien hat und es retten wollte und selber umkam, das war auch ein Deutscher, das mußt du mir glauben. Und das Kind war ein Judenkind. Na, trink schon. Es war in Polen. Wir waren eingesetzt als Säuberungskommando. Nur zum Zusammentreiben. Das Erledigen machten andere. Es gab da Sammeldörfer mit Juden. Komm, trink doch. Das ist noch angenehmer als Zigeuner. Juden schreien nicht so. Die sterben ruhiger. Die glauben an was. »Ist doch auch ein Vorteil«, sagte der Alte immer. Sie wurden in Lastwagen verladen, getrennt, Männer, Frauen, Kinder. Mitzunehmen brauchten sie ja nichts.

Wir hatten einen dabei, der war dagegen. Häschen nannten wir den. Er sagte nichts, aber er war dagegen. Man merkt ja sowieso, was einer denkt. Pech, daß er in unserer Einheit war. Und der Alte verstand keinen Spaß. Ich war ja auch dabei und wußte nicht, was ich von dem Ganzen halten sollte. Bis zu dem Tag. Es muß Advent gewesen sein. Im Januar darauf kam ich dann weg. Damals hab ich nicht daran gedacht, daß Advent war.

Wir hatten ein Dorf verladen. Das ganze Dorf leer: alles auf die Lastwagen, die im großen Viereck standen. Viel Jammern war gar nicht zu hören. Ich seh das noch: die weißen Lehmmauern, die Strohdächer, die breiten, zerfahrenen Straßen. Schnee lag auch, aber nicht viel. Der Spieß machte mit zwei Mann die Runde durch die Hütten. Da krabbelt ihm aus dem Ofenstroh ein Kind entgegen. Vergessen oder versteckt, was weiß ich, so ein oder zwei Jahre alt. Er bringt's raus, und der Alte, der schon ungeduldig war zur Abfahrt, macht ihm ein Zeichen, daß er's hinters Haus bringen soll. Da stürzt Häschen vor und schreit: »Nein! Nein!« und reißt ihm das Kind aus der Hand. »Das ist doch das Jesuskind!« schreit er. Das Jesuskind! Verrückt, wie? Und wir lachen noch. Aber nicht alle, das mußt du mir glauben. Und er läuft davon, wie irre, ringsum war ja abgesperrt, und drückt das Kind an die Brust und knöpft es sich in den Mantel ein, alles im Laufen. Na, weißt schon, Frontkoller. Und die von den Wagen und wir gucken zu. Es verliert ja manchmal einer die Nerven. Aber den hatt' es gepackt. Schließlich stürzte er sich an die nächstbeste Hauswand. Er zitterte und hielt das

Kind im Mantel fest und schrie immer, ohne hinzusehen: »Das ist doch das Jesuskind! Das ist doch das Jesuskind!« Ich sag dir, sie mußten ihn umlegen, er gab das Kind nicht her. Saß da wie eine Madonna. Ostrowice hieß das Dorf. Mit stieren Augen an der weißen Hauswand. Wie eine Madonna, sag ich dir. Mir hat's noch niemand geglaubt, dem ich's erzählt habe. So klein war's, wie er's hochhob. Ich kann kein Weihnachtsbild mehr ansehen seit der Zeit.
Und die sagen, er ist auch für uns Deutsche gestorben. Der Richtige, mein ich, den sie an den ausgerenkten Armen aufgenagelt haben. Na, komm. »Das Jesuskind«, hat er immer geschrien, »das Jesuskind.« Na, komm, trink noch einen.

*Peter Huchel*

## Weihnachtslied

O Jesu, was bist du lang ausgewesen,
o Jesu Christ!
Die sich den Pfennig im Schnee auflesen,
die wissen nicht mehr, wo du bist.
Sie schreien, was hast du sie ganz vergessen,
sie schreien nach dir, o Jesu Christ!
Ach kann denn dein Blut, ach kann es ermessen,
was alles salzig und bitter ist?
Die Trän' der Welt, den Herbst von Müttern,
spürst du das noch, o Jesuskind?
Und wie sie alle im Hungerhemd zittern
und krippennackt und elend sind!
O Jesu, was bist du lang ausgeblieben
und ließest die Kindlein irgendstraßfern.
Die hätten die Hände gern warm gerieben
im Winter an deinem Stern.

## *Hans Henny Jahnn*
# Ich muß eingestehen,

daß die Erinnerungen an Weihnachtsfeste mir nie recht glücklich geraten wollen. Fast immer gab es so viel Enttäuschungen, daß die Freude nicht aufkommen konnte. Meistens war da ein Hauptwunsch, der nicht erfüllt war aus ganz kleinlichen Rücksichtnahmen. Später waren dann die Abende, an denen uns beschert wurde, voll Schelten und Unwillen, die mein ältester Bruder beschwor. Ich muß gestehen, daß ein gewisser Grund für den Unwillen vorhanden war. Es war Sitte, daß wir am Weihnachtsabend Karpfen aßen, zu denen es meistens ein oder zwei Flaschen Rhein- oder Moselwein gab. Es hatte sich dann auch oft gefügt, daß ich beim Einkauf der Karpfen zugegen war und leider auch beim Schlachten. Das verdarb mir alles. Ihr Blut war so rot wie meines, und der Schlag, mit dem sie betäubt wurden, schien mir so entsetzlich hohl, daß ich in mir erzitterte und fror und nichts sagen konnte. Ich will eingestehen, daß dies schreckliche Gefühl vorüber war, wenn das Anrichten in der Küche begann und die letzten Spuren von Blut verschwunden waren. Butter wurde geschmolzen und der Rahm zum Rettich geschlagen. Das war außergewöhnlich und füllte mich einigermaßen aus. Dazu kam, daß eine Spannung, eine Erwartung fühlbar wurde. Es war Sitte, daß wir zu Abend aßen. Die Zeit, wann man sich zum Essen niedersetzen würde, war jedem mitgeteilt worden. Fünf oder zehn Minuten, bevor es an der Zeit war, wurde mein ältester Bruder vermißt. Man rief, man suchte ihn. Endlich wartete man, er kam nicht. So zögerte man eine Stunde mit dem Essen, um doch das Warten aufzugeben. Und saß man zu Tisch, so kam er. Dann begann ein Schelten, das den letzten Rest an Freude zerstörte. Dies war stets so heftig, weil es immer wieder geschah, daß er sich zur Weihnachtsmahlzeit verspätete. Er war so nachlässig, daß er mit jemandem ging und sich vergaß, und der Zufall wollte ihm und uns nie gut.

Oft ereignete es sich, daß ich am Tag vor dem Fest mit meiner Mutter auf den alten Kirchhof ging, wo mein Bruder begraben lag, der vor mir geboren wurde und den gleichen Namen trug. Wir kauften meistens einen Kranz und einmal einen kleinen wachsenden Tannenbaum – der nun schon sehr groß ist. All das versetzte mich in die größten Spannungen. Wir gingen durch die Gräberreihen, bis wir am Begräbnisplatz waren. Meine Mutter wurde dann immer ganz still – und ich wagte nicht zu atmen. Mein Blut ging in mir um, und ich wußte, daß es nicht mein Blut war, daß nichts mir gehörte, sondern alles dem, der da begraben lag. Ich verstand nicht, warum meine Mutter nicht begriff, daß ich der war, den sie dort begraben meinte. Ich war überzeugt, daß ich seine Seele trug, eine fremde Seele, die sich nun ihrem wahren Leib näherte und hinaus wollte in das Grab hinein, geradewegs in das Grab. Tränen brachen mir aus den Augen, ich fühlte, daß ich nun versinken würde – und einmal, einmal war es entsetzlich – das Grab war eingefallen –, und ich stand davor. Ich begreife noch immer nicht, warum ich nicht in diesem Augenblick in die Erde einbrach und tot war, denn damals wußte ich schon das Geheimnis meiner Zeugung, daß ich sein sollte, wie er war, und ich erkannte, daß seine lachende Seele an einen häßlichen, einen widerlichen, entstellten Leib geraten war. Ich meinte, daß ich nimmer würde erfüllen können, was er vollbracht hätte. Vielleicht war es das erste Mal, daß meine Mutter am Grabe sprach. Sie schalt auf den Gärtner, der schlecht gesorgt habe. Und dann sprach sie auch wohl, daß es lange zu erwarten gewesen wäre, daß es geschähe, denn da standen zwei Särge übereinander in der Erde, der meines Großvaters und darauf der meines Bruders. Als sie es aussprach, wußte ich es schon, ich war es ja gewesen, dessen kleinen Kasten man auf den schwarzen Eichensarg des Großvaters niedergelassen hatte. Sie ahnten nicht, wie hohl das geklungen hatte, als er aufstieß, und wie furchtbar es ist, auf einem Toten zu liegen. Aber das Neue begriff sie überhaupt nicht, sie ahnte nichts von dem Entsetzlichen – wie sollte sie auch, sie ahnte nicht, wie grausig es war, wenn man in einem Grab lag, das einstürzte, in die Gebeine seines Großvaters einbrach, selbst ein morsches Skelett. Es gibt keine Mittel, mit denen ich das Entsetzen beschreiben soll, das mich packte und das mich immer wieder schüttelt, wenn ich höre, wenn in einem frischen Grab die Erde auf den Sarg fällt.

Ein ander Mal geschah es, daß am Nachmittag des Weihnachtabends ein Begräbnis auf dem alten Kirchhof war. Ich glaube, es war der letzte Tote, den man hineintrug. Das Gefolge war klein, es waren nur fünf oder sechs Personen anwesend. Der Sarg wurde in eines der alten Gewölbe gesenkt, und ich sah es, denn meine Mutter schien die Leute zu kennen und sprach einiges mit ihnen, so daß wir stehenblieben. Dies Gewölbe war mit Särgen überfüllt, die über und nebeneinander standen – aber Gott sei dank, keiner war vermodert, nur die Blumen an ihnen waren vertrocknet. Mir war nur eins so furchtbar, daß sie so eng

beieinander standen. Tote atmen nicht, dachte ich mir und weinte leise für mich hin, während die schwarze Platte über die Öffnung gerollt wurde.
An diesem Tag wurde es spät, daß wir zurückkehrten. Die Nacht brach schon an, als wir noch auf dem Kirchhof irrten, und da wir uns beeilen wollten, stiegen wir über Gräber. Ich meinte, die Toten müßten mich an den Füßen zu sich hinabziehen, weil ich ja auch eigentlich zu ihnen gehörte und ihnen nur entronnen war. Aber es ging vorüber, alles. Wir kamen an einer Kirche vorüber, die hell erleuchtet war, und ich spürte Sehnsucht, einmal hineinzukommen, denn zu der Zeit war ich noch niemals in Kirchen gewesen. Ich sprach davon zu meiner Mutter, und auch sie teilte mein Verlangen, aber an diesem Tag war es unmöglich, und später wurde es verhindert, weil wir immer mit meinem Vater gingen, der davon nichts wissen wollte. Es ist möglich, daß die Enttäuschung über die Geschenke so leicht kommen konnte, weil das Furchtbare vorher gewesen war, und ich tue meinen Eltern Unrecht, wenn ich sie beschuldige, daß sie das oder jenes unterließen, was ihnen möglich gewesen wäre. Doch dessen bin ich sicher, daß ich restlos froh nur an einem Weihnachten war. Ich hatte eine Kuh geschenkt bekommen, die in Gips modelliert war und dann mit gefärbtem Wildleder überzogen wurde. Diese Kuh war ähnlich vollkommen wie die Studie eines Bildhauers, Knochen traten hervor, Rippen, Gliedmaßen, sie hatte ein Euter und vier Zitzen, und eine Öffnung hinten zwischen den Schenkeln. Dieses Tier machte mir Freude, ich verkroch mich mit ihm unter den Tisch, legte mich auf den Teppich und vergnügte mich, sie von unten zu betrachten, so daß ich ihren Bauch und ihr geschwollenes Euter sah. Vielleicht war erste sinnliche Lust dabei, aber ich weiß, daß der Genuß vollkommen war, und das Behagen, mit dem ich ihr Euter betastete, über jedes Maß. Daraus habe ich manches geschlossen seitdem, daß nur solche Geschenke erfreuen können, die wahr sind, daß nur Tiere verschenkt werden sollten zum Spiel für Kinder, die wie die wirklichen Geschlecht und After haben, und Puppen, die wie Jungen oder Mädchen aussehen, wenn sie entkleidet sind. Die Mühe ist so klein und der Lohn so groß. Doch man wird dieses nicht begreifen und bei der Unehrlichkeit und inneren Unwahrheit bleiben.

## *Walter Jens*
# Hoffnungszeichen und Richtspruch

Die Weihnachtsgeschichte des Evangelisten Lukas: Das ist die bekannteste Erzählung, die es, wo Christen leben, gibt (»Es begab sich aber zu der Zeit«: letzte gemeinsame Basis der einander fremd Gewordenen) – und die geschändetste dazu: mißverstanden wie keine zweite, vom Nüchternen ins Sentimentale verkehrt und durch frömmelnde Idyllisierung ihres Sinngehalts beraubt. Orientalisches Dunkel in einer erbärmlichen Gegend – verwandelt in die »stille« und »heilige« Nacht. Eine kreißende Frau und ein Mann, der im Stall, es kann auch eine Höhle gewesen sein, der Gebärenden beisteht – stilisiert zum »trauten hochheiligen Paar«. Die Krippe, die entweder eine Futterraufe oder eine in die Wand eingehauene Mulde war, auf die Maße eines Nürnberger Spielzeugs gebracht, und die junge Braut, in bezeichnender Mißdeutung der von Luther Gemeinten, in eine Freud und Leid teilende Ehefrau, das »vertraute Weib«, verwandelt.

»In jenen Tagen befahl Kaiser Augustus allen Einwohnern des Reichs, sich in Steuerlisten eintragen zu lassen«: So beginnt keine golden schimmernde Legende – so fängt einer an, der die Heilsgeschichte in den historischen Kontext einfügen will... was nun ganz ohne Gewalttätigkeit freilich nicht geht: Jesu Geburt und die große, Personen so gut wie Besitzstand erfassende Registrierung in Judäa – da stimmt das eine mit dem anderen zeitlich nicht überein; und was die Schätzung angeht, so wurde sie vor Ort durchgeführt, und nicht etwa dort, wo jemand geboren worden war. Aber auf solche Detail-Übereinstimmung kam es Lukas nicht an: Er brauchte die Kongruenz im Allgemeinen, brauchte die messianische Stätte und brauchte den historischen Rahmen, brauchte das Himmelszeichen in der Geburtsnacht und die Profangeschichte, die das Jenseits im Diesseits einbettete – also nannte er in einem Atem, was für ihn zusammengehörte: das *Kind* und den *Kaiser*, den *Handwerker Joseph* (ein Schreiner wahrscheinlich, vielleicht aber auch Maurer) und den *Konsul Quirinius*, Statthalter in Syrien, die *Geburt des Einen* und die *Zählung des Volks*.

Hier die Engel am Himmel und dort die Steuerlisten, in die sich jedermann eintragen mußte: Auf diese Dialektik, das Wechselspiel von Majestät und Alltäglichkeit, dem Einzigartigen und dem Historisch-Normalen, zielte Lukas ab; darum stellte er die Namen *Gott* und *Kaiser Augustus*, *Messias* und *Quirinius* nebeneinander – darum verband er die

beiden Ebenen durch den Begriff *David*, eine historische Gestalt, die zugleich auf den vom Himmel gesandten Retter verweist.
Lukas, der Chronist, ist ein behutsamer Mann: erst den Kaiser, dann den Statthalter, dann die Eltern und schließlich das Kind nennend, nähert er sich dem Zentrum, in einem Akt vorsichtiger Annäherung, von der Peripherie her – wobei er es bei kargem Bezeichnen des Tatbestandes beläßt: »Auch Joseph zog von Galiläa, aus der Stadt Nazareth, nach Judäa hinauf, in die Stadt Davids, die Bethlehem heißt… zusammen mit Maria, die seine Braut war und ein Kind erwartete.«
*Braut* und *Kind:* Die Zusammenstellung enthält eine Provokation – und ist als solche auch so verstanden worden, in der frühen Christenheit. Was, lautet die Frage in den sogenannten Kindheitsevangelien, ist das für ein Mann, dieser Joseph, der Davids königlichem Haus entstammt und sich zum Hahnrei machen ließ? (»Als sie aber im sechsten Monat war«, heißt es im Protevangelium des Jakobus, »kam Joseph von seinen Bauten, und da er in sein Haus eintrat, fand er sie schwanger. Und er schlug sein Angesicht, warf sich nieder auf den Sack, weinte bitter und sprach: ›Was soll ich beten ihretwegen? Als Jungfrau habe ich sie aus dem Tempel des Herrn, meines Gottes, empfangen, und habe sie nicht behütet. Wer hat mich hintergangen? Wer… hat sie befleckt? Sollte sich Adams Geschichte an mir wiederholt haben? Denn wie Adam in der Stunde seines Gebets abwesend war und die Schlange kam und Eva allein fand, sie betrog und sie so befleckte, so ist auch mir widerfahren.‹«)
Da redet einer, rechtet und wehrt sich, der in den Evangelien schweigend im Hintergrund bleibt; da wird jemand belehrt – »rein bin ich«, sagt Maria zu ihm, »und weiß nicht von einem Mann« – und hört doch nicht auf zu zweifeln… soll er das Geschehen vertuschen oder die Frau, »vor den Söhnen Israels«, bloßstellen? Da läßt sich einer auf die Gottesprobe ein, indem er, gemeinsam mit Maria, das Prüfungswasser trinkt, das den Schuldigen die Eingeweide ätzt, aber obwohl beide die Probe bestehen, hören Josephs Sorgen – Sorgen eines alten Mannes mit einer jungen Frau – nicht auf… wie zum Beispiel soll er sich bei der Registrierung verhalten: »Ich werde meine Söhne aufschreiben lassen – was aber mit diesem Mädchen? Wie soll ich sie aufschreiben lassen? Als meine Frau? Da schäme ich mich. Oder als Tochter? Aber es wissen ja alle Söhne Israels, daß sie nicht meine Tochter ist!«
Joseph in seiner Not: Ein Mann, der sich auf den Weg macht, aber

sein Ziel nicht erreicht – »Joseph, hebe mich von der Eselin, denn das Kind in mir bedrängt mich und will hinaus« –, so daß auf freiem Feld eine Höhle gesucht werden muß (»wo ich deine Unziemlichkeit schütze«), eine Höhle und – eine Hebamme!

Jesu Geburt und deren Vorgeschichte: beschrieben in einer Genre-Szene aus der Perspektive des Handwerkers Joseph, eines alten schon einmal verheirateten Mannes mit erwachsenen Kindern – dies eben wollte Lukas *nicht* erzählen. Ihm ging es vielmehr darum, die Widersprüche in aller Schroffheit stehenzulassen: Jesus – das Kind des Heiligen Geistes, aber auch das Kind aus Davids Haus, das Kind des *jungen* Joseph und der Maria, die später noch andere Kinder gebar, das Gotteskind und das Kind eines Maurer-Tischlers (der kein alter Mann war) und eines Mädchens vom Dorf (die anders als es die Marien-Legende ihr abverlangt, keine Jungfrau blieb): Nein, als Idylle will sie gewiß nicht verstanden sein, diese Geburt im Stall, wo die Raufen der Tiere sind... nicht als Idylle, wenn man an die Zwie-Lichtigkeit der Umstände denkt, das Miteinander von Segen und Verdächtigung (Maria, in römischer, ägyptischer, jüdischer Version als Ehebrecherin an den Pranger gestellt) – nicht als Idylle im Hinblick auf den Realismus der Darstellung (»Windeln«: das Wort taucht in der Bibel nur hier auf)... nicht als Idylle unter dem Aspekt der Folgen, die diese Geburt für die Kinder Bethlehems hatte: Während das eine entkommen konnte, starben alle anderen.

Beschreibung eines Heilsvorgangs – und wieviel Schatten dabei, wieviel Dunkel und Elend! Und wie dramatisch, gerade weil sie ausgespart sind, die Verweise auf Zweifel, Opfer und Furcht! Aber ist das ein Wunder? Schließlich wurde die Weihnachtsgeschichte im Zeichen des Kreuzes erzählt – mit dem Blick aufs Ende, so daß sich ein Bezugsverhältnis zwischen Stall und Galgen, Krippe und Marterholz, der Mutter an der Krippe und der Mutter unter dem Henkerskreuz, der dunklen Nacht von Bethlehem und jener Tagesnacht von Golgatha ergibt, die Finsternis über das Land bringt und das Sonnenlicht verlöschen läßt.

Die Stunde der Geburt – von der mit ihr in vielfach-geheimer Korrespondenz stehenden Todesstunde aus betrachtet, aber auch von Ostern aus zuallererst! Und wiederum ist *Furcht* ein Schlüsselwort: Wie sich die Hirten fürchten, wenn der Engel des Herrn neben sie tritt, so fürchten sich die Jünger im Augenblick, da Jesus sie mit Worten anspricht, die, in der Form des A und O, die Brücke zwischen Bethlehem und Bethanien schlagen, zwischen dem Anfang »Heute wurde in

der Stadt Davids der Retter geboren: euer Herr, der Messias« und dem Ende, das kein Ende war, sondern die Hoffnung des Evangelisten verbürgt: »So steht es geschrieben: Der Messias muß leiden und wird auferstehn am dritten Tag.«
Hier, in Bethlehem, die Hirten und dort, in Bethanien – ihnen ranggleich: nicht erhoben über sie! – die Jünger: hier das *erste* Zeichen, das Krippenkind in den Windeln, und dort, nicht minder realistisch, das *letzte*, das Stück gebratenen Fischs, das der Auferstandene vor den Augen seiner Schüler ißt – beides gehört untrennbar zusammen, wobei es das »Ende« ist, das den Anfang verläßlich und glaubwürdig sein läßt: »Seht, ich verkündige euch, daß eine große Freude bald das ganze Volk ergreifen wird.«
Unter diesem Aspekt nimmt es nicht wunder, daß Weihnachten, an Ostern gemessen, als ein nachgeordneter Gedenktag erschien: Nicht auf die Geburt kam es den Gläubigen an, so reich an Wunderzeichen, an Doppel-Sinn und Zwie-Licht sie war, sondern auf die *Neu-* und *Erst*-Geburt von den Toten. Kein Zufall also, daß die Frage, wann genau er nun geboren worden sei, dieser Jesus, im März oder Mai oder April, den frühen Christen eher als Problem zweiten Ranges erschien: Frühjahr oder Herbst, über beides ließe sich reden, der Winter dagegen oder die Regenzeit kämen nicht in Betracht – da wären Hirten nicht auf den Feldern gewesen.
Es bedurfte pedantischer Berechnungen und handfest politischer Erwägungen, um das Geburtsdatum entweder, wie in der Ostkirche, auf den 6. Januar oder, so im Westen, auf die Zeit der Wintersonnenwende zu legen: einen Termin, der sich als günstig anbot, wo es zur Zeit Konstantins galt, den Kult des unbesiegbaren Sonnengotts durch die Jesus-Religion zu verdrängen. So betrachtet ist es also durchaus vernünftig, sich auch einmal im Sommer Gedanken über einen Text zu machen, der mit dem, was wir unter »Weihnachten« verstehen – Kerzenschein in dunker Zeit; ein Hauch von Stallwärme und »gotischer Stube« mitten im Winter – herzlich wenig gemein hat: Realistischer wäre es – Zeitpunkt und Sinn der Nacht von Bethlehem besser entsprechend!–, Weihnachten in die Nähe von Ostern zu rücken, und damit Geburt und Wiedergeburt, Jesu Menschsein und Christi Gottheit, in einem Atem zu nennen.
Die Evangelisten, so viel steht fest, hatten, unbekümmert um Psychologie, mit Jesu Kindheit nicht viel im Sinn: ein paar karge Notizen über die Geburt in Bethlehem, einige Worte über den Kindermord und die Flucht nach Ägypten, eine knappe, im üblichen Legenden-Stil von

wundersamer Frühreife kündende Szene – Jesus belehrt die weisen Rabbiner im Tempel... und schon sind wir bei der Taufe im Jordan, bei Johannes und bei der Wüste, in der der Teufel das Wort hat.
Nein, Neugier kommt nicht auf ihre Kosten, wo es, im Zurückdenken von Ostern aus, nur um die Beschreibung eines einzigen Phänomens geht: daß ein Licht, das einmal in der Welt ist, dann unauslöschbar bleibt, wenn Menschen da sind, die von seinem, des Lichts, Eintritt in die Welt Zeugnis ablegen... besonnene Leute, wie es die Hirten waren (die Armen als die verläßlichsten Boten), die den Ruf des einzelnen und den Lob-Refrain des Chors aufnahmen (»In den Himmeln: Gottes Macht! Licht! Und Herrlichkeit! Auf der Erde: Gottes Frieden! Frieden allen, die er liebt!«)... Hirten, Menschen aus dem Volk, die am besten verstanden, worum es hier ging: daß ein Kind das Gegenzeichen zur Herrschaft des Kaisers aufrichtete, indem es im Hier und Heute auf beginnende Veränderung aller Maßstäbe, die Vertauschung von oben und unten verwies. Plebejer sind es gewesen, die sich aufmachten und weitererzählten, was ihnen gesagt worden war; Plebejer wurden, wiewohl ungetauft, die ersten Apostel, Vor-Boten eines Petrus und Paulus, für die es keines Missions-Befehls bedurfte, um das Rechte zu tun – und zwar mit Erfolg: »Die Menschen, die es hörten, staunten über die Worte der Hirten. Maria aber behielt sie im Herzen und bedachte alles, was geschehen war.«
Und nun die Frage: Was wäre geschehen, wenn die Hirten »Nein« gesagt hätten: »Nein, wir bleiben, wo wir sind«, oder: »Wozu hingehen? Wir glauben auch so«, oder: »Gepriesen sei Gott, wir wollen beten zu ihm« (und danach nichts mehr getan)... und was wäre gewesen, ein Sprung zu Matthäus hinüber, wenn die Sterndeuter aus dem Osten Jesus preisgegeben hätten?
Das *andere* Bethlehem – wie es aussieht, wissen wir dank eines der ergreifendsten Gedichte deutscher Gegenwartspoesie, geschrieben von Peter Huchel.

Wie Wintergewitter ein rollender Hall.
Zerschossen die Lehmwand von Bethlehems Stall.

Es liegt Maria erschlagen vorm Tor,
Ihr blutig Haar an die Steine fror.

Drei Landser ziehen vermummt vorbei.
Nicht brennt ihr Ohr von des Kindes Schrei.

Im Beutel den letzten Sonnblumenkern,
Sie suchen den Weg und sehn keinen Stern.

Aurum, thus, myrrham offerunt...
Um kahles Gehöft streicht Krähe und Hund.

...quia natus est nobis Dominus.
Auf fahlem Gerippe glänzt Öl und Ruß.

Vor Stalingrad verweht die Chaussee.
Sie führt in die Totenkammer aus Schnee.

So sieht es aus, das Anti-Bethlehem unserer Tage: Die Nacht, in der nur die Kreißende schrie (die Hirten, heißt es in einer Kindheitserzählung, hätten ihre Schreie gehört, als sie bei den Tieren wachten) – zerrissen vom Grollen der Artillerie: ein Hohn auf die Natur, nach der Art eines Wintergewitters; der Stall mit seiner Leben bergenden Ärmlichkeit – zerschossen; die Mutter – erschlagen: mit blutig gefrorenem Haar liegt sie im Freien; die Magier, vermummte Landser, im Weglosen verloren, gehen vorbei; der Stern ist dunkel; statt des freundlichen Getiers drinnen im Stall, Ochs und Esel, streichen Krähe und Hund draußen ums Haus, statt der Bäume stehen Panzergerippe herum; statt Weihrauch, Gold und Myrrhen bestimmen Exkremente die Szenerie: Stalingrad – und nicht mehr Bethlehem, die Totenkammer und nicht mehr der Stall, das verläßlich-bescheidene Zeichen des Lebens, Bethlehem – ins Gegenteil verkehrt: Krieg – und nicht Frieden; Dunkelheit – nicht Licht; die heilige Familie: eine tote Frau, ein schreiendes Kind, ein verschollener Mann... das ist alles, was übrigblieb in einer Welt, von der es bei Lukas heißt: »In den Himmeln: Gottes Macht! Licht! Und Herrlichkeit! Auf der Erde: Gottes Frieden! Frieden allen, die er liebt!«
Eine bis zum baren Grauen gesteigerte Negation, in der Tat, dieser Widerruf von Bethlehem... eine Negation, wohlgemerkt, aus der Perspektive der Hirten – der kleinen Leute, deren Botschaft so weit in Vergessenheit geraten ist, daß an die Stelle des Namens von Jesu Geburtsstadt ein anderes Drei-Silben-Wort treten konnte: Stalingrad – und selbst diese Negation ist, anno 1981, noch überbietbar, da sich eine Welt ausdenken läßt – und in den militärischen Planspielen ausgedacht *wird!* –, in der es weder jemanden gibt, der die Worte der Scharen des himmlischen Heeres zu wiederholen wagt, noch jemanden – und

darauf kommt es an –, der zu berichten in der Lage wäre, daß sie überhaupt einmal gesprochen worden sind.
»Auf der Erde: Gottes Frieden« – es könnte sein, daß dieser Satz sich derart in sein Gegenteil verkehrt, daß *Friede* gleichbedeutend mit *Tod* wird: Europa, unbevölkert, unbewohnbar für ein paar hundert Jahre. Aber gerade im Augenblick solcher – sehr realer – Gefahr erweist sich die Weihnachtsgeschichte, in ihrer Nüchternheit und sanften Präzision, als der dramatischste Appell zur Umkehr, der sich denken läßt – dramatisch eben dank einer Darstellungskraft, die Anmut und Realismus miteinander verbindet und das Erhabene durch das Kleine und Freundliche konterkariert: »In jenen Tagen befahl Kaiser Augustus« und »Im Haus war keine Bleibe für sie« – ein gewaltigeres Decrescendo, könnte man meinen, ist nicht zu erfinden; aber das stimmt nicht; denn diese jämmerliche Krippe in dem jämmerlichen Stall einer jämmerlichen Karawanserei in einem jämmerlichen Dorf ist zugleich der einzige Ort, auserwählt von Anfang an, auf den zu der Himmel sich öffnet (das Decrescendo ist mithin ein Crescendo), und die Plebejer auf dem Feld, diese allerletzten, an Augustus, Quirinius oder Herodes gemessen, sind Gottes Partner, Mittels-Männer zwischen Himmel und Erde und Boten seines Vertrauens: Da verwandelt sich der Bericht, dialoglos und nüchtern, eher Chronik als entzücktes Zeugnis des Herzens, in lebendige, das Oben zum Unten, das Unten zum Oben kehrende Rede: Blickt der Engel zu den Hirten herab, so schauen die Heerscharen, Gott preisend, zu Ihm empor, reden die Proto-Apostel, hören die Menschen, bewahrt Maria die Worte, verwandelt sich der Lobpreis des Himmels am Ende in den Lobpreis der Erde, stellen die Hirten, heimkehrend, die Übereinstimmung von göttlichem Ratschluß und menschlichem Überzeugtsein ins Licht: »Denn sie hatten gehört und gesehen: Es ist alles, wie uns gesagt worden ist.«
Kein sanfter Traktat, diese Weihnachtsgeschichte, die keine ist, sondern ein revolutionärer Appell – ein Appell zum Frieden; denn wenn irgendwo mit der Vollmacht des Glaubens gesagt wird: »Es gibt nichts Wichtigeres als Frieden zu haben«, dann in dieser Geschichte – einer Solidaritäts-Erklärung zugunsten der Armen, die sehr wohl Aktualität beanspruchen darf. Die Hirten, irgendwo in der Dritten Welt, auf einer Plantage von Namibia, in einer libyschen Fabrik, einem chilenischen Gefängnis, sind immer noch auf dem Feld, und die Steuereinnehmer, die fernen und nahen Besatzer, die direkten und indirekten Ausbeuter, Rohstoffplünderer, Waffenlieferanten – sie sind gleichfalls

mit von der Partie, machen ihre Geschäfte, forcieren die Rüstung, identifizieren soziale Gerechtigkeit mit militärischer Stärke (nicht nur in Washington, das sich in blinder Verwegenheit das »wiedererstandene Jerusalem« nennt), planen den Overkill und zählen darauf, daß der Gegner auf jeder nächsthöheren Vernichtungs-Stufe vorausberechenbar agieren werde wie eine Etage darunter: Die Daumenschrauben setzen sie an, die Nachfolger der Steuereintreiber haben, über ihren Rechengeräten (statt der Morgengebete die Frage: wieviel mal kann Gottes Schöpfung, die Erde, mit dem bestehenden Zerstörungs-Material in die Luft gesprengt werden?), die Menschen vergessen – und sind, dies unterscheidet sie nun freilich von den herrschenden Kreisen im Imperium Romanum des Kaisers Augustus, den Heiden so gut wie die Juden... Leser der Weihnachtsgeschichte, Christen, die alljährlich ihre »happy Christmas«-Grüße versenden und unterm Baum des heiligen Paars und des Pausbacken-Knaben in den Windeln gedenken. Die Geschichte von Jesu Geburt und dem Dialog auf offenem Feld, zwischen Himmel und Erde – heruntergekommen auf das Niveau einer sentimentalen Moritat im Boulevard-Zeitungs-Stil... nein, das hat diese ebenso *unheimliche* (denn es wird ein Kind geboren, das – wie bald schon – einen grauenvollen Tod sterben wird, ein Kind, das schuldlos schuld am Tod von seinesgleichen ist) wie von Freundlichkeit, ja Grazie erfüllte Geschichte nicht verdient – eine Geschichte, die zeigt, wie Menschen mit Menschen umgehen könnten, behutsam und leise (»Maria aber behielt die Worte im Herzen«: Gibt es einen Satz in der Weltliteratur, der so anschaulich wie dieser die Verbindlichkeit menschlicher Rede und deren Wirkung beschreibt?)... eine Geschichte, in der sichtbar wird, was es bedeutete, wenn Gott allein mit sich wäre und kein Mensch - kein Hirte! – ihm antworten könnte; wenn Bethlehem nicht nur, eine Schreckens-Zeit lang, durch Stalingrad ersetzt, sondern, mit allen Konsequenzen eines radikalen Erinnerungs-Verlusts, ausgelöscht würde; wenn – und dies ist zum erstenmal denkbar in der Menschheits-Geschichte – Jesus von Nazareth das späte und letzte Opfer des bethlehemitischen Kindermords würde: ein Namenloser unter Namenlosen, dessen niemand mehr gedenkt.

»Auf der Erde Gottes Frieden! Frieden allen, die er liebt«: So, wie die Dinge stehen, heute, enthält dieser Satz für den Christen, der sich, in offener Rebellion gegen das jesuanische Liebesgebot, immer selbstgewisser zu der einst von Tucholsky karikierten und heute schon zu plumper Selbstverständlichkeit gewordenen Devise »Gewehre rechts, Gewehre links, das Christkind in der Mitten« bekennt... so, wie die

Dinge stehen, auf der Kippe zwischen Möglichkeit und Wirklichkeit der Selbstvernichtung, enthält dieser Satz für alle, die, um Nahrung gebeten, auf Waffen verweisen, den Richtspruch.

»Friede auf Erden und den Menschen ein Wohlgefallen«: Nein, das steht leider nicht im Text – so freundlich es klingt und so bewegend sich die Luthersche Deutung des Wortes Wohlgefallen auch ausnimmt: »Dass die Menschen davon Lust und Liebe haben werden gegen Gott und untereinander. Und dasselb mit danck annemen und darüber alles mit freuden lassen und leiden.« Die richtige Lesart ist weniger freundlich – und die besagt: Es gibt Menschen, die den Frieden nicht verdienen.

Wie, wenn wir dazugehörten, – wir, die wir, als hätte es die Bergpredigt niemals gegeben, nichts dagegen unternehmen, wenn man uns zumutet, daß erst in den Entwicklungsländern die andern und dann wir selbst zu Rauch und Asche vergehen? Gerade so, als hätten wir die Worte der Weihnachtsgeschichte nie richtig gelesen, die, auf dem Höhepunkt der Epiphanie: wo die Himmel sich öffnen und das Licht von überall hereinströmt, mit drei Worten schließt, die deutlich machen, daß Gottes Liebe auch verspielt werden kann.

Plötzlich standen neben dem Engel
die Scharen des himmlischen Heers;
sie priesen Gott und riefen:
»In den Himmeln: Gottes Macht!
Licht!
Und Herrlichkeit!
Auf der Erde: Gottes Frieden!
Frieden allen, die er liebt!«

Die Weihnachtsgeschichte als Anti-Idylle, soziale Utopie (»Frieden auf Erden«: Vor-Schein der Vollkommenheit) und Richtspruch vom Himmel: So, denke ich, will der Bericht von Jesu Geburt, wie Lukas ihn erzählt, gelesen sein. Hoffnungszeichen und – »Was der Mensch sät, das wird er ernten« – Warnung in letzter Stunde zugleich: Das Schalom des Vaters ist widerrufbar.

## *Eyvind Johnson*
## Advent

Während die alte Frau die Laterne anzündet, denkt sie plötzlich, gerade in dem Augenblick, da das Streichholz aufzischt, wie unglaublich gut sie es doch jetzt hat. Sie freut sich jeden Abend darüber, wenn sie hinausgehen und die Schweine zur Nacht füttern will, jedesmal, wenn sie abends in den Schweinestall oder den Holzschuppen gehen muß. Das Glücksgefühl kommt immer in zwei Etappen. Zuerst denkt sie, man müßte auch elektrisches Licht im Schweinestall haben, und dann, wie schön und sauber und wie unglaublich bequem es ist, daß sie elektrisches Licht im Hause hat. Sie besitzen es schon vier Jahre, es wurde angelegt, als der eine Sohn, Karl, zum letztenmal hier war, und sie empfindet es noch als etwas ganz Besonderes. Das Radio ist zwar auch ein sehr merkwürdiger Kasten, aber das muß man als einen Einfall, ja, als ein Wunder auffassen, doch mit dem elektrischen Licht ist es etwas ganz anderes, ganz Besonderes. Über das Radio mit seinen schönen Stimmen und seiner Musik muß man sich fast schämen, obwohl es manchmal bockt und nicht funktioniert. Aber dem elektrischen Licht kann man auf eine ganz andere Weise befehlen. Es werde Licht, und es ward Licht, bei dem man arbeiten oder lesen kann. Jedesmal, wenn sie die Lampe anzündet, denkt sie: Man müßte es auch im Schweinestall haben. Und dann ist sie voller Befriedigung, daß sie es im Haus besitzt. Sie stellt sich vor, wie es auf der Haustreppe, auf dem Wege zum Schweinestall und drinnen beim Schwein scheinen würde, und sagt leise: »Du mußt dich mit der Petroleumlampe begnügen, Schwein. Da siehste genug, um zu fressen. Das kannste auch im Dunkeln, wenn's sein muß. Jetzt haste nicht mehr lange zu leben.« Sie hat das Schwein gern, man könnte sagen, daß sie es liebt – da der Traum von einer Kuh doch nie in Erfüllung gehen kann. Sie versucht zu zählen, wie viele Schweine sie schon gehabt haben, aber es gelingt ihr nicht. Man müßte es an den Fingern abzählen oder mit Feder und Papier. In einem Jahr hatten sie kein Schwein, das war 1912, als sie fast das ganze Jahr krank war. Aber an die vierzig Schweine haben sie wohl schon gehabt.

Sie öffnet die äußere Tür zum Schweinestall, wo die Tonne mit Schweinefutter zu stehen pflegt, ehe es im Herbst kalt wird; jetzt steht sie im Stall. Als sie die Klinke der frostkalten Innentür öffnet, schlägt ihr die Wärme entgegen. Die Innenseite der Tür und die gekalkten Wände leuchten feuchtglänzend im Laternenschein. Das Schwein begrüßt sie zuerst mit zögerndem Grunzen, dann erhebt es sich schwerfällig und schlachtreif und kommt an den Trog, und jetzt klingt das Grunzen schon lebhafter. Die Frau schöpft aus der Schweinefuttertonne und vermischt es mit dem Warmen, das sie im Eimer hat. Ein dichter Dampf von Stall und Futter umgibt sie und steigt in Wolken auf, während sie mit der Kelle umrührt und in den Trog füllt. Das Schwein grunzt ruhig und zufrieden, während es in sich hinein schlürft. Sie beugt sich in den Verschlag und krault ihm den Rücken.

»Du Fettwanst!« sagt sie.

Sie kann sich nicht an jedes einzelne Schwein erinnern. Ein Schwein hatten sie gehabt, das fast ebenso klug wie ein Mensch gewesen war, sie nannten es »Rosenknopp«, aber es war nicht sehr schwer geworden. Er grübelte zuviel, meinte Niklas.

Niklas ist seit anderthalb Jahren kränklich, im Frühling wird er siebzig Jahre alt. Es ist nichts Gefährliches, er ist nur ständig müde, und dann ist sein Magen nicht in Ordnung. Das kommt nicht vom unsoliden Leben, er hat weder seinen Lohn versoffen, noch ist er mit einem Priem im Munde eingeschlafen. Und die wenigen Male, wo er etwas ausgelassen war, auf ihrer Hochzeit, auf der Taufe von Lina (die später starb), auf der Konfirmation von Karl und Isak (sie mußten sie zusammen einsegnen lassen, da Isak etwas zurückgeblieben war) und beim Begräbnis des alten Isak, beteiligte er sich nicht an den Schlägereien, sondern nur am Tanzen und höchstens am Hakeln.

Sie krault das Schwein und denkt, wie gut doch ihr Leben gewesen ist. Daß Lina mit siebzehn Jahren sterben mußte, war, wenn man es nach so langer Zeit betrachtete, vielleicht gut, denn einerseits war sie verwöhnt, andererseits hatte sie ein Muttermal im Gesicht und hätte wohl nie einen Mann gekriegt. Isak wurde Bahnwärter im Süden, alle seine Kinder lebten und waren gesund. Karl ging zur See mit allem, was dazugehört, und durfte die Welt sehen und etwas lernen. Er sollte ein Kind in Bohuslän haben, sagten die Leute; ja, das Leben war sonderbar. Er schickte jede Weihnacht etwas Geld nach Hause und manchmal auch zwischendurch, wenn er konnte. Niklas selbst erhielt sechshundert Kronen Pension vom Staate, solange er lebte, und man hoffte ja, daß er das noch einige Jahre tun würde. Und das Schwein schien sich auch in seinen letzten Lebenstagen recht wohl zu fühlen, gewiß wog es 90 Kilo. Sie pflegten es nach dem zweiten Adventsonntag zu schlachten, damit man Zeit genug hatte, Sülze zu machen, und der Speck hielt sich gut bis zu Weihnachten, wenn sie ihn in den Bottich legten. Morgen war Samstag. Henrik Nilsson wollte am Nachmittag kommen, wenn er frei war,

und es schlachten. Er bekam ein Kilo Seitenspeck für seine Mühe und die Blase für seine Kinder, damit sie Weihnachten damit Luftballon spielen konnten.
Sie hebt die Laterne mit ihrer knochigen Hand und beleuchtet das Schwein. Das Glück ist ein seltsames und einfaches Gefühl. Sie ist ganz erfüllt davon und glaubt in diesem Augenblick, daß auch das Schwein glücklich ist, obwohl es sterben muß. Es hat ein gutes Leben gehabt, die kurze Zeit, die es leben durfte, es hat gutes Futter gehabt, sie hat ihm Abfälle gekocht und dicken Grieß hineingerührt. Der Stall ist warm und auf seine Weise schön, wenn man vom Fußboden absieht, aber das Schwein hat sich darauf wohlgefühlt. Es hat Stroh gehabt, um darauf zu liegen und es über den Fußboden zu verstreuen, und es hat es so sauber gehabt, wie es sich ein Schwein nur wünschen kann, wenn es sich so etwas wünscht. Sie hofft, daß es einen leichten Tod haben wird, das heißt, Tod darf man es nicht nennen. Ein Schwein stirbt nicht, es wird geschlachtet und ergibt Speck. »Nö – öff!« grunzt das Schwein und sieht zu ihr auf, ihr ist, als ob es lächle.
Das Licht glänzt auf den feuchtwarmen, weißgestrichenen Wänden und auf den Wassertropfen auf der Decke. Hin und wieder fällt ein Tropfen herab, der dort oben hing und angeschwollen war, und er betont nur noch das tiefe, stille Glück.
Sie sieht ihn nicht gleich, sie merkt nur, daß jemand im Schneedunkel vor der Haustreppe steht. Als sie die Laterne hebt, fällt das Licht auf einen Mann. Sie kommt einige Schritte näher und sagt: »Guten Abend.«
Er murmelt etwas, was sie zuerst nicht versteht, dann räuspert er sich und wiederholt: »Gu'n Abend!«
Beim Klang der heiseren Stimme hebt sie die Laterne noch höher und betrachtet ihn genau. Er ist mit einem alten abgenutzten Mantel bekleidet, auf dem Kopf trägt er eine ähnliche Sportmütze, wie Karl sie hat, an den Füßen Halbschuhe. Sein Gesicht ist dunkel und müde und hat grobe Bartstoppeln. Er nimmt die Mütze ab und verbeugt sich vor ihr. »Gu'n Abend«, sagt er noch einmal.
Die Augen glänzen sie dunkel an. Er ist ein Landstreicher, denkt sie, ein Zigeuner. Sie kommt näher heran, sie richtet sich aber auf und fragt: »Was will Er?« Niklas und sie sind allein im Häuschen, es ist einen Kilometer vom Dorf entfernt.
Er murmelt wieder etwas und verbeugt sich vor ihr, als wäre sie eine reiche Schöffenfrau, und bringt nur ein Wort hervor: »Essen!« Seine Augen sind bittend, die Lider blinzeln vor Müdigkeit. Sie überlegt, ob

er Läuse hat. Denn Läuse will man nicht haben. Man kann sagen, was man will, aber verlaust ist man nie gewesen, man hat es immer rein und sauber gehabt, wenn man auch noch so arm war, als die Kinder noch klein waren. Aber sie kann sich nicht gleich entschließen zu fragen; es dauert eine kleine Weile, ehe sie sagt: »Er hat doch nicht etwa Ungeziefer?«
Er versteht es nicht gleich, vielleicht ist er nicht ganz gescheit. Sie zeigt auf ihn und sich selbst und weist mit dem Zeigefinger an die Schläfe unter der dicken Haube. Da schüttelt er den Kopf, aber es wirkt nicht gerade überzeugend.
»Warte Er hier«, sagt sie und beleuchtet noch einmal sein Gesicht mit der Laterne und geht an ihm vorbei die Haustreppe hinauf.
Er hat sie nicht verstanden und folgt ihr zögernd. Als sie die Haustür öffnet, wendet sie sich und sagt: »Er kann wohl draußen warten.«
Da versteht er und geht die Treppe wieder hinunter. Sie schließt die Tür hinter sich und bleibt auf dem Flur stehen und überlegt. Aber sie schließt nicht zu. Auf alle Fälle nimmt sie die Axt von der Wand und trägt sie in die Küche, stellt sie hinter die Herdmauer und geht in die Kammer zu Niklas.
Er schaut sie groß an, ihr kommt flüchtig in den Sinn, daß sie seinen Bart zu Weihnachten sauber schneiden muß.
»Es steht draußen ein Mann auf dem Hof. Er will Essen haben. Aber er sieht so sonderbar aus und kann kaum vernünftig reden.«
Niklas hebt seine knochige, magere Greisenhand und fährt damit langsam durch den grauen, zottigen Bart. Er überlegt. Sie denken beide das gleiche.
»Hast du die Axt mit hereingekommen?« fragt er.
»Sie steht hinter dem Herd.«
»Und das kleine Beil?«
Sie hat das Beil vergessen, es steht in der Ecke zwischen Flurtür und Küchentür.
»Hol es auch rein«, sagt er, »gib es mir.«
Sie holt das kleine Beil, er nimmt es unter die Decke. Man hat so vieles gehört und in der Zeitung gelesen.
»Wie sieht er aus?« fragt der Alte.
»Nicht gerade böse«, sagt sie, »aber zerlumpt und schwarz wie ein Zigeuner.«
»Ist er stark und groß?«
Es knackt in den Knochen des großen, aber ausgemergelten Greisenkörpers, als er sich reckt und im Bett aufrichtet.

Sie muß überlegen, sie weiß es nicht recht.
»Ja, so mittelmäßig. Er sah aus, als habe er lange nichts zu essen gehabt. Er sah fast so aus, als ob er Schwindsucht habe – und seine Stimme war heiser.«
Der Alte denkt eine Weile nach. »Es ist bald Weihnachten«, sagt er.
»Ja«, nickt die Frau.
Wieder überlegen sie eine Weile.
»Du mußt ihm wohl'n Brot geben und was drauf«, sagt Niklas.
Sie öffnet vorsichtig die Haustür. Der Mann wartet unten an der Treppe. Sie beleuchtet ihn mit der Laterne, die noch auf dem Flur steht, und winkt ihm: »Er kann wohl hereinkommen, es ist kalt draußen.«
Der Mann kommt zögernd näher, aber als sie die Kammertür öffnet, ruft Niklas aus der Kammer: »Er kann sich ja in die Wärme setzen.«
Die Alte zeigt auf die Flurtür, die der Mann schließt, und als sie in die Küche geht, kommt er hinterher. Sie wischt einen Stuhl mit der Schürze ab und stellt ihn an die Längswand in die Nähe des Küchenfensters. Niklas kann ihn von seinem Bett in der Kammer betrachten.
Der Alte sieht das schwarze, gelockte Haar, das an den Schläfen grau ist, die gebogene Nase, die schweren Augenlider – die müden Augen sind braun –, die Haut gelb unter den groben, blauschwarzen Bartstoppeln. Er denkt an Tataren oder Zigeuner, das ist für ihn ein und dasselbe. Und er sieht, wie der Fremde ißt.
Der Fremde hält das runde weiche Brot mit der Margarine darauf in seinen schmalen Händen: Er starrt es an und kaut mit einer Art stiller Gier, die in dieser behaglichen Küche fremd wirkt. Er sagt kein Wort, sondern ißt nur.
»Ist Er lange unterwegs gewesen?« fragt die Alte endlich, aber er antwortet nicht, sondern blickt nur fragend auf; dann scheint er zu verstehen und nickt zwischen den Bissen.
»Ja, das ist manchmal schwer«, sagt der Alte vom Bett, und der Fremde blickt auf und nickt wieder. Dann scheint er sich an etwas zu erinnern; er steht auf, verbeugt sich vor dem Alten da drinnen und setzt sich wieder.
Die Alte holt eine Schale Milch. Er legt das Brot aufs Knie und trinkt.
»Vielleicht will Er einen Teller Grütze haben?« fragt der Alte. Es ist noch etwas Grütze im Kochtopf, sie wollten sie morgen zum Frühstück braten. Die Frau füllt einen Teller voll und steht einen Augen-

blick unschlüssig da, dann sagt sie mutig: »Er kann wohl an den Tisch kommen.«
Sie zeigt nach dem Tisch, der Mann erhebt sich; jetzt sitzt er am Tisch und ißt schweigend. Zwar nicht mehr so schnell wie zuvor, denn er beginnt satt zu werden. Niklas bewegt sich unruhig im Bett, er kann ihn nicht sehen. Die Alte steht in der Herdecke, die Axt befindet sich hinter ihrem Rücken.
»Will Er vielleicht auch eine Tasse Kaffee haben?« fragt sie.
Er nickt. Der Kessel ist warm, es ist guter Kaffee, sie hat ihn heute morgen frisch aufgebrüht. Niklas und sie können ihren Abendkaffee trinken, wenn der Mann fortgegangen ist. Der Fremde trinkt schweigend, er tut zwei Zuckerstücke hinein und trinkt aus der Tasse und nicht aus dem Schälchen.
Dann steht er vom Tisch auf und verbeugt sich vor ihr.
»Will Er noch einen Schluck?«
Sie kommt mit dem Kaffeekessel, aber er schüttelt den Kopf und lächelt: ein stilles, warmes Lächeln, und ehe sie's sich überlegt, zeigt sie auf den Stuhl am Fenster und sagt: »Er kann sich ja noch eine Weile hinsetzen und ausruhen, wenn Er will.«
Der Alte, der im Bett gesessen und gelauscht hat – die eine Hand unter der Schaffelldecke –, atmet auf. Jetzt sieht er, daß das Gesicht des Fremden hübscher geworden ist, das kommt vom Essen und vom Kaffee, er hat etwas Farbe auf den Wangen, und der Blick ist nicht mehr so scheu. Aber müde sieht er aus, er sitzt zusammengesunken, als besäße er nicht mehr viel Kraft.
»Er ist wohl arbeitslos?« fragt der Alte.
Der Mann auf dem Stuhl begreift es nicht gleich, aber ehe der Alte noch einmal fragt, hat er genickt: »Ja, so ist's.«
Er hat eine sonderbare Aussprache, hier aus der Gegend ist er jedenfalls nicht.
»Er ist wohl von weit her gekommen?« fragt der Alte.
Der Mann muß wieder nachdenken, dann nickt er: »Weit, serr weit.«
»Woher denn?« fragt der Alte.
Mühsam bringt er die Antwort heraus: »Oh, nirgends. Serr weit.«
»Nirgends?« wiederholt sie, beugt sich vor und sieht ihn an. Die Axt hinter ihr gibt ihr Sicherheit, sie kann das kalte Eisen in der Hand fühlen – und ihr Mann greift fester um den Beilschaft unter der Decke. Aber der Mann sieht ganz vernünftig aus. »Oh, Er ist doch wohl irgendwo eingetragen; im Kirchenbuch«, fügt sie erklärend hinzu.

Er versteht vielleicht nicht ganz, was sie sagt, aber er antwortet: »Ich bin Jude.«
Sie erwidern nichts. Jude? denkt sie. Das waren doch die, die Christus, unseren Heiland, ans Kreuz geschlagen haben. Amen. Aber dann mußten sie zur Strafe um die Erde wandern, oder war es nur der Schuhmacher in Jerusalem, der sich alle hundert Jahre einmal zeigen sollte, den anderen zur Warnung? Und einmal vor vielen Jahren war ein Jude aus dem Dorf hierhergekommen, der Schürzen und Knöpfe und Garn und Hosenträger und wer weiß was verkaufte. Sie trieben Hausierhandel, die Juden. Ihr kommt ein Gedanke, ihre Stimme klingt ängstlich, aber sie möchte es wissen: »Hat Er denn nichts zu verkaufen? Garn und Strumpfbänder und so was?«
»Verkaufen?« Aber dann lächelt er und schüttelt den Kopf. »Nein, nichts verkaufen.«
»Aber irgend etwas muß Er doch tun?« meint der Alte. »Was ist Er denn von Beruf?« Und der Alte versucht, mit diesem fremden Mann, der so schwer verstehen kann, was die Leute zu ihm sagen, recht deutlich zu sprechen: »Womit beschäftigt Er sich? Ich meine, mit was für Arbeit oder sozusagen Handwerk oder Beruf?«
Der Mann versteht ihn diesmal recht schnell; er lächelt und antwortet, indem er mühsam nach Worten sucht: »Ick bin – ick bin«, er sucht nach dem Wort, »ick bin Lehrer – Ick bin Lehrer und Doktor.«
»Himmel, ist Er Lehrer und Doktor!« sagt die Alte und betrachtet ihn erstaunt und mißtrauisch.
Und der Alte kann mit seinen selbstverständlichen Gedanken nicht zurückhalten. »Dann ist Er aber recht runtergekommen, wenn man so sagen darf.«
Eine Röte zieht über das Gesicht des Fremden, als er begreift, was der Alte im Bett meint. Seine Wangen glühen, die braunen Augen funkeln in dem elektrischen Licht, und er faltet nervös die Hände (ganz wie ein richtiger Christ, denkt die Alte, aber vielleicht hat er bereut und ist bekehrt, in Jesu Namen, Amen, es soll auch solche geben), und er reckt den Kopf auf dem mageren Hals vor und versucht zu erklären: Er sei kein Doktor für Kranke, sondern ein Doktor für Bücher.
»Bücher?« sagt der Alte. »Hat das denn wohl Aussichten, so was Sonderbares wie ein Doktor für Bücher? Ja, ja, man hat wohl sowas gehört.«
Und wieder versucht der Fremde zu erklären. Er sei Lehrer, dürfe aber

nicht in seinem Land sein und vielleicht auch nicht hier. Er müsse sich irgendwo eine Arbeit suchen, irgend etwas, nur um bleiben zu können.
Er erzählt den alten Leuten einiges. Sie fahren bei dem wunderlichen Wort zusammen – Konzentrationslager. Sie haben davon gehört, haben es in der Zeitung gelesen, aber es liegt ja so weit fort, das Land, wo sie die Leute peitschen, die eigentlich nichts Böses getan, außer daß sie vor langer Zeit unseren Heiland gekreuzigt haben. Es kam, wie es kommen mußte, denkt die Alte, denn das war prophezeit. Sie versuchen, sich an sein Sprechen zu gewöhnen und kommen ihm entgegen, und zuletzt ist ihnen alles klar. Er ist ein Ausländer, er war Lehrer, man verhaftete ihn, weil er Doktor für Bücher war, die man verboten hatte – und dann – ja, und dann schlug man ihn. Er war als junger Bursche mit im Kriege gewesen. Er hatte viel gesehen.
»Er hätte doch seine Pflicht tun und Doktor in anderen Büchern werden können«, meint Niklas vorwurfsvoll.
»Scht! Niklas«, sagt die Alte, »das verstehst du nicht!«
»Verstehen!« sagt der Alte. »Sollte ich das nicht verstehen? Wenn man seine Pflicht tut und ordentlich ist und seine Zeit exerziert hat und mit im Kriege gewesen ist, dann muß man doch sein Recht kriegen!«
»Ja, dann natürlich«, gibt die Alte zu. Aber dann fällt ihr ein: »Er sagt ja, daß er Jude ist, und das soll doch verboten gewesen sein.« Und sie wendet sich zu dem Fremden: »Sagte Er nicht, daß er Jude ist, wie? Ein richtiger Jude?«
Er lächelt müde in ihr faltiges, altes Gesicht und nickt. Der Alte sagt: »Er sieht recht müde aus. Wenn er kein Ungeziefer hat, könnte er heute nacht auf der Küchenbank schlafen. Außerdem kann man auch Läuse kriegen, ohne daß man etwas dafür kann. Einmal, als wir die Bahn bauten, kriegten wir alle welche in einer Baracke. Wir wuschen uns das Haar mit grüner Seife und zogen saubere Hemden und Hosen an.« Die alte Frau sieht ihn an. Jetzt liegen beide Hände des Alten auf der Decke. »Wenn's sein soll«, sagt sie, »kann er sich waschen und ein reines Hemd kriegen, ehe er sich hinlegt. Denn du hast ja doch so viele, daß es für dein Leben reicht.«
Der Mann sitzt vor ihnen mit geschlossenen Augen. Jedesmal, wenn er zusammensackt, reißt er sich wieder hoch. »Er kann vielleicht auf der Bank heute nacht schlafen«, sagt sie, »dann...« Sie fährt zusammen; sie hat schon, fast ohne es zu wissen, entschieden, daß er hierbleiben soll, bis er sich ausgeruht hat. Oder bis (sie denkt es nur sehr

dunkel), bis der Gemeindevorsteher aus dem Dorf hier gewesen ist und ihn ausgefragt hat. Er darf sich auf die Ausziehbank legen, bekommt ein Kissen unter den Kopf und ein paar alte Flickendecken zum Zudecken. Er schläft sofort ein.
Nun gießt sie eine Tasse Kaffee für Niklas ein und bringt sie ihm in die Kammer und nimmt sich selbst auch eine Tasse. Schweigend sitzt sie am Küchentisch und grübelt. Niklas hat nichts zu ihrem Entschluß gesagt, doch sie muß sich irgendwie entschuldigen.
»Du, Niklas...«
»Ja-a?«
»Er könnte Henrik morgen mit dem Schwein helfen, das Blut umrühren und schaben, wenn wir abbrühen. Wenn er das kann...«
Niklas überlegt einen Augenblick.
»Das muß er doch wohl können«, sagt er schließlich sehr ernst. »Er ist Lehrer und Doktor und ist im Krieg gewesen, da muß er doch allerhand gelernt haben. Ich weiß wohl, wie's da ist, als ich meine Zeit abdiente.«
Sie macht alles für die Nacht in Ordnung. Sie schließt die Haustür. Dann fällt ihr plötzlich etwas ein. Sie geht in die Küche und holt die Axt und hängt sie wieder in den Flur. Es sieht vielleicht schlecht aus, wenn sie hinter dem Herd steht. Sie löscht das Licht in der Küche und geht in die Kammer. Sie überlegt einen Augenblick, als sie die Tür schließt. Das Schloß ist entzwei, es ist auch viele Jahre nicht benutzt worden. Und es ist kein Riegel vorhanden. Der Alte schaut sie an, sagt aber nichts. Nachdem sie das elektrische Licht ausgedreht hat (es ist so bequem, daß man sich nicht den Atem aus der Seele zu blasen, sondern nur einen Knopf zu drehen braucht) und zu dem Alten ins Bett kriecht, fragt sie: »Und...«
Sie schämt sich, es mit Namen zu nennen.
»Das habe ich unters Bett gelegt«, sagt er.
Eine Weile liegen sie schweigend, aber dann fällt dem Alten plötzlich etwas ein: »Sie sagen, daß Juden kein Schweinefleisch essen dürfen.« Es klingt bedauernd.
»Ja«, antwortet sie, »aber vielleicht is es nich so mit allen. Blutpfannekuchen wird er wohl vertragen können.«
Wieder vergeht eine Weile.
»Du, Niklas«, sagt sie. »Einmal als Mädchen habe ich in einem Buch ein Bild gesehen. Er da draußen – ja, er sieht Ihm ähnlich.«
Der Alte erinnert sich, daß sie ihm vor langer Zeit einmal von dem Bild erzählt hat.

»Ja, ja, es gibt vieles hier in der Welt, was man nicht ergründen kann«, sagt er.
Und der Alte denkt: Ich bin hungrig gewesen, und ihr habt mich gespeist, ich bin durstig gewesen, und ihr habt mich getränkt, ich bin ein Gast gewesen, und ihr habt mich beherbergt.

*Arnim Juhre*
## Begebenheit

Es begab sich aber zu der Zeit,
da die Bibel ein Bestseller war,
übersetzt in mehr als
zweihundert Sprachen,
daß alle Welt sich fürchtete:
Vor selbstgemachten Katastrophen,
Inflationen, Kriegen, Ideologien,
Vor Regenwolken, radioaktiv,
und Raumschiff-Flottillen,
die spurlos verglühn.

Als die Menschenmenge
auf dem Wege war,
ungeheuer sich vermehrend,
hinter sich die
Vernichtungslager der Vergangenheit,
vor sich die
Feueröfen des Fortschritts,
als alle Welt täglich
geschätzet und gewogen wurde,
ob das atomare Gleichgewicht stimmt,
hörte man sagen:
Laßt uns nach Bethlehem gehn.

*Erich Kästner*

## Weihnachtslied, chemisch gereinigt

(Nach der Melodie: »Morgen, Kinder, wird's was geben!«)

Morgen, Kinder, wird's nichts geben!
Nur wer hat, kriegt noch geschenkt.
Mutter schenkte euch das Leben.
Das genügt, wenn man's bedenkt.
Einmal kommt auch eure Zeit.
Morgen ist's noch nicht soweit.

Doch ihr dürft nicht traurig werden.
Reiche haben Armut gern.
Gänsebraten macht Beschwerden.
Puppen sind nicht mehr modern.
Morgen kommt der Weihnachtsmann.
Allerdings nur nebenan.

Lauft ein bißchen durch die Straßen!
Dort gibt's Weihnachtsfest genug.
Christentum, vom Turm geblasen,
macht die kleinsten Kinder klug.
Kopf gut schütteln vor Gebrauch!
Ohne Christbaum geht es auch.

Tannengrün mit Osrambirnen –
lernt drauf pfeifen! Werdet stolz!
Reißt die Bretter von den Stirnen,
denn im Ofen fehlt's an Holz!
Stille Nacht und heil'ge Nacht –
weint, wenn's geht, nicht! Sondern lacht!

Morgen, Kinder, wird's nichts geben!
Wer nichts kriegt, der kriegt Geduld!
Morgen, Kinder, lernt fürs Leben!
Gott ist nicht allein dran schuld.
Gottes Güte reicht so weit...
Ach, du liebe Weihnachtszeit!

*Mascha Kaléko*

## Lediger Herr am 24. Dezember

Keines andern Zimmer ist so leer
Wie meines jetzt. Die letzten Ladenmädchen gehn nach Haus
– Nun fällt auch über mich die Weihnacht her.

Familienglück... Ich mache mir nichts draus.
Doch niemals noch war Einsamkeit so schwer –.
Den stummen Raum durchschreit ich kreuz und quer,
Lacht mich nicht dort die Mona Lisa aus?

Wie traurig so ein Schreibtischwecker tickt.
Langsam bimbamt die Glocke. Einer singt »Stille Nacht...!«
– Zu Hause haben sie meiner gedacht
Und nußbraune Heimat-Kuchen geschickt,
Seidne Krawatten und einen Schal, von der Mutter gestrickt.

Nun also bin ich bei mir selbst zu Gast,
Ein lediger Prokurist in Gruppe sieben
Und teilmöbliert. – Es scheint mir fast,
Ich hab den Familienanschluß verpaßt
Und bin so übriggeblieben –.

Die Stube gähnt. Versuchsweis fällt schon Schnee,
Ganz unvermittelt grünt mein Tannenbaum.
– Vielleicht, daß ich fern von Lamettaschaum
Durch weiße wattige Straßen geh,
Fremde Türen zu spüren,
Einsam aus kahl vergessner Allee
In ferne Fenster zu stieren...

Das Licht verlischt. Noch immer fällt der Schnee.
– Man wird so scheußlich leicht sentimental.
Ein Schnaps wär gut. Ein höllischer Kaffee.

Man blickt ins totenleere Stammlokal
Und sagt geniert zum einsamen Portier:
»Heut nicht. Gutnacht. – Vielleicht ein andermal...«

*Marie Luise Kaschnitz*

# Dezembernacht

Feldhüter haben in einem Geräteschuppen
(Steckrübenacker, Pflaumenbäume, Flußwind)
Eine Geburt aufgespürt, hier unzulässig.
Flüchtlinge gehören ins Lager und registriert.
Der Schafhirt kam dazu, ein junger Mann,
Der ging mit einem Stecken übers Mondfeld.
Sein Hund mit Namen Wasser sprang an der Hütte hoch.
Ein Alter drinnen gab Auskunft, er sei nicht der Vater.
Die Feldhüter verlangten Papiere. Das Neugeborene schrie.
Die Schafe versperrten die Straße. Drei Automobile
Ein Mercedes, ein Bentley, eine Isetta hielt an.
Drei Herren stiegen aus, drei Frauen, schöner als Engel,
Fragten, wo sind wir, spielten mit den Lämmern.
Spenden Sie etwas, sagten die Feldhüter.
Da gaben sie ihnen
Ein Parfüm von Dior, einen Pelz, einen Scheck auf die Bank
von England.
Sie blieben stehen und sahen zu den Sternen auf.
Glänzte nicht einer besonders? Ein Rauhreif fiel,
Die kleine Stimme in der Hütte schwieg.
Ein Mercedes, ein Bentley, eine Isetta fuhren an
Und summten wie Libellen. Der Hirte schrie
Fort mit euch Schafen, fort mit euch Lämmern.
Ist das Kind gestorben? Das Kind stirbt nie.

## *Marie Luise Kaschnitz*
# Der junge Munk

Gestern hat mich der junge Munk besucht. Es war der dritte Adventssonntag, und natürlich kamen wir bald auf Weihnachten zu sprechen und auch auf jenes besondere Weihnachten, das letzte, was Munk in unserer Stadt verlebte. Er war damals elf Jahre alt, und seine Freunde, der kleine Sepp und der große Anton, waren ungefähr ebenso alt, sie gingen alle in dieselbe Klasse, und weil sie auch in demselben Mietshaus wohnten, waren sie unzertrennlich, was jedoch nur heißen soll, daß es nach allen Krächen und Schlägereien immer wieder zu einer Versöhnung kam. Ich wohnte in demselben großen Haus, das gleich nach dem zweiten Weltkrieg eilig und aus schlechtem Material erbaut worden war. Seine Wände und Decken waren so dünn, daß man aus den Nachbarwohnungen alle Geräusche hörte, Stimmen und Schritte, und am Heiligen Abend die Weihnachtslieder und die kleinen Glokken, mit denen man die Kinder zu den Bescherungen rief. Aber diesem Umstand hatte ich es doch zu verdanken, daß ich in jener nun schon Jahre zurückliegenden Christnacht ahnte, warum die drei Buben sofort nach der Bescherung wegliefen und warum sie erst wiederkamen, als die Mitternachtsglocken ausgeläutet hatten. Was sie in der Zwischenzeit gemacht haben, habe ich freilich erst gestern von dem jungen Munk erfahren. Die erlauschten Weihnachtsabende – nun, man muß sich nicht vorstellen, daß sie einander glichen, wie eine silberne Christbaumkugel der anderen gleicht. Ich erinnere mich, daß in den ersten Jahren überall im Hause noch Weihnachtslieder gesungen wurden. Später holte man sich die Musik aus dem Rundfunk, unterbrach sie auch und ließ Glocken läuten oder einen Redner reden und unterbrach am Ende auch diesen, um sich zu Tisch zu setzen zu diesen Weihnachtsmählern, die in jeder Festzeit üppiger wurden.
In den folgenden Jahren aber war es auch mit der Radiomusik vorbei. Es wurden von den Kindern keine Gedichte mehr aufgesagt, die zitternden Töne der Bescherungsglöckchen waren nicht mehr zu vernehmen und auch nicht die Stimme des kleinen Sepp, der früher dazu angehalten worden war, neben dem brennenden Christbaum die Weihnachtsgeschichte aus dem Lukasevangelium vorzulesen. Übrigens zog um diese Zeit auch der Geruch der Christbaumkerzen schon nicht mehr durch das Haus. Die Eltern des großen Anton hatten es überflüssig gefunden, dem Gymnasiasten noch einen Baum zu put-

zen, und die Eltern des kleinen Sepp hatten ein künstliches Ding gekauft, das sich mit Glühbirnen besteckt im Kreise drehte und dazu »Stille Nacht« spielte, welche Töne man aber auch abstellen konnte und abstellte, schon im zweiten Jahr.

Nur in der Familie Munk gab es noch einen Tannenbaum mit Lichtern. Aber diese Lichter wurden bereits nach fünf Minuten wieder ausgeblasen, weil der Vater des kleinen Munk jetzt sehr nervös war, immer einen Eimer Wasser bereithielt und schon die ganzen fünf Minuten lang mit seiner schrillen Stimme »ausmachen, ausmachen« rief.

Ich hatte mir nie recht klargemacht, was sich da so langsam veränderte, so daß schließlich von Weihnachten fast nichts mehr übrigblieb als ein Tisch voller Geschenke, ein zu fettes Essen und ein unruhiger Schlaf. An dem Abend aber, von dem ich erzählen will, ging ich kurz vor neun Uhr mit meinem Hund noch einmal auf die Straße, und da sah ich das Haus von außen, sah die Eltern Munk im 220 SE schön angezogen wegfahren, sah den großen Anton im kahlen Zimmer allein am Tisch hocken und begegnete an der Ecke den Bekannten, die zu den Eltern des kleinen Sepp zum Kartenspielen kamen. Und ein wenig später sah ich auch die Buben, die sich aus den Fenstern beugten und einander Zeichen machten und wie sie dann plötzlich alle zusammen aus der Haustüre und die Straße hinunterliefen. Ich folgte ihnen ein paar Schritte weit, und dabei bemerkte ich, daß an der Ecke ein Mädchen sich ihnen anschloß und daß sie dieses Mädchen mit Schimpfworten und sogar mit Schlägen, aber ganz vergeblich, zu vertreiben versuchten.

Wie der junge Munk mir gestern erzählte, hatte er dieses Mädchen schon vorher gekannt. Er hatte es des öfteren an der Getränkebude getroffen, wo er für seinen Vater Bier holte. Es hatte dort auf einem niederen Mäuerchen seltsame Tanzschritte gemacht und dazu so unzusammenhängende Worte gemurmelt, daß er es für schwachsinnig hielt. An jenem Abend nun hatte es ihm dann noch gewinkt und so getan, als habe es ihm Wichtiges mitzuteilen, und darum war der junge Munk es gewesen, der das Mädchen am lautesten angeschrien und sogar geschlagen hatte. Aber dann hatte er das Kind mitlaufen lassen, weil an diesem Weihnachtsabend ja doch schon alles verdorben und nichts mehr zu retten war.

Denn was ist noch zu retten, wenn man, wie Munk, von einer zügellosen und später nicht mehr begreiflichen Vorfreude erfüllt, den Vater im Nebenzimmer höhnisch sagen hört: Alle Jahre wieder, und, könnte

auch einmal ausfallen, dieses blödsinnige Weihnachten, alle zwei Jahre wäre genug. Und was ist noch zu retten, wenn Eltern wie die des Anton nicht einmal an diesem Abend Frieden halten können, sondern sich die schlimmsten Vorwürfe machen und schließlich beieinander hocken, verbissen und stumm. Und was ist noch zu retten, wenn, wie in der Wohnung des kleinen Sepp, das Weihnachtszimmer voll fremder Leute sitzt, die Karten spielen und sich Witze erzählen, und nicht einmal die Schienen kann man zusammenstecken, und der kleine schäbige Engel, den man geliebt hat, hängt auch nicht mehr am Baum. Da muß man doch einfach weglaufen und gar nichts mitnehmen als ein paar uralte Murmeln, und das taten die drei Jungen auch und gingen mit ihren Murmeln an einen Ort, den sie kannten, auf ein großes, unbebautes Grundstück am Rande der Stadt. Dort versuchten sie noch einmal, das Mädchen loszuwerden, indem sie es mit feuchten Erdbrocken bewarfen. Aber das Mädchen blieb stehen, wiegte eine aus Stroh geflochtene Puppe und murmelte etwas, das wie Wurmsturmstern, also völlig unsinnig klang.
Es war da draußen ziemlich dunkel, kein Schnee, warme Luft und leise Schritte überall, auch gegen den Park und die Schrebergärten hin, so, als seien viele Kinder an diesem Abend unterwegs. Die Jungen auf dem mit Gras überwachsenen und teilweise schon aufgegrabenen Grundstück fingen an zu spielen, sie spielten mit ihren ganz gewöhnlichen blaugrauen und braunen Murmeln, die sie von einem Grashügel in ein Loch laufen ließen, in dem ein wenig schwarzes Wasser stand.
Plötzlich lief eine Murmel den Hügel hinunter, die anders aussah als die übrigen, größer, glasklar, mit etwas Weißem mittendrin. Munk stürzte hin und holte sie heraus, das Weiße in der Mitte war ein winziges Lamm mit einem Fähnchen aus gelbem Metall. Dämlich, sagte Munk, ein Schaf mit einer Fahne, und der Sepp sagte nur, das ist das Lamm Gottes, und gab die Riesenmurmel dem großen Anton zurück. Der sah auf seine Uhr, legte den Kopf in den Nacken und sagte, Explorer 205, und schon sahen sie das leuchtende Pünktchen zwischen Wolkenfetzen hinziehen und fingen an, sich darüber zu streiten, zum wievielten Male der kleine Satellit die Erde umkreiste. Das Mädchen klatschte in die Hände und rief: gehtaufgehtuntergehtabgehtschief, bis ihm die Buben mit Prügeln drohten. Ein paar Tropfen fielen vom Himmel, und das Mädchen winkte, es schien sich hier auszukennen, es führte die Jungen zu einer halbverfallenen Bretterhütte, die als Geräteschuppen diente.

Der große Anton lief in die Hütte, streckte den Kopf zum Fenster heraus und schrie Muh Muh, was die anderen nicht ruhen ließ, so daß sie nun alle mit Muh und Bäh und I-A einen gewaltigen Lärm vollführten.
Das Mädchen hatte sich in der Hütte auf einen Holzklotz gesetzt und wiegte da töricht lachend seine Strohpuppe, und der große Anton schlich hin, zog seine Stablaterne heraus und leuchtete ihm ins Gesicht. Da sagte der Sepp ganz ruhig, das waren die Tiere, jetzt kommen die Hirten, zog sich die Jacke wie eine Kapuze über den Kopf, ging zu dem Mädchen hinein und beugte vor ihm das Knie.
Du bist wohl verrückt, schrie der große Anton, und Munk dachte, verrückt, verrückt, und machte dem Sepp schon alles nach, weil er sich plötzlich an die Krippe erinnerte, die früher unter dem Weihnachtsbaum gestanden hatte, aber schon lange nicht mehr, weil den Eltern das Aufbauen zu mühsam geworden war. Der große Anton natürlich tat nichts dergleichen, er ließ noch immer seinen Lichtstrahl wandern, nur manierlicher jetzt, so daß das Mädchen nicht mehr geblendet wurde und wieder sanft und ein wenig irre lächeln konnte. Aber dann knipste Anton seine Laterne mit einem Mal aus und sagte streng, was soll der Quatsch.
Es ist die Weihnachtsgeschichte, sagte der Sepp und fing schon an, sie zu erzählen, aber nicht in dem alten Wortlaut, den er doch auswendig wissen mußte, sondern ganz anders, grausam und hart.
Da war die Heilige Nacht sehr dunkel und sehr kalt, der Joseph war ein hilfloser Alter, und die schwangere Maria war sehr verzagt. Der Stern funkelte höchst unheimlich, und der erste Schrei, den das Jesuskind tat, war ein Schrei der Angst. Die Hirten kamen aus bloßer Neugierde, und die drei Könige aus dem Morgenland saßen vor dem Stall und überlegten sich, warum sie eigentlich diese weite Reise gemacht hatten.
Aber dann, sagte der Sepp, schlug das Kind die Augen auf. Na und, fragte der große Anton und setzte sich auf die Schwelle der Hütte, und die beiden anderen Jungen setzten sich neben ihn, so daß sie nun da im Finsteren hockten wie die alten ratlosen Könige, nur daß kein Kind da war und kein besonderer Stern. Was war dann, fragte der große Anton noch einmal und nicht höhnisch, sondern so, als läge ihm etwas daran, eine Antwort zu bekommen.
Da war die Freude, sagte Munk, und, da war die Liebe, sagte Sepp. Wieso, warum, fragte der große Anton, und nun sollten sie erklären, was sie gesagt hatten, und konnten es nicht. Darum wurde es plötzlich

ganz still vor der Hütte, nur daß drinnen das Mädchen die Worte aufgeschnappt hatte und sie vor sich hin plapperte. Freudeliebefreudeliebefreudeliebe – das war wieder zum Verrücktwerden und klang doch auch ganz schön, wie eine Glocke oder wie ein Gedicht. Halt's Maul, schrien die Jungen alle zugleich, aber sie konnten nicht helfen, daß sie plötzlich guter Dinge waren und auf dem Hügel wie die Geißen herumsprangen. Und als das Mädchen jetzt erschrocken zu weinen anfing, wühlten sie in ihren Hosentaschen und förderten etwas zutage, das sie dem Mädchen zum Geschenk hinwarfen, der Sepp eine Rolle Bindfaden und der Munk eine Streichholzschachtel mit einem Sternbild darauf. Der große Anton zog sogar seine Riesenmurmel heraus, die mit dem Schäfchen, das seltsamerweise das Lamm Gottes hieß. Da, sagte er unfreundlich. In diesem Augenblick aber fuhren alle Kinder zusammen, weil es jetzt zu läuten anfing, und zwar sehr heftig und von allen Türmen der Stadt.
Natürlich habe ich dieses Mitternachtsläuten auch gehört. Ich bin auch zusammengefahren, aber dann war ich ganz zufrieden, weil ich mir plötzlich einbildete, daß es diesen lauten, heftigen Glocken gelingen würde, die weggelaufenen Kinder heimzurufen in die Stadt.
Ich hatte da nämlich schon eine ganze Weile am Fenster gestanden und nach den Buben Ausschau gehalten, und vor etwa einer Viertelstunde waren die drei Eltern, alle drei Elternpaare, aus dem Haus gekommen, um dasselbe zu tun. Sie hatten sich dabei laut und aufgeregt unterhalten, und aus ihren Stimmen hatte Angst geklungen, aber keine Einsicht, weswegen es dann auch, als die Kinder bald nach dem letzten Glockenschlag auftauchten, ein großes Gezeter gab. Die Jungen widersprachen nicht und heulten auch nicht. Freundlich lächelnd und so, als ginge sie das alles gar nichts an, standen sie unter der Laterne und gingen am Ende ganz folgsam mit ihren Eltern ins Haus. Ich sah ihnen nach, und obwohl ich doch damals noch gar nicht wissen konnte, wie sie diese Stunden verbracht hatten, taten sie mir nicht leid. Ich muß wohl schon damals geahnt haben, was ich seit gestern weiß, nämlich, daß die Kinder an jenem Abend ihr Weihnachten selbst gefunden hatten – das richtige, mit dem es nie zu Ende sein kann, weil Freude und Liebe immer neu geboren werden, solange es Menschen gibt.

*Gottfried Keller*

## Christmarkt vor dem Berliner Schloß

Welch lustiger Wald um das hohe Schloß
hat sich zusammengefunden,
ein grünes, bewegliches Nadelgehölz,
von keiner Wurzel gebunden!

Anstatt der warmen Sonne scheint
das Rauschgold durch die Wipfel;
hier backt man Kuchen, dort brät man Wurst,
das Räuchlein zieht um die Gipfel.

Der eine kauft ein bescheidnes Gewächs
zu überreichen Geschenken,
der andere einen gewaltigen Strauch,
drei Nüsse daran zu henken.

Und kommt die Nacht, so singt der Wald
und wiegt sich am Gaslichtscheine;
da führt die ärmste Mutter ihr Kind
vorüber dem Zauberhaine.

*Sarah Kirsch*
## Zwischenlandung

Wenn es auf Weihnachten geht
kehren die Dichter
zu ihren tüchtigen Frauen zurück
Ach was sind sie das ganze Jahr
über die Erde gelaufen
was haben sie alles gehört was
nachgedacht, ihre Zeitung geschrieben
durch Fabriken gestiegen, den Kartoffeln
brachten sie menschliche Umgangsformen bei, sahn
dem Rauch nach der kriecht und steigt
sie haben alles geschluckt manchmal Manhattan-
Cocktails wegen des Namens, sie verschärften
den Klassenkampf meditierten
über das Abstrakte bei Fischen, bis eines Tags
durch ihre dünnen Mäntel die Kälte kommt
Sehnsucht
nach einem wirklichen Fisch in der Schüssel
sie jäh überfällt und Erinnrung
an die Frau die sich am Feuer gewärmt hat
da bleibt
der Zorn in den großen Städten zurück, sie kommen
mit seltsamen Hüten für ihre Kinder
spüln sogar Wäsche spielen Klavier, bis
sie es satt haben nach Neujahr, da
brechen sie Streit vom Zaun, gehen erleichtert
weg in den Handschuhn von unterm Weihnachtsbaum

## *Jochen Klepper*

Du bist als Stern uns aufgegangen,
von Anfang an als Glanz genaht.
Und wir, von Dunkelheit umfangen,
erblicken plötzlich einen Pfad.
Dem Schein, der aus den Wolken brach,
gingen wir sehnend nach.

Am Ende unserer weiten Fahrten
gabst du uns in dem Stalle Rast.
Was Stroh und Krippe offenbarten,
ward voll Erstaunen nur erfaßt.
Die Zeichen blieben nicht mehr Bild,
Verheißung war erfüllt.

Und über Stall und Stern und Hirten
wuchs Golgatha, dein Berg, empor.
Nah vor den Augen der Verirrten
trat aus der Nacht dein Kreuz hervor.
Dort neigtest du für uns dein Haupt.
Da haben wir geglaubt.

Vor deines Felsengrabes Höhlung
ward hart und schwer ein Stein gestemmt.
Am Morgen kamen wir zur Ölung
und fanden nur dein Totenhemd.
Kein Fels hat deinem Weg gewehrt.
Wir folgten, Herr, bekehrt.

In deines Herzens offene Wunde
hast selbst du unsere Hand gelegt,
uns bis zu deiner Abschiedsstunde
mit Brot und Wein bei dir gehegt,
Die Wolke, die dich aufwärts nahm,
trug uns aus Angst und Scham.

Als eine Taube, lichtumflossen,
hast du dich sanft herabgesenkt,
uns mit dem Feuerglanz begossen
und die Verlassenen beschenkt.
Denn weil der Himmel offensteht,
gabst du uns das Gebet.

Durch Stern und Krippe, Kreuz und Taube,
durch Fels und Wolke, Brot und Wein
dringt unaufhörlich unser Glaube
nur tiefer in dein Wort hinein.
Kein Jahr von unserer Zeit verflieht,
das dich nicht kommen sieht.

*Georg Kreisler*
## Weihnachten bringt alles durcheinander

Ich wasch mich jeden Morgen so um sieben,
geh jeden dritten Mittwoch zum Ballett,
schreib Mutter jeden Elften
und in beiden Monatshälften
geh ich einen Tag besonders früh zu Bett.
Ich schwimm im Sommer dienstags nach der Arbeit
und kriege jeden Fünfzehnten mein Geld.
Ich darf an jedem Achten
bei der Käthe übernachten,
wenn der Neunte nicht auf einen Montag fällt.

Ich esse mittags stets in der Kantine.
Dort ißt man billig, wenn auch schlecht.
Ich fahre jeden Sonntag raus ins Grüne,
und wenn es regnet, dann erst recht.

In andern Worten, ich bin sehr zufrieden,
ich hab mein Leben sorgsam arrangiert,
nur Weihnachten bringt alles durcheinander,
durcheinander, durcheinander.
Die Leute bevölkern die Straßen
bis spät in den Abend mit tausend Paketen
und sind so zerstreut und verworren
und irgendwie glücklich, man könnte sie treten.

Ich irre umher und ich weiß nicht wohin
und mein Leben wird zum Labyrinth,
in dem ich warten muß,
bis der Alltag wieder beginnt.

Der Alltag kommt und mit ihm meine Freude.
Ich darf mich wieder kurz nach sieben rasieren,
trink abends meinen Schoppen,
darf mir Untergebene foppen
und mir allzu Untergebene ignorieren,
darf wieder meine Vorgesetzten grüßen –

nach Weihnachten erwidern sie's nicht so schnell –
darf wieder streng vermeiden,
mich so weit zu unterscheiden,
daß man glaubt, ich wäre individuell.

Ich gehe durch die Straßen mit Migräne
und lächle niemals, wo ich geh.
Ich zeige überhaupt nie meine Zähne,
außer beim Zahnarzt, da tut's auch weh.

In andern Worten, ich bin sehr zufrieden.
Mein Leben ist vor allen Dingen ernst.
Nur Weihnachten bringt alles durcheinander,
durcheinander, durcheinander.
Denn plötzlich erwartet man grundlos,
ich solle die ärmeren Leute bedauern,
womöglich am Boden mit rotzigen Kindern
bei 'nem schäbigen Tannenbaum kauern.
Zu Weihnachten wird die Bevölkerung verrückt,
jeder Bettler bekommt Appetit.
Da muß man stark sein,
sonst macht man am Ende noch mit.

Von Zeit zu Zeit betracht ich meine Umwelt.
Die meisten Menschen halten ziemlich dicht.
Man arbeitet, man frißt was,
manchmal fühlt man, man vermißt was,
aber trotzdem tut man immer seine Pflicht.
Man fährt zur Kirche oder nach Italien,
man kauft sich erst ein Auto, dann ein Haus,
man kriecht entlang des Lebens –
daß man jung war, war vergebens –
und man sucht sich einen Lieblingsfilmstar aus.

Man ließe sich für's Vaterland zerlegen,
man wählt den Kanzler, schreit hurra
und geht der Zukunft frohgemut entgegen.
Erst wenn sie da ist, ist sie da.

In andern Worten, ich bin sehr zufrieden.
Die meisten Leute sind genau wie ich.
Nur Weihnachten bringt alles durcheinander,
durcheinander, durcheinander.
Die Menschen vergessen die Zukunft,
vor allem diejenige, die schon gewesen.
Sie kaufen einander Geschenke,
darunter auch Bücher, die könnten sie lesen.
Zu Weihnachten ziehn sich die Völker zurück,
man wird weich und empfindsam und schlapp.
Deutschland erwache! Schaff Weihnachten ab!

## *Karl Krolow*
# Eine Weihnachtserinnerung, die ich nicht vergaß

Denke ich an Weihnachten in den Jahren meiner Kindheit, so verbinde ich solche Erinnerung mit der Erinnerung an Landschaft. Fast immer haben Augenblicke in mich umgebender niederdeutscher Landschaft die Weihnachtszeit mit beeinflußt. Meine Eltern, besonders mein Vater, erzogen mich früh zu derartigem natürlichen Verhältnis in meiner keineswegs ländlichen Umwelt, denn ich wuchs am Rande einer Großstadt auf. Das unregelmäßige und eigentlich unschöne Terrain, das begann, wo die letzten Neubauten aufhörten und sich saure Wiesen hinzogen, Gärtnereien und die Anwesen einiger Gemüsebauern, Schrebergärtensiedlungen, ehe das erste Waldstück sichtbar wurde, ehe der wichtige Wald meiner jungen Jahre, der hannoversche Stadtwald, die Eilenriede, begann. Diese Eilenriede, die sich halbkreisförmig um die Stadt zog, war damals noch ein richtiger Forst oder gab mir doch als Buben diese Illusion, wenn man vom Felde her auf sie zukam. Dann war das Wald-Massiv, die Mischwald-Fläche – besonders bei unsichtigem Wetter – etwas mich mächtig Anziehendes, eine dunkle Wildnis.

Ich kannte den Wald zu jeder Jahreszeit. Im Grunde war die Entfernung zwischen meinem Elternhaus und ihm gering, vielleicht zwanzig Minuten weit, und nur die dazwischen liegenden verstreuten Gehöfte, das von Geometern bereits abgemessene Gebiet zwischen ausfallender und dann jäh im Feldstück endender städtischer Straße, zwischen dem Ende der Wohnstraße und dem eigentlichen Wiesengrün und Ackerbraun, unterbrach die Vorstellung, daß der Wald eigentlich recht schnell erreichbar sein müsse. Das beiläufige und durch die Witterung so oft trist verhängte Übergangsgebiet, in dem ich mich bewegte und in dem ich mich rasch auskannte als einem idealen Spielgelände, machte den großen Flächenwald dann für mich um so begehrenswerter, in dessen Randbezirken wir Kinder unsere persönlichen Verstecke anlegten, die wir nie verrieten und schon gar nicht mit jemandem teilen würden, Zufluchten im dichten, grünen Unterholz, in das wir uns mit unserer Phantasie zurückzogen.

Im Eilenriedewald floß in seinem Südteil, entlang der nach Hildesheim führenden Bahnlinie, ein Rinnsal, ein verkrauteter Wassergraben, der an einer bestimmten Stelle seines Verlaufes unter einer Waldchaussee weitergeführt wurde. Der massiv gemauerte Eingang zu dieser Unterführung, bogenartig angelegt, glich dem Eingang zu einer Art Wald-Unterwelt, zu einem grünen, dichten Hades. Wie hier das träge Wasser verschwand, um erst sehr viel später an einer von hier aus nicht einzusehenden Stelle wieder ans Licht zu treten, das war für uns Kinder immer mit einem Gefühl der Ungewißheit, des Bangens, der Beklemmung und der Neugier betrachtet worden. Im Winter fror die winzige Wasserfläche vor der Unterführung schnell zu. Man konnte auf ihr dann ein paar Schritte tun, wagte sich allerdings niemals fort ins Dunkle der unterirdischen Weiterführung.

Ich muß noch ein sehr kleiner Junge gewesen sein, als mir mein Vater in der Vorweihnachtszeit, als wir wieder einmal gemeinsam diesen Ort passierten, vom Eingang zur unterirdischen Grabenweiterführung als vom Eingang zur Höhle des Knechtes Ruprecht zu erzählen begann, sicherlich ganz beiläufig, wie es seine Art war und wie man einem Buben meines damaligen Alters vielleicht Landschaft spannend, abenteuerlich machen kann. Ruprechts Bereich, das mir der Vater als ein Schatzversteck mit allen den Gaben, die er zu Weihnachten dann den Kindern unter den Christbaum legen würde, zu schildern verstanden hatte, ließ mich zunächst vermutlich nichts als nachdenklich werden. Dieser Höhleneingang – gerade an solcher Stelle – schien mir unbedingt glaubwürdig. Man mußte sich hier unterirdisch wunderbar verstecken können, um dann im tiefen Höhleninneren ein ganzes Schatzlager anzulegen. Auf dieses Lager aber hatte ich es abgesehen. Die Vorstellung von den verborgenen Sachen ließ mich ganz offenbar nicht los. Weihnachten, das in jedem Jahr ungeduldig erwartete Fest, rückte näher mit dem unberechenbaren Dezember, unberechenbar mit dem Auf und Ab der niederdeutschen Witterung, die zwischen nassem, flüchtigem Schnee und Nebel- oder Regenwetter schwankte, bei ständig gehendem Wind, der aus der Ebene fegte und nirgends Widerstand fand.

Plötzlich gab es einen frühen Wintereinfall mit Frost und lange niedergehendem Schnee, einige Tage vor dem Fest. Die Schnee-Einsamkeit des Eilenriedewaldes, durch die mich mein Vater nun mit dem Schlitten zog, war überwältigend. Ein richtiger Märchenwald war entstanden, in dem der Schnee von den Ästen in die Augen stäubte, nachdem es sich endlich ausgeschneit hatte und alles in seiner weißen Pracht dalag. Wir kamen sicherlich auch an jenen Waldfleck, wo Ruprechts Höhle lag. Ich erinnere mich dessen nicht mehr genau. Genau dagegen weiß ich, daß es für mich – ausgerechnet am Vormittag des Heiligen Abends – kein Halten mehr gab. Meine Erwartungen waren wie

meine Ungeduld auf das Höchste gespannt. Ich hatte Ruprechts Höhle nicht vergessen können, die jetzt sicherlich, mit dem vereisten Wasserloch davor, halb zugeschneit war, die vor allem auch für ein gewöhnliches Menschenkind, für mich, erreichbar, passierbar sein mußte, nachdem das Grabenwasser wohl bis auf den Grund gefroren war. Auf einmal war ich auf dem Wege zu Ruprechts Reich, mit dem Schlitten, den ich hinter mir her zog, in einem günstigen Augenblick Haus, Straße und Spielgefährten verlassend. Die Neugier, das Abenteuer, meine Phantasie hatten mich überwältigt. An diesem kalten Wintervormittag, der schon fast Mittag war, war ich unversehens unterwegs, allein, wie es sich gehört, denn ich wollte das Geheimnis für mich allein haben. Ich wollte niemanden dabei haben, bei meiner Entdeckung. Ich war unerschrocken genug, nach alldem, was ich mir erhoffte, um das Wagnis allein auf mich zu nehmen. Ich weiß die Einzelheiten dieses Hinweges, des Hingezogenwerdens nicht mehr. Auf einmal fand ich mich jedenfalls an jener Waldstelle mit vereistem Krautgraben und an dieser Stelle merkwürdig dünner Schneedecke.
Hier angekommen, muß sich bei mir einiges verändert haben. Das Zeitgefühl muß ausgesetzt haben. Habe ich gezögert? – Habe ich – mit dem im Gebüsch schließlich abgestellten Schlitten – den Höhleneingang, nun doch vielleicht furchtsam geworden, immer langsamer und doch zugleich immer geduldiger, erwartungsvoller umkreist und eingekreist? Bin ich dabei allmählich ermüdet, ohne es zunächst zu merken, ohne es danach wahrhaben zu wollen? Meine Eltern haben mir später zuweilen erzählt, wie der Heilige Abend oder doch die Stunden vor diesem Abend verliefen: in quälender Unruhe, in Sorge um meinen Verbleib. Mein Verschwinden war bald bemerkt worden. Und als ich noch nicht heimgekommen war, als mein Vater vom Dienst und einem anschließenden Zusammensein mit Kollegen nach Hause zurückkehrte, war die Aufregung groß. Etwas mußte geschehen. Die Zeit verstrich. Niemand wußte genau, wie lange ich fort war, weil ich – wie gesagt – mich unbeobachtet fortgestohlen hatte. Die Eltern überlegten ratlos, wohin ich mich gewendet haben könnte. Sie fragten die Spielkameraden aus. Niemand konnte Auskunft geben. Ich hatte niemanden eingeweiht, weil ich niemanden hatte bei mir haben wollen. Ich wollte allein das Abenteuer meiner Erwartungen, meiner kindlichen Weihnachtsneugier und hatte es inzwischen bekommen: Abenteuer des Alleinseins im eiskalten, einsamen Winterwald, bei allmählich, dann immer rascher sinkendem Tageslicht.
Was von diesen Heiligabend-Stunden im verschneiten Wald vor der

Weihnachts-Höhle des Knechtes Ruprecht sich in meinem Gedächtnis erhalten hat, sind verwischte Kleinigkeiten: die Erinnerung an eine knisternde Schneestille, an vom Wind seufzendes Geäst, an eine kalte, von mir, meinen Gliedern, meinem Körpergefühl langsam Besitz ergreifende Einsamkeit, ein Abgeschnittensein, ein Leben in einem Zwischenbereich, mit aufkommender, dann wieder niedergekämpfter Angst, von Isolation und Fortsein von allem, von Mutlosigkeit, von einer merkwürdigen Verlorenheit und einem ebenso merkwürdigen Entzücken, während es um mich zu dämmern begann. Ich blieb gebannt. Ich konnte den verlorenen Wald nicht aufgeben. Ich war unschlüssig. Ich wußte nicht weiter, vermutlich. Ich hatte das Wagnis nicht bestanden, war nicht in die Höhle eingedrungen, sondern hatte sie immer nur angestarrt, hatte vor ihr und ihrem Dunkel halt gemacht und hatte vergessen, was vorher war und was nachher kam.

Auf einmal sah ich mich in meiner Verlassenheit meinem Vater gegenüber. Er hatte sich mit einem Freund auf die Suche gemacht, hatte sich daran erinnert, was er mir von Knecht Ruprechts Versteck verheißen hatte, und hatte dann schnell geahnt, daß ich nur in oder vor ihm aufzufinden sein müßte. Die beiden jungen Männer waren verlegen und froh, als sie mich sahen. Mein Vater hatte mich richtig eingeschätzt. Er hatte nicht die Polizei verständigen müssen. Und nun mußte er mich aus einem Traum hochreißen, den ich nur halb und ganz unvollkommen zu träumen begonnen hatte, an diesem Tage, den man den Heiligen Abend nennt: ein Traum, auf den ich später nicht habe zurückzukommen brauchen. Ein Traum, auf den man niemals zurückkommen wird, weil er nicht wiederholbar ist.

*Jo Krummacher*

## die nacht und die nacht

taghell
glut
reaktoren
strahlen
heimlich
ein brennen
im beton

und
in die nacht
stürzte
das auge

nachtnacht
kalt
augen
leuchten
freundlich
ein kind
im stall

und
in die nacht
fiel
ein licht

*Günter Kunert*
## Weihnacht

In allen Häusern ist schon Licht.
Hingegen in den Hauptessachen: Dunkelheit.
Unhörbar, was die Nacht verspricht
an kurzer Freude und an langem Leid.

Was hier als Zeichen in der Wiege ruht,
Jahrhundert um Jahrhundert fromm verehrt:
Ein bißchen Fleisch und Bein und Blut
ist allemal auch uns beschert.

Doch alles Feiern gilt dem einen Kind,
das später einmal unter Foltern stirbt.
Trotz allem Licht: Wir bleiben blind:
auf daß uns nichts den Appetit verdirbt.

## *Selma Lagerlöf*
## Die Mausefalle

Im Lande lebte ein Mann, der herumzog und kleine Mausefallen aus Stahldraht verkaufte. Er verfertigte sie selbst in seinen Mußestunden. Das Material erbettelte er sich in Kramläden oder in größeren Bauernhöfen, so daß die Herstellungskosten so gering wie möglich waren. Aber das Geschäft war wohl nicht besonders einträglich, und er mußte es bisweilen mit Betteln und Stibitzen probieren, um nur sein Leben zu fristen. Der Hunger leuchtete ihm aus den Augen.

Als er eines dunklen Abends unterwegs war, erblickte er eine kleine graue Hütte, die dicht am Wegesrand lag, und klopfte an, um Nachtherberge zu erbitten. Die wurde ihm auch nicht verweigert. Ja, anstatt der sauren Mienen, die ihn sonst zu begrüßen pflegten, wenn er in eine Stube kam, schien der Eigentümer, der ein freundlicher alter Mann ohne Weib und Kind war, sehr erfreut, daß jemand ihm in seiner Einsamkeit Gesellschaft leisten wollte. Vor allem aber stellte er den Breitopf auf das Feuer und bot ihm ein Abendbrot. Dann schnitt er von einer Tabaksrolle so viel herunter, daß es zum Stopfen der Pfeife des Fremden und seiner eigenen langte, und schließlich nahm er ein altes Kartenspiel hervor und spielte mit dem Gast bis zur Schlafenszeit Sechsundsechzig.

So freigebig er mit Grütze und Tabak gewesen war, war er auch mit seinem Vertrauen. Noch bevor das Wasser im Kessel aufkochte, hatte der Gast schon erfahren, was für ein Mann er war und wie es ihm erging. In den Tagen seiner Kraft war er Tagelöhner auf dem Gute Ramsjö gewesen. Jetzt, wo er nicht mehr arbeiten konnte, war es seine Kuh, die ihn ernährte und maßlos viel Milch gab. Vorigen Monat hatte er ganze dreißig Kronen dafür eingeheimst. Der Alte ging zum Fenster und nahm einen Lederbeutel herunter, der an einem Nagel am Fensterkreuz hing. Er kramte drei zerknitterte Zehnkronenscheine heraus, hielt sie dem Gast vor die Augen, nickte bedeutsam und steckte sie wieder in den Beutel.

Am nächsten Tage standen die beiden Männer früh auf. Sie verließen gleichzeitig das Häuschen. Der Kätner sperrte die Tür zu und steckte den Schlüssel in die Tasche. Der Mann mit der Mausefalle sagte »dank schön« und »behüt Gott«, und damit wanderte jeder nach einer anderen Seite von dannen.

Aber als eine halbe Stunde vergangen war, stand der zerlumpte

Hausierer wieder vor dem Häuschen. Er versuchte nicht hineinzukommen. Er ging nur zum Fenster, zerklopfte eine der Scheiben, steckte die Hand hinein und erfaßte den Beutel mit dem Geld. Dann nahm er die drei Zehner heraus und steckte sie zu sich. Hierauf hängte er den Lederbeutel fein säuberlich an seinen Platz zurück und verschwand in den Wald.
Als der Mausefallenhändler mit dem Geld in der Tasche weiterwanderte, fühlte er nicht die gewohnte Genugtuung über einen gelungenen Streich. »Das ist doch ein Hundeleben«, seufzte er, »pfui Teufel, stehlen müssen, um nur am Leben zu bleiben. Es macht eigentlich nichts aus, den Bauern und den Herrschaften etwas zu stibitzen, aber wenn's über einen hergeht, der beinahe ein ebenso armer Schlucker ist wie unsereins selbst, da kriegt man einen ganz bitteren Geschmack im Mund.«
Das Unbehagen, das er empfand, wurde noch durch den Gedanken verstärkt, daß er jetzt eine Zeitlang die große Heerstraße vermeiden und sich auf einsamen Seitenwegen durch die Wälder schleichen mußte, bis er in einen anderen Teil des Landes kam. Er ging und ging den ganzen Tag, ohne daß der Wald sich lichtete. So lange er konnte, hielt der Mann sich aufrecht. Schließlich sank er auf den Waldboden nieder, ganz aufgelöst von Müdigkeit. Aber im selben Augenblick, in dem er seinen Kopf auf die Erde bettete, hörte er ein Geräusch. »Das ist ein Eisenhammer«, sagte er. »Hier müssen Leute in der Nähe sein.« Mit dem Aufgebot seiner letzten Kräfte erhob er sich und begann, dem Laut nachzuwanken.
In einer der langen dunklen Nächte gerade vor Weihnachten saßen der Schmiedemeister und sein Gehilfe in der schwarzen Schmelzschmiede des Eisenwerks Ramsjö und warteten darauf, daß das Eisen, das in der Esse erhitzt wurde, weißglühend genug war, um auf den Amboß gelegt zu werden. Von Zeit zu Zeit stand einer von ihnen auf, um Kohlen in den Ofenrachen zu schaufeln oder um mit einem langen Eisenspieß in die glühende Masse zu stoßen, und kam dann nach einigen Augenblicken schweißbedeckt zurück, obwohl er nach hergebrachtem Brauch nichts anderes anhatte, als ein langes Hemd und ein Paar Holzpantinen.
Die ganze Zeit war die Schmiede von Geräuschen erfüllt. So war es nicht zu verwundern, daß die Männer erst merkten, daß ein Wanderer die Türe geöffnet hatte und in die Schmiede gekommen war, als er dicht vor ihnen stand. Sicherlich war es für sie nichts Ungewohntes. Sie warfen dem Neuangekommenen nur einen gleichgültigen Blick

zu, auch wandten sie weiter kein Mitleid an ihn. Der Mausefallenhändler verhielt sich still. Worauf es ihm ankam, war ja: in der Schmiede zu bleiben und sich zu wärmen.
Nun geschah es, daß der Besitzer des Eisenwerks gerade jetzt in die Schmiede kam. Das erste, was er sah, war natürlich der hochgewachsene Landstreicher, der sich so nahe dem Ofen niedergehockt hatte, daß der Dampf von seinen durchnäßten Lumpen aufstieg. Und er warf ihm nicht nur einen gleichgültigen Blick zu, wie die Schmiede, sondern ging dicht an ihn heran und betrachtete ihn prüfend. Und plötzlich riß er ihm den Schlapphut vom Kopfe, um ihm besser in die Augen sehen zu können. »Aber das bist du ja selbst, Niels Olof«, rief er. »Wie du aussiehst!«
Der mit den Mausefallen hatte den Gutsherrn von Ramsjö nie im Leben gesehen und wußte nicht einmal, wie er hieß. Aber er sagte sich sofort, daß, wenn dieser feine Herr ihn für einen alten Bekannten hielt, er ihm vielleicht ein paar Kronen schenken würde, und darum wollte er ihn nicht gleich wieder aus seinem Irrtum reißen. »Ja, mit mir ist's bergab gegangen, weiß Gott«, sagte er.
»Du hättest eben nie deinen Abschied vom Regiment nehmen sollen«, sagte der Gutsherr. »Das war der ganze Fehler. Aber jetzt kommst du natürlich mit zu mir nach Hause?«
Aber mit in den Herrenhof zu kommen und dort als alter Regimentskamerad des Besitzers empfangen zu werden, das war nicht so recht nach dem Geschmack des Mausefallenhändlers. »Aber nein, aber nein«, sagte er und sah gewaltig erschrocken drein. »Das keinesfalls –«
Als der andere sah, daß er sich so zierte, begann er hellauf zu lachen. »Du darfst nicht glauben, daß es bei mir daheim so hochherrlich zugeht, daß du dich da nicht zeigen kannst«, sagte er. »Elisabeth ist tot, das hast du vielleicht gehört, die Jungens sind im Ausland, und so hausen nur ich und meine älteste Tochter auf dem Herrenhof. Wir haben uns gerade darüber beklagt, daß wir in den Feiertagen so ganz allein sein werden. Komm jetzt, dann wird wenigstens den Weihnachtsspeisen mehr Ehre angetan werden!«
Aber der Fremde blieb bei seinem nein, nein, nein, und als der Gutsherr in ihn drang, schien er drauf und dran, die Flucht ergreifen zu wollen. Da sah der Gutsherr, daß da nichts zu machen war: »Mir scheint, Rittmeister von Stahle will heute nacht lieber bei dir bleiben, Stjarnström, als zu mir kommen«, sagte er zum Schmiedemeister, »da mußt du ihm schon Nachtlogis geben.« Damit ging er, leise lachend,

seiner Wege, und die Schmiede, die ihn gut kannten, wußten wohl, daß er noch nicht sein letztes Wort gesprochen hatte.
Es dauerte auch nicht mehr als eine halbe Stunde, als sie das Rollen von Wagenrrädern hörten und ein neuer Gast zur Türe hereinkam. Der Hüttenherr hatte seine Tochter geschickt, offenbar in der Erwartung, daß ihre Überredungskunst größer sein würde. Sie kam herein, von einem Bedienten gefolgt, der einen großen Herrenpelz trug. Sie war durchaus nicht schön zu nennen, sie sah unansehnlich und scheu aus, und ihr Blick war ernst und schwermütig. Der Fremde hatte sich auf dem Boden ausgestreckt, einen Eisenklumpen unter dem Kopf, den Hut über dem Gesicht. Sowie die Gutsbesitzerstochter ihn erblickt hatte, ging sie auf ihn zu und hob den Hut. Der Mann war wohl einer von jenen, die es gewohnt sind, nur mit einem Auge zu schlafen. Er war augenblicklich wach und stand sofort vor ihr.
»Ich heiße Edda Willmanson«, sagte das junge Mädchen. »Mein Vater sagte, daß der Herr Rittmeister heute nacht hier in der Schmiede schlafen will. Da bat ich ihn, herfahren und den Herrn Rittmeister mit zu uns nach Hause bringen zu dürfen. Es tut mir so leid, daß der Herr Rittmeister es so schwer hat. Mein Vater sagte, daß der Herr Rittmeister das Regiment wegen Gewissensskrupel verlassen hat.« Sie heftete ihren tiefen Blick mit mitleidiger Bewunderung auf ihn. Und der zerlumpte Kerl dachte bei sich selbst, daß, wenn die feinen Herrschaften sich soviel Mühe machten, damit er zu ihnen käme, es wohl undankbar von ihm wäre, sich weiter zu spreizen. Es konnte ja ganz schön sein, einmal im Leben in einem Herrschaftsbett zu schlafen.
»Das hätte ich mir aber doch nie gedacht, daß das gnädige Fräulein selbst sich die Mühe machen wird, meiner wegen bei der Nacht in die Schmiede zu kommen«, sagte er, »ja, dann geh' ich halt doch mit.« Damit nahm er den Pelz, den ihm der Bediente mit einer tiefen Verbeugung reichte, warf ihn über seine Lumpen, und ohne den erstaunten Männern in der Schmiede auch nur einen Blick zu gönnen, ging er an der Seite des jungen Mädchens zum Wagen hinaus.
Der nächste Tag war der heilige Abend. Als Hüttenherr Willmanson zum Frühstück in den Speisesaal kam, dachte er mit erwartungsvoller Freude an den alten Regimentskameraden, der ihm so recht gelegen und passend in den Weg gekommen war.
»Jetzt soll er sich zuerst ordentlich bei uns anessen«, sagte er zu seiner Tochter, die irgend etwas auf dem Speisetisch ordnete, »dann will ich schon dafür sorgen, daß er eine bessere Beschäftigung findet, als im Lande herumzuziehen und Mausefallen zu verkaufen.«

»Es ist doch merkwürdig, wie rasch es mit ihm bergab gegangen ist«, sagte die Tochter. »Gestern erinnerte aber auch gar nichts an ihm daran, daß er ein gebildeter Mann ist.«

»Warte nur, mein Kind«, sagte der Vater. »Wenn er nur erst ordentlich herausgeputzt ist, wirst du schon anders sprechen. Gestern war er befangen, verstehst du? Die Vagabundenmanieren fallen mit den Vagabundenkleidern.«

Gerade als der Hausherr dies sagte, ging die Türe auf, und der ehemalige Mausefallenhändler kam herein. Ja, das war sicher. Herausgeputzt war er. Der Bediente hatte ihm die Haare geschnitten, ihn rasiert und gebadet, er war so rein, daß er förmlich blinkte. Außerdem trug er ganze Schuhe und Strümpfe, ein weißes Hemd mit einem gestärkten Kragen und einen hübschen Sakkoanzug, den der Gutsherr von Ramsjö ihm geliehen hatte. Aber obgleich er so fein herausstaffiert war, schien der Hausherr nicht recht zufrieden. Er betrachtete seinen Gast mit zusammengezogenen Augenbrauen; denn man muß bedenken, als er den fremden Mann in dem flackernden Feuerschein der Schmiede erblickte, hatte er ihn freilich leicht verwechseln können, aber nun er ihn rein gewaschen und rasiert bei vollem Tageslicht vor sich sah, gab es keine Möglichkeit mehr, ihn für einen alten Bekannten zu halten. »Was soll das heißen?« brüllte er ihn an. Der andere machte keinen Versuch, sich zu verstellen. Er begriff, daß die Herrlichkeit jetzt ein Ende hatte. »Ja, gnädiger Herr, da kann ich nix dafür«, sagte er. »Ich hab' mich nie für was anderes ausgegeben, als für einen armen Kesselflicker, und ich hab' gebeten und gebettelt, daß man mich in der Schmiede lassen soll. Und es ist ja weiter kein Unglück passiert, ich zieh' halt meine alten Lumpen wieder an und mach' mich auf den Weg.«

»Nun ja«, sagte der Hüttenherr etwas gedehnt, »aber ein ehrliches Vorgehen war das doch nicht, das mußt du doch einsehen. Und vielleicht hätte der Dorfrichter auch noch ein Wörtchen in die Sache dreinzureden.«

Der Landstreicher kam nun einige Schritte näher heran und schlug mit der Faust auf eine Stuhllehne.

»Ich werde dem gnädigen Herrn einmal sagen, wie die Geschichte ist«, sagte er. »Die ganze Welt ist nix anderes als eine große Mausefalle. All das Gute, was man einem gibt, das sind nur so Speckschwarten und Käsebrocken, hingelegt, um einen armen Teufel ins Verderben zu bringen. Und wenn jetzt der Dorfrichter kommen und mich auch noch ins Loch sperren soll, dann soll der gnädige Herr lieber dran

denken: es kann ein Tag kommen, wo er selber Lust auf so ein schönes Speckstückel kriegt und sich in der großen Mausefalle fängt.«
Der Gutsherr lachte. »Weißt du was, du Schlingel? Das war gar nicht so übel gesagt. Wir wollen den Dorfrichter am Weihnachtsabend vielleicht lieber in Ruhe lassen. Aber schau jetzt, daß du weiterkommst!«
Doch jetzt ergriff die junge Gutsbesitzertochter das Wort: »Ich finde, er sollte heute bei uns bleiben«, sagte sie. »Ich will nicht, daß er geht.« Und damit trat sie vor und stellte sich dem Landstreicher in den Weg.
»Was um Himmels willen fällt dir ein?« fragte der Vater.
»Ich denke an diesen Wandersmann«, sagte das junge Mädchen. »Er geht und geht das ganze liebe Jahr, und sicher gibt es auf der ganzen Erde kein Fleckchen, das er sein nennen, keinen Ort, an dem er willkommen ist und in Frieden ruhen kann. Gehetzt und vertrieben wird er wohl überall, wo er hinkommt. Immer hat er Angst, eingefangen und seiner Freiheit beraubt zu werden. Ich wünschte, er fände doch hier bei uns einen Tag des Friedens. Einen einzigen im ganzen Jahr.«
Gutsbesitzer Willmanson murmelte etwas in seinen Bart. Er konnte sich nicht recht aufraffen, der Tochter entgegenzutreten.
»Es mag ja sein, daß das Ganze ein Irrtum war«, sagte das junge Mädchen, »aber jedenfalls finde ich, wir können den nicht fortweisen, den wir zu uns gebeten und dem wir eine Weihnachtsfreude versprochen haben.«
»Du predigst ja ärger als ein Pfaff«, sagte der Gutsherr. »Nun ja, ich will nur hoffen, daß du das, was du tust, nicht zu bereuen hast.«
Da nahm die Gutsbesitzertochter den fremden Mann bei der Hand und führte ihn zum Eßtisch. »Setz dich nun nieder und iß mit uns«, sagte sie; denn sie merkte ja, daß der Widerstand des Vaters gebrochen war. Der Mausefallenhändler hatte die ganze Zeit über kein Wort gesagt, und auch jetzt verhielt er sich still. Aber er sah das junge Mädchen, das sich so für ihn eingesetzt hatte, nur immer an. Was sie für ihn getan, war etwas so Wunderbares, daß es ihn ganz verstummen ließ.
Dann verging dieser Weihnachtsabend auf Ramsjö ungefähr ebenso wie alle anderen Weihnachtsabende. Man hatte nicht viel Mühe mit dem fremden Gast; denn er tat eigentlich nichts anderes als schlafen. Den ganzen Vormittag lag er auf dem Sofa des Fremdenzimmers und schlief in einer Tour. Um die Mittagszeit wurde er geweckt, damit er von all den Weihnachtsspeisen mitessen konnte, aber dann schlief er weiter. Es war, als hätte er seit Jahr und Tag keinen guten und erquikkenden Schlummer gefunden.

Am Nachmittag, als der Christbaum angezündet wurde, weckte man ihn abermals, und da stand er nun ein Weilchen und sah blinzelnd in die Weihnachtskerzen, und als die Weihnachtspolka gespielt wurde, tanzte er eine Runde herum. Aber die Augen fielen ihm dabei zu, und er verschwand wiederum. Einige Stunden später wurde er noch einmal gestört. Er sollte in den Speisesaal herunterkommen und Fisch und Grütze mit ihnen essen. Doch kaum war man vom Tisch aufgestanden, ging er von einem zum andern, gab die Hand und sagte danke und gute Nacht.
Als er zu dem jungen Mädchen kam, sagte sie ihm, ihr Vater wünsche, daß er die Kleider, die er anhatte, als Weihnachtsgeschenk betrachte. Er brauchte sie nicht zurückzugeben. Und wenn er am nächsten Weihnachtsabend in ein Haus kommen wollte, wo er sich in Frieden ausruhen und sicher sein konnte, daß ihm nichts Böses widerfuhr, so möge er zu ihnen kommen. Der Mann erwiderte nichts darauf. Er sah die Gutsbesitzertochter nur mit derselben unermeßlichen Verwunderung und Bestürzung an.
Am nächsten Morgen standen der Hüttenherr Willmanson und seine Tochter schon in aller Frühe auf, um zur Weihnachtsmette zu fahren. Ihr Gast schlief noch immer, und man ließ ihn schlafen. Als sie gegen zehn Uhr zurückkamen, ließ das junge Mädchen den Kopf noch tiefer hängen als gewöhnlich. Sie hatte in der Kirche gehört, daß einer der früheren Tagelöhner des Gutes von einem Kerl bestohlen worden war, der herumging und Mausefallen verkaufte.
«Ja, das ist ja ein netter Geselle, den du da ins Haus gebracht hast«, sagte der Vater. »Ich möchte wissen, wieviele silberne Löffel jetzt noch in unserem Büfett liegen.« Kaum war der Wagen vor der Freitreppe stehengeblieben, als der Gutsherr sich beeilte, den Bedienten zu fragen, ob der Fremde noch im Hause sei.
Der Bediente erwiderte, der Mann sei schon fort; er habe aber ein kleines Päckchen zurückgelassen, das das gnädige Fräulein die Güte haben möge, einem alten Mann zu senden, der einmal Tagelöhner auf dem Gute gewesen war und jetzt auf der anderen Seite des Waldes an der großen Landstraße lebte. »Er bat, das gnädige Fräulein sollte das Päckchen zuerst öffnen.«
Das junge Mädchen riß den Umschlag auf und stieß einen kleinen Freudenschrei aus. Sie hatte eine kleine Mausefalle gefunden, in der drei zusammengerollte Zehnkronenscheine lagen. »Da siehst du, Papa«, sagte sie. »Er ist allerdings in die Falle geraten, aber diesmal ist es ihm doch gelungen, wieder herauszukrabbeln.«

## *Else Lasker-Schüler*
## Der Weihnachtsbaum

Später kommen sie meist alle in den Keller oder man wirft sie kurz und bündig auf den Schutthaufen. Aber ich kannte auch jemand, dem genügte es nicht, die erlesene Tanne im Silberkleide zu plündern, alle die Äpfel und Nüsse und Näschereien, er sog auch noch das edle Blut aus ihrem Stamm und ihren Zweigen. Und als das neue Jahr kam, warf er den Weihnachtsbaum mit dem schimmernden Wachsengel in der Krone, – in die Wanne, zu stärken seine Glieder im duftenden Extrakt der frommen Nadeln.
Ähnlich wie dem Weihnachtsbaum ergeht's dem Menschen; er ist des erkorenen Baumes: Symbol. Es unterhalten sich gerne über die Weihnacht der Liebe, in ihrer grünen Sprache, die der Wind zu vermitteln pflegt, die Tannenbäume; schon die, die noch in die Baumschule gehen.
Nicht jedes von uns Kindern, Sonntagsmenschenkindern, steht einmal »ganz« im Glanz! Angezündet auf dem blauen Tisch der Weihnachtszeit; aber »jede Mama« auf Erden mit Spiel und Zuckerzeug behangen. Ihre Lichte brennen ewiglich – denn der Mutter Liebe brennt noch im Grabe und vom Himmel für ihr Kind.
Jeder Mensch möchte wenigstens ein einziges Mal »ganz« im Lichte stehen ... Doch wenn auch nur ein *einziges* Zweiglein brennt! Im ganzen Zauber des Lichts mit glitzernden Wundern geschmückt, gehört freilich zum Ausnahmeglück.
Nur die Liebe vermag den Wandel vom Dunkelsein zur Lichtwerdung zu vollbringen. Die Liebe will immer Weihnachten feiern, will anzünden und angezündet werden, beschenken und behangen werden mit bunterlei Sternen. Störe die Weihnacht nicht – über sie leuchtet der Engel der Liebe ...
Trenne Liebende nicht – über sie leuchtet der Stern der Weihnacht. Es erlöschen so bald die Lichte der liebenden Herzen, sie werden – wie vom Wehen – über Nacht ausgeblasen.
Die Liebe ist der holde Baum der Weihnacht; er ist – in Wahrheit nicht käuflich noch umzupflanzen. *Er ist unser aller Liebesgut.* Immer neigt er seine strahlenden Zweige – uns Liebe zu pflücken. Sein leuchtendes Ebenbild zu werden, möchte ich mir wohl wünschen, immer wieder aufzuerstehen:

Wir welken längst wo angelehnt,
Am grauen Steine einer alten Mauer;
So ausgelöscht und haben uns gesehnt,
Nach einem einzigen Lichtlein in der Weltentrauer.

Wie nie auf einmal standen wir im Glanz,
Und unsere feierlichen Herzen hingegeben,
Verglühten ineinander wie im Tempeltanz.

Was soll ich weiter und auch du mit deinem Leben,
Lichtlosem Dasein, das hell brannte in die Nacht,
Jäh umgebracht –
Mit meinem funkelte noch eben...

*Heinrich von Laufenberg*

## In einem Kripplein lag ein Kind

In einem Kripplein lag ein Kind;
da stand ein Esel und ein Rind,
dabei war auch die Jungfrau klar,
Maria, die das Kind gebar.
Jesus, der Herre mein,
der war das Kindelein.

Da sang dem Kind der Engel Chor
mit süßer Stimm gar hoch empor:
Gloria, Lob und Würdigkeit
sei Gott im Himmelreich bereit't!
Jesus, der Herre mein,
der war das Kindelein.

Dies macht der Herr den Hirten kund,
darum so liefen sie zur Stund
gen Bethlehem und fanden so
das edle Kind und wurden froh.
Jesus, der Herre mein,
der war das Kindelein.

Zur Stund entbrannt des Sternes Schein,
daß es ward kund den Weisen drei'n
im fernen Land, im Orient,
die brachten ihre Gab behend.
Jesus, der Herre mein,
der war das Kindelein.

*Siegfried Lenz*

# Risiko für Weihnachtsmänner

Sie hatten schnellen Nebenverdienst versprochen, und ich ging hin in ihr Büro und stellte mich vor. Das Büro war in einer Kneipe, hinter einer beschlagenen Glasvitrine, in der kalte Frikadellen lagen, Heringsfilets mit grau angelaufenen Zwiebelringen, Drops und sanft leuchtende Gurken in Gläsern. Hier stand der Tisch, an dem Mulka saß, neben ihm eine magere, rauchende Sekretärin: alles war notdürftig eingerichtet in der Ecke, dem schnellen Nebenverdienst angemessen. Mulka hatte einen großen Stadtplan vor sich ausgebreitet, einen breiten Zimmermannsbleistift in der Hand, und ich sah, wie er Kreise in die Stadt hineinmalte, energische Rechtecke, die er nach hastiger Überlegung durchkreuzte: großzügige Generalstabsarbeit.

Mulkas Büro, das in einer Annonce schnellen Nebenverdienst versprochen hatte, vermittelte Weihnachtsmänner; überall in der Stadt, wo der Freudenbringer, der himmlische Onkel im roten Mantel fehlte, dirigierte er einen hin. Er lieferte den flockigen Bart, die rotgefrorene, mild grinsende Maske; Mantel stellte er, Stiefel und einen Kleinbus, mit dem die himmlischen Onkel in die Häuser gefahren wurden, in die »Einsatzgebiete«, wie Mulka sagte: die Freude war straff organisiert.

Die magere Sekretärin blickte mich an, blickte auf meine künstliche Nase, die sie mir nach der Verwundung angenäht hatten, und dann tippte sie meinen Namen, meine Adresse, während sie von einer kalten Frikadelle abbiß und nach jedem Bissen einen Zug von der Zigarette nahm. Müde schob sie den Zettel mit meinen Personalien Mulka hinüber, der brütend über dem Stadtplan saß, seiner »Einsatzkarte«, der breite Zimmermannsbleistift hob sich, kreiste über dem Plan und stieß plötzlich nieder: »Hier«, sagte Mulka, »hier kommst du zum Einsatz, im Hochfeld. Ein gutes Viertel, sehr gut sogar. Du meldest dich bei Köhnke.«

»Und die Sachen?« sagte ich.

»Uniform wirst du im Bus empfangen«, sagte er. »Im Bus kannst du dich auch fertig machen. Und benimm dich wie ein Weihnachtsmann!«

Ich versprach es. Ich bekam einen Vorschuß, bestellte ein Bier und trank und wartete, bis Mulka mich aufrief; der Chauffeur nahm mich mit hinaus. Wir gingen durch den kalten Regen zum Kleinbus, kletter-

ten in den Laderaum, wo bereits vier friedende Weihnachtsmänner saßen, und ich nahm die Sachen in Empfang, den Mantel, den flockigen Bart, die rotweiße Uniform der Freude. Das Zeug war noch nicht ausgekühlt, wohltuend war die Körperwärme älterer Weihnachtsmänner, meiner Vorgänger, zu spüren, die ihren Freudendienst schon hinter sich hatten; es fiel mir nicht schwer, die Sachen anzuziehen. Alles paßte, die Stiefel paßten, die Mütze, nur die Maske nicht: zu scharf drückten die Pappkanten gegen meine künstliche Nase; schließlich nahmen wir eine offene Maske, die meine Nase nicht verbarg.
Der Chauffeur half mir bei allem, begutachtete mich, taxierte den Grad der Freude, der von mir ausging, und bevor er nach vorn ging ins Führerhaus, steckte er mir eine brennende Zigarette in den Mund: In wilder Fahrt brachte er mich raus nach Hochfeld, zum sehr guten Einsatzort. Unter einer Laterne stoppte der Kleinbus, die Tür wurde geöffnet, und der Chauffeur winkte mich heraus.
»Hier ist es«, sagte er, »Nummer vierzehn, bei Köhnke. Mach sie froh. Und wenn du fertig bist damit, warte hier an der Straße; ich bring' nur die anderen Weihnachtsmänner weg, dann pick' ich dich auf.«
»Gut«, sagte ich, »in einer halben Stunde etwa.«
Er schlug mir aufmunternd auf die Schulter, ich zog die Maske zurecht, strich den roten Mantel glatt und ging durch einen Vorgarten auf das stille Haus zu, in dem schneller Nebenverdienst auf mich wartete. ›Köhnke‹, dachte ich, ›ja, er hieß Köhnke, damals in Demjansk.‹
Zögernd drückte ich die Klingel, lauschte; ein kleiner Schritt erklang, eine fröhliche Verwarnung, dann wurde die Tür geöffnet, und eine schmale Frau mit Haarknoten und weißgemusterter Schürze stand vor mir. Ein glückliches Erschrecken lag für eine Sekunde auf ihrem Gesicht, knappes Leuchten, doch es verschwand sofort: ungeduldig zerrte sie mich am Ärmel herein und deutete auf einen Sack, der in einer schrägen Kammer unter der Treppe stand.
»Rasch«, sagte sie, »ich darf nicht lange draußen sein. Sie müssen gleich hinter mir kommen. Die Pakete sind alle beschriftet, und Sie werden doch wohl hoffentlich lesen können.«
»Sicher«, sagte ich, »zur Not.«
»Und lassen Sie sich Zeit beim Verteilen der Sachen. Drohen Sie auch zwischendurch mal.«
»Wem«, fragte ich, »wem soll ich drohen?«
»Meinem Mann natürlich, wem sonst!«

»Wird ausgeführt«, sagte ich.
Ich schwang den Sack auf die Schulter, stapfte fest, mit schwerem, freudebringendem Schritt die Treppe hinauf – der Schritt war im Preis inbegriffen. Vor der Tür, hinter der die Frau verschwunden war, hielt ich an, räusperte mich, stieß dunklen Waldeslaut aus, Laut der Verheißung, und nach heftigem Klopfen und nach ungestümem »Herein!«, das die Frau mir aus dem Zimmer zurief, trat ich ein.
Es waren keine Kinder da; der Baum brannte, zischend versprühten zwei Wunderkerzen, und vor dem Baum, unter den feuerspritzenden Kerzen, stand ein schwerer Mann im schwarzen Anzug, stand ruhig da mit ineinandergelegten Händen und blickte mich erleichtert und erwartungsvoll an: Es war Köhnke, mein Oberst in Demjansk.
Ich stellte den Sack auf den Boden, zögerte, sah mich ratlos um zu der schmalen Frau, und als sie näher kam, flüsterte ich: »Die Kinder? Wo sind die Kinder?«
»Wir haben keine Kinder«, antwortete sie leise, und unwillig: »Fangen Sie doch an.«
Immer noch zaudernd, öffnete ich den Sack, ratlos von ihr zu ihm blickend: Die Frau nickte, er schaute mich lächelnd an, lächelnd und sonderbar erleichtert. Langsam tasteten meine Finger in den Sack, bis sie die Schnur eines Pakets erwischten; das Paket war für ihn. »Ludwig!« las ich laut. »Hier!« rief er glücklich, und er trug das Paket auf beiden Händen zu einem Tisch und packte einen Pyjama aus. Und nun zog ich nacheinander Pakete heraus, rief laut ihre Namen, rief einmal »Ludwig!« und einmal »Hannah!«, und sie nahmen glücklich die Geschenke in Empfang und packten sie aus. Heimlich gab mir die Frau ein Zeichen, ihm mit der Rute zu drohen; ich schwankte, die Frau wiederholte ihr Zeichen. Doch jetzt, als ich ansetzen wollte zur Drohung, jetzt drehte sich der Oberst zu mir um; respektvoll, mit vorgestreckten Händen kam er auf mich zu, mit zitternden Lippen. Wieder winkte mir die Frau, ihm zu drohen – wieder konnte ich es nicht.
»Es ist Ihnen gelungen«, sagte der Oberst plötzlich. »Sie haben sich durchgeschlagen. Ich hatte Angst, daß Sie es nicht schaffen würden.«
»Ich habe Ihr Haus gleich gefunden«, sagte ich.
»Sie haben eine gute Nase, mein Sohn.«
»Das ist ein Weihnachtsgeschenk, Herr Oberst. Damals bekam ich die Nase zu Weihnachten.«
»Ich freue mich, daß Sie uns erreicht haben.«
»Es war leicht, Herr Oberst; es ging sehr schnell.«

»Ich habe jedesmal Angst, daß Sie es nicht schaffen würden. Jedesmal–«

»Dazu besteht kein Grund«, sagte ich, »Weihnachtsmänner kommen immer ans Ziel.«

»Ja«, sagte er, »im allgemeinen kommen sie wohl ans Ziel. Aber jedesmal habe ich diese Angst, seit Demjansk damals.»

»Seit Demjansk«, sagte ich.

»Damals warteten wir im Gefechtsstand auf ihn. Sie hatten schon vom Stab telefoniert, daß er unterwegs war zu uns, doch es dauerte und dauerte. Es dauerte so lange, bis wir unruhig wurden und ich einen Mann losschickte, um den Weihnachtsmann zu uns zu bringen.«

»Der Mann kam nicht zurück«, sagte ich.

»Nein«, sagte er. »Auch der Mann blieb weg, obwohl sie nur Störfeuer schossen, sehr vereinzelt.«

»Wunderkerzen schossen sie, Herr Oberst.«

»Mein Sohn«, sagte er milde, »ach, mein Sohn. Wir gingen raus und suchten sie im Schnee vor dem Wald. Und zuerst fanden wir den Mann. Er lebte noch.«

»Er lebt immer noch, Herr Oberst.«

»Und im Schnee vor dem Wald lag der Weihnachtsmann, lag da mit einem Postsack und der Rute und rührte sich nicht.«

»Ein toter Weihnachtsmann, Herr Oberst.«

»Er hatte noch seinen Bart um, er trug noch den roten Mantel und die gefütterten Stiefel. Er lag auf dem Gesicht. Nie, nie, habe ich etwas gesehn, das so traurig war wie der tote Weihnachtsmann.«

»Es besteht immer ein Risiko«, sagte ich, »auch für den, der Freude verteilt, auch für Weihnachtsmänner besteht ein Risiko.«

»Mein Sohn«, sagte er, »für Weihnachtsmänner sollte es kein Risiko geben, nicht für sie. Weihnachtsmänner sollten außer Gefahr stehen.«

»Eine Gefahr läuft man immer«, sagte ich.

»Ja«, sagte er, »ich weiß es. Und darum denke ich immer, seit Demjansk damals, als ich den toten Weihnachtsmann vor dem Wald liegen sah – immer denke ich, daß er nicht durchkommen könnte zu mir. Es ist eine große Angst jedesmal, denn vieles habe ich gesehn, aber nichts war so schlimm wie der tote Weihnachtsmann.«

Der Oberst senkte den Kopf, angestrengt machte seine Frau mir Zeichen, ihm mit der Rute zu drohen: Ich konnte es nicht. Ich konnte es nicht, obwohl ich fürchten mußte, daß sie sich bei Mulka über mich beschweren und daß Mulka mir etwas von meinem Verdienst abzie-

hen könnte. Die muntere Ermahnung mit der Rute gelang mir nicht.
Leise ging ich zur Tür, den schlaffen Sack hinter mir herziehend; vorsichtig öffnete ich die Tür, als mich ein Blick des Obersten traf, ein glücklicher, besorgter Blick. »Vorsicht«, flüsterte er, »Vorsicht«, und ich nickte und trat hinaus. Ich wußte, daß seine Warnung aufrichtig war.
Unten wartete der Kleinbus auf mich; sechs frierende Weihnachtsmänner saßen im Laderaum, schweigsam und frierend, erschöpft vom Dienst an der Freude; während der Fahrt zum Hauptquartier sprach keiner ein Wort. Ich zog das Zeug aus und meldete mich bei Mulka hinter der beschlagenen Glasvitrine, er blickte nicht auf. Sein Bleistift kreiste über dem Stadtplan, wurde langsamer im Kreisen, schoß herab: »Hier«, sagte er, »hier ist ein neuer Einsatz für dich. Du kannst die Uniform gleich wieder anziehen.«
»Danke«, sagte ich, »vielen Dank.«
»Willst du nicht mehr? Willst du keine Freude mehr bringen?«
»Wem?« sagte ich. »Ich weiß nicht, zu wem ich jetzt komme. Zuerst muß ich einen Schnaps trinken. Das Risiko – das Risiko ist zu groß.«

## *Carlo Levi*
## Christus kam nur bis Eboli

So kam der Weihnachtsabend heran. Die verlassenen Äcker lagen voller Schnee. Der Wind trug den düsteren Klang der Glocke heran, der vom Himmel herabzusteigen schien. Gute Wünsche und Segenssprüche regneten bei meinem Spaziergang von den Schwellen auf mich hernieder. Die Kinder wanderten in Gruppen zum letzten Almosensammeln mit dem Cupo-Cupo. Die Bauern und die Frauen gingen mit Geschenken in die Herrenhäuser; es ist hier alter Brauch, daß die Armen den Reichen als Zeichen der Ergebenheit Gaben darbringen, die wie etwas ganz Selbstverständliches angenommen und nicht erwidert werden. Auch ich bekam an diesem Tag Flaschen voll Öl und Wein und Körbchen mit Feigen, und die Geber wunderten sich, daß ich das nicht als schuldigen Zoll betrachtete, sondern mich wehrte und, soweit ich konnte, irgendein Gegengeschenk machte. Was für ein merkwürdiger Herr war ich doch, daß für mich nicht die überlieferte Umkehrung der Legende von den Heiligen Drei Königen galt und man zu mir mit leeren Händen kommen durfte? Daß diese mächtigen Könige aus dem Orient hinter dem Stern herwanderten, um ihre Reichtümer dem Zimmermannssohn zu bringen, war ein Zeichen des nahen Weltendes. Aber hier, wohin Christus nicht gekommen war, hatte man auch die Drei Könige nicht gesehen.

Don Luigino ließ uns Konfinierten großmütig mitteilen, daß wir an diesem Abend zum Zeichen des Festes bis spät außer Hauses bleiben und, wenn wir wollten, auch an der Mitternachtsmesse teilnehmen dürften. Um Punkt Mitternacht war ich vor der Kirche in der Menge der Bauern, Weiber und Signori, und wir vertraten uns die Füße im knirschenden Schnee. Der Himmel war klar, ein paar Sterne glänzten, das Christkind sollte geboren werden. Aber die Glocke läutete nicht, die Kirchentür blieb verriegelt, und von Don Trajella war keine Spur zu sehen. Wir warteten in immer größerer Ungeduld vor der versperrten Türe. Was war geschehen? War der Priester krank oder etwa, wie Don Luigino brüllte, betrunken? Schließlich entschloß sich der Bürgermeister, einen Jungen zum Haus des Pfarrers zu schicken, um ihn zu holen. Ein paar Minuten später sah man Don Trajella mit großen Schneestiefeln und einem langen Schlüssel in der Hand heruntersteigen: er näherte sich der Tür, murmelte ein paar Entschuldigungen wegen der Verspätung, drehte ein paarmal den Schlüssel herum, schlug

die Tür auf und eilte zum Altar, um die Kerzen anzuzünden. Wir traten dann alle in die Kirche ein, und die Messe begann, eine dürftige, eilige Messe ohne Musik und ohne Gesang. Als sie zu Ende war, nach dem *Ita missa est*, schritt Don Trajella vom Altar herunter, drängte sich durch die Bänke, auf denen wir saßen, und bestieg die Kanzel, um seine Predigt zu halten.
»Geliebte Brüder!« so begann er. »Geliebte Brüder! Ihr Brüder!« – und hier unterbrach er sich sofort und fing an, in all seinen Taschen zu suchen, wobei er zwischen den Zähnen unverständliche Worte murmelte. Er setzte die Brille auf, nahm sie wieder ab, setzte sie sich abermals auf die Nase, zog das Taschentuch hervor und trocknete sich den Schweiß ab, erhob die Augen zum Himmel, schlug sie wieder nieder, blickte auf seine Zuhörerschaft, kratzte sich als Zeichen der höchsten Verwirrung am Kopf, seufzte, stieß Ohs und Ahs aus, faltete die Hände und nahm sie wieder auseinander, murmelte ein Vaterunser und schwieg schließlich mit der Miene eines verzweifelten Menschen. Ein Murmeln durchlief die Menge. Was geschah? Don Luigino wurde rot im Gesicht und fing an zu kreischen: »Er ist betrunken! Am Weihnachtsabend!« – »Geliebte Brüder!« setzte Don Trajella wieder von der Kanzel her ein. »Ich war hierher in seelsorgerischer Stimmung gekommen, um mit euch, die ihr meine geliebte Herde seid, ein wenig aus Anlaß dieses heiligen Festes zu sprechen, um euch mein Wort als liebevoller Hirte, *solliciti et benigni et studioso pastoris* zu bringen. Ich hatte eine, in aller Demut sei es mir erlaubt zu sagen, wirklich wunderschöne Predigt vorbereitet. Ich hatte sie aufgeschrieben, um sie abzulesen, weil ich ein schlechtes Gedächtnis habe, ich hatte sie in die Tasche gesteckt, und jetzt finde ich sie leider nicht mehr. Ich habe sie verloren und erinnere mich an nichts mehr. Was soll ich tun? Was kann ich euch, meine Getreuen, sagen, die ihr meines Wortes harret? Ach, die Worte fehlen mir!« – und hier schwieg Don Trajella von neuem und blieb unbeweglich stehen, die Augen wie abwesend an die Decke geheftet. Unten auf den Bänken warteten die Bauern, unsicher und neugierig, aber Don Luigino hielt nicht mehr an sich, er sprang wütend auf: »Das ist ein Skandal, eine Profanation des Gotteshauses. Faschisten, her zu mir!« – Die Bauern wußten nicht, wen sie angucken sollten. Don Trajella kniete, als erwachte er aus einer Ekstase, nieder, und zu dem Holzkruzifix gewendet, das auf dem Rande der Kanzel angebracht war, sagte er, die Hände zum Beten gefaltet: »Jesus, lieber Jesus, hilf mir, o Herr! Befreie mich aus dieser üblen Lage, Jesus!« Und siehe da, als habe ihn die Gnade angerührt, sprang der Priester auf: mit

raschem Griff faßte er ein zu Füßen des Kruzifix verborgenes Blatt und rief: »O Wunder, Wunder! Jesus hat mich erhört! Jesus hat mir geholfen! Ich hatte meine Predigt verloren, und er hat mich etwas Besseres finden lassen! Was waren meine armen Worte schon wert? Hört statt dessen Worte, die aus der Ferne kommen!« Und er begann das am Kruzifix gefundene Blatt zu lesen. Aber Don Luigino hörte nicht auf ihn. Er hatte sich in einen Anfall kalter Wut und heiliger Entrüstung hineingesteigert und fuhr fort zu schreien: »Faschisten, her zu mir! Das ist ein Sakrileg! Betrunken in der Kirche in der Weihnachtszeit! Her zu mir!« Und indem er sieben oder acht Balilla und Avanguardisten aus seiner Schule winkte, damit sie ihm folgten, stimmte er »Schwarzes Gesichtchen, schöne Abessinierin« an.
Der Bürgermeister und die Buben sangen, aber Don Trajella schien sie nicht zu hören und fuhr mit seinem Vorlesen fort. Das wunderbare Blatt war ein Brief aus Abessinien von dem Gaglianer Sergeanten, der im Priesterseminar aufgezogen worden war und den alle kannten. – »Es ist das Wort eines der euren, eines Sohnes dieses Ortes, eines der liebsten Schäflein meiner Herde. Meine arme Predigt war im Vergleich damit nichts wert. Jesus, der mich den Brief hat finden lassen, hat das Wunder getan. Hört: ›Weihnachten naht, und meine Gedanken fliegen nach Gagliano zu allen Freunden und Gefährten, die ich mir vorstelle, wie sie in unserem kleinen Kirchlein versammelt sind, um die heilige Messe zu hören. Hier kämpfen wir, um unsere heilige Religion den ungläubigen Völkern zu bringen; wir kämpfen, um diese Heiden zum wahren Glauben zu bekehren, um ihnen Frieden und die ewige Seligkeit zu bringen usw.‹« – In dem Stil ging es noch eine ganze Weile fort; es endete mit Grüßen an alle und besonders an viele im Ort, die er mit Namen aufzählte. Die Bauern hörten mit Vergnügen die überirdische afrikanische Botschaft. Don Trajella nahm dann von hier den Ausgangspunkt für seine Ansprache, indem er mit den Begriffen von Krieg und Frieden manövrierte. »Weihnachten ist das Friedensfest, und wir sind im Krieg. Aber, wie der Brief richtig sagt, dieser Krieg ist kein Krieg, sondern eine Friedensaktion für den Triumph des Kreuzes, das den einzigen wahren Frieden unter den Menschen bedeutet« und so fort. Die Predigt ging unter in einem Höllenlärm. Don Luigino und seine Jungen waren vom »Schwarzen Gesichtchen« zur »Giovinezza« übergegangen, und als sie damit fertig waren, hatten sie wieder »Schwarzes Gesichtchen« angestimmt. Als sie sahen, daß die Bauern nicht mitmachten und der Priester, der so tat, als bemerke er den Lärm nicht, weitersprach, wendete sich der Bürgermeister zum

Ausgang, indem er schrie: »'raus aus der Kirche! Dieser Raum ist profaniert! Faschisten, her zu mir!«, und gefolgt von seinen Balilla und Avanguardisten und einigen seiner Freunde ging er hinaus und fing an, mit seinem Gefolge um die Kirche herumzuziehen und abwechselnd »Schwarzes Gesichtchen« und »Giovinezza« zu singen, und das ging so weiter, solange die Predigt dauerte. Don Trajella ließ sich indessen nicht beirren; er war in der Kirche der einzige, der sich anscheinend nicht aus der Fassung bringen ließ: er hatte nur, anders als sonst, zwei rote Flecken auf den Backen in seinem totenbleichen Gesicht. – «*Pax in terra hominibus bonae voluntatis*, meine geliebten Kinder. *Pax in terra*, das ist die göttliche Botschaft, auf die wir in diesem Kriegsjahr mit besonderer Andacht und Zerknirschung lauschen müssen. Das göttliche Kind ist in eben dieser Stunde geboren worden, um dieses Wort des Friedens zu bringen. *Pax in terra hominibus*, und deshalb müssen wir uns läutern, um uns dessen würdig zu fühlen, wir müssen unser Gewissen prüfen und uns fragen, ob wir unsere Pflicht getan haben, um würdig zu sein, reinen Herzens das Wort Gottes zu hören. Ihr aber seid böse, seid Sünder, ihr kommt nie in die Kirche, macht keine Andachtsübungen, singt schlechte Lieder, flucht, laßt eure Kinder nicht taufen, beichtet nicht, geht nicht zum Abendmahl, habt keine Achtung vor den Dienern des Herrn, gebt nicht Gott, was Gottes ist, und deshalb senkt sich kein Friede auf euch. *Pax in terra hominibus*; ihr könnt kein Latein. Was heißt das *pax in terra hominibus?* Es bedeutet, daß ihr heute am Weihnachtstag eurem Pastor nach altem Brauch ein Zicklein als Gabe hättet bringen müssen. Ihr aber habt das nicht getan; denn ihr seid Ungläubige, und weil ihr nicht *bonae voluntatis*, nicht guten Willens seid, erhaltet ihr keinen Frieden und keinen Segen des Herrn. Überlegt es euch also, bringt eurem Pfarrer sein Zicklein, bezahlt ihm die Schulden für seine Ländereien, die noch vom vorigen Jahr anstehen, wenn ihr wollt, daß Gott barmherzig auf euch herabsieht, euch die Hand auf das Haupt legt und in eure Herzen Frieden gieße, wenn ihr wollt, daß der Friede wieder in die Welt zurückkehrt, und der Krieg aufhört, der euch um das Schicksal eurer Lieben und eures teuren Vaterlandes zittern läßt.« – Und in dem Stil ging es weiter mit Witzchen, Ermahnungen und lateinischen Zitaten. »Schwarzes Gesichtchen« klang es durch die Türe als Untermalung der Ansprache, während der Glöcknerjunge auf einen Wink des Priesters sich an die Glocke hing, um zu versuchen, die Lieder des Bürgermeisters mit seinem Totengeläut zu übertönen. Bei diesem Getöse kam unter allgemeiner Bestürzung die Predigt endlich zum Abschluß.

Don Trajella stieg von der Kanzel herunter und ging, ohne nach rechts oder links zu blicken, hinaus, und wir alle folgten ihm. Draußen fuhr Don Luigino fort, zu singen. Ein Bauer im schwarzen Mantel wartete mit einem gesattelten Maultier im Zügel. Er war aus Gaglianello gekommen, um den Priester abzuholen, der dort auch die Weihnachtsmesse lesen mußte. Don Trajella verschloß die Kirche, steckte den Schlüssel in die Tasche, kletterte mit Hilfe des Bauern auf das Maultier und ritt davon. Er hatte zwei Stunden Weges im Schnee auf einem Pfad zwischen Schluchten zurückzulegen. In Gaglianello wurde in diesem Jahre das Christkind um vier Uhr morgens geboren. Don Trajello wiederholte dort sein Wunder, und da es in diesem abgelegenen Weiler weder Bürgermeister noch Herren gab, ging alles herrlich ab, die Bauern waren von der Predigt begeistert, und der arme Priester wurde endlich einmal mit den gebührenden Ehren behandelt, bekam so viel Wein, wie er wollte, betrank sich diesmal wirklich und kehrte erst drei Tage später nach Gagliano zurück. Ich, der ich mit den andern vor der Kirche geblieben war, machte mich eilig davon aus der Gesellschaft, die das Geschehene besprach. Alle Signori außer Doktor Milillo, der, angeekelt über seinen Neffen, den Kopf schüttelte, gaben dem Bürgermeister recht und beschlossen, den Priester bei den Behörden anzuzeigen. »Endlich werden wir ihn los!« schrie Don Luigino mit seiner schrillen Stimme. »Das ist eine gute Gelegenheit!« – Niemand wird je erfahren, ob Don Trajella das Wunder mit der eines Stendhal würdigen Inszenierung der Verspätung, des Verlustes seines Predigtmanuskriptes und seiner Bestürzung auf der Kanzel nur zum Zweck der Erbauung vorbereitet hatte, um durch diese rednerische List größeren Eindruck auf die Seelen der Zuhörer zu machen, oder ob er mit dieser List sich nicht auch über seine Feinde und vielleicht auch sich selbst lustig machen und sich auf Kosten der Menschen, die ihn haßten und von denen er sich verfolgt fühlte, unterhalten wollte. Bestimmt war er nicht berauscht, oder wenn er selbst ein bißchen mehr als gewöhnlich getrunken hatte, so hatte das doch seine Klarheit und Geistesgegenwart nur erhöht. Aber Don Luigino war überzeugt, daß der Priester betrunken gewesen, daß er seine Predigt wirklich verloren hatte und daß das Ganze ein Skandal war: das war das Verderben des armen alten Priesters. Am nächsten Morgen schon gingen trotz des Weihnachtsfestes die Anzeigen ab: Briefe an den Präfekten, die Polizei und den Bischof. Nach einiger Zeit erschienen zwei vom Bischof gesandte Priester, um eine Untersuchung vorzunehmen. Ich glaube, alle, die befragt wurden, sagten gegen den Priester aus: nur ich versuchte, ihn zu entschuldigen, aber meine Stimme galt natürlich nichts. Und der Bischof beschloß, Don Trajella zu befehlen, an seinen eigentlichen Sitz nach Gaglianello zu ziehen, und verbot ihm, sich bei dem Wettbewerb um die Pfarrei in Gagliano zu beteiligen. Aber das geschah erst später.

Am Morgen war der Himmel grau, es war kalt, und die Bauern schliefen bis spät in den Tag hinein. Die Kamine rauchten mehr als gewöhnlich: vielleicht kochten ein paar Stückchen Fleisch in den Töpfen.

Es war das größte Fest des Jahres, ein froher Tag angeblichen Friedens und vorgetäuschten Reichtums. Vor allem aber war es ein Tag, an dem man Dinge sagen und tun konnte, die zu jeder andern Zeit des Jahres unmöglich waren. Julia kam in mein Haus ganz und gar frisch hergerichtet mit einem Schal, aus dem sie die Flecken entfernt hatte, einem schön gebügelten Schleier, und auch das Kind war weniger zerlumpt als gewöhnlich und schleppte sich in den großen Stiefeln eines andern, ein paar Jahre älteren Jungen. Ich erwartete sie ungeduldig: sie sollte mir heute einen ganz besonderen, und zwar den wichtigsten Teil ihrer Hexenkunst, der nur an diesem Tage mitteilbar ist, beibringen. Julia hatte mich alle möglichen Zaubereien und magische Formeln gelehrt, die dazu dienten, Krankheiten zu heilen und Liebe zu erwecken. Sie hatte sich jedoch immer geweigert, mir die Todeszauber, durch die man Krankheiten und den Tod herbeirufen kann, zu verraten. – »Nur an Weihnachten in größter Heimlichkeit und mit dem Schwur, sie niemandem zu wiederholen, außer an diesem einen Tag, der ein heiliger Tag ist. An allen anderen Tagen des Jahres ist es eine Todsünde.« – Aber trotzdem mußte ich sie immer wieder bitten und darauf bestehen; denn im Grunde ist es auch an Weihnachten keine ganz unschuldige Sache. Ich mußte feierlich schwören, daß sie meiner Diskretion trauen könne und daß sich der Teufel nicht über uns lustig machen sollte. Endlich war sie bereit, mich in die furchtbaren Formeln einzuweihen, die, allein durch das Wort, einen Menschen allmählich in allen lebenswichtigen Teilen angreifen, ihn tödlich treffen, ihn austrocknen und verdörren und ins Grab bringen. Soll ich hier ein paar der entsetzlichen Zaubersprüche wiederholen, die dem Leser in der heutigen Zeit so nützlich sein könnten? Leider geht das nicht; denn heute ist nicht Weihnachten, und ich bin durch einen Schwur gebunden.

## *Lore Lorentz*
## Ich denke an Aloysius Schwammel

Er hieß Aloysius Schwammel und war ein guter Mensch. Natürlich, ich müßte Weihnachten an Konsumterror denken, meine Gedanken und meine Feder an der Absurdität wetzen, daß Städte ausgerechnet dann am hellsten strahlen, wenn wir im Advent im Dunklen auf das Licht warten sollen. Gegen Geschenkerpressung sollte ich wettern und verkleidete Weihnachtsmannsurrogate. Aber ich denke an Pater Schwammel, der uns den Katechismus nahebringen sollte und uns statt dessen die Bibel erzählte. Als wir sechs, sieben, acht und neun Jahre alt waren.

Seit dieser Zeit bin ich bibelfest. Nicht was die Sprüche anbelangt. Mit Ezechiel 45,1 kann man mich jederzeit in Verlegenheit bringen, aber der Gesichtsausdruck, mit dem der Walfisch Jonas in Ninive ans Land gespuckt hat, um dann befriedigt wieder in die Fluten zu tauchen, den kenne ich. Da macht mir keiner was vor. Ich weiß auch, was sich in Petrus abgespielt hat, als er mutig, aber eben unbedacht und unchristlich dem römischen Hauptmann das Ohr abschlug. Beschämt blickte er zu Boden, schob verlegen mit der Sandale ein paar abgefallene Oliven hin und her, um schließlich doch sehr erleichtert zu sein, als der Herr die Sache mit dem Ohr wieder reparierte. Ich könnte es malen, wenn ich malen könnte.

Pater Schwammel spielte uns die Heilige Schrift nicht nur vor, er gestaltete sie. Im Alten Testament schob er die Dramatik doch wohl zu sehr in den Vordergrund. Die Beinahe-Opferung des Isaak durch Abraham geriet ihm fast zum Psychothriller. Aber im Neuen Testament hatte er Zwischentöne von bezaubernder Zartheit, die Volksszenen waren voll Saft und Kraft, und die Krämer jagte er aus dem Tempel, wie es einen jungen Revolutionär heute begeistern würde. Grandios sein Pilatus, die Waschschüssel vor sich, ganz Rom hinter sich.

Er spielte alle Rollen selbst. Auf dem kleinen Podium unserer Klasse verwandelte er sich vom ersten bis zum zwölften Apostel. Im Sprunge wechselte er die Mimik eines Jakobus (erdverbunden) mit der des Judas Ischariot (übles Schlitzohr, die dreißig Silberlinge schon im Augenwinkel). Seine Szene »Der Herr besucht den ungläubigen Thomas« wäre heute oscarverdächtig. Thomas in seinem Hause, bramarbasierend über intellektuelle Gepflogenheiten, nichts zu glauben, was nicht zu beweisen wäre – ein Hupfer nach links –, Thomas faßte es

nicht, erschrickt, erkennt den Herrn – ein Hupfer nach rechts –, der Herr blickt Thomas traurig an, nimmt dessen Hand und legt sie auf die Wunden – ein Hupfer nach links –: Nicht doch, Herr nicht doch! So war es nicht gemeint. Fortan will ich glauben und nicht wissen.
Kein Weihnachten, an dem ich ihn nicht wieder vor mir sehe und den zarten Takt bewundere, mit dem er die doch reichlich zwiespältige Rolle Josefs meisterte. Einer volkszählenden Bürokratie ausgeliefert, die zudem auch völlig überfordert war, weil man solches noch nie vorher gehabt hatte! Raffgieriger Hotelbesitzer, und wahrscheinlich mehr oder weniger plumpe Fragen wie: Sind Sie der Vater des zu erwartenden Kindes? Aber Pater Schwammel schaffte es. Von seinem Josef ging schlichte Würde aus, auch als er sich müde durch das karge heilige Land schleppte, immer behutsam Marien stützend, dann endlich den Stall fand und entschied: Besser als nichts! Maria, froh, ein Dach über dem Kopf zu haben, blickte nur kurz um sich, Josef dankbar an, und ich glaube, sie streichelte einem Lämmlein über den wolligen Pelz. Als Kuh und Kälbchen, Muli und Esel zugleich bildete der Pater zwischen uns und der Mutter eine Wand der Diskretion in ihrer schweren Stunde, um uns gleich darauf mit einer stolzen und zärtlichen Gebärde das gewickelte Kind in der Krippe zu zeigen. Noch ein kurzer Farbtupfer in dem Gemälde, sozusagen im Vorübergehen, Josef auf den Stab gestützt, und dann waren wir mit ihm draußen auf dem Feld, trafen Hirten, die uns aufgeregt entgegenkamen und von himmlischen Gestalten schwatzten, die ihnen eine große Freude verkündet hätten. Es waren, so erinnere ich mich, mindestens fünf Herren, jeder anders in seiner Haltung dem Unbegreiflichen gegenüber. Aber auch der ungläubige Forsche, der zaghafte Untertan, der Neugierige, der Scherzbold und der Mitläufer, sie wurden im Stall zu bedingungslosen Anbetern. Wir auch. Mein Gott, waren wir froh, daß alles gut gegangen war, und wir ehrten Ihn in der Höhe und wünschten auf Erden Frieden den Menschen, die guten Willens sind.
Der Besuch der Heiligen Drei Könige ließ uns vergleichsweise kalt. Schön, das Palaver in der Wüste, nachdem sie den Stern entdeckt hatten und ihre Astronomen befragt, hatte eine gewisse Dichte. Auch beim pomphaften Auftritt der drei im Notquartier knisterte soziale Spannung, aber ich, für mich, stellte in erster Linie mit Genugtuung fest, daß sich Josef nicht unterwürfig benahm und Maria nicht daran dachte, sich zu entschuldigen, weil es nicht aufgeräumt war. Einige Mädchen in der Klasse bemängelten dies, ich hätte es schon damals als kleinkariert empfunden. Einig waren wir uns über die Popeligkeit der

Geschenke. Gold, nun ja, aber Weihrauch und Myrrhe? Ich weiß heute, Pater Aloysius Schwammel ist schuld daran, daß ich niemals zur Weihnachtszeit eine Krippe aufstelle und auch keine Krippenfiguren sammle. Was er meiner Phantasie geschenkt hat, würde jede Figur zu einem Schemen werden lassen.

## *Martin Luther*
## Siehe, wie gar schlicht und einfältig...

... die Ding zugehen auf Erden, und doch so groß gehalten werden im Himmel. Auf Erden gehet es also zu: Da ist ein arm junges Weiblein, Maria, zu Nazareth, gar nicht geachtet und unter den geringsten Bürgerinnen der Stadt gehalten. Da wird niemand gewahr des großen Wunders, das sie träget; sie schweiget auch stille, hält sich für die Geringste, sie machet sich auf mit ihrem Hausherrn Joseph, haben vielleicht keine Magd noch Knecht, sondern er ist Herr und Knecht, sie Frau und Magd im Haus, haben also das Haus lassen stehen oder andern befohlen. Da sie nun gen Bethlehem kommen, zeigt der Evangelist, wie sie die Allergeringsten und Verachtetsten sind gewesen, sie haben jedermann müssen räumen, bis daß sie in einen Stall geweiset, mit dem Viehe eine gemeine Herberg, gemeinen Tisch, gemeine Kammer und Lager haben müssen annehmen, indes mancher böser Mensch, im Gasthaus obenan gesessen, sich hat einen Herrn ehren lassen. Da merket noch erkennet niemand, was in dem Stall Gott wirket, läßt die großen Häuser und köstliche Gemach leerbleiben, läßt sie essen, trinken und guten Mut haben; aber dieser Trost und Schatz ist in ihnen verborgen.
O welch eine finstere Nacht ist über dem Bethlehem damals gewesen, die eines solchen Lichts nicht ist inne worden! Wie zeiget Gott an, daß er so gar nichts achte, was die Welt ist, hat und vermag; wiederum die Welt beweiset auch, wie gar sie nichts erkennet noch achtet, was Gott ist, hat und wirket.

*Rosa Luxemburg*
# An Sophie Liebknecht

Breslau, Mitte Dezember 1917

... genau vor einem Jahr waren Sie bei mir in Wronke, haben mir den schönen Weihnachtsbaum beschert... Heuer habe ich mir hier einen besorgen lassen, aber man brachte mir einen ganz schäbigen, mit fehlenden Ästen – kein Vergleich mit dem vorjährigen. Ich weiß nicht, wie ich darauf die acht Lichtlein anbringe, die ich erstanden habe. Es sind meine dritten Weihnachten im Kittchen, aber nehmen Sie's ja nicht tragisch. Ich bin so ruhig und heiter wie immer.
Gestern lag ich lange wach – ich kann jetzt nie vor ein Uhr einschlafen, muß aber schon um zehn ins Bett, weil das Licht ausgelöscht wird –, dann träume ich mir Verschiedenes im Dunkeln. Gestern dachte ich also: Wie merkwürdig das ist, daß ich ständig in einem freudigen Rausch lebe – ohne jeden besonderen Grund. So liege ich zum Beispiel hier in der dunklen Zelle auf einer steinharten Matratze, um mich im Hause herrscht die übliche Kirchhofsstille, man kommt sich vor wie im Grabe; vom Fenster her zeichnet sich auf der Decke der Reflex der Laterne, die vor dem Gefängnis die ganze Nacht brennt. Von Zeit zu Zeit hört man nur ganz dumpf das ferne Rattern eines vorbeigehenden Eisenbahnzuges oder ganz in der Nähe unter den Fenstern das Räuspern der Schildwache, die in ihren schweren Stiefeln ein paar Schritte langsam macht, um die steifen Beine zu vertreten. Der Sand knirscht so hoffnungslos unter diesen Schritten, daß die ganze Öde und Ausweglosigkeit des Daseins daraus klingt in die feuchte, dunkle Nacht. Da liege ich still, allein, gewickelt in diese vielfachen schwarzen Tücher der Finsternis, Langeweile, Unfreiheit, des Winters – und dabei klopft mein Herz von einer unbegreiflichen, unbekannten inneren Freude, wie wenn ich im strahlenden Sonnenschein über eine blühende Wiese gehen würde. Und ich lächle im Dunkeln dem Leben, wie wenn ich irgendein zauberhaftes Geheimnis wüßte, das alles Böse und Traurige Lügen straft und in lauter Helligkeit und Glück wandelt. Und dabei suche ich selbst nach einem Grund zu dieser Freude, finde nichts und muß wieder lächeln – über mich selbst. Ich glaube, das Geheimnis ist nichts anderes als das Leben selbst; die tiefe nächtliche Finsternis ist so schön und weich wie Sammet, wenn man nur richtig

schaut; und in dem Knirschen des feuchten Sandes unter den langsamen schweren Schritten der Schildwache singt auch ein kleines schönes Lied vom Leben – wenn man nur richtig zu hören weiß...
Ach, Sonitschka, ich habe hier einen scharfen Schmerz erlebt. Auf dem Hof, wo ich spaziere, kommen oft Wagen vom Militär, voll bepackt mit Säcken oder alten Soldatenröcken und -hemden, oft mit Blutflecken..., die werden hier abgeladen, in die Zellen verteilt, geflickt, dann wieder aufgeladen und ans Militär abgeliefert. Neulich kam so ein Wagen, bespannt statt mit Pferden mit Büffeln. Ich sah die Tiere zum erstenmal in der Nähe. Sie sind kräftiger und breiter gebaut als unsere Rinder, mit flachen Köpfen und flach abgebogenen Hörnern, die Schädel also unseren Schafen ähnlicher, ganz schwarz, mit großen, sanften, schwarzen Augen. Sie stammen aus Rumänien, sind Kriegstrophäen... Die Soldaten, die den Wagen fuhren, erzählen, daß es sehr mühsam war, diese wilden Tiere zu fangen, und noch schwerer, sie, die an die Freiheit gewöhnt waren, zum Lastdienst zu benutzen. Sie wurden furchtbar geprügelt, bis sie begreifen lernten, daß sie den Krieg verloren hatten und daß für sie das Wort gilt »vae victis«... dazu bekommen sie, die an die üppige rumänische Weide gewohnt waren, elendes und karges Futter. Sie werden schonungslos ausgenutzt, um alle möglichen Lastwagen zu schleppen, und gehen dabei rasch zugrunde. – Vor einigen Tagen kam also ein Wagen mit Säcken hereingefahren. Die Last war so hoch aufgetürmt, daß die Büffel nicht über die Schwelle bei der Toreinfahrt konnten. Der begleitende Soldat, ein brutaler Kerl, fing an, derart auf die Tiere mit dem dicken Ende des Peitschenstiels loszuschlagen, daß die Aufseherin ihn empört zur Rede stellte, ob er denn kein Mitleid mit den Tieren hätte! »Mit uns Menschen hat auch niemand Mitleid!« antwortete er mit bösem Lächeln und hieb noch kräftiger ein... Die Tiere zogen schließlich an und kamen über den Berg, aber eins blutete...

Sonitschka, die Büffelhaut ist sprichwörtlich an Dicke und Zähigkeit, und die war zerrissen. Die Tiere standen dann beim Abladen ganz still, erschöpft, und eins, das, welches blutete, schaute dabei vor sich hin mit einem Ausdruck in dem schwarzen Gesicht und den sanften schwarzen Augen wie ein verweintes Kind. Es war direkt der Ausdruck eines Kindes, das hart bestraft worden ist und nicht weiß, wofür, weshalb, nicht weiß, wie es der Qual und der rohen Gewalt entgehen soll... Ich stand davor, und das Tier blickte mich an, mir rannen die Tränen herunter... Derweil tummelten sich die Gefangenen geschäftig um den Wagen, luden die schweren Säcke ab und schleppten sie ins Haus; der Soldat aber steckte beide Hände in die Hosentaschen, spazierte mit großen Schritten über den Hof, lächelte und pfiff leise einen Gassenhauer. Und der ganze herrliche Krieg zog an mir vorbei.

Schreiben Sie schnell, ich umarme Sie, Sonitschka. Ihre Rosa

Sonjuscha, Liebste, seien Sie trotz alledem ruhig und heiter. So ist das Leben, und so muß man es nehmen, tapfer, unverzagt und lächelnd – trotz alledem. Fröhliche Weihnachten! Rosa

*Francis MacManus*

# Das Familienporträt

Aus dem Englischen von Elisabeth Schnack

Wenn Sie zufällig in unsere Gegend kommen sollten, müssen Sie auch bei meinem Onkel vorsprechen. Sicher werden Sie erst ein wenig im Wohnzimmer warten müssen. Schauen Sie sich nur ruhig um! Auf einem Tischchen neben dem Kamin, zwischen schönen Muscheln und einer Glaskugel, in der eine große Stadt zu sehen ist, wird Ihnen ein Album auffallen, ein Album mit Photographien. Machen Sie es bitte auf – denn inzwischen werden alle hereingekommen sein und Ihnen voll Stolz die Bilder erklären: wer Priester und wer Nonne wurde, und wie alt der bärtige Herr mit dem steifen Stehkragen ist, und wann der und jener heiratete, und wieviel Kinder sie bekamen, freundlich lächelnde Kinder, und wo in der weiten Welt sie schließlich, immer noch freundlich lächelnd, hingerieten. Aber eine Photographie wird Ihnen ganz besonders auffallen. Schauen Sie sie nur schnell an, ehe meine Tante es merkt und schreit: »Oh, nehmt doch endlich das alte Ding weg! Warum ist es denn noch da? Ich dachte, wir hätten es längst verbrannt!«

Die Photographie wurde nämlich an einem Weihnachtstage kurz vor dem Essen aufgenommen, sozusagen zu der Zeit, wo wir schon hätten bei Tische sitzen sollen.

Im Hause meines Onkel ist das Weihnachtsessen eine sehr ernsthafte Angelegenheit. Damit will ich nicht sagen, daß alle mit langen, feierlichen Gesichtern dasitzen. Gott behüte!

Die Vorbereitungen gehen gleich nach der Frühmesse an. Im Küchenherd brennt ein Feuer, als wollten sie einen ganzen Ochsen braten, so daß meine Tante und die Mädchen fast bei lebendigem Leibe geröstet werden. Wir andern aber, wir rufen den Hunden und gehen über Feld, bis mein Onkel endlich sagt: »Ich glaube, wir müssen nach Hause gehen. Es könnte sein, daß Mutter und die Mädchen uns brauchen. Sie haben heute einen anstrengenden Tag!«

Keiner hat etwas dagegen, und wir kehren um, und mein Onkel sagt: »Ich möchte nur wissen, ob der Truthahn gut geraten ist. Es war der allerbeste vom Hof!«

Und wir sind alle genau so besorgt wie er um das Wohlbefinden des lieben Vogels. Einer von meinen Vettern sagt vielleicht: »Der Plumpuddding ist jedenfalls gut, ich habe ihn heute früh gesehen!«

»Weißt du noch den vom letzten Jahr?« fragt ein andrer, ohne jedoch eine Antwort zu erwarten. Wir tragen uns alle mit den gleichen Gedanken.

An jenem Weihnachtsmorgen nun, als die bewußte Photographie aufgenommen wurde, sprachen wir unterwegs dauernd vom Essen, obwohl es ja genau wie immer sein würde. Natürlich würde es Truthahn geben, der stets so knusprig und riesengroß war und vor lauter Füllung fast platzte – ein Tierchen, das eigens für diesen Zweck gemästet worden war. Dann würden rechts und links von ihm noch ein halbes Dutzend zarte Hühnchen liegen, mit dünnen Speckstreifen garniert. Es gab auch einen Schinken, der in einer Teigkruste in seinem eigenen Saft und Aroma gebacken wurde. Auch etwas Roastbeef und Schmorbraten fehlten nicht, und Pökelfleisch und gebratene Kartöffelchen und die dazu gehörigen Saucen. Und ohne einem lange Zeit zum Atemholen zu lassen, würden dann Bratäpfel in Schlagsahne erscheinen und Eiercreme und Fruchtgelee, ein Obstkuchen und selbstverständlich der Plumpudding, der so schwer war, daß meine Tante ächzte und stöhnte, wenn sie ihn auftrug. Und mein Onkel hatte inzwischen schon so oft auf unser aller Gesundheit getrunken, daß wir uns fragten, ob wir überhaupt je gesund gewesen waren.

Als wir nun also mit den Hunden nach Hause eilten und in den Hof kamen, schlug uns schon der Duft aus der Küchentür entgegen. Es war ein bitterkalter Tag – ein scharfer Nordost wehte –, so ein Tag, an dem man sich tüchtig bewegen muß, damit man nicht bis auf die Knochen friert. Wir schlängelten uns in die Küche, einer nach dem andern und ganz behutsam, denn für die Frauensleute ist es natürlich ein schwerer Tag. Wir wollten sehen, wie weit alles gediehen war. Meine Tante kam uns schon auf halbem Wege entgegen und rief:

»Warum seid ihr denn so früh nach Hause gekommen? Wir sind noch lange nicht fertig! Hinaus mit euch, alle miteinander! Fort! Wir müssen Platz haben!«

Wir zogen uns auf den Hof zurück, lungerten am Tor herum und sahen nach dem Wetter. Mein Onkel sagte niedergeschlagen: »Wenn sie nicht schnell machen, erfrieren wir hier alle!« Er ging in die Scheune und kam zurück und kaute gierig an einem Apfel. Wir wollten es ihm gerade gleichtun, da erschien ein langer Mensch mit einem großen schwarzen Kasten auf dem Rücken. Er kam in den Hof.

»Gott zum Gruß!« sagte mein Onkel, »und frohe Weihnachten!«

Noch nie hatte ich einen Mann gesehen, der so groß und dünn war wie dieser Fremde. Die Kleider schlotterten ihm um den Leib, ja, sie hingen so an ihm herunter wie die Enden seines grauen Schnauzbartes und die beschmutzte schwarze Künstlerschleife unter seinem Kinn. Vom Nordostwind tränten ihm die Augen, und das schmale Gesicht und die knochigen Hände waren blau angelaufen. Mit schwungvoller Geste zog er den großen, breitkrempigen Hut vom Kopf und sagte:

»Darf ich Ihnen, sehr verehrter Herr, der Sie vermutlich der Hausherr sind, meine ergebensten Wünsche zum Fest aussprechen, Ihre blühende Nachkommenschaft mitinbegriffen!« Er verneigte sich zweimal, oder vielmehr, er schwankte.

»Heiliger Bimbam!« brummte mein Onkel und musterte den schwarzen Kasten. Laut sagte er: »Kaltes Wetter heute, wenn man unterwegs sein muß!«

Der Lange rieb sich die Hände und lächelte ein frosterstarrtes Lächeln: »Mutter Natur«, erklärte er und deutete mit kühnem Bogen gen Himmel, »hat uns ein Wetter beschert, das wir in dieser Jahreszeit gewohnheitsgemäß mehr oder weniger erwarten dürften, obwohl sie nicht die Hoffnungen jener muntern Leutchen erfüllt hat, die nach Eiszapfen und flockigem Schnee seufzen. Nichtsdestotrotz, wenn jemand wie ich eine entgegengesetzte, wenn auch unmaßgebliche Meinung aussprechen darf, nichtsdestotrotz möchte ich behaupten, sie hat den Wind nicht dem geschorenen Lamme entsprechend temperiert. Ja, Herr, es ist saukalt!«

Wir waren sprachlos. Dann sagte mein Onkel schüchtern: »Möchten Sie vielleicht einen Schluck trinken, damit Sie sich ein bißchen aufwärmen?« Der Lange verbeugte sich, ohne eine Miene zu verziehen. »Herr«, sagte er, »wenn ich auch nicht als fanatischer Anhänger jener Ansicht hingestellt werden kann, die den Saft der Traube und das Destillat der Gerste verdammenswert nennt, sondern eher als Evangelist einer Fröhlichkeit bezeichnet werden möchte, die durch edle Mäßigkeit gedämpft wird, so erlauben Sie mir doch, Ihnen ergebenst zu danken und voll Bedauern zu verzichten«, – hier verbeugte er sich, während mein Onkel betroffen einen Schritt zurücktrat –, »und Ihnen kundzutun, daß mir Ihre Nachbarn in diesen gastfreundlichen Gefilden bereits ihre Festesfreude derart bezeugten, daß mein räumliches Fassungsvermögen bis aufs äußerste beansprucht wurde. Wenn ich bitten darf, Herr: keinen Tropfen mehr! Jedoch möchte ich Ihre Güte und Großherzigkeit insofern mißbrauchen, als ...«

Im gleichen Moment tönte aus der Küche der langersehnte Ruf mei-

ner Tante: »Zum Eeeessen! Steht doch nicht den ganzen Tag auf dem Hof herum und schwatzt!«
»Möchten Sie vielleicht etwas essen?« fragte mein Onkel.
Der Lange verneigte sich: »Auch hierin sind Ihnen Ihre gastfreundlichen Nachbarn zuvorgekommen und...«
»Dann sagen Sie endlich, was Sie eigentlich wollen, Mann!«
Der Lange schnallte sich den schwarzen Kasten vom Rücken, öffnete ihn umständlich und holte ein zusammenlegbares Stativ hervor, das er aufstellte, und eine Kamera, die er obendrauf pflanzte. Dann nahm er neben dem Apparat Positur ein, den Hut in der Ellbogenkrümmung, und sagte: »Meine Herrschaften, Sie erblicken hier ein Instrument, welches das wunderbare Produkt aus Genie und Erfindungsgeist von Scharen von Wissenschaftlern und Künstlern ist, die ihr Leben höchst selbstlos der Förderung einer Sache widmeten...«
»Eeeeessen!« rief meine Tante, »Eeeeessen! Vor fünf Minuten wart ihr alle noch halb verhungerte Kannibalen!«
Der Lange verbeugte sich in der Richtung, aus der die Stimme kam.
»Wollen Sie photographieren?» fragte mein Onkel. »Schnell, sagen Sie ja oder nein: wollen Sie ein Bild aufnehmen?«
»Das, mein Herr, ist allerdings Zweck und Ziel meiner Pilgerfahrt von Waterford her bis in diese gastfreundliche Gegend. Hätte ich den Stift eines Leonardo oder den Pinsel eines Rubens, ich würde mich glücklich schätzen...«
Mein Onkel unterbrach seinen Redefluß dadurch, daß er ins Haus ging, wo wir ihn rufen hörten: »Wollt ihr euch photographieren lassen?«
»Bist du verrückt geworden?« fragte meine Tante schrill. »Am Weihnachtstag! Das Essen schon halb auf dem Tisch! Und wer will überhaupt photographieren?«
»Ein langer Laban draußen auf dem Hof! Um Gottes willen, entschließe dich, sonst redet er uns alle tot und wieder lebendig!«
Meine Tante, die Mädchen und mein Onkel traten in die Küchentür und wurden mit Hutschwenken und einer neuen Rede begrüßt: »Meine verehrten Damen, es ist meine Gepflogenheit, sei sie nun lobens- oder tadelnswert, am Weihnachtstage photographische Abbilder menschlicher Familien in ihren diversen Heimen aufzunehmen; denn an diesem unvergleichlichen Tage sind Vater und Mutter, Bruder und Schwester und andere Verwandte vereint, um gemeinsam...«
Die Mädchen kicherten. Die Tante stöhnte und schnupperte in der Richtung des Herdes: »O Gott, mein köstlicher Truthahn!«

»Holt Stühle!« rief mein Onkel. »Schnell Stühle her! Kommt, rückt zusammen, daß wir's nur schnell hinter uns haben! Ach, wo wollt ihr denn jetzt hin?« schrie er den Frauensleuten nach. »Euch feinmachen, was? Vor lauter Feinmachen und Redekünsten und Hunger...«

»Diese photographischen Aufnahmen«, sagte der Lange, »sind absolut einzigartig, weil sie an einem Tage aufgenommen werden, wo getrennte Familien vereinigt sind und die Mienen in natürlicher Heiterkeit frohlocken, und sie sind auch insofern absolut einzigartig, als sie für die lächerliche Summe von sechs Schilling pro halbes Dutzend zu haben sind. Hier, verehrter Herr, ist meine Karte, mein Vorname, mein Zuname, Angabe des Berufs, Adresse und Ort der Bestimmung!«

»Ich bitte Sie«, flehte mein Onkel, »fangen Sie an, fangen Sie an!«

Während wir die Stühle hinstellten und uns setzten, drangen aus der Küche liebliche Düfte. Dann begann die Schlußfolter.

Der Photograph beäugte uns und schüttelte traurig den Kopf. »Gestatten Sie!« sagte er und trat mitten unter uns. Der Reihe nach nahm er uns alle einzeln vor, placierte uns in bestimmte Stellungen, verbog uns die Ellbogen, krümmte unsre Finger, zwang unsere Köpfe sanft auf die Seite, arrangierte unsere Kleider und knetete uns wie Kitt. Der Nordostwind schnitt wie mit Messern.

»Ach, mein Essen!« murmelte die Tante und wagte kaum, die Lippen zu bewegen.

Der Photograph trat zurück, um den Gesamteffekt zu studieren. Wir warteten. Unglücklich schüttelte er den Kopf. »Verehrte Damen und Herren«, rief er und hielt seinen dürren Zeigefinger hoch, »es würde von Vorteil für dies Porträt sein, welches, das kann ich versichern, ein prächtiger Beweis meiner Kunst sein wird, wenn die aufzunehmenden Objekte begreifen wollten, daß dies Instrument hier keine tödliche Waffe ist, und wenn sie deshalb die Muskeln ihrer Gesichter entspannten, um einen Effekt von Fröhlichkeit oder, besser noch, von Heiterkeit zu erzeugen!«

Mein Onkel knurrte. Wir lächelten verzweifelt und spürten, wie sich die Haut im beißenden Wind spannte.

»Endlich! Gott sei Dank!« rief meine Tante, als der Lange sich hinter die Kamera duckte. Wir lächelten verzerrt, unterdrückten unsere Wut und warteten darauf, daß es »klick« machte.

»O bitte, was ist das?« fragte der Photograph und richtete sich wieder in voller Länge auf.

Einer von unseren Hunden war näher gestrolcht und stand nun zitternd vor der Gruppe, ein Symbol des allgemeinen Elends.

»Bitte, nicht bewegen!« wurde uns befohlen. Und zum Hunde sagte er: »Bitte, verzieh dich aus dem Vordergrund, damit nicht verdorben wird, was einzig und allein Porträt einer menschlichen Familie sein soll!« Der Hund setzte sich hin.

»Um aller Heiligen willen«, brüllte mein Onkel, dessen Ellbogen noch immer so unnatürlich gekrümmt war, wie der Photograph ihn »arrangiert« hatte, »nehmen Sie jetzt das Dingsrich-Porträt mitsamt dem Hund und allem Zubehör auf!«

»Jawohl, Herr! Stets zu Diensten, Herr!« hauchte der Photograph.

Der Zwischenfall hatte Störungen in der Gruppe verursacht. Er fing von neuem an, herumzuzupfen, hängende Köpfe aufzurichten und eiskalte Finger künstlerisch zu verbiegen.

Dann trat er einen Schritt zurück, um sein Werk zu betrachten, rieb sich die Hände und rief: »Großartig!« Er duckte sich hinter die Kamera, wartete, sah ängstlich auf meinen Onkel und bat: »Bitte, gefälligst alle zu lächeln!« Niemand lächelte.

»Bitte!« wiederholte er. »Nichts vermag bei photographischen Aufnahmen so leicht einen gelungenen Effekt hervorzurufen wie ein kleines...«

In dem Augenblick müssen wir alle den gleichen mörderischen, haßerfüllten, bösartigen Blick angenommen haben, den Sie auf der Photographie verewigt sehen: als wären wir im Begriff, uns auf jemand zu stürzen.

Der Lange verkroch sich hinter die Kamera, seufzte – und der Apparat machte »klick«. Einmal nur, ein einziges Mal. Dann rasten wir ins Eßzimmer, während mein Onkel ihm noch Geld in die Hand drückte und auf den Torweg deutete.

Durch die offene Tür klang es zu uns herein: »... und erlaube mir, Ihnen und den Ihrigen meinen Dank für ein besonderes Vergnügen auszusprechen und ein frohes Fest zu wünschen, an das sich Kinder und Kindeskinder erinnern mögen...«

Die Stimme verhallte.

*Kurtmartin Magiera*

## Käme er heute

Käme ER heute und machte es wie damals–
sähe es so aus?

In den Slums von East-Harlem –
Maria eine Neger-Mammie.
In den Gassen Palermos –
Josef heißt Salvatore.
Im Zelt der Besitzlosen jenseits des Jordan –
Gott, Bruder der Armen.

Elf Quadratmeter für jesusmariaundjosef
im siebenstöckigen Hochhaus
von Wong Tai Sin –
siebentausend Nachbarn sind Hirten unterm
gleichen Dach.

Mietpartei irgendwo im Revier:
Ach so, nur ein Zimmermann!
In einer Vorstadtbaracke, im Gleisdreieck,
in der Kolonie Rote Erde.

Längst ist vergessen:
Auch in Bethlehem gab's Wohnzimmer,
reichgedeckte Tische und Marmor.

Käme ER heute und machte es wie damals –
wie sähe es aus?

## *Wladimir Majakowski*
## Tannennadeln

Nein, bitte nicht, laßt!
Keine Weihnachtstanne.
Nein, schickt den Vater nicht
in den Wald!
Mißtraut dem Wald
und dem bösen Manne,
der hinterm Wald Granatfäuste ballt.

Nein, es geht nicht.
Den Putz in blitzblanken Flittern
wollen wir heut
nicht in Watte betten.
Weil sonst Getroffne,
von tödlichen Splittern
Verwundete dort keine Watte hätten.

Nein, keine Kerzen.
Entsagt den Lichtern.
Vom Weltmeer steigen
die eisernen Drachen,
drin lauern Menschen
mit bösen Gesichtern,
ob Lichtlein in unsern Fenstern wachen.

Nein, sagt nicht,
der Weihnachtsmann solle kommen
mit seinem Sack
voll prächtiger Sachen.
Die Fabrik hat den Mann
in Beschlag genommen,
die Fabrik, wo sie Pulver und Kugeln machen.

Nein, keine Musik
wird diesmal erschallen.
Wie soll denn der armlose Musiker
fiedeln?
Bruder Flötist
ist im Felde gefallen,
so mußt er ins Himmelreich übersiedeln.

Nicht weinen. Was hilfts denn?
Verzieht nicht das Mündchen!
Bald wird die dunkle Welt
sich entschleiern.
Bald muß alles anders werden,
ihr Kindchen.
Dann werdet ihr fröhliche Weihnachten feiern.

Ein Tannenbäumchen wird dastehn,
ein mächtiges,
behängt mit Schmuckzeug
im Überfluß.
Das wird ein Fest sein,
ein wunderprächtiges,
ergötzlich – fast bis zum Überdruß.

*Thomas Mann*
# Buddenbrooks

Unter solchen Umständen kam diesmal das Weihnachtsfest heran, und der kleine Johann verfolgte mit Hilfe des Abreißkalenders, den Ida ihm angefertigt, und auf dessen letztem Blatte ein Tannenbaum gezeichnet war, pochenden Herzens das Nahen der unvergleichlichen Zeit.

Die Vorzeichen mehrten sich... Schon seit dem ersten Advent hing in Großmamas Eßsaal ein lebensgroßes, buntes Bild des Knecht Ruprecht an der Wand. Eines Morgens fand Hanno seine Bettdecke, die Bettvorlage und seine Kleider mit knisterndem Flittergold bestreut. Dann, wenige Tage später, nachmittags im Wohnzimmer, als Papa mit der Zeitung auf der Chaiselongue lag und Hanno gerade in Geroks ›Palmblättern‹ das Gedicht von der Hexe zu Endor las, wurde wie alljährlich und doch auch diesmal ganz überraschenderweise ein »alter Mann« gemeldet, welcher »nach dem Kleinen frage«. Er wurde hereingebeten, dieser alte Mann, und kam schlürfenden Schrittes, in einem langen Pelze, dessen rauhe Seite nach außen gekehrt und der mit Flittergold und Schneeflocken besetzt war, ebensolcher Mütze, schwarzen Zügen im Gesicht und einem ungeheuren weißen Barte, der wie die übernatürlich dicken Augenbrauen mit glitzernder Lametta durchsetzt war. Er erklärte, wie jedes Jahr, mit eherner Stimme, daß *dieser* Sack – auf seiner linken Schulter – für gute Kinder, welche beten könnten, Äpfel und goldene Nüsse enthalte, daß aber andererseits *diese* Rute – auf seiner rechten Schulter – für die bösen Kinder bestimmt sei... Es war Knecht Ruprecht. Das heißt, natürlich nicht so ganz und vollkommen der echte und im Grunde vielleicht bloß Barbier Wenzel in Papas gewendetem Pelz; aber soweit ein Knecht Ruprecht überhaupt möglich, war er *dies*, und Hanno sagte auch dieses Jahr wieder, aufrichtig erschüttert und nur ein- oder zweimal von einem nervösen und halb unbewußten Aufschluchzen unterbrochen, sein Vaterunser her, worauf er einen Griff in den Sack für die guten Kinder tun durfte, den der alte Mann dann überhaupt wieder mit sich zu nehmen vergaß...

Es setzten die Ferien ein, und der Augenblick ging ziemlich glücklich vorüber, da Papa das Zeugnis las, das auch in der Weihnachtszeit notwendig ausgestellt werden mußte... Schon war der große Saal geheimnisvoll verschlossen, schon waren Marzipan und Braune Kuchen auf den Tisch gekommen, schon war es Weihnacht draußen in der Stadt. Schnee fiel, es kam Frost, und in der scharfen, klaren Luft erklangen durch die Straßen die geläufigen oder wehmütigen Melodien der italienischen Drehorgelmänner, die mit ihren Sammetjacken und schwarzen Schnurrbärten zum Feste herbeigekommen waren. In den Schaufenstern prangten die Weihnachtsausstellungen. Um den hohen gotischen Brunnen auf dem Marktplatz waren die bunten Belustigungen des Weihnachtsmarktes aufgeschlagen. Und wo man ging, atmete man mit dem Duft der zum Kauf gebotenen Tannenbäume das Aroma des Festes ein.

Dann endlich kam der Abend des 23. Dezembers heran und mit ihm die Bescherung im Saale zu Haus, in der Fischergrube, eine Bescherung im engsten Kreise, die nur ein Anfang, eine Eröffnung, ein Vorspiel war, denn den Heiligen Abend hielt die Konsulin fest in Besitz, und zwar für die ganze Familie, so daß am Spätnachmittage des 24. die gesamte Donnerstagstafelrunde, und dazu noch Jürgen Kröger aus Wismar sowie Therese Weichbrodt mit Madame Kethelsen, im Landschaftszimmer zusammentrat.

In schwerer, grau und schwarz gestreifter Seide, mit geröteten Wangen und erhitzten Augen, in einem zarten Duft von Patschuli, empfing die alte Dame die nach und nach eintretenden Gäste, und bei den wortlosen Umarmungen klirrten ihre goldenen Armbänder leise. Sie war in unaussprechlicher stummer und zitternder Erregung an diesem Abend. »Mein Gott, du fieberst ja, Mutter!« sagte der Senator, als er mit Gerda und Hanno eintraf... »Alles kann doch ganz gemütlich vonstatten gehen.« Aber sie flüsterte, indem sie alle drei küßte: »Zu Jesu Ehren... Und dann mein lieber seliger Jean...«

In der Tat, das weihevolle Programm, das der verstorbene Konsul für die Feierlichkeit festgesetzt hatte, mußte aufrechterhalten werden, und das Gefühl ihrer Verantwortung für den würdigen Verlauf des Abends, der von der Stimmung einer tiefen, ernsten und inbrünstigen Fröhlichkeit erfüllt sein mußte, trieb sie rastlos hin und her – von der Säulenhalle, wo schon die Marien-Chorknaben sich versammelten, in den Eßsaal, wo Rieckchen Severin letzte Hand an den Baum und die Geschenktafel legte, hinaus auf den Korridor, wo scheu und verlegen einige fremde alte Leutchen umherstanden, Hausarme, die ebenfalls an der Bescherung teilnehmen sollten, und wieder ins Landschaftszimmer, wo sie mit einem stummen Seitenblick jedes überflüssige Wort und Geräusch strafte. Es war so still, daß man die Klänge einer entfernten Drehorgel vernahm, die zart und klar wie die einer Spieluhr aus irgendeiner beschneiten Straße den Weg hierher fanden. Denn obgleich nun an zwanzig Menschen im Zimmer saßen und standen, war die Ruhe größer als in einer Kirche, und die Stimmung gemahnte, wie der Senator ganz vorsichtig seinem Onkel Justus zuflüsterte, ein wenig an die eines Leichenbegängnisses.

Übrigens war kaum Gefahr vorhanden, diese Stimmung möchte durch einen Laut jugendlichen Übermutes zerrissen werden. Ein Blick hätte genügt, zu bemerken, daß fast alle Glieder der hier versammelten Familie in einem Alter standen, in welchem die Lebensäußerungen längst gesetzte Formen angenommen haben. Senator Thomas Buddenbrook, dessen Blässe den wachen, energischen und sogar humoristischen Ausdruck seines Gesichtes Lügen strafte; Gerda, seine Gattin, welche, unbeweglich in einen Sessel zurückgelehnt und das schöne weiße Gesicht nach oben gewandt, ihre nahe beieinanderliegenden, bläulich umschatteten, seltsam schimmernden Augen von den flimmernden Glasprismen des Kronleuchters bannen ließ; seine Schwester, Frau Permaneder; Jürgen Kröger, ein Cousin, der stille, schlicht gekleidete Beamte; seine Cousinen Friederike, Henriette und Pfiffi, von denen die beiden ersteren noch magerer und länger geworden waren und die letztere noch kleiner und beleibter erschien als früher, denen aber ein stereotyper Gesichtsausdruck durchaus gemeinsam war, ein spitziges und übelwollendes Lächeln, das gegen alle Personen und Dinge mit einer allgemeinen medisanten Skepsis gerichtet war, als sagten sie beständig: ›Wirklich? Das möchten wir denn doch fürs erste noch bezweifeln‹ ...; schließlich die arme, aschgraue Klothilde, deren Gedanken wohl direkt auf das Abendessen gerichtet waren: – sie alle hatten die Vierzig überschritten, während die Hausherrin mit ihrem Bruder Justus und seiner Frau gleich der kleinen Therese Weichbrodt schon ziemlich weit über die Sechzig hinaus war und die alte Konsulin Buddenbrook, geborene Stüwing, sowie die gänzlich taube Madame Kethelsen sich schon in den Siebzigern befanden.

In der Blüte ihrer Jugend stand eigentlich nur Erika Weinschenk; aber wenn ihre hellblauen Augen – die Augen Herrn Grünlichs – zu ihrem Manne, dem Direktor, hinüberglitten, dessen geschorener, an den Schläfen ergrauter Kopf mit dem schmalen, in die Mundwinkel hineingewachsenen Schnurrbart sich dort neben dem Sofa von der idyllischen Tapetenlandschaft abhob, so konnte man bemerken, daß ihr voller Busen sich in lautlosem, aber schwerem Atemzuge hob ... Ängstliche und wirre Gedanken an Usancen, Buchführung, Zeugen, Staatsanwalt, Verteidiger und Richter mochten sie bedrängen, ja, es war wohl keiner im Zimmer, dem diese unweihnachtlichen Gedanken nicht im Sinne gelegen hätten. Der angeklagte Zustand von Frau Permaneders Schwiegersohn, das Bewußtsein der gesamten Familie von der Gegenwart eines Mitgliedes, das eines Verbrechens gegen die Gesetze, die bürgerliche Ordnung und die geschäftliche Ehrenhaftigkeit geziehen und vielleicht der Schande und dem Gefängnis verfallen war, gab der Versammlung ein vollständig fremdes, ungeheuerliches Gepräge. Ein Weihnachtsabend der Familie Buddenbrook mit einem Angeklagten in ihrer Mitte! Frau Permaneder lehnte sich mit strengerer Majestät in ihren Sessel zurück, das Lächeln der Damen Buddenbrook aus der Breiten Straße ward um noch eine Nuance spitziger...

Und die Kinder? Der ein wenig spärliche Nachwuchs? War auch er für das leis Schauerliche dieses so ganz neuen und ungekannten Umstandes empfänglich? Was die kleine Elisabeth betraf, so war es unmöglich, über ihren Gemütszustand zu urteilen. In einem Kleidchen, an dessen reichlicher Garnitur mit Atlasschleifen man Frau Permaneders Geschmack erkannte, saß das Kind auf dem Arm seiner Bonne, hielt seine Daumen in die winzigen Fäuste geklemmt, sog an seiner Zunge, blickte mit etwas hervortretenden Augen starr vor sich hin und ließ dann und wann einen kurzen, knarrenden Laut vernehmen, worauf das Mädchen es ein wenig schaukeln ließ. Hanno aber saß still auf seinem Schemel zu den Füßen seiner Mutter und blickte gerade wie sie zu einem Prisma des Kronleuchters empor...

Christian fehlte! Wo war Christian? Erst jetzt im letzten Augenblick bemerkte man, daß er noch nicht anwesend sei. Die Bewegungen der Konsulin, die eigentümliche Manipulation, mit der sie vom Mundwinkel zur Frisur hinaufzustreichen pflegte, als brächte sie ein hinabgefallenes Haar an seine Stelle zurück, wurden noch fieberhafter... Sie instruierte eilig Mamsell Severin, und die Jungfer begab sich an den Chorknaben vorbei durch die Säulenhalle, zwischen den Hausarmen hin über den Korridor und pochte an Herrn Buddenbrooks Tür.

Gleich darauf erschien Christian. Er kam mit seinen mageren, krummen Beinen, die seit dem Gelenkrheumatismus etwas lahmten, ganz gemächlich ins Landschaftszimmer, indem er sich mit der Hand die kahle Stirne rieb.

»Donnerwetter, Kinder«, sagte er, »das hätte ich beinahe vergessen!«

»Du hättest es...«, wiederholte seine Mutter und erstarrte...

»Ja, beinah vergessen, daß heut' Weihnachten ist... Ich saß und las... in einem Buch, einem Reisebuch über Südamerika... Du lieber Gott, ich habe schon andere Weihnachten gehabt...«, fügte er hinzu und war soeben im Begriff, mit der Erzählung von einem Heiligen Abend anzufangen, den er zu London in einem Tingeltangel fünfter Ordnung verlebt, als plötzlich die im Zimmer herrschende Kirchenstille auf ihn zu wirken begann, so daß er mit krausgezogener Nase und auf den Zehenspitzen zu seinem Platze ging.

»Tochter Zion, freue dich!« sangen die Chorknaben, und sie, die eben noch da draußen so hörbare Allotria getrieben, daß der Senator sich einen Augenblick an die Tür hatte stellen müssen, um ihnen Respekt einzuflößen – sie sangen nun ganz wunderschön. Diese hellen Stimmen, die sich, getragen von den tieferen Organen, rein, jubelnd und lobpreisend aufschwangen, zogen aller Herzen mit sich empor, ließen das Lächeln der alten Jungfern milder werden und machten, daß die alten Leute in sich hineinsahen und ihr Leben überdachten, während die, welche mitten im Leben standen, ein Weilchen ihre Sorgen vergaßen.

Hanno ließ sein Knie los, das er bislang umschlungen gehalten hatte. Er sah ganz blaß aus, spielte mit den Fransen seines Schemels und scheuerte seine Zunge an einem Zahn, mit halbgeöffnetem Munde und einem Gesichtsausdruck, als fröre ihn. Dann und wann empfand er das Bedürfnis, tief aufzuatmen, denn jetzt, da der Gesang, dieser glockenreine A-cappella-Gesang die Luft erfüllte, zog sein Herz sich in einem fast schmerzhaften Glück zusammen. Weihnachten... Durch die Spalten der hohen, weißlackierten, noch fest geschlossenen Flügeltür drang der Tannenduft und erweckte mit seiner süßen Würze die Vorstellung der Wunder dort drinnen im Saale, die man jedes Jahr aufs neue mit pochenden Pulsen als eine unfaßbare, unirdische Pracht erharrte... Was würde dort drinnen für ihn sein? Das, was er sich gewünscht hatte, natürlich, denn das bekam man ohne Frage, gesetzt, daß es einem nicht als eine Unmöglichkeit zuvor schon ausgeredet worden war. Das Theater würde ihm gleich in die Augen springen und ihm den Weg zu seinem Platze weisen müssen, das ersehnte Puppentheater, das dem Wunschzettel für Großmama stark unterstrichen zu Häupten gestanden hatte und das seit dem ›Fidelio‹ beinahe sein einziger Gedanke gewesen war.

Ja, als Entschädigung und Belohnung für einen Besuch bei Herrn Brecht hatte Hanno kürzlich zum ersten Male das Theater besucht, das Stadttheater, wo er im ersten Range an der Seite seiner Mutter atemlos den Klängen und Vorgängen des ›Fidelio‹ hatte folgen dürfen. Seitdem träumte er nichts als Opernszenen, und eine Leidenschaft für die

Bühne erfüllte ihn, die ihn kaum schlafen ließ. Mit unaussprechlichem Neide betrachtete er auf der Straße die Leute, die, wie ja auch sein Onkel Christian, als Theaterhabitués bekannt waren, Konsul Döhlmann, Makler Gosch... War das Glück ertragbar, wie sie fast jeden Abend dort anwesend sein zu dürfen? Könnte er nur einmal in der Woche vor Beginn der Aufführung einen Blick in den Saal tun, das Stimmen der Instrumente hören und ein wenig den geschlossenen Vorhang ansehen! Denn er liebte alles im Theater: den Gasgeruch, die Sitze, die Musiker, den Vorhang...

Wird sein Puppentheater groß sein? Groß und breit? Wie wird der Vorhang aussehen? Man muß baldmöglichst ein kleines Loch hineinschneiden, denn auch im Vorhang des Stadttheaters war ein Guckloch... Ob Großmama oder Mamsell Severin – denn Großmama konnte nicht alles besorgen – die nötigen Dekorationen zum ›Fidelio‹ gefunden hatte? Gleich morgen wird er sich irgendwo einschließen und ganz allein eine Vorstellung geben... Und schon ließ er seine Figuren im Geiste singen; denn die Musik hatte sich ihm mit dem Theater sofort aufs engste verbunden...

»Jauchze laut, Jerusalem!« schlossen die Chorknaben, und die Stimmen, die fugenartig nebeneinander hergegangen waren, fanden sich in der letzten Silbe friedlich und freudig zusammen. Der klare Akkord verhallte, und tiefe Stille legte sich über Säulenhalle und Landschaftszimmer. Die Mitglieder der Familie blickten unter dem Drucke der Pause vor sich nieder; nur Direktor Weinschenks Augen schweiften keck und unbefangen umher, und Frau Permaneder ließ ihr trocknes Räuspern vernehmen, das ununterdrückbar war. Die Konsulin aber schritt langsam zum Tische und setzte sich inmitten ihrer Angehörigen auf das Sofa, das nun nicht mehr wie in alter Zeit unabhängig und abgesondert vom Tische dastand. Sie rückte die Lampe zurecht und zog die große Bibel heran, deren altersbleiche Goldschnittfläche ungeheuerlich breit war. Dann schob sie die Brille auf die Nase, öffnete die beiden ledernen Spangen, mit denen das kolossale Buch geschlossen war, schlug dort auf, wo das Zeichen lag, daß das dicke, rauhe, gelbliche Papier mit dem übergroßen Druck zum Vorschein kam, nahm einen Schluck Zuckerwasser und begann, das Weihnachtskapitel zu lesen.

Sie las die altvertrauten Worte langsam und mit einfacher, zu Herzen gehender Betonung, mit einer Stimme, die sich klar, bewegt und heiter von der andächtigen Stille abhob. »Und den Menschen ein Wohlgefallen!« sagte sie. Kaum aber schwieg sie, so erklang in der Säulenhalle dreistimmig das »Stille Nacht, heilige Nacht«, in das die Familie im Landschaftszimmer einstimmte. Man ging ein wenig vorsichtig zu Werke dabei, denn die meisten der Anwesenden waren unmusikalisch, und hie und da vernahm man in dem Ensemble einen tiefen und ganz ungehörigen Ton... Aber das beeinträchtigte nicht die Wirkung dieses Liedes... Frau Permaneder sang es mit bebenden Lippen, denn am süßesten und schmerzlichsten rührt es an dessen Herz, der ein bewegtes Leben hinter sich hat und im kurzen Frieden der Feierstunde Rückblick hält... Madame Kethelsen weinte still und bitterlich, obgleich sie von allem fast nichts vernahm.

Und dann erhob sich die Konsulin. Sie ergriff die Hand ihres Enkels Johann und die ihrer Urenkelin Elisabeth und schritt durch das Zimmer. Die alten Herrschaften schlossen sich an, die jüngeren folgten, in der Säulenhalle gesellten sich die Dienstboten und die Hausarmen hinzu, und während alles einmütig »O Tannenbaum« anstimmte und Onkel Christian vorn die Kinder zum Lachen brachte, indem er beim Marschieren die Beine hob wie ein Hampelmann und albernerweise »O Tannenbaum« sang, zog man mit geblendeten Augen und einem Lächeln auf dem Gesicht durch die weitgeöffnete hohe Flügeltür direkt in den Himmel hinein.

Der ganze Saal, erfüllt von dem Dufte angesengter Tannenzweige, leuchtete und glitzerte von unzähligen kleinen Flammen, und das Himmelblau der Tapete mit ihren weißen Götterstatuen ließ den großen Raum noch heller erscheinen. Die Flämmchen der Kerzen, die dort hinten zwischen den dunkelrot verhängten Fenstern den gewaltigen Tannenbaum bedeckten, welcher, geschmückt mit Silberflittern und großen, weißen Lilien, einen schimmernden Engel an seiner Spitze und ein plastisches Krippenarrangement zu seinen Füßen, fast bis zur Decke emporragte, flimmerten in der allgemeinen Lichtflut wie ferne Sterne. Denn auf der weißgedeckten Tafel, die sich lang und breit, mit den Geschenken beladen, von den Fenstern fast bis zur Türe zog, setzte sich eine Reihe kleinerer, mit Konfekt behängter Bäume fort, die ebenfalls von brennenden Wachslichtchen erstrahlten. Und es brannten die Gasarme, die aus den Wänden hervorkamen, und es brannten die dicken Kerzen auf den vergoldeten Kandelabern in allen vier Winkeln. Große Gegenstände, Geschenke, die auf der Tafel nicht Platz hatten, standen nebeneinander auf dem Fußboden. Kleinere Tische, ebenfalls weiß gedeckt, mit Gaben belegt und mit brennenden Bäumchen geschmückt, befanden sich zu den Seiten der beiden Türen: Das waren die Bescherungen der Dienstboten und der Hausarmen.

Singend, geblendet und dem altvertrauten Raume ganz entfremdet umschritt man einmal den Saal, defilierte an der Krippe vorbei, in der ein wächsernes Jesuskind das Kreuzeszeichen zu machen schien, und blieb dann, nachdem man Blick für die einzelnen Gegenstände bekommen hatte, verstummend an seinem Platze stehen.

Hanno war vollständig verwirrt. Bald nach dem Eintritt hatten seine fieberhaft suchenden Augen das Theater erblickt... ein Theater, das, wie es dort oben auf dem Tische prangte, von so extremer Größe und Breite erschien, wie er es sich vorzustellen niemals erkühnt hatte. Aber sein Platz hatte gewechselt, er befand sich an einer der vorjährigen entgegengesetzten Stelle, und dies bewirkte, daß Hanno in seiner Verblüffung ernstlich daran zweifelte, ob dies fabelhafte Theater für ihn bestimmt sei. Hinzu kam, daß zu den Füßen der Bühne, auf dem Boden, etwas Großes, Fremdes aufgestellt war, etwas, was nicht auf seinem Wunschzettel gestanden hatte, ein Möbel, ein kommodenartiger Gegenstand... war er für ihn?

»Komm her, Kind, und sieh dir dies an«, sagte die Konsulin und öffnete den Deckel. »Ich weiß, du spielst gern Choräle... Herr Pfühl wird dir die nötigen Anweisungen geben... Man muß immer treten... manchmal schwächer und manchmal stärker... und dann die Hände nicht aufheben, sondern immer nur so peu à peu die Finger wechseln...«

Es war ein Harmonium, ein kleines, hübsches Harmonium, braun poliert, mit Metallgriffen an beiden Seiten, bunten Tretbälgen und einem zierlichen Drehsessel. Hanno griff einen Akkord... ein sanfter Orgelklang löste sich los und ließ die Umstehenden von ihren Geschenken aufblicken... Hanno umarmte seine Großmutter, die ihn zärtlich an sich preßte und ihn dann verließ, um die Danksagungen der anderen entgegenzunehmen.

Er wandte sich dem Theater zu. Das Harmonium war ein überwältigender Traum, aber er hatte doch fürs erste noch keine Zeit, sich näher damit zu beschäftigen. Es war der Überfluß des Glückes, in dem man, undankbar gegen das einzelne, alles nur flüchtig berührt, um erst einmal das Ganze übersehen zu lernen... Oh, ein Souffleurkasten war da, ein muschelförmiger Souffleurkasten, hinter dem breit und majestätisch in Rot und Gold der Vorhang emporrollte. Auf der Bühne war die Dekoration des letzten Fidelio-Aktes aufgestellt. Die armen Gefangenen falteten die Hände. Don Pizarro, mit gewaltig gepufften Ärmeln, verharrte irgendwo in fürchterlicher Attitüde. Und von hinten nahte im Geschwindschritt und ganz in schwarzem Sammet der Minister, um alles zum besten zu kehren. Es war wie im Stadttheater und beinahe noch schöner. In Hanno's Ohren widerhallte der Jubelchor, das Finale, und er setzte sich vor das Harmonium, um ein Stückchen daraus, das er behalten, zum Erklingen zu bringen... Aber er stand wieder auf, um das Buch zur Hand zu nehmen, das erwünschte Buch der griechischen Mythologie, das ganz rot gebunden war und eine goldene Pallas Athene auf dem Deckel trug. Er aß von seinem Teller mit Konfekt, Marzipan und Braunen Kuchen, musterte die kleineren Dinge, die Schreibutensilien und Schulhefte, und vergaß einen Augenblick alles übrige über einem Federhalter, an dem sich irgendwo ein winziges Glaskörnchen befand, das man nur vors Auge zu halten brauchte, um wie durch Zauberspiel eine weite Schweizerlandschaft vor sich zu sehen...

Jetzt gingen Mamsell Severin und das Folgmädchen mit Tee und Biskuits umher, und während Hanno eintauchte, fand er ein wenig Muße, von seinem Platze aufzusehen. Man stand an der Tafel oder ging daran hin und her, plauderte und lachte, indem man einander die Geschenke zeigte und die des anderen bewunderte. Es gab da Gegenstände aus allen Stoffen: aus Porzellan, aus Nickel, aus Silber, aus Gold, aus Holz, Seide und Tuch. Große, mit Mandeln und Sukkade symmetrisch besetzte Braune Kuchen lagen abwechselnd mit massiven Marzipanbroten, die innen naß waren vor Frische, in langer Reihe auf dem Tische. Diejenigen Geschenke, die Frau Permaneder angefertigt oder dekoriert hatte, ein Arbeitsbeutel, ein Untersatz für Blattpflanzen, ein Fußkissen, waren mit großen Atlasschleifen geziert.

Dann und wann besuchte man den kleinen Johann, legte den Arm um seinen Matrosenkragen und nahm seine Geschenke mit der ironisch übertriebenen Bewunderung in Augenschein, mit der man die Herrlichkeiten der Kinder zu bestaunen pflegt. Nur Onkel Christian wußte nichts von diesem Erwachsenenhochmut, und seine Freude an dem Puppentheater, als er, einen Brillantring am Finger, den er von seiner Mutter beschert bekommen hatte, an Hanno's Platz vorüberschlenderte, unterschied sich gar nicht von der seines Neffen.

»Donnerwetter, das ist drollig!« sagte er, indem er den Vorhang auf- und niederzog und einen Schritt zurücktrat, um das szenische Bild zu betrachten. »Hast du dir das gewünscht? – So, das hast du dir also gewünscht«, sagte er plötzlich, nachdem er eine Weile mit sonderbarem Ernst und voll unruhiger Gedanken seine Augen hatte wandern lassen. »Warum? Wie kommst du auf den Gedanken? Bist du schon mal im Theater gewesen?... Im ›Fidelio‹? Ja, das wird gut gegeben...

Und nun willst du das nachmachen, wie? nachahmen, selbst Opern aufführen?... Hat es solchen Eindruck auf dich gemacht?... Hör mal, Kind, laß dir raten, hänge deine Gedanken nur nicht zu sehr an solche Sachen... Theater... und so was... Das taugt nichts, glaube deinem Onkel. Ich habe mich auch immer viel zu sehr für diese Dinge interessiert, und darum ist auch nicht viel aus mir geworden. Ich habe große Fehler begangen, mußt du wissen...«

Er hielt das seinem Neffen ernst und eindringlich vor, während Hanno neugierig zu ihm aufsah. Dann jedoch, nach einer Pause, während welcher in Betrachtung des Theaters sein knochiges und verfallenes Gesicht sich aufhellte, ließ er plötzlich eine Figur sich auf der Bühne vorwärts bewegen und sang mit hohl krächzender und tremolierender Stimme: »Ha, welch gräßliches Verbrechen!«, worauf er den Sessel des Harmoniums vor das Theater schob, sich setzte und eine Oper aufzuführen begann, indem er, singend und gestikulierend, abwechselnd die Bewegungen des Kapellmeisters und der agierenden Person vollführte. Hinter seinem Rücken versammelten sich mehrere Familienglieder, lachten, schüttelten den Kopf und amüsierten sich. Hanno sah ihm mit aufrichtigem Vergnügen zu. Nach einer Weile aber, ganz überraschend, brach Christian ab. Er verstummte, ein unruhiger Ernst überflog sein Gesicht, er strich mit der Hand über seinen Schädel und an seiner linken Seite hinab und wandte sich dann mit krauser Nase und sorgenvoller Miene zum Publikum.

»Ja, seht ihr, nun ist es wieder aus«, sagte er; »nun kommt wieder die Strafe. Es rächt sich immer gleich, wenn ich mir mal einen Spaß erlaube. Es ist kein Scherz, wißt ihr, es ist eine Qual... eine unbestimmte Qual, weil hier alle Nerven zu kurz sind. Sie sind ganz einfach alle zu kurz...«

Aber die Verwandten nahmen diese Klagen ebensowenig ernst wie seine Späße und antworteten kaum. Sie zerstreuten sich gleichgültig, und so saß denn Christian noch eine Zeitlang stumm vor dem Theater, betrachtete es mit schnellem und gedankenvollem Blinzeln und erhob sich dann.

»Na, Kind, amüsiere dich damit«, sagte er, indem er über Hanno's Haar strich. »Aber nicht zuviel... und vergiß deine ernsten Arbeiten nicht darüber, hörst du? Ich habe viele Fehler gemacht... Jetzt will ich aber in den Klub... Ich gehe ein bißchen in den Klub!« rief er den Erwachsenen zu. »Da feiern sie auch Weihnachten heut'. Auf Wiedersehn.« Und mit steifen, krummen Beinen ging er durch die Säulenhalle von dannen.

Alle hatten heute früher als sonst zu Mittag gegessen und sich daher mit Tee und Biskuits ausgiebig bedient. Aber man war kaum damit fertig, als große Kristallschüsseln mit einem gelben, körnigen Brei zum Imbiß herumgereicht wurden. Es war Mandelcreme, ein Gemisch aus Eiern, geriebenen Mandeln und Rosenwasser, das ganz wundervoll schmeckte, das aber, nahm man ein Löffelchen zuviel, die furchtbarsten Magenbeschwerden verursachte. Dennoch, und obgleich die Konsulin bat, für das Abendbrot »ein kleines Loch offenzulassen«, tat man sich keinen Zwang an. Was Klothilde betraf, so vollführte sie Wunderdinge. Still und dankbar löffelte sie die Mandelcreme, als wäre es Buchweizengrütze. Zur Erfrischung gab es auch Weingelee in Gläsern, wozu englischer Plumcake gegessen wurde. Nach und nach zog man sich ins Landschaftszimmer hinüber und gruppierte sich mit den Tellern um den Tisch.

Hanno blieb allein im Saale zurück, denn die kleine Elisabeth Weinschenk war nach Hause gebracht worden, während er dieses Jahr zum ersten Male zum Abendessen in der Mengstraße bleiben durfte, die Dienstmädchen und die Hausarmen hatten sich mit ihren Geschenken zurückgezogen, und Ida Jungmann plauderte in der Säulenhalle mit Rieckchen Severin, obgleich sie, als Erzieherin, der Jungfer gegenüber gewöhnlich eine strenge gesellschaftliche Distanz innehielt. Die Lichter des großen Baumes waren herabgebrannt und ausgelöscht, so daß die Krippe nun im Dunkel lag; aber einzelne Kerzen an den kleinen Bäumen auf der Tafel brannten noch, und hie und da geriet ein Zweig in den Bereich eines Flämmchens, sengte knisternd an und verstärkte den Duft, der im Saale herrschte. Jeder Lufthauch, der die Bäume berührte, ließ die Stücke Flittergoldes, die daran befestigt waren, mit einem zart metallischen Geräusch erschauern. Es war nun wieder still genug, die leisen Drehorgelklänge zu vernehmen, die von einer fernen Straße durch den kalten Abend daherkamen.

Hanno genoß die weihnachtlichen Düfte und Laute mit Hingebung. Er las, den Kopf in die Hand gestützt, in seinem Mythologiebuch, aß mechanisch und weil es zur Sache gehörte, Konfekt, Marzipan, Mandelcreme und Plumcake, und die ängstliche Beklommenheit, die ein überfüllter Magen verursacht, vermischte sich mit der süßen Erregung des Abends zu einer wehmütigen Glückseligkeit. Er las von den Kämpfen, die Zeus zu bestehen hatte, um zur Herrschaft zu gelangen, und horchte dann und wann einen Augenblick ins Wohnzimmer hinüber, wo man Tante Klothildens Zukunft eingehend besprach.

Klothilde war weitaus die Glücklichste von allen an diesem Abend und nahm die Gratulationen und Neckereien, die ihr von allen Seiten zuteil wurden, mit einem Lächeln entgegen, das ihr aschgraues Gesicht verklärte; ihre Stimme brach sich beim Sprechen vor freudiger Bewegung. – Sie war in das ›Johanniskloster‹ aufgenommen worden. Der Senator hatte ihr die Aufnahme unterderhand im Verwaltungsrat erwirkt, obgleich gewisse Herren heimlich über Nepotismus gemurrt hatten. Man unterhielt sich über diese dankenswerte Institution, die den adeligen Damenklöstern in Mecklenburg, Dobbertin und Ribnitz entsprach und die würdige Altersversorgung mittelloser Mädchen aus verdienter und alteingesessener Familie bezweckte. Der armen Klothilde war nun zu einer kleinen, aber sicheren Rente verholfen, die sich mit den Jahren steigern würde, und für ihr Alter, wenn sie in die höchste Klasse aufgerückt sein würde, sogar zu einer friedlichen und reinlichen Wohnung im Kloster selbst...

Der kleine Johann verweilte ein wenig bei den Erwachsenen, aber er kehrte bald in den Saal zurück, der nun, da er weniger licht erstrahlte und mit seiner Herrlichkeit keine so verblüffte Scheu mehr hervorrief wie anfangs, einen Reiz von neuer Art ausübte. Es war ein ganz seltsames Vergnügen, wie auf einer halbdunklen Bühne nach Schluß der Vorstellung darin umherzustreifen und ein wenig hinter die Kulissen zu sehen: die Lilien des großen Tannenbaumes mit ihren goldnen Staubfäden aus der Nähe zu betrachten, die Tier- und Menschenfiguren des Krippenaufbaus in die Hand zu nehmen, die Kerze ausfindig zu machen, die den transparenten Stern über Bethlehems Stall hatte leuchten lassen, und das lang herabhängende Tafeltuch zu lüften, um der Menge von Kartons und Packpapieren gewahr zu werden, die unter dem Tisch aufgestapelt waren.

Auch gestaltete sich die Unterhaltung im Landschaftszimmer immer weniger anziehend. Mit unentrinnbarer Notwendigkeit war allmählich die eine, unheimliche Angelegenheit Gegenstand des Gespräches geworden, über die man bislang dem festlichen Abend zu Ehren geschwiegen, die aber fast keinen Augenblick aufgehört hatte, alle Gemüter zu beschäftigen: Direktor Weinschenks Prozeß. Hugo Weinschenk selbst hielt Vortrag darüber, mit einer gewissen wilden Munterkeit in Miene und Bewegungen. Er berichtete über Einzelheiten der nun durch das Fest unterbrochenen Zeugenvernehmungen, tadelte lebhaft die allzu bemerkbare Voreingenommenheit des Präsidenten Doktor Philander und kritisierte mit souveränem Spott den höhnischen Ton, den der Staatsanwalt Doktor Hagenström gegen ihn und die Entlastungszeugen anzuwenden für passend erachte. Übrigens habe Breslauer verschiedene belastende Aussagen sehr witzig entkräftet und ihm aufs bestimmteste versichert, daß an eine Verurteilung vorläufig gar nicht zu denken sei. – Der Senator warf hie und da aus Höflichkeit eine Frage ein, und Frau Permaneder, die mit emporgezogenen Schultern auf dem Sofa saß, murmelte manchmal einen furchtbaren Fluch gegen Moritz Hagenström. Die übrigen aber schwiegen. Sie schwiegen so tief, daß auch der Direktor allmählich verstummte; und während drüben im Saale dem kleinen Hanno die Zeit schnell wie im Himmelreiche verging, lagerte im Landschaftszimmer eine schwere, beklommene, ängstliche Stille, die noch fortherrschte, als um halb neun Uhr Christian aus dem Klub von der Weihnachtsfeier der Junggesellen und Suitiers zurückkehrte.

Ein erkalteter Zigarrenstummel stak zwischen seinen Lippen, und seine hageren Wangen waren gerötet. Er kam durch den Saal und sagte, als er ins Landschaftszimmer trat: »Kinder, der Saal ist doch wunderhübsch! Weinschenk, wir hätten heute eigentlich Breslauer mitbringen sollen; so was hat er sicher noch gar nicht gesehen.«

Ein stiller, strafender Seitenblick traf ihn aus den Augen der Konsulin. Er erwiderte ihn mit unbefangener und verständnislos fragender Miene. – Um neun Uhr ging man zu Tische.

Wie alljährlich an diesem Abend war in der Säulenhalle gedeckt worden. Die Konsulin sprach mit herzlichem Ausdruck das hergebrachte Tischgebet:

> Komm, Herr Jesus, sei unser Gast
> Und segne, was du uns bescheret hast,

woran sie, wie an diesem Abend ebenfalls üblich, eine kleine, mahnende Ansprache schloß, die hauptsächlich aufforderte, aller derer zu gedenken, die es an diesem Heiligen Abend nicht so gut hätten wie die Familie Buddenbrook... Und als dies erledigt war, setzte man sich mit gutem Gewissen zu einer nachhaltigen Mahlzeit nieder, die alsbald mit Karpfen in aufgelöster Butter und mit altem Rheinwein ihren Anfang nahm.

Der Senator schob ein paar Schuppen des Fisches in sein Portemonnaie, damit während des ganzen Jahres das Geld nicht darin ausgehe; Christian aber bemerkte trübe, das helfe ja doch nichts, und Konsul Kröger entschlug sich solcher Vorsichtsmaßregeln, da er ja keine Kursschwankungen mehr zu fürchten habe und mit seinen anderthalb Schillingen längst im Hafen sei. Der alte Herr saß möglichst weit entfernt von seiner Frau, mit der er seit Jahr und Tag beinahe kein Wort mehr sprach, weil sie nicht aufhörte, dem enterbten Jakob, der in London, Paris oder Amerika – nur sie wußte das bestimmt – sein entwurzeltes Abenteuerleben führte, heimlich Geld zufließen zu lassen. Er runzelte finster die Stirn, als beim zweiten Gange sich das Gespräch den abwesenden Familienmitgliedern zuwandte und als er sah, wie die schwache Mutter sich die Augen trocknete. Man erwähnte die in Frankfurt und die in Hamburg, man gedachte auch ohne Übelwollen des Pastors Tiburtius in Riga, und der Senator stieß in aller Stille mit seiner Schwester Tony auf die Gesundheit der Herren Grünlich und Permaneder an, die in gewissem Sinne doch auch dazugehörten...

Der Puter, gefüllt mit einem Brei von Maronen, Rosinen und Äpfeln, fand das allgemeine Lob. Vergleiche mit denen früherer Jahre wurden angestellt, und es ergab sich, daß dieser seit langer Zeit der größte war. Es gab gebratene Kartoffeln, zweierlei Gemüse und zweierlei Kompott dazu, und die kreisenden Schüsseln enthielten Portionen, als ob es sich bei jeder einzelnen von ihnen nicht um eine Beigabe und Zutat, sondern um das Hauptgericht handelte, an dem alle sich sättigen sollten. Es wurde alter Rotwein von der Firma Möllendorpf getrunken.

Der kleine Johann saß zwischen seinen Eltern und verstaute mit Mühe ein weißes Stück Brustfleisch nebst Farce in seinem Magen. Er konnte nicht mehr soviel essen wie Tante Thilda, sondern fühlte sich müde und nicht sehr wohl; er war nur stolz darauf, daß er mit den Erwachsenen tafeln durfte, daß auch auf *seiner* kunstvoll gefalteten Serviette eins von diesen köstlichen, mit Mohn bestreuten Milchbrötchen gelegen hatte, daß auch vor *ihm* drei Weingläser standen, während er sonst aus dem kleinen goldenen Becher, dem Patengeschenk Onkel Krögers, zu trinken pflegte... Aber als dann, während Onkel Justus einen ölgelben griechischen Wein in die kleinsten Gläser zu schenken begann, die Eisbaisers erschienen – rote, weiße und braune –, wurde auch sein Appetit wieder rege. Er verzehrte, obgleich es ihm fast unerträglich weh an den Zähnen tat, ein rotes, dann die Hälfte eines weißen, mußte schließlich doch auch von den braunen, mit Schokoladeeis gefüllten, ein Stück probieren, knusperte Waffeln dazu, nippte an dem süßen Wein und hörte auf den Onkel Christian, der ins Reden gekommen war.

Er erzählte von der Weihnachtsfeier im Klub, die sehr fidel gewesen sei. »Du lieber Gott!« sagte er in jenem Tone, in dem er von Johnny Thunderstrom zu sprechen pflegte. »Die Kerls tranken Schwedischen Punsch wie Wasser!«

»Pfui«, bemerkte die Konsulin kurz und schlug die Augen nieder.
Aber er beachtete das nicht. Seine Augen begannen zu wandern, und Gedanken und Erinnerungen waren so lebendig in ihm, daß sie wie Schatten über sein hageres Gesicht huschten.
»Weiß jemand von euch«, fragte er, »wie es ist, wenn man zuviel Schwedischen Punsch getrunken hat? Ich meine nicht die Betrunkenheit, sondern das, was am nächsten Tage kommt, die Folgen... sie sind sonderbar und widerlich... ja, sonderbar und widerlich zu gleicher Zeit.«
»Grund genug, sie genau zu beschreiben«, sagte der Senator.
»Assez, Christian, dies interessiert uns durchaus nicht«, sagte die Konsulin.
Aber er überhörte es. Es war seine Eigentümlichkeit, daß in solchen Augenblicken keine Einrede zu ihm drang. Er schwieg eine Weile, und dann plötzlich schien das, was ihn bewegte, zur Mitteilung reif zu sein.
»Du gehst umher und fühlst dich übel«, sagte er und wandte sich mit krauser Nase an seinen Bruder. »Kopfschmerzen und unordentliche Eingeweide... nun ja, das gibt es auch bei anderen Gelegenheiten. Aber du fühlst dich *schmutzig*« – und Christian rieb mit gänzlich verzerrtem Gesicht seine Hände –, »du fühlst dich schmutzig und ungewaschen am ganzen Körper. Du wäschst deine Hände, aber es nützt nichts, sie fühlen sich feucht und unsauber an, und deine Nägel haben etwas Fettiges... Du badest dich, aber es hilft nichts, dein ganzer Körper scheint dir klebrig und unrein. Dein ganzer Körper ärgert dich, reizt dich, du bist dir selbst zum Ekel... Kennst du es, Thomas, kennst du es?«
»Ja, ja!« sagte der Senator mit abwehrender Handbewegung. Aber mit der seltsamen Taktlosigkeit, die mit den Jahren immer mehr an Christian hervortrat und ihn nicht daran denken ließ, daß diese Auseinandersetzung von der ganzen Tafelrunde peinlich empfunden wurde, daß sie in dieser Umgebung und an diesem Abend nicht am Platze war, fuhr er fort, den üblen Zustand nach übermäßigem Genuß von Schwedischem Punsch zu schildern, bis er glaubte, ihn erschöpfend charakterisiert zu haben, und allmählich verstummte.
Bevor man zu Butter und Käse überging, ergriff die Konsulin noch einmal das Wort zu einer kleinen Ansprache an die Ihrigen. Wenn auch nicht alles, sagte sie, im Laufe der Jahre sich so gestaltet habe, wie man es kurzsichtig und unweise erwünscht habe, so bleibe doch immer noch übergenug des sichtbarlichen Segens übrig, um die Herzen mit

Dank zu erfüllen. Gerade der Wechsel von Glück und strenger Heimsuchung zeige, daß Gott seine Hand niemals von der Familie gezogen, sondern daß er ihre Geschicke nach tiefen und weisen Absichten gelenkt habe und lenke, die ungeduldig ergründen zu wollen man sich nicht erkühnen dürfe. Und nun wolle man, mit hoffendem Herzen, einträchtig anstoßen auf das Wohl der Familie, auf ihre Zukunft, jene Zukunft, die dasein werde, wenn die Alten und Älteren unter den Anwesenden längst in kühler Erde ruhen würden... auf die Kinder, denen das heutige Fest ja recht eigentlich gehöre...

Und da Direktor Weinschenks Töchterchen nicht mehr anwesend war, mußte der kleine Johann, während die Großen auch untereinander sich zutranken, allein einen Umzug um die Tafel halten, um mit allen, von der Großmutter bis zu Mamsell Severin hinab, anzustoßen. Als er zu seinem Vater kam, hob der Senator, indem er sein Glas dem des Kindes näherte, sanft Hanno's Kinn empor, um ihm in die Augen zu sehen... Er fand nicht seinen Blick; denn Hanno's lange, goldbraune Wimpern hatten sich tief, tief, bis auf die zart bläuliche Umschattung seiner Augen gesenkt.

Therese Weichbrodt aber ergriff seinen Kopf mit beiden Händen, küßte ihn mit leise knallendem Geräusch auf jede Wange und sagte mit einer Betonung, so herzlich, daß Gott ihr nicht widerstehen konnte: »Sei glöcklich, du gutes Kend!«

– Eine Stunde später lag Hanno in seinem Bett, das jetzt in dem Vorzimmer stand, welches man vom Korridor der zweiten Etage aus betrat, und an das zur Linken das Ankleidekabinett des Senators stieß. Er lag auf dem Rücken, aus Rücksicht auf seinen Magen, der sich mit all dem, was er im Laufe des Abends hatte in Empfang nehmen müssen, noch keineswegs ausgesöhnt hatte, und sah mit erregten Augen der guten Ida entgegen, die, schon in der Nachtjacke, aus ihrem Zimmer kam und mit einem Wasserglase vor sich in der Luft umrührende Kreisbewegungen beschrieb. Er trank das kohlensaure Natron rasch aus, schnitt eine Grimasse und ließ sich wieder zurückfallen.

»Ich glaube, nun muß ich mich erst recht übergeben, Ida.«

»Ach wo, Hannochen. Nur still auf dem Rücken liegen... Aber siehst du wohl? Wer hat dir mehrmals zugewinkt? Und wer nicht folgen wollt', war das Jungchen...«

»Ja, ja, vielleicht geht es auch gut... Wann kommen die Sachen, Ida?«

»Morgen früh, mein Jungchen.«

»Daß sie hier hereingesetzt werden! Daß ich sie gleich habe!«

»Schon gut, Hannochen, aber erst mal ausschlafen.« Und sie küßte ihn, löschte das Licht und ging.
Er war allein, und während er still liegend sich der segenvollen Wirkung des Natrons überließ, entzündete sich vor seinen geschlossenen Augen der Glanz des Bescherungssaales aufs neue. Er sah sein Theater, sein Harmonium, sein Mythologiebuch und hörte irgendwo in der Ferne das »Jauchze laut, Jerusalem« der Chorknaben. Alles flimmerte. Ein mattes Fieber summte in seinem Kopfe, und sein Herz, das von dem revoltierenden Magen ein wenig beengt und beängstigt wurde, schlug langsam, stark und unregelmäßig. In einem Zustand von Unwohlsein, Erregtheit, Beklommenheit, Müdigkeit und Glück lag er lange und konnte nicht schlafen.
Morgen kam der dritte Weihnachtsabend an die Reihe, die Bescherung bei Therese Weichbrodt, und er freute sich darauf als auf ein kleines burleskes Spiel. Therese Weichbrodt hatte im vorigen Jahre ihr Pensionat gänzlich aufgegeben, so daß nun Madame Kethelsen das Stockwerk und sie selbst das Erdgeschoß des kleinen Hauses am Mühlenbrink allein bewohnte. Die Beschwerden nämlich, die ihr mißglückter und gebrechlicher kleiner Körper ihr verursachte, hatten mit den Jahren zugenommen, und in aller Sanftmut und christlichen Bereitwilligkeit nahm Sesemi Weichbrodt an, daß ihre Abberufung nahe bevorstehe. Daher hielt sie auch seit mehreren Jahren schon jedes Weihnachtsfest für ihr letztes und suchte der Feier, die sie in ihren kleinen, fürchterlich überheizten Stuben veranstaltete, so viel Glanz zu verleihen, wie in ihren schwachen Kräften stand. Da sie nicht viel zu kaufen vermochte, so verschenkte sie jedes Jahr einen neuen Teil ihrer bescheidenen Habseligkeiten und baute unter dem Baume auf, was sie nur entbehren konnte: Nippsachen, Briefbeschwerer, Nadelkissen, Glasvasen und Bruchstücke ihrer Bibliothek, alte Bücher in drolligen Formaten und Einbänden, das ›Geheime Tagebuch von einem Beobachter Seiner Selbst‹, Hebels ›Alemannische Gedichte‹, Krummachers ›Parabeln‹... Hanno besaß schon von ihr eine Ausgabe der ›Pensées de Blaise Pascal‹, die so winzig war, daß man nicht ohne Vergrößerungsglas darin lesen konnte.
›Bischof‹ gab es in unüberwindlichen Mengen, und die mit Ingwer bereiteten Braunen Kuchen Sesemi's waren ungeheuer schmackhaft. Niemals aber, dank der bebenden Hingabe, mit der Fräulein Weichbrodt jedesmal ihr letztes Weihnachtsfest beging, – niemals verfloß dieser Abend, ohne daß eine Überraschung, ein Malheur, irgendeine kleine Katastrophe sich ereignet hätte, die die Gäste zum Lachen

brachte und die stumme Leidenschaftlichkeit der Wirtin noch erhöhte. Eine Kanne mit ›Bischof‹ stürzte und überschwemmte alles mit der roten, süßen, würzigen Flüssigkeit... Oder es fiel der geputzte Baum von seinen hölzernen Füßen, genau in dem Augenblick, wenn man feierlich das Bescherungszimmer betrat... Im Einschlafen sah Hanno den Unglücksfall des vorigen Jahres vor Augen: Es war unmittelbar vor der Bescherung. Therese Weichbrodt hatte mit soviel Nachdruck, daß alle Vokale ihre Plätze gewechselt hatten, das Weihnachtskapitel verlesen und trat nun von ihren Gästen zurück zur Tür, um von hier aus eine kleine Ansprache zu halten. Sie stand auf der Schwelle, bucklig, winzig, die alten Hände vor ihrer Kinderbrust zusammengelegt; die grünseidenen Bänder ihrer Haube fielen auf ihre zerbrechlichen Schultern, und zu ihren Häupten, über der Tür, ließ ein mit Tannenzweigen umkränztes Transparent die Worte leuchten »Ehre sei Gott in der Höhe!« Und Sesemi sprach von Gottes Güte, sie erwähnte, daß dies ihr letztes Weihnachtsfest sei, und schloß damit, daß sie alle mit des Apostels Worten zur Fröhlichkeit aufforderte, wobei sie von oben bis unten erzitterte, so sehr nahm ihr ganzer kleiner Körper Anteil an dieser Mahnung. »Freuet euch!« sagte sie, indem sie den Kopf auf die Seite legte und ihn heftig schüttelte. »Und abermal sage ich: Freuet euch!« In diesem Augenblick aber ging über ihr mit einem puffenden, fauchenden und knisternden Geräusch das ganze Transparent in Flammen auf, so daß Mademoiselle Weichbrodt mit einem kleinen Schreckenslaut und einem Sprunge von ungeahnter und pittoresker Behendigkeit sich dem Funkenregen entziehen mußte, der auf sie herniederging...

Hanno erinnerte sich dieses Sprunges, den das alte Mädchen vollführt hatte, und während mehrerer Minuten lachte er ganz ergriffen, irritiert und nervös belustigt, leise und unterdrückt in sein Kissen hinein.

*Kurt Marti*

## flucht nach ägypten

nicht
ägypten
ist
fluchtpunkt
der flucht.

das kind
wird gerettet
für härtere tage.

fluchtpunkt
der flucht
ist
das kreuz.

*Kurt Marti*

## Warum ich keine Weihnachtserzählungen mehr schreibe

1. Weil mir zu Weihnachten nichts einfällt. Weshalb fällt mir nichts mehr ein?

2. Weil es ohnehin schon viel zu viele Weihnachtserzählungen gibt (wenige gute, manche mittelmäßige, viele schlechte).

3. Weil dem horriblen Weihnachtsgeschäft mit Konsumartikeln das Weihnachtsgeschäft mit Weihnachtserzählungen (in den Medien, in zahllosen Sammelbänden und -bändchen) nur zu gut entspricht.

4. Weil die zu vielen, zu gut gemeinten, zu erbaulichen Weihnachtserzählungen den krankmachenden, konflikterzeugenden Druck auf die menschliche Psyche nur noch verstärken. Sie verschärfen in den Lesern, Leserinnen jene ohnehin schon bestehende Spannung (Weihnachtssyndrom), die meint, an Weihnachten etwas Besonderes erleben, tun oder fühlen zu müssen.

5. Weil die biblischen Weihnachtslegenden sowie die alemannisch-germanischen Weihnachts- und Winterstimmungen erzählerisch längst überstrapaziert worden sind.

6. Weil die Unmenge von Weihnachtserzählungen (auch Weihnachtsgedichten) dem Weihnachtsfest eine Priorität verleihen, die ihm gegenüber den anderen christlichen Festen theologisch nicht zukommt. Ostern, Pfingsten sind die christlich relevanteren, für die Verkündigung weitaus bedeutsameren Feste. Darum widerstehen sie der gefühligen Vereinnahmung und der erzählerischen Vermarktung besser.

7. Weil die unverhältnismäßige Vorherrschaft der Weihnachtsthematik die christliche Literatur – falls von einer solchen ernstlich noch gesprochen werden kann – ebenso verdorben und verzerrt hat wie die erzählerische Dürftigkeit oder sogar Stummheit anläßlich des Oster- und erst recht des Pfingstgeschehens.

8. Weil das Weihnachtsfest, konsumistisch aufgeblasen, theologisch entleert, total verbürgerlicht ist und erzählerisch bloß noch affirmative Bürgerlichkeit reproduziert (CDU-Literatur, gewissermaßen).

9. Weil – summa summarum – Weihnachten in unseren nördlichen Breiten längst zer-zählt ist.

10. Weil – wenn schon! – Ostererzählungen, Pfingsterzählungen un-

gleich wichtiger wären, ich selber aber nicht fähig bin, zu einem gegebenen Anlaß oder Thema Geschichten zu erfinden. Erst müßte etwas passiert oder von mir erlebt worden sein. Bisher habe ich leider noch nie etwas Erzählenswertes erlebt, das einen direkten Zusammenhang mit dem christlichen Festkalender hat.

*Christoph Meckel*
## Weihnachts-Ballade

Aus dem Kalender treten Freudentage!
Die Kirchenengel schwenken den Popo.
Sankt Josef irrt durch eine Heldensage
und wär um eine warme Suppe froh.

Ochs oder Nashorn hergeschafft in Eile!
Der Regen regnet allen Schnee zu Schlamm
Maria kämmt ihr Haar vor Langerweile
und knackt die Läuse einzeln mit dem Kamm.

Sie kann den Balg kaum noch im Leib bewahren
(Judas versäuft, den falschen Kuß parat
auf Vorschuß sein Gehalt mit Janitscharen
und wartet auf den klassischen Verrat).

Die Hirten, endlich, gähnend auch zur Stelle
sie stürmen lässig das geweihte Haus.
»Wo ist der Heiland, unser Spießgeselle
wir weihn ihn ein! Wir führn den Bengel aus!«

Die Könige beeilen ihre Pferde.
Im Reiten grölen sie ein Lied dem Herrn.
Der eine spuckt betrunken auf die Erde
der andre flucht und pfeift auf jeden Stern.

Auf Rosinanten hoppeln Donquichotten
durch böhmisch oder spanisch Hinterland;
sie treten an, das Unrecht auszurotten –
und gehn Herodes' Leuten an die Hand.

Die Weihnacht findet statt, verrutschte Kleider.
Der Josef steht verspätet vor der Tür.
Er sieht sein Double, doch ein schlechtes leider
und betet: Herr, wir können nichts dafür.

Die Könige auch geben sich die Ehre
und gottseidank, die Weihnacht steht und fällt
mit allen Chargen, als ob Kirmes wäre
und geht auf Tannenbäumen um die Welt.

*Conrad Ferdinand Meyer*

## Friede auf Erden

Da die Hirten ihre Herde
Ließen und des Engels Worte
Trugen durch die niedre Pforte
Zu der Mutter und dem Kind,
Fuhr das himmlische Gesind
Fort im Sternenraum zu singen,
Fuhr der Himmel fort zu klingen:
»Friede, Friede! auf der Erde!«

Seit die Engel so geraten,
O wie viele blut'ge Taten
Hat der Streit auf wildem Pferde,
Der geharnischte, vollbracht!
In wie mancher heil'gen Nacht
Sang der Chor der Geister zagend,
Dringlich flehend, leis verklagend:
»Friede, Friede... auf der Erde!«

Doch es ist ein ew'ger Glaube,
Daß der Schwache nicht zum Raube
Jeder frechen Mordgebärde
Werde fallen allezeit;
Etwas wie Gerechtigkeit
Webt und wirkt in Mord und Grauen,
Und ein Reich will sich erbauen,
Das den Frieden sucht der Erde.

Mählich wird es sich gestalten,
Seines heil'gen Amtes walten,
Waffen schmieden ohne Fährde,
Flammenschwerter für das Recht,
Und ein königlich Geschlecht
Wird erblühn mit starken Söhnen,
Dessen helle Tuben dröhnen:
»Friede, Friede auf der Erde!«

*Paula Modersohn-Becker*

## Alle sind beflügelt von der Festfreude...

...und der innere Sonnenschein, den ein jeder in sich trägt, der macht goldene Brücken. Und dann weißt du, ist solch ein Fest für Frauen, denn diese Mutterbotschaft lebt ja immer noch weiter in jedem Weibe, das ist alles so heilig. Das ist ein Mysterium, das für mich tief und undurchdringlich zart und allumfassend ist. Ich beuge mich ihm, wo ich ihm begegne. Ich knie davor in Demut.

*Eduard Mörike*

## Auf ein altes Bild

In grüner Landschaft Sommerflor,
Bei kühlem Wasser, Schilf und Rohr,
Schau, wie das Knäblein sündelos
Frei spielet auf der Jungfrau Schoß!
Und dort im Walde wonnesam,
Ach, grünet schon des Kreuzes Stamm!

*Christian Morgenstern*

## Das Weihnachtsbäumlein

Es war einmal ein Tännelein
mit braunen Kuchenherzlein
und Glitzergold und Äpflein fein
und vielen bunten Kerzlein:
Das war am Weihnachtsfest so grün,
als fing es eben an zu blühn.

Doch nach nicht gar zu langer Zeit,
da stands im Garten unten,
und seine ganze Herrlichkeit
war, ach, dahingeschwunden.
Die grünen Nadeln war'n verdorrt,
die Herzlein und die Kerzlein fort.

Bis eines Tags der Gärtner kam,
den fror zu Haus im Dunkeln,
und es in seinen Ofen nahm –
hei! tats da sprühn und funkeln!
Und flammte jubelnd himmelwärts
in hundert Flämmlein an Gottes Herz.

## *Adolf Muschg*
# Geschichtenweihnacht
### Eine Predigt

Lieber Gott, laß mich jetzt hier nicht feierlich werden. Amen.

Liebe Gemeinde, ich möchte euch keine Predigt halten. Ich habe zwei geschrieben und gemerkt, daß ich es nicht kann. Ich habe nicht gelernt, wie man im Namen Gottes sprechen kann, ohne ins Moralisieren zu geraten, in irgendeine Form von Besserwissen. Das kann aber nicht der Sinn sein. Immer wieder ist mir Bonhoeffers Satz durch den Kopf gegangen: »Gott kann unser unfestliches Wesen nicht leiden.« Er verdarb mir die Lust am Predigen. Der Satz wurde übrigens nicht auf einem Fest, sondern im Gefängnis geschrieben. Ich möchte Ihnen ein paar Geschichten erzählen. Die erste stammt aus der ostjüdischen, der chassidischen Überlieferung. Sie erzählt, daß Gott die Welt so lange nicht untergehen lasse, so lang zehn Gerechte auf ihr leben. Diese Bedingung hat sich Gott seinerzeit von Abraham abnötigen lassen, als er Lust hatte, Sodom zu zerstören. Sie war, wie Sie wissen, damals nicht erfüllbar: Es gab keine zehn Gerechte in Sodom. Aber für die ganze Welt, sagt die jüdische Weisheit, will Gott die Bedingung weiter gelten lassen. Er hat nur auch eine Bedingung daran geknüpft. Die zehn Gerechten dürfen selber nicht wissen, daß sie es sind. Der erste Augenblick, in dem ein Mensch innewird, er gehöre zu den zehn Gerechten, ist auch sein letzter Augenblick: Er muß sterben. Mir scheint, das sei eine starke Versicherung gegen die Feierlichkeit. Aus der Bedingung Gottes folgt, daß der Gerechte ein glücklicher Mensch sein muß – einer, der sich unbewußt seines Daseins erfreut und die andern zwanglos mit seiner Freude ansteckt. »Denn wozu dient all der Aufwand von Sonnen und Planeten und Monden, von Sternen und Milchstraßen, von Kometen und Nebelflecken, von gewordenen und werdenden Welten, wenn sich nicht zuletzt ein glücklicher Mensch unbewußt seines Daseins erfreut?« Das steht nicht in der Bibel, das ist von Goethe. Aber ich muß Ihnen sagen: Seit einigen Jahren verfolgt und erwärmt mich der Verdacht, auch in der Bibel, auch im Neuen Testament stehe mehr Heiteres, als die theologische Schulweisheit uns träumen ließ – von unseren eigenen Alpträumen der Moral, der Angst und der Schuldigkeit zu schweigen. Ein Beispiel: Im apokryphen »Evangelium des Thomas«, einer gnostischen Schrift, die nicht ins Neue Testament durfte, sagt Jesus von den Pharisäern und Schriftgelehrten: »Sie sind wie Hunde, die in der Futterkrippe der Ochsen schlafen. Selber fressen sie kein Heu, aber sie hindern die Ochsen daran, Heu zu fressen.« Das ist im Zorn hingeworfen – aber es ist humoristisch formuliert, es ist ein böses Bonmot. Und dann entdeckte ich diese Art Witz auch in den rechtmäßigen Evangelien. Vor allem natürlich in den Ausfällen gegen die Theologen der Zeit, die sich »getünchte Gräber« nennen lassen mußten – außen fix und innen nix. Aber auch in den Gleichnisreden fand ich Heiterkeit, nicht nur in der Häuslichkeit der Themen, sondern auch im Spiel mit dem Verständnis der Zuhörer, wie da der Sinn sich versteckt vor dem Unverständnis, aber noch besser versteckt vor dem schnellen Verständnis der Normalgescheiten – das ist ein Versteckspiel in der Nähe der Eulenspiegelei. Es hat aber auch seinen ernsten politischen Sinn: Die Heilsbotschaft muß sich schützen gegen Zensur und Verfolgung, sie muß »Sklavensprache« werden, wie Brecht diese Art von Subversion genannt hat: Viele Geschichten im Evangelium sind mit den Geschichten des Herrn Keuner verwandt. – Aber auch in den Krankenheilungs- und Exorzismus-Geschichten habe ich auf einmal humoristische Züge wahrgenommen. Die Erlaubnis, daß die unsauberen Geister in eine Schweineherde fahren dürfen, kann nicht ohne Schalk erteilt worden sein – in mittelalterlichen Darstellungen dieses Tieropfers kommt er zum Vorschein, als naive Groteske. Ich habe mir vor einiger Zeit dazu einen kleinen Kommentar einfallen lassen, ein Gespräch zwischen dem praktischen Fischer Petrus und seinem radikalen Meister, das ging so:

*Wo soll der Bauer nun neue Säue herbekommen? fragte Petrus, als J. eine Herde von Säuen ins Wasser gejagt hatte. – Stimmt, sagte J., machte die Säue wieder lebendig und streute ein paar Perlen vor sie.*

Lassen Sie sich, statt einer Predigt, noch ein paar solcher Geschichten erzählen, die mir beim Lesen der Evangelien eingefallen sind. Es sind kleine, unorthodoxe Legenden, zu denen ich mir die Freiheit aus Respekt genommen habe; aber nicht aus dem feierlichen, sondern aus dem heiteren Respekt, in dem auch das Dunkle des Gottesberichts klar werden soll. Ich möchte den Ablauf der Wartung, der Erwartung der Jünger, unserer eigenen Erwartung, an einem Punkt durchbrechen und ins Alltägliche abbiegen. Ich möchte unserer Programmierung aufs Fromme und scheinbar Bekannte einen kleinen Stoß geben, indem ich den Zusammenhang verschiebe, die Botschaft leicht entstelle – bis, wo möglich, zur Kenntlichkeit. – Ich habe mich bei dieser Art der Erzählung ein wenig anleiten lassen – einmal von der ostjüdischen Mystik, dann von der Praxis der Rätselgeschichten im Zen-Buddhismus: Die führt das Verständnis des Schülers immer an eine Grenze, wo es nicht mehr gehen kann, sondern springen muß; herausspringen aus der Autorität des Richtigen in die plötzliche Freiheit des Echten. Das ist – nach der Verzweiflung am eigenen Verstand, an der eigenen Rechtmäßigkeit – eine Erfahrung spontaner Heiterkeit, in der die Widersprüche zusammenfallen zum Gelächter; Erleuchtung wird diese Erfahrung genannt, und sie kommt als ein Schock, biblisch gesprochen: wie ein Dieb in der Nacht. Ein Beispiel aus der Bergpredigt: In Matthäus 5,40 heißt es: »Und so jemand mit dir rechten will und deinen Rock nehmen, dem laß auch deinen Mantel.« Hier die Geschichte dazu:

*Eines Tages wollte ein Bürger, dem J. Tracht mißfiel, ihm den Mantel entreißen, aber J. hielt den Mantel fest. Hast du nicht gegen dein eigenes Gebot verstoßen? fragte Judas.*

*Habe ich ein Gebot erlassen? fragte J. erstaunt.*

*Wenn jemand mit dir rechten will, sagte Judas, und deinen Rock nehmen, dem laß auch deinen Mantel.*

*Ach, sagte J., mir scheint, das war ein Gebot für die heißen Tage. Außerdem hat sich der Mann nicht die Mühe genommen, mit mir zu rechten.*

Jesus hat den Knecht eines römischen Hauptmanns geheilt, also eines Landesfeindes; darüber hat es im Jüngerkreis Gespräche gegeben. Vielleicht diese:

*Petrus machte J. Vorwürfe, weil er den Knecht des Besatzungsoffiziers geheilt hatte. Er sagte: Du hast dir von ihm das Haus verbieten lassen. Jakobus meinte: Aber er sagte doch, er sei nicht wert, daß J. unter sein Dach gehe. – Als ob das nicht auf eins hinauskäme, sagte Petrus. Er wollte mit keinem Juden gesehen werden, und er wünschte eine teure Arbeitskraft billig wiederherzustellen. – Aber der Knecht ist doch selber auch lieber gesund als krank, meinte Andreas. – Gesund, aber für wen? fragte Petrus. J. lachte. Wenn ich dich so höre, sagte er, fürchte ich fast, aus dir wird noch einmal ein Papst.*

⋆

*Der Hauptmann gab in der Gruppe noch viel zu reden. Geh hin! so geht er; komm her! so kommt er; tu das! so tut er's, äffte ihn Petrus nach. Was ist das für eine Sprache, das nennst du einen Glauben? warf er J. vor. J. sagte: Es ist die Sprache eines Militärs. Soll ich den Knecht dafür büßen lassen?* – Die Gegenwart des Gottesreiches, die J. für sich selbst in Anspruch nahm, muß für die Gläubigen der Zeit ein starkes Stück gewesen sein, denn sie waren daran gewöhnt, es von der Zukunft zu erwarten. Dazu ist mir diese Geschichte eingefallen:

*Als Johannes der Täufer im Gefängnis saß, sandte er zwei Jünger und ließ J. sagen: Bist du der, der da kommen soll, oder sollen wir auf einen andern warten?*
*Wie lange könntet ihr denn noch warten? fragte J.*
*Die Jünger des Johannes sahen ihn verdutzt an.*
*Wartet noch vier Tage, sagte J. schnell und wandte sich ab.*
*In drei Tagen werden sie ihn töten, sagte J. zu Petrus, der ihn fragte, was ihm fehle.*
*Aber dann – sagte Petrus.*
*Ich bin nicht, der da kommen soll, sagte J. Ich bin, der da da ist. Er hat mich angefaßt, er hat mich untergetaucht, er hat mich aufgehoben, aber gesehen hat er mich nicht. Er will es nicht erleben. Er will es nur erwarten, sagte J. und weinte bitterlich.*
Ich weiß noch eine andere Geschichte von der Gegenwart des Gottesreichs: Da haben die Jünger schon etwas gemerkt. Das Evangelium des Thomas hat mich draufgebracht, und ein japanischer Teemeister hat mir dabei weitergeholfen.
*In der Gruppe wurde gearbeitet, wenn es nötig wurde, oder wenn es Spaß machte. Dazu redeten die Freunde auch über ernsthafte Dinge. Eines Nachmittags las Judas Steine aus dem Acker, Petrus spaltete Holz, und J. kochte. J., rief Judas, wo ist das Reich Gottes? – Siehst du den großen Stein dort? rief J. zurück, dreh ihn nur um, dann wirst du es finden. – Ich weiß, wo es ist, sagte Petrus und spaltete ein großes Scheit mit einem Schlag. – Getroffen, Petrus, sagte J., du mußt doch Papst werden. – Bitte nicht, sagte Petrus, schon mein Nachfolger würde nicht mehr wissen, wo es zu finden ist.*
Bei der nächsten Geschichte vom Reich Gottes müssen Sie geduldig sein, da ist nämlich etwas schiefgegangen, aber vielleicht sind Sie jetzt schon so weit, daß Sie tiefer sehen, bis weit ins Heitere hinein. *Apropos Reich Gottes, sagte J. zu Thomas, ich erzähl' dir jetzt eine Geschichte für dein Evangelium, die die andern nicht haben. Das Reich Gottes ist wie eine Frau, die mit einer Schüssel Mus einen langen Weg ging. Der Henkel der Schüssel brach ab, und das Mus lief hinter ihr auf die Erde, und sie bemerkte es nicht. Als sie ihr Haus erreicht hatte, setzte sie die Schüssel ab und fand sie leer. – Fertig? fragte Thomas enttäuscht. – Fertig, sagte J. – Du hast vergessen zu sagen: wahrlich, wahrlich, erinnerte Thomas. – Es ist nicht wahrlich, sagte J., aber etwas Wahres wird immer noch dran sein. (Es ärgerte ihn, daß die Geschichte technisch nicht stimmte.)*
Die nächste Geschichte handelt von denen, die sich damit plagen, das Evangelium wörtlich zu nehmen – wobei nicht etwas zu beanstanden ist, daß sie es wörtlich nehmen, sondern nur, daß sie sich plagen.

*Jakobus II, der ein unsicherer Mensch war, sagte zu J.: Ich denke immer über dein Wort nach, daß man alles genau so tun kann, wie du sagst, und am Ende doch von dir verstoßen werde. – Was ist daran so seltsam? fragte J. Als er das verzweifelte Gesicht des Jakobus sah, erbarmte er sich und fragte: Weißt du die Stelle noch im Wortlaut? – Jakobus fing an: Herr, Herr, haben wir nicht ... – Moment, unterbrach ihn J. und drehte sich um, wo ist denn da ein Herr Herr? In diesem Augenblick wurde Jakobus erleuchtet und fiel J. um den Hals.*

Bei der nächsten Geschichte bin ich ganz froh, daß ich mich hinter dem Rücken des Thomas verstecken kann, sonst könnten Sie versucht sein, mich zu steinigen. Es ist nämlich eine Geschichte, bei der ich mich nicht auf Ihren Anstand verlassen kann und übrigens auch nicht möchte. Aber bevor Sie den ersten Stein werfen – darüber hat ja auch die Bibel schon eine bestimmte Meinung –, denken Sie doch einen Augenblick nach.

*J. hatte ein paar Fromme in seiner Gruppe. Sie sagten: Wir wollen heute beten und fasten. – Wenn ihr das wollt ..., sagte J. – Du nicht? fragten die Frommen. – Wenn ich von der Hochzeit zurückkomme, lachte J. – Also nicht, sagte der fromme Zebedäus leise. Denn er wußte, daß sich J. für die Liebe sehr viel Zeit nahm.*

Ganz ohne Moral ist es aber auch unter den Jüngern nicht abgegangen. Ich gebe Ihnen ein Beispiel:

*J. bekam ein kostbares Parfum geschenkt.*

*Dafür könnten wir dreihundert Mark kriegen, sagte Judas, und es denen geben, die es nötiger haben.*

*J. soll sich auch einmal etwas gönnen, sagte Johannes.*

*Mach, daß du rauskommst, sagte J. zu Johannes.*

*Er hat es gut gemeint, sagte Andreas später.*

*Nein, sagte J. Er hat nur besser sein wollen als Judas.*

Der biblische Jesus hat gegen die meisten Regeln seiner Zeit verstoßen: Er hat, in den Augen der Kirche, den Sabbat nicht geheiligt, er hat nicht gefastet, er hat sich an den Schaubroten im Tempel vergriffen, wenn ihn hungerte, er hat nicht jedesmal vor dem Essen die Hände gewaschen. Er ist nicht umsonst gekreuzigt worden. Weniger bekannt ist, daß er auch gegen seine eigenen Regeln verstoßen hat. Sie erinnern sich an die Geschichte mit dem Mantel: dort gebot die Vernunft den Regelverstoß. In der nächsten Geschichte gebot ihn die Höflichkeit – obwohl J. eben noch verkündet hatte, man solle einem Armen, der einen um einen Fisch bitte, nicht eine Schlange geben.

*Eines Tages gab J. einem Bettler, der ihn um einen Fisch bat, eine Schlange.*

*Gestern hast du gesagt, daß das unchristlich ist, sagte Andreas.*
*Ja, aber heute habe ich ein feines Schlangenrezept erfahren, sagte J.*
Es ist bekannt, daß der biblische Jesus seine Jünger unter den einfachen Leuten suchte. Jetzt erfahren Sie, warum so viele Fischer dabei waren.
*Wegen seiner Vorliebe für Fischer befragt, antwortete J.: Sie haben ein gesundes Verhältnis zum Wasser. Sie lieben es nicht, aber sie müssen davon leben. Zum Essen ziehen sie Wein vor. Sie waschen sich selten und baden doch nicht ungern. Da sie niemals schwimmen lernen, müssen sie notfalls in der Lage sein, auf dem Wasser zu gehen. Dabei verlassen sie sich auf mich. Ich kann es von früher.*
Aus dem biblischen Jesus hätte natürlich auch ein großer Mann werden können. Hören Sie, wie er die Chance dazu verpaßt hat:
*In seiner Jugend hatte J. nicht immer ausreichend zu essen. Eines Tages nahm ihn ein einflußreicher Mann auf eine Bergwanderung mit. Bei Betrachtung der Aussicht sagte der Einflußreiche: Du bist nicht ohne Gaben, aus dir wäre noch etwas Brauchbares zu machen. Du könntest bei mir eintreten. – Zu welchen Bedingungen? fragte J. erwartungsvoll. – Nicht so schnell, sagte der Einflußreiche. Erst müßten wir mit ein paar kleinen Tests klären, wofür du dich eignest. Siehst du die Steine dort? – Guten Abend, sagte J. und stieg den Berg wieder hinunter. – Wenn er mir einen Apfel gegeben hätte, hätte ich mit mir reden lassen, sagte J. später.*
Natürlich hat es schon im ersten Jahrhundert Leute gegeben, die sich am begrenzten Horizont der Jünger und ihres Meisters gestoßen haben. Sie hätten die frohe Botschaft, wie viele unter uns, lieber etwas weniger roh, etwas kultivierter gehabt.
*Man merkt, daß Sie niemals im Ausland gewesen sind, sagte der weitgereiste Theologe, der die Gruppe besuchte.*
*Sie täuschen sich, sagte J., ich war in Ägypten, als Säugling.*
*Daran können Sie aber unmöglich eine Erinnerung bewahren.*
*Haben Sie schon vergessen, daß ich ein frühreifes Kind war? fragte J.*

★

*Hast du wirklich die Pyramiden gesehen, fragte der kleine Zebedäus, wie sahen die aus?*
*Wie Gräber, sagte J.*
*Was hast du dir dazu gedacht?*
*So nicht, sagte J.*
Ich glaube anderseits, daß Jesus sich die Leute genau ausgesucht hat, denen er verkündigte, daß sein Reich nicht von dieser Welt sei – ein

Satz, auf den vielleicht nicht zufällig Johannes besonderen Wert legt. Sie haben schon gemerkt, daß ich Musterschüler nicht mag.

*Warum verlangst du von den Reichen, sie sollten der Welt entsagen? fragte Philippus.*

*Weil es sich die Armen nicht leisten können, antwortete J.*

Zum Schluß noch eine Weihnachtsgeschichte: Fürchtet euch nicht, sie ist ganz kurz. Sie soll euch aber eine große Freude verkünden; die Freude, daß wir uns heute nacht noch zusammensetzen mit Brüdern, die wissen, was es heißt, keinen menschlichen Vater zu haben, in einem Stall geboren zu sein, für die das Wort Krippe einen genauen Sinn hat, die hungern und dürsten müssen nach der Gerechtigkeit, die hier mehr suchen als ein bißchen Ruhe auf der Flucht. Sie suchen keine Gnade, sie erwarten mehr als Glaube, Liebe und Hoffnung, sie suchen Menschen: uns. Und das ist meine letzte Geschichte:

*Als die drei Könige, von ihren Gaben entlastet, wieder aus dem Stall traten, hielt Kaspar erschrocken inne.*

*Der Stern, sagte er.*

*Was ist mit ihm? fragte Melchior.*

*Er ist weitergezogen! sagte Kaspar.*

*Hast du jemals einen Stern stillstehen sehen? fragte Balthasar.*

*Frank O'Connor*

# Der Weihnachtsmorgen

Aus dem Englischen von Elisabeth Schnack

Wir wohnten damals am oberen Ende der Blarney-Gasse, in einem der weißgetünchten Häuschen, die ans freie Feld grenzen. Wir waren vier: mein Vater, meine Mutter, Sonny und ich. Ich glaube, zu der Zeit, von der ich spreche, war Sonny sieben und ich ein paar Jahre älter. Ich konnte den Burschen nicht recht leiden. Er war Mutters Liebling, und immer rannte er gleich zu ihr und klatschte, was für Unheil ich wieder angerichtet hatte. Ich glaube wahrhaftig, er saß nur, um mich zu ärgern, so eifrig hinter seinen Schulbüchern. Er wußte anscheinend, daß das ihr ganzer Stolz war. Man konnte wohl sagen, er buchstabierte sich in ihr Herz.

»Mammi«, rief er zum Beispiel, »soll ich Larry zum T-e-e rufen?« oder: »Mammi, das W-a-s-s-e-r kocht!« Und natürlich verbesserte sie ihn, wenn er's falsch machte, und das nächste Mal wußte er's, und das war erst recht nicht zum Aushalten. »Mammi«, rief er dann, »kann ich nicht fein buchstabieren?« Herrje, wir würden alle fein buchstabieren, wenn wir's so anstellten.

Ich war aber nicht etwa dumm oder so – bewahre! Ich war bloß unruhig und konnte mich nicht lange auf eine Sache konzentrieren. Ich machte die Aufgaben aus dem Buch vom vorigen Jahr oder aus dem Buch vom nächsten Jahr – aber ich konnte es nicht ausstehen, das zu lernen, was wir gerade aufhatten. Abends ging ich nach draußen und spielte mit der Doherty-Bande. Doch nicht, weil ich wild war, sondern ich wollte etwas erleben und konnte nicht um die Welt begreifen, was Mutter immer mit dem Lernen hatte.

»Kannst du nicht erst die Aufgaben machen und nachher spielen?« sagte sie meistens und wurde vor Ärger ganz rot. »Du solltest dich schämen, daß dein kleiner Bruder besser lesen kann als du!«

»Ach«, rief ich, »ich mach sie, wenn ich wiederkomme!«

»Der Himmel mag wissen, was aus dir noch mal werden soll«, sagte sie. »Wenn du dich mehr um deine Bücher kümmern würdest, könntest du etwas Feines werden – Buchhalter oder Ingenieur.«

»Ich will Buchhalter werden, Mammi«, rief Sonny dann.

»Kein Mensch will'n langweiliger Buchhalter werden«, sagte ich, bloß um ihn zu ärgern. »Ich, ich werd Soldat!«

»Weiß der Himmel, zu etwas anderem wird's bei dir auch wohl nie reichen«, seufzte meine Mutter. Manchmal kam's mir fast vor, als ob die gute Frau ein bißchen einfältig sei: was konnte es denn für einen Mann Besseres geben, als Soldat zu werden?

Weihnachten kam näher, die Tage wurden kürzer, und die Straßen waren voller Leute. Ich dachte an die Sachen, die ich vom Weihnachtsmann bekommen würde. Die Dohertys sagten, es gäbe keinen Weihnachtsmann, und nur Vater und Mutter schenkten einem was. Aber die Dohertys waren eine wilde Bande, zu denen würde der Weihnachtsmann sowieso nicht kommen. Ich horchte herum, wo ich nur etwas über ihn aufschnappen konnte, aber es war nicht viel. Mit der Schreibfeder war ich kein großer Held – doch wenn ein Brief nützen würde, ich würde mich schon dahintersetzen.

»Ach«, sagte meine Mutter mit kummervoller Miene, »ich weiß nicht, ob er dies Jahr überhaupt kommen wird. Er hat genug Arbeit, für all die kleinen Jungen zu sorgen, die ihre Aufgaben gut lernen – er kann sich nicht auch um die andern kümmern.«

»Er kommt nur zu Kindern, die gut buchstabieren können, nicht wahr, Mammi?« fragte Sonny.

»Er kommt zu allen Kindern, die sich Mühe geben«, antwortete meine Mutter, »auch wenn sie nicht so gut buchstabieren können.«

Wahrhaftiger Gott – Mühe gab ich mir bestimmt. Und es war nicht meine Schuld, daß uns der »Prügler« vier Tage vor den Ferien Rechenaufgaben stellte, die wir nicht lösen konnten, und Peter Doherty und ich mußten uns drücken. Wir taten's nicht mit Begeisterung, das kann mir jeder glauben, denn Dezember ist nicht der geeignetste Monat zum Schuleschwänzen, und die meiste Zeit verbrachten wir in einem Schuppen am Quai, wo wir uns vor dem Regen verkrochen. Unser Fehler bestand einzig darin, daß wir uns einbildeten, wir könnten es bis zu den Ferien durchhalten, ohne entdeckt zu werden. Das war ein kläglicher Mangel an Voraussicht.

Der »Prügler« merkte es natürlich und fragte zu Hause an, warum wir nicht in die Schule kämen. Als ich am dritten Tag heimkam, warf mir meine Mutter einen Blick zu, den ich nie vergessen werde, und sagte bloß: »Da steht dein Essen!« Sie war zu aufgebracht, um zu sprechen. Als ich es ihr mit den Rechenaufgaben vom »Prügler« erklären wollte, ging sie darüber weg, wie man eine Fliege wegscheucht, und sagte: »Von dir will ich kein Wort hören!« Da merkte ich, daß sie nicht wegen des Schwänzens böse war, sondern wegen der Lügen. Mehrere Tage sprach sie überhaupt nicht mit mir. Und selbst da konnte ich immer noch nicht begreifen, warum sie so viel vom Lernen hielt und mich nicht so einfach und natürlich wie die andern aufwachsen ließ.

Doch was das Schlimmste war: Sonny schwoll der Kamm mehr denn je. Er stelzte mit einer Miene umher wie einer, der denkt: Möcht mal wissen, was sie ohne mich in dieser alten Bude machen würden! Er ging an die Haustür, lehnte sich mit den Händen in den Hosentaschen gegen den Pfosten, versuchte, wie mein Papa auszusehen und schrie den andern Kindern zu, daß man's in der ganzen Straße hören konnte: »Larry darf nicht kommen. Er hat mit Peter Doherty die Schule geschwänzt, und meine Mutter spricht nicht mit ihm!« Und abends, wenn wir im Bett waren, machte er so weiter: »Der Weihnachtsmann bringt dir dies Jahr nichts – ha, nein!« – »Wohl!« sagte ich.

»Woher weißt du's denn?«

»Warum denn nicht?«

»Weil du mit Doherty geschwänzt hast. Ich möchte nicht mit den Doherty-Bengeln spielen. Was das für Leute sind! Hatten die Polizei im Haus.«

»Und woher soll der Weihnachtsmann wissen, daß ich die Schule geschwänzt habe?« brummte ich böse, denn mir riß die Geduld mit dem kleinen Affen.

»Natürlich weiß er's. Mammi sagt's ihm.«

»Wie kann's Mammi ihm sagen, wenn er am Nordpol ist? Da kann man's wieder mal sehen, was du für ein Baby bist.«

»Ich bin kein Baby – ich kann besser als du buchstabieren, und der Weihnachtsmann bringt dir dies Jahr nichts.«

»Werden wir ja bald sehen, ob er mir was bringt«, sagte ich und tat sehr weise.

Aber ich tat nur so. Denn wer kann sagen, was für geheime Kräfte diesen himmlischen Burschen zur Verfügung stehen, so daß sie wissen, was man im Schilde führt, selbst wenn sie einem den Rücken kehren? Und ich hatte wegen des Schuleschwänzens ein schlechtes Gewissen, weil ich meine Mutter noch nie so aufgebracht gesehen hatte. In der Nacht überlegte ich mir, daß es für mich nur einen Ausweg gab: den Weihnachtsmann zu sprechen und ihm alles zu erklären. Von Mann zu Mann würde er mich wohl verstehen. Ich war damals ein hübscher Junge, und wenn ich wollte, konnte ich sehr nett sein. Alte Herren brauchte ich nur freundlich anzulächeln, und schon gaben sie mir einen Fünfer. Ich war überzeugt, daß ich's ebenso mit dem Weihnachtsmann machen könnte, wenn ich ihn nur allein erwischte. Vielleicht würde ich etwas Feines von ihm bekommen – eine Eisenbahn

oder so, denn Lotto und Schnippschnapp und ähnliche Spiele hingen mir zum Hals heraus.
Ich fing nun an, mich im Wachbleiben zu trainieren, zählte bis fünfhundert, dann bis tausend, und lauschte, ob ich's vom Shandon elf Uhr und Mitternacht schlagen hörte. Ich glaubte fest, daß der Weihnachtsmann um zwölf erscheinen würde, da er ja vom Norden her kam und bis zum Morgen die ganze südliche Hälfte erledigen mußte. Über manche Dinge dachte ich wirklich sehr gründlich nach. Leider nur über manche.
Ich war so in meine eigenen Pläne versunken, daß ich kaum merkte, was für Sorgen meine Mutter hatte. Sonny und ich gingen meistens mit ihr in die Stadt, und während sie einkaufte, standen wir unterdessen vor einem Spielzeugladen in der Hauptstraße und besprachen, was wir gern zu Weihnachten haben wollten.
Als mein Vater am Heiligabend von der Arbeit heimkam und meiner Mutter das Haushaltsgeld gab, blickte sie es ungewiß an und stand da und war ganz blaß.
»Heh?« fuhr er sie ärgerlich an. »Stimmt's nicht?«
»Ob's stimmt?« flüsterte sie leise. »Am Heiligabend?«
»Ja, denkst du etwa, ich bekomme mehr, weil's Heiliger Abend ist?« fragte er und steckte die Hände in die Hosentaschen, als wollte er beschützen, was er für sich zurückbehalten hatte.
»Gott im Himmel!« stammelte sie bestürzt. »Und kein bißchen Kuchen im Haus, keine Kerze und gar nichts!«
»Meinetwegen«, schrie er. »Wieviel kostet die Kerze?«
»Ach, um Himmels willen«, rief sie, »gib mir doch das Geld und rede nicht so vor den Kindern. Glaubst du, ich will sie ohne alles lassen an diesem einen Tag im Jahr?«
»Zum Kuckuck mit dir und den Kindern«, murrte er. »Soll ich mich das ganze Jahr abschuften, damit du Geld für Spielzeug aus dem Fenster wirfst? Da«, sagte er und schleuderte zwei Geldstücke auf den Tisch. »Richte dich damit ein. Das ist alles, was ich dir geben kann!«
Verbittert entgegnete sie: »Der Rest wird wohl ins Wirtshaus wandern.«
Später ging sie in die Stadt, nahm uns aber nicht mit und kehrte mit vielen Paketen zurück; auch eine Weihnachtskerze hatte sie. Wir warteten mit dem Tee auf Vater, aber er kam nicht. So tranken wir Tee und aßen jeder eine Scheibe von dem Weihnachtskuchen. Dann hob Mutter Sonny auf den Küchenstuhl, damit er Weihwasser auf die Kerze sprengte. Er mußte sie anzünden und dabei sagen: »Himmlisch' Licht,

erhelle unsre Herzen.« Ich merkte wohl, wie meine Mutter sich grämte, weil Vater nicht da war. Der Älteste und der Jüngste hätten es tun sollen. Als wir vor dem Zubettgehen unsre Strümpfe aufhängten, war er immer noch nicht da.

Und dann begann für mich die schlimmste Nacht meines Lebens. Ich war hundemüde, aber ich hatte Angst, die Eisenbahn könnte mir entgehen, darum überlegte ich, was ich dem Weihnachtsmann sagen wollte. Ich mußte mir verschiedenerlei ausdenken – je nachdem, was für einer er war. Manch alte Herren haben gern artige, bescheiden sprechende Jungen; andere sind mehr für ein fixes Mundwerk. Als ich mir alles vorgebetet hatte, wollte ich Sonny wecken, um Gesellschaft zu haben, aber der Bursche schlief wie ein Toter. Vom Shandon schlug's elf Uhr. Bald danach hörte ich die Tür gehen, aber es war nur mein Vater, der nach Hause kam.

»Hallo, mein Schätzchen!« sagte er und tat überrascht, weil meine Mutter auf ihn gewartet hatte. Dann wurde er unsicher und fing an zu kichern: »Was bist'n noch so spät auf?«

»Willst du dein Nachtessen?« fragte sie kurz.

»Nein, nicht nötig«, sagte er. »Ich habe auf dem Heimweg bei Daneen ein bißchen Schweinebacke bekommen.« (Daneen war mein Onkel.) »Schweinebacke eß ich schrecklich gern. – Meine Güte!« rief er und tat noch überraschter, »ist's denn schon so spät? Wenn ich das gewußt hätte, wär ich zur Mitternachtsmesse in die Kapelle gegangen. Das *Adeste* würde ich gern wieder hören. Das ist ein Choral, den ich sehr gern habe. Ein ergreifender Choral!« und er begann, ihn mit Fistelstimme zu summen:

*»Adeste fideles,*
*Solus domus dagus.«*

Lateinische Hymnen liebte mein Vater sehr, besonders, wenn er einen Schluck getrunken hatte, aber da er nie mit den Worten zurechtkam, erfand er sich welche, während er sang, und das machte meine Mutter immer wild.

»Ach, du bist ekelhaft«, rief sie mit erstickter Stimme und zog die Tür hinter sich zu. Mein Vater mußte darüber lachen, als wenn es ein großartiger Witz wäre. Dann zündete er ein Streichholz an, um sich eine Pfeife anzustecken, und eine Weile paffte er geräuschvoll vor sich hin. Das Licht unter der Tür wurde blasser und erlosch, aber noch immer sang er gefühlvoll weiter:

*»Dixie medearo,*
*Tutum tonum tantum,*
*Venite adoremus.«*

Er sang laut und ganz falsch, aber die Melodie kam mir wie ein Wiegenlied vor. Und hätt's mein Leben gekostet, ich konnte mich nicht länger wach halten.
Gegen Morgen erwachte ich von dem Gefühl, daß etwas Schreckliches passiert sein mußte. Alles im Haus war still, und im kleinen Schlafzimmer, das auf den kleinen Hof blickte, war es pechrabenschwarz. Erst als ich aufs Fenster schaute, konnte ich sehen, daß schon das ganze Silber erloschen war. Ich sprang aus dem Bett und fühlte nach meinem Strumpf, aber ich wußte von vornherein, daß das Schlimmste eingetroffen war. Der Weihnachtsmann war dagewesen, während ich schlief, und er war mit einem vollkommen falschen Eindruck von mir wieder weggegangen, denn alles, was er dagelassen hatte, war eine Art gefaltetes Buch, eine Feder, ein Bleistift und eine Zehnertüte mit Bonbons. – Nicht mal ein Schnippschnapp-Spiel! Eine Weile war ich so vor den Kopf geschlagen, daß ich nicht denken konnte. Ein Bursche, der über die Dächer reiten und die Kamine hinunterklettern konnte, ohne steckenzubleiben – nein, wahrhaftig –, sollte man nicht annehmen, er wäre gescheiter?
Dann dachte ich, was wohl der hinterlistige Kerl, der Sonny, bekommen hätte. Ich ging zu seiner Bettstelle hinüber und befühlte den Strumpf. Trotz aller Buchstabiererei und Kriecherei hatte er nicht so viel besser abgeschnitten, denn außer der Tüte Bonbons hatte der Weihnachtsmann ihm bloß eine Knallbüchse gegeben – eine, mit der man einen festgebundenen Korken abschießen kann und die in jedem Kramladen für ein paar Fünfer zu haben war. Immerhin, deshalb blieb es doch eine Pistole, und eine Pistole war mehr wert als ein Buch, das war so sicher wie etwas. Die Doherty-Bande kämpfte gegen die Jungen aus der Feldgasse, die immer in unserer Straße Fußball spielen wollten. Darum kam mir der Gedanke, daß ich die Pistole verteufelt gut gebrauchen könne, während sie Sonny überhaupt nichts nützte, denn die Dohertys würden ihn nie mitspielen lassen, selbst wenn er's gewollt hätte.
Dann hatte ich eine, wie mir schien, geradezu göttliche Eingebung: Wenn ich mir die Pistole nähme und Sonny das Buch gäbe? Für die Doherty-Bande war Sonny absolut unbrauchbar – aber er buchstabierte gern, und ein so fleißiges Kind konnte aus meinem dicken

Buch da tüchtig buchstabieren lernen. Den Weihnachtsmann hatte er ebensowenig wie ich gesehen, und was er nicht wußte, tat ihm nicht weh. Ich tat niemand etwas zuleide, im Gegenteil (schade, daß Sonny es nicht wußte), ich erwies ihm einen Gefallen. Das war von jeher meine starke Seite gewesen: andern Leuten einen Gefallen zu tun. Vielleicht war es überhaupt ursprünglich die Absicht des Weihnachtsmanns gewesen, und er hatte uns bloß beide verwechselt? Ich steckte also Buch, Bleistift und Feder in Sonnys Strumpf und die Knallbüchse in meinen und sprang wieder ins Bett und schlief weiter. Wie gesagt, damals war ich sehr unternehmend.

Sonny weckte mich auf, schüttelte mich und sagte, daß der Weihnachtsmann dagewesen sei und mir eine Pistole gebracht habe. Ich tat überrascht und ein bißchen enttäuscht wegen der Pistole, und um ihn auf andere Gedanken zu bringen, ließ ich mir sein Bilderbuch zeigen und sagte ihm, daß es ein viel schöneres Geschenk sei als meines.

Es war, wie ich's mir gedacht hatte: Der Junge glaubte einfach alles, und nichts konnte ihn nun abhalten, die Geschenke zu nehmen und Vater und Mutter zu zeigen. Das war ein übler Augenblick für mich. Weil Mutter wegen des Schwänzens so böse mit mir gewesen war, getraute ich mich nicht, ihr noch einmal etwas vorzulügen. Immerhin hatte ich den einen Trost, daß der einzige, der mich hätte Lügen strafen können, mittlerweile wieder irgendwo am Nordpol war. Das gab mir ein bißchen Selbstvertrauen, und Sonny und ich stürzten ins andere Schlafzimmer, schwenkten die Geschenke und schrien aus Leibeskräften: »Seht mal, was mir der Weihnachtsmann gebracht hat.«

Meine Mutter wachte auf und lächelte. Dann erblickte sie mich und sah auf einmal ganz anders aus. Das Gesicht kannte ich. Nur zu gut kannte ich's. So hatte sie ausgesehen, als ich vom Schwänzen nach Hause kam und sie mir sagte, daß sie kein Wort von mir hören wollte.

»Larry«, fragte sie leise, »wo hast du die Pistole her?«

»Der Weihnachtsmann hat sie in meinen Strumpf gesteckt, Mammi«, antwortete ich und versuchte, eine gekränkte Miene aufzusetzen. »Bestimmt, 's ist die reine Wahrheit!«

»Du hast sie deinem armen Bruder aus seinem Strumpf gestohlen, während er schlief«, sagte sie, und ihre Stimme bebte vor Entrüstung. »Larry, Larry, wie kannst du nur so gemein sein?«

»Aber, aber«, rief mein Vater ärgerlich, »am Weihnachtsmorgen!«

»Oh«, erwiderte sie nun ganz wütend, »dir macht's ja gar nichts aus! Aber glaubst du, ich will einen Lügner und Dieb als Sohn haben?«

»Ach, was heißt hier Dieb, Frau«, schimpfte er. »Sei doch vernünftig.« Er wurde immer böse, wenn man ihm seine Stimmung verdarb, mochte sie nun gut oder schlecht sein, und diesmal war er besonders erbittert, weil er wegen des Abends vorher ein schlechtes Gewissen hatte. »Hier, Larry«, rief er und nahm Geld vom Nachtisch, »hier habt ihr jeder einen halben Schilling, du und Sonny. Paßt aber auf und verliert ihn nicht.«

Doch ich sah meine Mutter an und las die Verzweiflung in ihren Augen. Ich brach in Tränen aus, warf die Knallbüchse auf die Erde und stürzte aus der Haustür, ehe jemand auf der Straße zu sehen war. Ich rannte die Gasse hinter dem Haus entlang und ins Feld. Als die Sonne aufging, warf ich mich ins nasse Gras. Jetzt verstand ich alles, und es war mehr, als ich ertragen konnte: daß die Dohertys recht hatten, daß es keinen Weihnachtsmann gab, sondern daß meine Mutter ein paar Münzen vom Haushaltsgeld zusammenkratzte – daß mein Vater gemein und schlecht und ein Trunkenbold war und daß meine Mutter damit gerechnet hatte, ich solle meinen Weg machen und sie aus dem elenden Leben erlösen, das sie jetzt führte. Und ich begriff, daß die Verzweiflung in ihren Augen Angst war – Angst, daß ich wie mein Vater ein Lügner, Dieb und Trunkenbold würde. Von dem Tage an war meine Kinderzeit zu Ende.

## *Johann Olearius*

Wunderbarer Gnadenthron,
Gottes und Marien Sohn,
Gott und Mensch, ein kleines Kind,
das man in der Krippen findt,
großer Held von Ewigkeit,
dessen Macht und Herrlichkeit
rühmt die ganze Christenheit.

Du bist arm und machst zugleich
uns an Leib und Seele reich.
Du wirst klein, du großer Gott,
und machst Höll und Tod zum Spott.
Aller Welt wird offenbar,
ja auch deiner Feinde Schar,
daß du, Gott, bist wunderbar.

Laß mir deine Güt und Treu
täglich werden immer neu.
Gott, mein Gott, verlaß mich nicht
wenn mich Not und Tod anficht.
Laß mich deine Herrlichkeit,
deine Wundergütigkeit
schauen in der Ewigkeit.

*Boris Pasternak*

## Der Stern der Geburt

Der Winter war lang.
Der Steppenwind fegte.
Und fröstelnd das Kind in der Krippe sich regte
im Stall dort am Hang.

Da wärmt' es der Hauch, der vom Ochsen her drang.
Da war in der Enge
Ein Haustiergedränge,
Ein Wölkchen von Wärme die Krippe umschwang.

Die Hirten im Feld klopften Hirse und Flaus
Aus zottigen Pelzen
Und schauten vom Felsen
In Mitternachtsfernen verschlafen hinaus.

Da draußen war'n Felder im Schnee, und nicht fern
Ein Friedhof mit Mälern
In schmäleren Tälern,
Und drüber der Nachthimmel, Stern neben Stern.

Und einer, den keiner zuvor je gesehn,
Noch schüchterner glänzt er
Als Lichter im Fenster,
Blieb flimmernd am Wege nach Bethlehem stehn.

Und flackte wie brennendes Stroh, nichts verband
Mit Gott ihn und Himmel,
Wie Flammengetümmel,
Wie fern überm Land ein Gehöft steht in Brand.

Er hob sich empor wie ein Schober aus Heu,
Der flammt in der Ferne,
Und vor diesem Sterne
Erbebte das Weltall in Angst und in Scheu.

Es mußte was heißen, daß über ihm rot
Die Himmel sich teilten;
Drei Sterndeuter eilten
Zu folgen des seltsamen Feuers Gebot.

Hinter ihnen erschienen, gezogen am Zaum,
Mit Geschenken Kamele, und zierliche Esel
Schritten ängstlich talabwärts vom felsigen Saum.

Und sie trauten der Schau ihrer Augen noch kaum:
Da erstand in der Ferne, was später gewesen,
Alles Denken und Sehnen in Zeiten und Raum,
Alle künftigen Kunstgalerien und Museen,
Alle Taten der Zauberer und Streiche der Feen,

Alle Christbäume und aller kindliche Traum.
Alle flimmernden Lichter und schimmernden Ringe,
Alles Blitzen des Flitters am glitzernden Baum...
...Immer wütender wurden des Wüstenwinds Sprünge...
Alle Äpfel und Kugeln aus goldenem Schaum.

Im Tal lag der Teich hinter Weiden und Wald,
Doch war er durch Äste und Nester von Krähen
Vom Feld auf dem Felsen zu sehen, und bald
Vermochten die Hirten den Zug zu erspähen:
Kamele und Esel und manche Gestalt.
– »Kommt, laßt uns dem Wunder zu huldigen gehen!« –
Sie knöpften die Pelze zu, denn es war kalt.

Das Gehen durch Wehen erwärmte die Hirten.
Wie Glimmer zog hin durch die schimmernde Flur
Zur Hütte barfüßiger Wanderer Spur.
Entlang dieser Spur wie nach Brandresten spürten
Die Hunde beim Scheine des Sterns mit Geknurr.

Die frostkalte Nacht war ein einziges Märchen.
Und irgendwer drängte sich ein immerdar
Vom Feld in die Reihen der schreitenden Schar.
Die Hunde sahn scheu in die Runde, zum Herrchen
Schlich jeder und witterte nahe Gefahr.

Durch eben die Gegend, auf eben den Wegen
Bewegten sich Engel mit ihnen ein paar.
Unkörperlich, unsichtbar war'n sie zugegen
Und nur durch die Spur auf dem Schnee offenbar.

Zum Stall kam die Menge. Es wurde schon helle,
Die Stämme der Zedern erschienen schon klar.
– »Was wollt ihr so frühe?« – so fragte Maria.
– »Sind Hirten und Boten von Gottes Altar,
Und bringen euch beiden die Huldigung dar.« –
– »Nicht alle zugleich! Wartet dort an der Schwelle!«

Im Frühmorgennebel, der aschfarben war,
Vertraten die Füße sich Treiber und Hirten.
Die Flüche der Reiter und Fußgänger schwirrten,
Am Brunnen die Ketten der Lasttiere klirrten,
Und bockig schrie Esel, Kamel, Dromedar.

Das Morgenlicht fegte, wie Funken so fein,
Die letzten der Sterne hinunter vom Himmel.
Maria ließ nun von dem ganzen Gewimmel
Die Magier allein zu dem Felsentor ein.

Er schlief, ganz im Glanz, in der eichenen Krippe,
Dem Mondstrahl im Hohlraum des Baumstammes gleich.
Vom Ochsen die Nüstern, vom Esel die Lippe
Ersetzten den Schafpelz und wärmten ihn weich.

Sie konnten kaum sehen, so dunkel sind Ställe,
Verhaltenes Flüstern im Raume nur surrt.
Und irgendwer blickte zurück nach der Helle,
Zog sacht einen Magier beiseite am Gurt,
Und der sah sich um: da schaut' von der Schwelle
Als Gast auf die Jungfrau der Stern der Geburt.

## *Jean Paul*
## Ein Traum in der Christnacht

Ich schwebte fest und unbewegt über den Strudeln der rollenden Erde, und die umlaufende Welt führte ihre Länder und Völker unter mir vorbei. Oh, wieviel Jammer und wieviel Wonne flohen vorüber! Bald wälzte die Kugel ein stürmendes, schreiendes Meer und taumelnde Schiffe mit angeketteten nachfliegenden Särgen vorbei – bald ein persisches Tal, glühend von Nelken und Lilien und Narzissen und rauchend von hängenden Blumengärten auf Pfirsichstämmen – Schlachtfelder voll umklammernder Würgengel verfolgten duftende Gärten mit umarmenden weichen Geliebten – bald kamen zwei Arme, die das staunende Entzücken, bald zwei andere, die der Jammer aufhob – und die Kugel zeigte mir auf ihren weichen Blumen den glücklichen Schäfer und ihm den liegenden, gleich einer lebendig beerdigten Leiche arbeitenden Bergmann und Minenleger – Regenbogen auf erkälteten Gewittern und auf erhabenen Wasserfällen, niederbrennende Städte unter Donnerwettern und schillernde Augen im Morgentau; die Totenglocke summte in das Freudengeläute, das Morgenrot zerfloß ins Abendrot, die reißende Kugel rückte das an ihr hängende Menschengeschlecht, alle seine verweinten, erhabenen, zerdrückten, verwesenden Gestalten und alle unsere Tränen und Kränze und Siechbetten und Spiele zusammen, und der Schmerz und die Seligkeit riefen, nebeneinander fliehend: Ich bin ewig! – Da stand in meinem Geiste der Stolz und die Kraft der Unsterblichkeit auf, und er sagte: Eile hinab, schmutzige Kugel, mit deinen geflügelten Schmerzen, mit deinen geflügelten Freuden, du bist viel zu vergänglich für einen Unsterblichen!

Aber als der wegziehende Erdkreis seine Sonne entblößte und die Sonnen hinter ihr – und als mein gereiftes Auge um die anderen Sonnen tausend Erden schwimmen und alle dunklen Klumpen mit der umwälzenden Nachbarschaft der Paradiese und der Gräber, des Jammers und des Jubels eilen sah, so brach meine Brust unter der Verzweiflung, und ich rief aus: »Unendlicher, sind denn deine Endlichen nirgends glücklich? Oh, wann wird denn die ermüdende Seele gesättigt?«

Ein sanftes Tönen antwortete: »Auf keiner Erde – aber nach dem Sterben – bei der unendlichen Liebe, bei der unendlichen Weisheit.« – Und hier kehrte die Erde von ihrem Jahre zurück und flog oben von der Sonne herab, und das Tönen sang schöner und leiser nach: »Geh auf deine Erde, du bist noch nicht gestorben.« Und hier wurde aus allen in der Tiefe fliegenden Welten ein zitterndes Glockenspiel, und meine getröstete Seele stieg der alten, niederfallenden Erde sanft gezogen entgegen – und ein funkelnder Zirkel aus zwei verknüpften Regenbogen war um ihr rundes Ufer gelegt – und sie riß mich erschüttert zu sich, und ich wachte auf...

Um den Turm flogen die heiligen Töne des Christmorgens, und der Morgenwind brachte sie schweigend – unter mir ging der finstere Strom mit seinen alten Wellen und mit ewigen Tönen – die Sternbilder des Himmels standen fest und hell, und die Wolken lagen, vom Nachtwind getürmt und von der tiefen, heraufziehenden Sonne gefärbt, bergig im Osten – und in einigen der nächsten Häuser waren schon die Frucht- und Zuckerbäume angezündet, und die von der Musik zu bald geweckten Kinder hüpften um die brennenden Zweige und um das versilberte Obst...

*Ota Pavel*

# Karpfen für die Wehrmacht

Deutsch von Monika Gäckle und Josef Koslovsky

Gleich nach dem Einmarsch der Deutschen wurde meinem Väterchen der Bustehrad-Teich weggenommen. »Ein Jude sollte doch keine Karpfen halten«, redete ihm der Bürgermeister ins Gewissen. Der Bustehrad-Teich war schon früher die große Liebe Väterchens gewesen, er war in ihn so verliebt wie in ein Mädchen (Mädchen hatte er – nebenbei bemerkt – auch ab und zu gern). Dabei sah dieser Teich nicht so fabelhaft aus wie die südböhmischen, von denen Dämpfe aufsteigen, deren Ufer mit Schilf bewachsen sind und über denen Möwen schreien, aber es war ein hübscher Teich inmitten der Stadt. Neben ihm standen auf der einen Seite eine Brauerei, auf der anderen Seite Pappeln und sonst nur Häuschen und Hütten. Aber mein Väterchen war schon als Kind mit einem Waschtrog auf diesem Teich geschwommen, ebenso wie früher sein Vater und Großvater, und so verbanden ihn seine Vorfahren mit dem Teich (unter uns, in diesem Teich wuchsen schnell schmackhafte Karpfen heran, die nicht nach Schlamm rochen, und Väterchen konnte mit den Karpfen etwas zu seinem Lohn dazuverdienen – er war Vertreter für Kühlschränke und Staubsauger bei der berühmten Firma Elektrolux).

Väterchen lief in den Friedenszeiten mit einer Papiertüte voller Semmeln um den Teich herum, und er fütterte seine Karpfen wie Hühner: »Da habt ihr was, Jungs.«

Die Karpfen schwammen immer mit geöffneten Mäulern zu ihm hin, verschlangen die Semmeln, und – schwups! – mit einer graziösen Wendung verschwanden sie wieder im Wasser. Väterchen ließ sie auch noch mit dem Treber aus der nahen Brauerei füttern, und so sahen die Karpfen recht lecker aus.

Als die Deutschen kamen, nahmen sie sich die Karpfen wie vieles andere. Sonst konnten uns die Deutschen nichts wegnehmen, weil mein Väterchen klug war und schon längst vor dem Krieg herumerzählt hat, daß in unserer Familie alles verjubelt wird (mein Mütterchen warf ihm manchmal vor, er gäbe das Geld hauptsächlich allein aus). Aber es war nicht genauso, ich erinnere mich an die Zeiten, in denen er genug Geld verdiente und uns alles gab, was er konnte, und in der Speisekammer hingen Fasanen mit schönen langen Schwänzen und Schinken, von dem wir – soviel wir wollten – abschneiden konnten.

Es gab aber auch die Zeiten, in denen zu uns Exekutoren kamen und wir strammstanden. Wir drei Jungen standen auch bei einer anderen Gelegenheit stramm, und zwar, wenn aus dem Radio die Nationalhymne »Wo meine Heimat ist« ertönte. Einmal erklang die Hymne, als wir schon im Bett lagen. Wir sprangen auf, standen in den Nachthemden auf den Betten, und Väterchen zeigte seinen Gästen stolz, wie patriotisch wir erzogen worden sind.

Mein Väterchen liebte dieses Land, vielleicht mehr als mein Mütterchen, die Christin war; aber für sie war es selbstverständlich, daß sie eine Heimat hat, während Väterchen sie mit seinen Vorfahren Hunderte von Jahren suchte, bis er sie fand. Und sogar für das letzte große Vorkriegsgeld kaufte er eine original tschechische Masaryk-Büste (Masaryk, Thomas Garrigue – tschechischer Staatspräsident von 1918 bis 1935, einer der Gründer des tschechischen Nationalstaats), anstatt Essensvorräte aufzutreiben. Und das war unser ganzes Vermögen bei der Ankunft der Deutschen. Mit der verpackten Büste und den Möbeln zogen wir am Anfang des Krieges von Prag nach Bustehrad, wo Väterchen sein Elternhaus und seinen einzigen Teich hatte.

Als ihm damals der Bürgermeister in unserer Gegenwart mitteilte: »Wir nehmen uns den Teich«, krümmte er sich nicht, sondern antwortete barsch: »Wenn Sie an den Gräten meiner Karpfen ersticken wollen...« Der Bürgermeister schaute entsetzt, aber er unternahm nichts, denn er wollte mein Väterchen nicht auf dem Gewissen haben.

Dann arbeiteten Väterchen und meine Brüder in der Kladno-Zeche; Väterchen fuhr mit dem Fahrrad dorthin, und das Rad knarrte während der Fahrt und sang ein seltsames Lied, das man nicht verstehen konnte. Vielleicht erzählte das Lied von der Erniedrigung der Menschheit und einem Aufstand, vielleicht sang das Rad, was sich in der Seele meines Väterchen abspielte. Und dann traf ihn ein Schlag nach dem anderen.

Wir wußten, daß Väterchen weiterhin zu seinem Teich und zu seinen Karpfen ging. Obwohl wir wenig Brot hatten, fütterte er sie und hoffte vielleicht, daß sie während des Krieges nicht herausgefischt und ein glückliches Ende finden würden. Er ging tagsüber und nachts zu dem Teich, er war besessen von ihm. Einmal kam er auf den Damm zwischen die Pappeln und erstarrte. An dem schlammigen Ufer standen vier Männer in gepflegten schwarzen Uniformen und mit Angelruten in den Händen. Väterchen ging empört Schritt für Schritt auf sie zu, als ob er fragen wollte, was sie sich mit seinem Teich erlauben. Als sich einer von den Männern, schlank und in Stiefeln, ein wenig nach ihm umdrehte, sah Väterchen den Totenkopf des SS-Mannes und sein lachendes Gesicht: »Was willst du, Jude? Hast du Appetit auf einen Karpfen?«

Väterchen schwieg. Dann befahl der Totenkopf: »Hol dir den Karpfen!«

Der Offizier zog einen Karpfen aus dem Schaff und warf ihn zwischen sich und Väterchen in den Schlamm, in dem der Karpfen langsam versank. Alle vier Totenköpfe brachen in Gelächter aus. Einer von ihnen verstummte und schrie dann: »Hau ab, Jude!«

Väterchen drehte sich um und ging wieder, so aufrecht wie immer, er hatte vor niemandem Angst, und nicht einmal die Deutschen lehrten ihn, sich zu ducken. Die Besetzung durch die Deutschen war überall schlimm, aber in Bustehrad vielleicht noch ein bißchen schlimmer. Die Vernichtung des Nachbardorfes Lidice schockierte die ganze Welt. Aber Bustehrad, Väterchen, Mütterchen, meine Brüder und ich, wir sahen Lidice brennen, wir hörten Lidice über die Hügel schreien, ich ging mit einem Jungen aus Lidice zur Schule, und plötzlich war sein Platz auf der Schulbank trostlos leer. Wir Kinder spielten in dem Dorf Fußball, und Väterchen hatte dort seine Kameraden, zu uns kamen die Deutschen immer wieder zur Hausdurchsuchung mit ihren Bajonetten. Und Mütterchen, zierlich, blondhaarig, mußte auf die Felder von Lidice arbeiten gehen und kam oft verweint zurück, weil auf den Gräbern aus dem Blut und den Körpern der Getöteten langes, dichtes Gras wuchs. Wir konnten die Vernichtung Lidices nie vergessen – sie blieb uns im Herzen haften wie eine Zecke in der Haut, die anstelle von Widerhaken ein schwarzes Hakenkreuz hat.

Väterchen nahm das damals stark mit, er hatte schon die verfluchte hundertjährige Trauer in den Augen. Und er ging nicht mehr zum Teich, er glaubte nicht, daß die Karpfen ihm jemals wieder gehören würden.

Dann traf uns ein furchtbarer Schlag. Meine Brüder mußten in ein Konzentrationslager. Nur Väterchen, Mütterchen und ich blieben übrig und schickten meinen Brüdern für besondere Theresienstadt-Marken ab und zu Zwanzig-Kilogramm-Päckchen. Väterchen besorgte das Geld für die Päckchen, und ich ging zu den Bauern in Bustehrad und in die Dörfer, um das Essen zu kaufen.

Ich sah unauffällig aus, kraftlos und abgemagert, damals war ich zwölf Jahre alt und fiel deshalb niemandem auf. Ich fand sehr gute Menschen, wie Burger oder den Bäcker Blaha, aber es gab auch andere. Im Winter ging ich mit einem Ränzchen auf dem Rücken von Dorf zu

Dorf und klopfte an die Türen. Mir war kalt, auf einem Bauernhof wartete ich zwei Stunden, bis mir die Bäuerin ein kleines Säckchen Mehl gab. Ich habe nie genug mitgebracht, aber Mütterchen lobte mich immer, streichelte mich und sagte: »Mein kleiner Händler.« Und mein größtes Glück war, als ich für sie eine Zigarette erbettelt hatte – Väterchen und Mütterchen saßen sich dann gegenüber, tauschten die Zigarette, rauchten und erzählten sich, wie es nach dem Krieg sein würde.

Kurz vor Weihnachten mußte auch Väterchen in ein Konzentrationslager. Uns ging es damals schon ziemlich schlecht, und Mütterchen beklagte sich darüber, daß sie Väterchen nichts mitgeben konnte.

Zwei Tage vor seiner Abreise schaufelte Väterchen den Schnee vor der Baracke weg. Wir schuldeten damals der Judengemeinde einige Gelder und erwarteten von ihr einen Besuch. Dann hielt vor dem Haus ein Wagen, aus dem drei Männer in Zivil ausstiegen, und einer fing gleich an:

»Schauen Sie mal, was für ein Wunder, ein Jude arbeitet.«

Und darauf Väterchen: »Sie dagegen faulenzen.«

Und der Herr: »Für wen halten Sie uns?«

Väterchen schaute die Männer an – einer sah ziemlich jüdisch aus – und deshalb sagte er: »Sie sehen wie die ganze Judengemeinde zusammen aus.«

Darauf meinte der Herr, es sei genug. Er zog seinen Ausweis aus der Tasche und sagte: »Geheime Staatspolizei.«

Also Gestapo – sagte Väterchen zu sich und meinte laut: »Na, dann sei gegrüßt, Kaiser.«

Den Gestapomännern hat Väterchen irgendwie gefallen, denn einer von ihnen, mit einem Oberlippenbart, sagte: »Sie sind wahrscheinlich kein Feigling – also kommen Sie und zeigen Sie uns die versteckten Waffen.«

Und dann durchsuchten sie unser Haus von oben bis unten. Im Wohnzimmer blieben sie überrascht stehen, denn sie fanden in einem Judenhaus einen Weihnachtsbaum, mit Stanniol geschmückt, und der Mann mit dem Oberlippenbart lachte Mütterchen sogar ein bißchen an.

Dann krochen sie bis auf den Dachboden, und ganz in der Ecke entdeckten sie ein Päckchen und darin die Masaryk-Büste.

Und schon spaßten sie nicht mehr mit Väterchen, und der mit dem Oberlippenbart lachte Mütterchen nicht mehr an. Väterchen mußte die Büste selbst nehmen, sie vom Dachboden auf den Betonhof werfen und dann noch Stück für Stück mit einem Beil zerschlagen.

Sie gingen weg, und Mütterchen, die mit solchen Besuchern schon ihre Erfahrungen hatte, meinte, daß es auch noch anständige Deutsche gäbe. Aber Väterchen spuckte nur vor sich hin. Später erfuhren wir, daß diese anständigen Deutschen an dem Tag, an dem sie bei uns gewesen waren, zwei Judenfamilien erschossen hatten.
Dann feierten wir vorzeitig Heiligabend, denn am nächsten Tag sollte Väterchen abreisen. Am Weihnachtsbaum brannten die Kerzen, Stanniol glitzerte wie Silber, und im Zimmer roch es nach Wald. Väterchen hatte für mich, weiß Gott woher, alte Schlittschuhe besorgt, er hatte immer den Wunsch gehabt, daß aus mir ein berühmter Eishockeyspieler wird. Und ich besorgte ihm von den Jungen in der Schule zwei Schachteln Zigaretten für die Reise in das Konzentrationslager. Mütterchen und Väterchen stellten sich fröhlich, sie summten ein Lied, aber sie haben das wahrscheinlich meinetwegen gemacht, damit ich an diesen Abend eine schöne Erinnerung haben sollte. Ihnen mußte elend zumute gewesen sein, denn es hätte der letzte gemeinsame Abend ihres Lebens sein können.
In der Nacht schüttelte mich jemand im Dunkeln: »Steh auf, Kamerad, steh auf.« Es war Väterchen, der mich schüttelte, der sagte ab und zu Kamerad zu mir. Ich wollte nicht aus dem Bett, denn in dem Zimmer herrschte eine grimmige Kälte. Ich fror am ganzen Körper und klapperte mit den Zähnen. Ich zog mich an und ging ins Nebenzimmer, wo mir Mütterchen Wintermantel und Mütze gab. Etwas Sonderbares ging hier vor, aber ich hatte keine Ahnung, was es war. Mütterchen sagte zu mir: »Vater erwartet dich auf dem Hof.«
Ich ging die Treppe hinunter, Väterchen stand da mit einem Beil und einem Paket mit Säcken in den Händen. Ich bekam Angst. Er winkte mir zu, und ich ging ihm auf dem vereisten Schnee nach. Der Schnee knirschte unter unseren Füßen, und es machte krsch - krsch. Väterchen sprach nicht und schritt auf seinen Teich zu. Hinter den Pappeln erschien der Teich, er sah wie aus einem Märchenbuch aus, ganz zugefroren, und über ihm stand der leuchtende Mond. Überall herrschte Stille, Totenstille.
Väterchen begann, unterhalb des Hauses der Hudeckas, auf das Eis zu klopfen. Er ging ein paar Schritte in den Teich, das Eis klang unter seinem Beil wie Orgeln in der Kirche. Dann drehte er sich zu mir um: »Die Karpfen sind am Ersticken. Sie haben ihnen keine Löcher hineingeschlagen.«
Er schlug ins Eis. Es hallte durch die Nacht, und ich erzitterte. Dann sagte er: »Hier machen wir das Loch!«

Er stand und haute ins Eis. Eissplitter bedeckten sein Gesicht und seine Kleidung. Er schlug ein Quadrat ins Eis und zog es aus dem Wasser. Dann drehte er sich zu mir um: »Wir müssen warten, Kamerad. In ein paar Minuten sind sie da.«
Ich schaute wie verzaubert in das klare Wasser, wo sich jede Unebenheit des Grundes und jedes Steinchen abzeichnete. Das Wasser bebte und füllte sich mit lebenspendenden Luftblasen aus, dieses Wasserquadrat sah wie ein Brünnlein für die »Karpfenwanderer« aus.
Plötzlich erschien in dem kristallklaren Wasser ein ovalförmiger Schatten und schwamm an uns vorbei. Er kam zurück. Ein Karpfen. Und was für einer! Er streckte sein rundes Mäulchen heraus und schnappte an der Wasseroberfläche nach Luft. Da schwamm ein anderer hinzu. Sie benahmen sich wie verzaubert, es störte sie überhaupt nicht, daß wir da standen und sie beobachteten. In ein paar Sekunden wimmelte es an der Wasseroberfläche von ihnen, und es wurden immer mehr. In diesem Augenblick ging mit meinem Väterchen etwas Sonderbares, Eigenartiges vor, er kniete sich auf das Eis, krempelte seine Ärmel hoch und begann, den Karpfen über die Köpfe und Rücken zu streicheln, er liebkoste sie und murmelte: »Meine geliebten Karpfen.«
Er spielte mit ihnen – und sie versammelten sich unter seinen Händen wie seine Kinder. In dem Mondschein sahen sie golden und silbern aus, sie leuchteten wie Heilige. Ich habe später nie solche Karpfen gesehen. Väterchen schaukelte sie auf den Händen, er hob sie auf und ließ sie wieder los, und dabei flüsterte er etwas.
Dann stand er auf, der Mond schien ihm ins Gesicht, und er hatte einen zufriedenen Ausdruck in den Augen. Er ging zu den Säcken, zog einen versteckten Kescher heraus, nahm einen Sack, ging zu dem Loch und schöpfte den ersten Karpfen heraus. Erst jetzt verstand ich und bekam große Angst. Ich zog Väterchen am Ärmel: »Väterchen, laß uns gehen. Wenn sie uns erwischen, bringen sie uns um.«
Er schaute mich mit einem abwesenden Blick an, und heute weiß ich, daß es ihm damals egal gewesen wäre, wenn sie ihn erwischt und auf der Stelle totgeschlagen hätten. Er hätte nicht weggehen und den Deutschen seine Karpfen lassen können.
Jetzt liebkoste er die Karpfen nicht mehr. Er steckte sie in die Säcke, wir trugen sie nach Hause, und Mütterchen verteilte sie in Gefäße. Unsere Baracke füllte sich von oben bis unten mit Wasser. Die Karpfen schwammen in Kübeln, in der Badewanne, in Bottichen und in den alten Trögen im Pferdestall.
Gegen Morgen, als der Mond nicht mehr schien und es noch kälter

wurde, waren wir bis auf die Knochen durchgefroren, und während wir die nassen Säcke auf den Rücken trugen, kratzte Mütterchen das Eis von uns weg. Aber der Teich war schon leer, die Karpfen zogen zu ihrem Besitzer um – Väterchen stahl eigentlich seine eigenen Karpfen.

Morgens begleiteten wir Väterchen zum Bus nach Prag. Er hatte ein Köfferchen in den Händen, und das erste Mal ging er mit gesenktem Kopf. Aber in meinen Augen wuchs er in dieser Nacht um ein riesiges Stück.

Noch an diesem Tag begann Mütterchen, mit mir die Karpfen bei den Händlern und Bauern gegen Essen umzutauschen. Die Karpfen öffneten mir vor Weihnachten die Pforten und Tore zu den hartherzigsten Menschen. Wenn ich in meiner Tasche große pausbäckige Karpfen zeigte, jubelten die Bäuerinnen, und mein kaltes Zimmer füllte sich mit Schmalz, Rauchfleisch, Mehl, Weißbrotlaiben, Zucker und Zigarettenpäckchen. Mehrmals wurde ich auch zu Milchkaffee und Weihnachtsstriezeln an den Tisch geladen, ich wartete nicht mehr lange vor den Türen, sondern wurde wie ein König begrüßt, dem die Karpfen die Tore in die Welt öffneten. Das war meine fürstlichste Weihnacht während des Krieges.

Im nächsten Jahr dann sollte der Teich geleert werden. Zwischen den Anglern huschten die Uniformen der Wehrmacht vorbei – die deutsche Wehrmacht wollte sich die Karpfen holen.

Ich stand zwischen den Jungen auf dem Damm und wartete, wie das wohl ausgehen würde.

Am Anfang gab es viel Pomp, auf dem Damm spielte eine Militärkapelle, und alles sah vielversprechend aus. Aber im Teich war nichts, und niemand konnte sich das erklären. Und ich dachte damals daran, daß die Musik eigentlich zu Ehren meines Väterchens gespielt wurde, der mit einem Judenstern auf dem Mantel den Deutschen einen Strich durch die Rechnung gemacht hat.

*Karl Rahner*

## Gott ist gekommen

Er ist da. Und darum ist alles anders, als wir meinen. Die Zeit ist aus dem ewigen Weiterfließen verwandelt in ein Geschehen, das mit lautloser, eindeutiger Zielstrebigkeit auf ein ganz bestimmtes Ende hinführt, darin wir und die Welt vor dem entschleierten Antlitz Gottes stehen werden. Wenn wir sagen: Es ist Weihnacht, dann sagen wir: Gott hat sein letztes, sein tiefstes, sein schönstes Wort im fleischgewordenen Wort in die Welt hineingesagt, ein Wort, das nicht mehr rückgängig gemacht werden kann, weil es Gottes endgültige Tat, weil es Gott selbst in der Welt ist. Und dieses Wort heißt: Ich liebe dich, du Welt und du Mensch.

## *Josef Reding*
## Mister Larrybees Leuchtturm

Der Tag versuchte sich an der Klippe festzuhalten. Alle verbliebene Helle sammelte sich im Gischt der Brandung. Dann trieb eine Welle das letzte Weiß gegen den Strand, wo die starke Nacht schon auf der Lauer lag, es zu verschlucken. Es gelang ihr nicht ganz; die Scheinwerfer eines Motorbootes schnitten Streifen aus der Dunkelheit.
Das Boot drängte sich gegen die Klippe, aus der schlank der Leuchtturm von Skarvetange wuchs, der tote Leuchtturm.
Ein Matrose setzte mit behender Flanke über die Reling, zog das Drahtseil durch einen Stahlring. Ein zweiter schob von Bord eine schmale Gangway auf die Klippe. »Bitte, Mister Larrybee!« sagte er.
Der rundliche Mann in dem großkarierten Mantel knurrte nur: »Die Koffer.«
»Geht in Ordnung!« sagte der Matrose. »Zwei sind schon oben. Der dritte wird von Tim hinaufgebracht.«
»Na ja!« sagte Mister Larrybee und legte einen Schein in die Hand des Matrosen.
»Danke!« sagte der Matrose und schob die Banknote in die Tasche. Er hatte sie gar nicht erst angesehen. Sonderlinge geben reiche Trinkgelder. Vorsichtig trippelte der Großkarierte über den Laufsteg. Erst als er auf der Klippe stand, kam der zweite Matrose ebenfalls herüber, den weinroten Lederkoffer in der Hand.
»Hier, Tim!« sagte er zu seinem Kameraden.
»Darf ich vorangehen, Mister Larrybee?« fragte der Matrose Tim, ließ eine Stablampe aufgrellen und übernahm mit der freien Rechten den Koffer.
»Aber nein!« wehrte Mister Larrybee ab. Er war freundlich dabei. »Hier bin ich Hausherr. Und ich zeige Ihnen den Weg.«
Der Großkarierte übernahm die Taschenlampe und ächzte sich die Stufen hinauf. Obgleich einige Plattformen zum Verschnaufen einluden, blieb Mister Larrybee nicht eher stehen, bis er die Stahltür mit der Aufschrift »Öllager« erreicht hatte. Der Matrose schlug die Riegel zurück. Der Strahl der Lampe tastete sich durch den Raum. Jetzt knipste Mister Larrybee den Leuchtstab aus. Er brauchte ihn nicht mehr.
Im Raum bullerte ein großer Kanonenofen. Tim hatte die obere Klappe geöffnet und so den kajütenartigen Raum mit einem wohligen Rot erhellt.

Für Minuten stand Mister Larrybee wie gebannt. Er ließ seine Blicke vom Klubsessel über den schafwollenen Teppich, vom Bücherregal auf die Konservendosen, von den Rumflaschen auf das Klappbett gleiten. »Wir haben den Ofen schon vor einer Stunde angemacht, als wir die beiden Koffer raufbrachten. Die anderen Dinge, der Teppich und so, die sind schon seit zwei Wochen hier. Wie Sie es haben wollten. Alles nach der Skizze gestellt. Ist's so recht?«
»Ja», sagte Mister Larrybee.
»Und Sie wollen wirklich niemanden bei sich haben?«
»Nein!«
»Alles selbst machen, kochen und...?«
»Ja!«
»Na, dann...!« stotterte der Matrose, »dann holen wir Sie am Tag nach Neujahr wieder ab, wie Sie angeordnet haben!«
»Gut!« sagte Mister Larrybee.
Der Matrose Tim wollte noch etwas sagen, aber er schluckte es hinunter, zuckte mit den Schultern und sagte, so laut er es vermochte – und er vermochte es sehr laut –: »Fröhliche Weihnachten!«
»Ja, fröhliche Weihnachten«, sagte Mister Larrybee trocken.
Rückwärts ging der Matrose aus dem Raum. Erst draußen wagte er es, mit dem Kopf zu schütteln.
Mister Larrybee stand noch so lange unbeweglich, bis das Motorboottuckern nicht mehr zu ihm heraufdrang. Dann ließ er sich schwer in den Klubsessel vor dem wütenden Kanonenofen fallen, öffnete den Kragen und sagte mit behaglichem Stöhnen: »Endlich!«
Wenn man es recht betrachtet, hatte Mister Larrybee sich den Leuchtturm bei Skarvetange nur wegen der fünfhundert Weihnachtskarten gekauft. Dabei muß man wissen, daß dieses halbe Tausend Grußkarten bereits aus dem sechsfachen Wust von drei Sekretärinnen ausgesiebt war. In diesem Berg, den Mister Larrybee nicht zu Gesicht bekam, verblieb alles Gedruckte, und war es auch mit Goldbuchstaben auf handgeschöpftes Büttenpapier gepreßt.
Dennoch: mit unheimlicher Beständigkeit blieben allweihnachtlich etwa fünfhundert Karten, Briefe und Bilderbücher übrig, die handgeschrieben waren. Die Universität Boston, Massachusetts, entbot beispielsweise ihrem hochherzigen Stifter zum diesjährigen Weihnachtsfest die untertänigsten Wünsche. Zu Papier gebracht vom Dekan, Prof. Grandteeth, Ph.D., M.S.L. Oder aus dem großen Kreis der Neffen und Nichten kamen Briefe wie dieser: »Hallo, Onkel, altes Huhn! Ich wünsche Dir zwanzig Pfund Gewichtsabnahme zum Fest

und mir einen Scheck von mindestens vierhundert Eiern (bin in Druck!). Dein Dich liebender Neffe Charly!« – Oder – in parfümiertem Umschlag –: »Deine alte Jugendliebe Olga in Shentenham denkt immer an Dich! Mit gleicher Post ein gehäkeltes Stuhlkissen!«

Die Sekretärinnen konnten nicht umhin, derartige Grüße, Wünsche und Bitten für Mister Timothee Larrybee zu bündeln und sie ihm am Morgen und Mittag des Vorweihnachtstages auszuhändigen: sieben dicke Ledermappen voller Egozentrik, mit Bumeranggrüßen – so nannte sie Timothee Larrybee –, die nicht viel anders hießen als: »Ich bin noch da!«

Außer der zeitlichen Last persönlicher Beantwortung – Namenszug unter Schecks zumeist – ärgerte den Herrn der »Brackley-Rubber« vor allem die Zumutung des Kitsches: Engelchen in puddingsüßem Rosa, schnapsnäsige Weihnachtsmänner und Tannenbäume in Leuchtfarbe. Und als sich in diesem Jahr der erste Reklamespruch auf Weihnachten bezog – das geschah schon Anfang Oktober –, wußte Mister Larrybee mit einem Mal, daß er an diesem Fest der Welt den Rücken kehren würde. Nein, nicht etwa durch Selbstmord, sondern durch Flucht. Er hatte in einem Prospekt der Cunningham-Immobilien gelesen, daß zwei Leuchttürme an der Nordküste im September außer Dienst gestellt würden und zum Verkauf freistünden. Feuerschiffe und Radargeräte hatten die alten Steinriesen für die Seefahrt überflüssig gemacht.

Ein Anruf Mister Larrybees bei den Maklern genügte, um sich den einsamsten Turm bei Skarvetange in Erbpacht zu sichern. Mister Larrybee war sogar bereit, sein Angebot beträchtlich zu erhöhen, als ihm mitgeteilt wurde, daß er in Konkurrenz mit einem Hotelier stand. Zwei Tage später lag in Larrybees Safe die Pachturkunde.

Alles andere war rasch erledigt. Im Oktober ließ sich Mister Larrybee nach Skarvetange bringen, das Öllager ausräumen und nach seiner Skizze wohnlich machen. So wenig wie möglich sollte moderne Maschinerie in den toten Leuchtturm Einzug halten: keine Zentralheizung, kein Radio, kein Telefon. Mister Larrybee wollte zu Weihnachten allein sein. Er wollte zu sich selbst kommen.

Die beiden letzten Abwicklungsgeschäfte erledigte er vor fünf Tagen. Es gingen einige tausend Karten in Druck: »Bedaure sehr, nicht persönlich auf Ihre Grüße eingehen zu können. Bin erst Anfang nächsten Jahres wieder im Lande. Wichtige Punkte Ihres Briefes hoffe ich im Laufe der nächsten Monate erledigen zu können. Gezeichnet: Timothee Larrybee, Brackley-Rubber!«

Und dann packte er eine Blockflöte in den Koffer und einen Packen Noten. Außerdem eine Reihe von Büchern, die er schon seit Jahrzehnten lesen wollte. Hinzu kamen zwei Kisten jener Zigarren, die der Arzt ihm verboten hatte, weil sie zu schwer, schwarz und naß waren.
Von einer dieser Zigarren entfernte Mister Larrybee jetzt die Zellophanhülle, setzte den Abschneider an das Mundstück und drückte zu. Er hielt einen Fidibus ins Ofenfeuer und zündete die Brasil sehr langsam an.
Als herber, kräftiger Duft im Raum steht, füllt Mister Larrybee Kohlen nach und stellt den Aluminiumtopf auf die glühende Platte des Kanonenofens.
»Was ist das nun, Weihnachten?« fragt sich Mister Larrybee laut. »Vielleicht war es durch die Karten, die ich zu schreiben hatte, in den letzten Jahren verschüttet worden.« Und er denkt, weil er sich schämt, es laut zu sagen: Vielleicht kommt etwas von jenem Weihnachten bei uns zurück, wenn ich auf meiner alten Blockflöte spiele?
Mister Larrybee legt die Zigarre behutsam auf einen Kohlebrocken und läßt die Schlösser des Koffers neben dem Stapel Konservendosen aufschnappen. Dann rückt er mit der braunen Flöte wieder vor das Feuer.
Als das alte Lied unter seinem Mund und den Fingern ersteht, überall hinklettert – in die Taschen des großkarierten Mantels an der Wand, in das Feuer und in des Mannes Herz –, setzt Mister Larrybee die Flöte ab. Er spürt, daß jetzt keine Freude bei ihm ist, sondern Wehmut. Das kann doch nicht Weihnachten sein! denkt Mister Larrybee, nimmt die Zigarre, deren weiße Asche mehr geworden ist, von der Kohle herunter und legt statt dessen die Flöte dort hinauf.
Seine Hand tastete sich zu einer der Rumflaschen, als ihn ein Ruf zurückfahren läßt:
»Old Bernhard, frohe, gnadenreiche Weihnacht!«
Mehrere Männer müssen es von draußen gerufen haben, im Chor. Old Bernhard? So heiße ich doch gar nicht, fällt es Mister Larrybee erst jetzt ein. Ob die Matrosen zurückgekehrt sind und sich einen Spaß mit ihm machen wollen? Da soll doch der...
»Old Bernhard, gesegnetes Fest, du bis de Best!«
Mister Larrybee nimmt die Taschenlampe und eilt die Treppen hinunter, so schnell, daß ihm von den ständigen Drehungen ein wenig schwindelt. Aber die sternklare Nacht, in deren Mitte er mit einem Mal steht, bringt wieder Schärfe und Wachheit in sein Hirn. Timothee Larrybee sieht: drei Männer in dicken Mänteln. Zwei ziehen soeben

ein Ruderboot auf die Klippe. Der dritte leuchtet ihnen mit einer Sturmlaterne. Jetzt kommen alle drei auf Mister Larrybee zu.
»Na, old Bernhard!« lacht der mit der Laterne. »Ist noch frischer heut nacht als im vorigen Jahr. Aber wir haben das Buch, und du hast den Grog, alte Haut! Das wird uns – – hallo, ist gar nicht old Bernhard!«
Verblüffung, ja Enttäuschung steht kalt zwischen den Männern, den dreien am Boot und dem einen vor dem Leuchtturm.
»Ist was passiert?« fragt jetzt einer, der ein Paket unter den Arm geklemmt trägt. »Wir wunderten uns schon, daß das Leuchtfeuer nicht brannte. Aber da das Öl knapp ist, dachten wir, das sei die Ursache. Ist etwas mit – mit – old Bernhard?«
»Ich weiß nicht!« sagte Mister Larrybee. »Der Turm ist auf den Seekarten gelöscht. Ich habe ihn gepachtet.«
»Dann ist old Bernhard in Hursdulb, bei seinem Sohn!« sagt der Mann mit der Laterne, und alle drei atmen auf, nein, alle vier, denn auch Mister Larrybee war erschrocken. »Wir gehen wieder«, sagt der Mann mit dem Paket und dreht sich zum Boot.
»Ich lade Sie ein, zu – zu einem Grog!« sagt Mister Larrybee schnell. »Old Bernhard hätte Ihnen gewiß auch einen gegeben, nicht wahr?«
»Tja, das hat er getan. Jedes Jahr. Aber ob Sie – –?«
»Larrybee heiße ich. Timothee Larrybee! Bitte seien Sie meine Gäste!«
»Jack!« stellt sich der mit der Laterne vor. »Zachary«, sagt der mit dem Paket. »Bill«, der dritte.
Die Gäste sind nicht sehr überrascht, als Timothee Larrybee sie in die neu eingerichtete Ölkammer führt.
»Büschen verändert!« sagt Zachary mit dem Paket, und die drei setzen sich auf den dicken Teppich. »Dann wollen wir mal!«
»Sofort!« sagt Timothee Larrybee und geht zum Ofen, auf dem sich der Topf leise regt.
»Meinte ich nicht!« ruft Zachary den Gastgeber zurück. »Kommt nachher! Erst das andere.«
Gehorsam kommt Timothee Larrybee zurück und setzt sich ebenfalls auf den Teppich. Er sieht nun, daß es kein Paket ist unter dem Arm Zacharys, sondern ein Buch.
Jack stellt die Sturmlaterne neben das Buch. Zachary schlägt es an einer Stelle, die durch einen dicken, roten Wollfaden bezeichnet ist, langsam auf und liest:
»In jenen Tagen erging ein Erlaß des Kaisers Augustus, das ganze Land sei aufzunehmen. Dies war die erste Aufzeichnung, die unter Cyre-

nius, dem Statthalter von Syrien, stattfand. Alle gingen hin, sich aufzeichnen zu lassen, ein jeglicher in seiner Vaterstadt. Auch Joseph begab sich...!«
Ich hatte es vergessen, denkt Timothee Larrybee und ist traurig. Nicht traurig über diese Stunde, sondern über die letzten zwei Jahrzehnte, in denen er nicht mehr an dieses Buch, nicht mehr an dieses Kapitel gedacht hat.
Ich habe nicht mehr gewußt, wo Weihnachten ist, denkt Timothee Larrybee. Die bunten Karten hätten mir nichts anhaben können, wenn ich es gewußt hätte. Diese Flucht in den Leuchtturm wäre eine Sackgasse gewesen ohne Zachary mit dem Buch und Jack mit dem ruhigen Licht und Bill mit dem Lächeln im bärtigen Antlitz. Und Timothee Larrybee hört weiter:
»In derselben Gegend waren Hirten auf dem freien Felde; sie hielten nachts Wache bei ihrer Herde. Da stand der Engel des Herrn vor ihnen, und die Herrlichkeit Gottes umstrahlte sie, und sie fürchteten sich sehr. Der Engel sprach zu ihnen: ›Fürchtet euch nicht. Seht, ich verkünde euch eine große Freude, die allem Volke zuteil wird. Heute ist euch in der Stadt Davids der Heiland geboren, Christus, der Herr.‹«
Timothee Larrybee denkt: heute. Das ist es. Ich hatte geglaubt, es sei schon zweitausend Jahre her. Darum hatte ich Furcht.
»...Die Hirten kehrten heim und lobten und priesen Gott für alles, was sie vernommen und gesehen hatten, so wie es ihnen gesagt war.«
Lange schweigt Timothee Larrybee. Dann sagt er: »Habt ihr jedes Jahr mit old Bernhard diese Worte gelesen?«
»Ja!« sagt Jack. »Dann hatte er wieder die Kraft, ein ganzes langes Jahr allein hier zu sein, allein auf diesem Turm. Allein mit sich, den winzigen Silhouetten der Schiffe am Horizont. Allein mit diesem Buch.«
»Ein ganzes Jahr«, wiederholt Timothee Larrybee leise.
»Ein ganzes Jahr Kraft. Das ist viel. Lies es bitte noch einmal, Jack, das, was der Engel zu den Hirten sagt!«
»Fürchtet euch nicht...!« Timothee Larrybee steht vom Teppich auf.
»Bleibt bei mir«, sagt er, »solange ihr könnt!«
»Den Weihnachtstag noch«, ist Jack einverstanden.
Timothee Larrybee geht zu der Zigarrenkiste. Als er sie seinen Freunden anbietet, nehmen sie jeder eine Zigarre, zerschneiden sie mit ihren Taschenmessern säuberlich und pressen den Tabak in ihre Pfeifen. Auf dem Kanonenofen ruft das kochende Wasser.

## *Christa Reinig*
## Aries, Widder

Zunächst hatte die Bibel doch recht, sie fanden keine Herberge. Aber sie fanden auch den Stall nicht mit der Krippe, vielmehr die berühmte Grotte. Jesus, seufzte Joseph, ich sehe schwarz. Wie soll das alles erfüllet werden, und es ist bald eins. Es waren aber Hirten auf dem Felde, die hüteten des Nachts ihre Herde. Er sprach einen Hirten an. Do you understand my English? fragte der freundliche Hirte. A little, sagte Joseph, parlewuh frangsäs, kapisko italiano, goworit paruski. Der Hirte schüttelte den Kopf und zeigte auf sein Pinguin-pocket-book, in dem er unter der Bogenlampe gelesen hatte. Er war Student aus Oxford und machte mit dem Heilige-Nacht-Job sein Reisegeld. Joseph fragte: Where is the place of the birth of the Christ? I can't find this place. Der Hirte sagte: First you must go right and then – do you see the church? – Joseph: What is church? – Der Hirte: In this church! – Joseph: In this is the place? – Der Hirte: In this church! – Joseph: What is church?
Der Hirte wischte sich über die Stirn. Sein Fremdenenglisch war zu Ende. Er gab dem Weihnachtswidder einen Klaps und winkte Joseph, ihm zu folgen. Je näher sie der Kirche kamen, um so dicker wurde das Gedränge. Was sollen all die Leute hier, fragte Joseph, davon steht nichts in der Schrift. Der Hirte verstand ihn nicht und zuckte die Achseln. Er scheuchte den Widder, der ihm nachgelaufen war, zum Schafhaufen zurück. Doch die Touristen, die in der Kirche keinen Einlaß gefunden hatten, stürzten sich auf den Widder und bombardierten ihn mit Bonbons. Der Widder floh und hielt sich an seinen Hirten. Vor dem Eingang standen Hunderte. Wie soll ich da hineinkommen? fragte Joseph. Der Hirte zuckte die Achseln und scheuchte seinen Widder. Es war der erste Widder seines Lebens, und er war dem Tier einfach nicht gewachsen. Joseph zog einen Tausendlireschein aus der Tasche, der war so groß wie eine Zeitung. Er wollte die hiesige Währung noch nicht anreißen. Der Hirte zuckte beleidigt die Achseln. Er wollte das Geld nicht. Aber die Größe des Scheins rührte ihn. Sein Widder boxte ihn in die Kniekehlen, und er scheuchte seinen Widder. Der Widder legte los. Erst sagten die Leute: Nanu – und: Was soll das! Dann lachten die Leute, dann schrien die Leute, dann rannten die Leute. Eine Gasse tat sich auf. So zogen sie, voran der Widder, dann der Hirte, dann die Heilige Familie ein zu dem Ort, an dem es erfüllet werden sollte.

*Rainer Maria Rilke*

## Die Heiligen Drei Könige

### Legende

Einst als am Saum der Wüsten sich
auftat die Hand des Herrn
wie eine Frucht, die sommerlich
verkündet ihren Kern,
da war ein Wunder: Fern
erkannten und begrüßten sich
drei Könige und ein Stern.

Drei Könige von Unterwegs
und der Stern Überall,
die zogen alle (überlegs!)
so rechts ein Rex und links ein Rex
zu einem stillen Stall.

Was brachten die nicht alles mit
zum Stall von Bethlehem!
Weithin erklirrte jeder Schritt,
und der auf einem Rappen ritt,
saß samten und bequem.
Und der zu seiner Rechten ging,
der war ein goldner Mann,
und der zu seiner Linken fing
mit Schwung und Schwing
und Klang und Kling
aus einem runden Silberding,
das wiegend und in Ringen hing,
ganz blau zu rauchen an.

Da lachte der Stern Überall
so seltsam über sie,
und lief voraus und stand am Stall
und sagte zu Marie:

Da bring ich eine Wanderschaft
aus vieler Fremde her.
Drei Könige mit *magenkraft**,
von Gold und Topas schwer
und dunkel, tumb und heidenhaft, –
erschrick mir nicht zu sehr.
Sie haben alle drei zuhaus
zwölf Töchter, keinen Sohn,
so bitten sie sich deinen aus
als Sonne ihres Himmelblaus
und Trost für ihren Thron.
Doch mußt du nicht gleich glauben: bloß
ein Funkelfürst und Heidenscheich
sei deines Sohnes Los.
Bedenk, der Weg ist groß.
Sie wandern lange, Hirten gleich,
inzwischen fällt ihr tiefes Reich
weiß Gott wem in den Schoß.

Und während hier, wie Westwind warm,
der Ochs ihr Ohr umschnaubt,
sind sie vielleicht schon alle arm
und so wie ohne Haupt.
Drum mach mit deinem Lächeln licht
die Wirrnis, die sie sind,
und wende du dein Angesicht
nach Aufgang und dein Kind;
dort liegt in blauen Linien,
was jeder dir verließ:
Smaragda und Rubinien
und die Tale von Türkis.

* mittelhochdeutsch: ›Macht‹ 〈RMR.〉

*Joachim Ringelnatz*
## Einsiedlers Heiliger Abend

Ich hab' in den Weihnachtstagen –
Ich weiß auch, warum –
Mir selbst einen Christbaum geschlagen,
Der ist ganz verkrüppelt und krumm.

Ich bohrte ein Loch in die Diele
Und steckte ihn da hinein
Und stellte rings um ihn viele
Flaschen Burgunderwein.

Und zierte, um Baumschmuck und Lichter
Zu sparen, ihn abends noch spät
Mit Löffeln, Gabeln und Trichter
Und anderem blanken Gerät.

Ich kochte zur heiligen Stunde
Mir Erbsensuppe mit Speck
Und gab meinem fröhlichen Hunde
Gulasch und litt seinen Dreck.

Und sang aus burgundernder Kehle
Das Pfannenflickerlied.
Und pries mit bewundernder Seele
Alles das, was ich mied.

Es glimmte petroleumbetrunken
Später der Lampendocht.
Ich saß in Gedanken versunken.
Da hat's an die Türe gepocht,

Und pochte wieder und wieder.
Es konnte das Christkind sein.
Und klang's nicht wie Weihnachtslieder?
Ich aber rief nicht: »Herein!«

Ich zog mich aus und ging leise
Zu Bett, ohne Angst, ohne Spott,
Und dankte auf krumme Weise
Lallend dem lieben Gott.

## *Johann Rist*

O Freudenzeit, o Wundernacht,
dergleichen nie gefunden,
du hast den Heiland hergebracht,
der alles überwunden,
du hast gebracht den starken Mann,
der Feuer und Wolken zwingen kann,
vor dem die Himmel zittern
und alle Berg' erschüttern.

Brich an, du schönes Morgenlicht,
und laß den Himmel tagen!
Du Hirtenvolk, erschrecke nicht,
weil dir die Engel sagen,
daß dieses schwache Knäbelein
soll unser Trost und Freude sein,
dazu den Satan zwingen
und letztlich Frieden bringen.

Lob, Preis und Dank, Herr Jesu Christ,
sei dir von mir gesungen,
daß du mein Bruder worden bist,
und hast die Welt bezwungen,
hilf, daß ich deine Gütigkeit
stets preis' in dieser Gnadenzeit
und mög' hernach dort oben
in Ewigkeit dich loben.

*Friedrich Rückert*

## Gottes Licht

Gekommen in die Nacht
der Welt ist Gottes Licht;
wir sind daran erwacht
und schlummern fürder nicht.

Wir schlummern fürder nicht
den Weltbetäubungsschlummer,
wir blicken, wach im Licht,
aufs Nachtgrau ohne Kummer.

Wo ist der Nächte Graun?
Es ist vom Licht bezwungen;
wir blicken mit Vertraun
ins Licht, vom Licht durchdrungen.

Daß wir durchdrungen sind
vom Lichte, dem wir dienen,
wir zeigen's dem Gesind
der Nacht in unsern Mienen.

In hellen Mienen macht
sich kund die Kraft des Herrn,
und wer nicht in der Nacht
kann leuchten, ist kein Stern.

*Françoise Sagan*
# Ein flandrischer Hirtenhund

Monsieur Ximenestre hatte große Ähnlichkeit mit einer Zeichnung von Chaval: beleibt, stumpfsinnig im Ausdruck und im übrigen sympathisch. Doch in diesen ersten Tagen des Monats Dezember trug er eine tiefbekümmerte Miene zur Schau, die in jedem, der ihm begegnete und der ein Herz besaß, das wilde Verlangen erweckte, ihn anzusprechen.
Schuld an diesem Kummer trug das bevorstehende Weihnachtsfest, dem Monsieur Ximenestre, obwohl ein guter Christ, dieses Jahr mit Widerwillen entgegensah, denn er besaß nicht einen Groschen mehr, um Madame Ximenestre, die sehr auf Geschenke aus war, seinen nichtsnutzigen Sohn Charles und seine ausgezeichnet Kalypso tanzende Tochter Augusta zu bescheren. Nicht einen Groschen, genau das war seine Situation. Und von einer Gehaltserhöhung oder Anleihe konnte nicht die Rede sein. Beides war ohne Wissen Madame Ximenestres und der Kinder schon in Anspruch genommen worden, um dem neuen Laster dessen, der ihr Ernährer sein sollte, zu genügen – kurz, um die unselige Leidenschaft des Monsieur Ximenestre zu stillen: das Spiel.
Nicht etwa jenes banale Spiel, bei dem Geld über einen grünen Teppich rieselt, noch jenes, bei dem über einen anderen grünen Teppich Pferde jagen, sondern ein Spiel, das – in Frankreich noch unbekannt – unglücklicherweise in einem Café des Pariser XVII. Bezirks in Mode war, wo Monsieur Ximenestre jeden Abend am Heimweg einen roten Martini trank: das Spiel der kleinen Pfeile, das mit einem Blasrohr und Tausendfrancnoten gespielt wurde. Sämtliche Stammgäste waren vollkommen närrisch damit, bis auf einen, der aufhören mußte, weil er an Herzasthma litt. Ein Australier, den niemand in der Gegend kannte, hatte das aufregende Spiel eingeführt. Es hatte sehr bald zur Bildung einer Art von Klub geführt, der in dem rückwärtigen Saal tagte, wo der spielbegeisterte Wirt das kleine Billard geopfert hatte.
Kurz gesagt, obgleich seine ersten Versuche sehr vielversprechend gewesen waren, hatte Monsieur Ximenestre sich hier ruiniert. Was tun? Von wem sollte er noch Geld ausborgen, um die Handtasche, den Roller und den Plattenspieler zu bezahlen, die, wie er aus einigen sehr unzweideutigen Andeutungen bei Tisch wußte, von ihm erwartet wurden? Die Tage vergingen, in aller Augen begann die Vorfreude

aufzuleuchten, und vom Himmel fiel munter der Schnee. Monsieur Ximenestre bekam eine gelbe Haut und hoffte krank zu werden. Vergebens.

Am Morgen des 24., als Monsieur Ximenestre das Haus verließ, folgten ihm drei Augenpaare mit beifälligem Blick, denn die tägliche Hausdurchsuchung von Madame Ximenestre hatte noch nicht zur Entdeckung der erwarteten kostbaren Pakete geführt. »Er läßt sich Zeit«, dachte sie mit einiger Bitterkeit, aber ohne die geringste Unruhe.

Auf der Straße wickelte sich Monsieur Ximenestre seinen Schal dreimal um den Hals, und diese Geste führte ihm, sekundenlang, einen Ausweg vor Augen, den er glücklicherweise rasch wieder von sich wies. Er ging weiter in seinem schleppenden, gutmütigen Bärentrott und landete auf einer Bank, wo der Schnee ihn schnell in einen Eisberg verwandelte. Der Gedanke an die Pfeife, die Ledermappe und die rote, völlig untragbare Krawatte, die ihn, wie er wußte, zu Hause erwarteten, machte das Maß des Jammers voll.

Ein paar beschwingte Fußgänger, blaurot vor Kälte und um jeden Finger Bindfäden von Paketen geschlungen, kurz, Familienväter, die dieses Namens würdig waren, gingen an ihm vorüber. Eine Limousine blieb zwei Schritte von Monsieur Ximenestre entfernt stehen; ein Traumwesen mit zwei kleinen Spitzen an der Leine stieg aus. Monsieur Ximenestre, sonst gewiß kein Verächter des schönen Geschlechts, betrachtete die Dame ohne das geringste Interesse. Dann irrte sein Blick über die Hunde, und ein lebhaftes Leuchten trat plötzlich in seine Augen. Er befreite sich von dem Schneeberg, der sich auf seinen Knien gesammelt hatte, und mit einem Ausruf, den der Schnee, der ihm vom Hut in Hals und Augen stürzte, halb erstickte, richtete er sich behende auf.

»Zum Pfandstall«, rief er aus.

Der Pfandstall war ein ziemlich trostloser Ort voll trauriger oder aufgeregter Hunde, die Monsieur Ximenestre ein wenig erschreckten. Seine Wahl fiel schließlich auf ein Tier von recht undefinierbarer Rasse und Farbe, das aber, wie man sagt, gute Augen hatte. Und Monsieur Ximenestre nahm an, daß unendlich gütige Augen notwendig wären, um eine Tasche, einen Plattenspieler und einen Roller zu ersetzen. Er taufte seine Errungenschaft sofort auf den Namen Médor, befestigte sie an einem Strick und betrat die Straße.

Médors Freude verschaffte sich umgehend in einer wilden Raserei Ausdruck und übertrug sich sehr gegen seinen Willen auf Monsieur

Ximenestre, den so viel tierische Lebenskraft einfach überrumpelte. Er wurde ein paar hundert Meter weit in starkem Trab mit fortgezogen (die Bezeichnung »galoppieren« konnte man schon seit langer Zeit nicht mehr auf Monsieur Ximenestre anwenden) und landete schließlich bei einem Passanten, der etwas über »diese abscheulichen Viecher« vor sich hin brummte. Wie ein Wasserskifahrer überlegte Monsieur Ximenestre, ob er nicht lieber den Strick loslassen und nach Hause gehen sollte. Aber Médor sprang bellend und begeistert an ihm hoch, sein gelbliches schmutziges Fell war voll von Schnee, und einen Augenblick lang dachte Monsieur Ximenestre, daß ihn schon lange Zeit niemand mehr so angeblickt hatte. Sein Herz schmolz. Er senkte seine blauen Augen in die kastanienbraunen Médors, und sie erlebten einen Augenblick unaussprechlicher Süße.

Médor kam als erster wieder zu sich. Er setzte sich wieder in Bewegung, und das Rennen nahm seinen Fortgang. Monsieur Ximenestre dachte vage an den blutarmen Dackel, den er neben Médor gesehen, aber überhaupt nicht beachtet hatte, da er der Ansicht war, daß ein Hund kräftig sein mußte. Im Moment flog er buchstäblich seinem Haus entgegen. Sie machten nur eine Minute bei einem Café halt, wo Monsieur Ximenestre drei Glas Grog und Médor drei Stück Zucker zu sich nahmen. Letztere waren eine Spende der mitfühlenden Wirtin: »Und bei dem Wetter, das arme Vieh, nicht einmal einen kleinen Mantel hat es!« Monsieur Ximenestre, am Ende seiner Kräfte, antwortete nicht.

Der Zucker wirkte belebend auf Médor, doch was an der Tür der Ximenestres läutete, war nur noch ein Gespenst. Madame Ximenestre öffnete, Médor stürzte vor und Monsieur Ximenestre, schluchzend vor Erschöpfung, fiel in die Arme seiner Frau.

»Aber, was ist denn das?« Wie ein Schrei quoll es aus Madame Ximenestres Brust.

»Das ist Médor«, sagte Monsieur Ximenestre, und in einer letzten verzweifelten Anstrengung fügte er hinzu: »Frohe Weihnachten, meine Liebe, frohe Weihnachten.«

»Frohe Weihnachten? Frohe Weihnachten?« kam es halb erstickt von Madame Ximenestre, »was willst du damit sagen?«

»Wir haben doch heute den 24.? Nicht wahr?« rief Monsieur Ximenestre, der in der Wärme der Geborgenheit wieder zu sich kam. »Und zu Weihnachten schenke ich dir, schenke ich euch«, verbesserte er sich, denn seine Kinder kamen mit weitaufgerissenen Augen aus der Küche, »schenke ich euch Médor. Hier!«

Und mit entschlossenem Schritt begab er sich in sein Zimmer. Doch dort sank er sogleich aufs Bett und ergriff seine Pfeife, eine Pfeife aus den Kriegsjahren 1914–1918, von der er zu sagen pflegte, »die hat schon allerhand erlebt«. Mit zitternden Händen stopfte er sie, zündete sie an, steckte seine Beine unter die Steppdecke und erwartete den Angriff.
Und kurz darauf trat auch sehr bleich – furchterregend bleich, dachte Monsieur Ximenestre bei sich – Madame Ximenestre in sein Zimmer. Monsieur Ximenestres erster Reflex war der eines Soldaten im Schützengraben: Er versuchte sich völlig unter seiner Steppdecke zu verkriechen. Es war nichts mehr von ihm zu sehen als eine seiner spärlichen Haarlocken und der Rauch seiner Pfeife. Aber das genügte dem Zorne von Madame Ximenestre: »Kannst du mir sagen, was das für ein Hund ist?«
»Er ist eine Art flandrischer Hirtenhund, glaube ich«, entgegnete schwach die Stimme von Monsieur Ximenestre.
»Eine Art flandrischer Hirtenhund?« Madame Ximenestres Stimme wurde noch einen Ton schriller. »Und weißt du, was dein Sohn zu Weihnachten erwartet? Und deine Tochter? Ich, ich zähle nicht, das weiß ich... Aber sie! Und du bringst ihnen dieses abscheuliche Tier mit!«
Médor kam gerade rechtzeitig herein. Er sprang auf Monsieur Ximenestres Bett, legte sich neben ihn und bettete sein Haupt auf dem seines Herrn. Tränen der Zärtlichkeit, die glücklicherweise unter der Steppdecke verborgen blieben, traten seinem Freund in die Augen.
»Das ist zuviel«, sagte Madame Ximenestre, »wahrscheinlich weißt du nicht einmal, ob der Hund tollwütig ist!«
»In welchem Falle ihr zu zweit wäret«, erwiderte Monsieur Ximenestre kalt. Diese abscheuliche Antwort bewirkte Madame Ximenestres Abgang. Médor schleckte seinen Herrn ab und schlief ein. Um Mitternacht brachen Monsieur Ximenestres Ehefrau und Kinder, ohne ihm ein Wort zu sagen, zur Mitternachtsmesse auf. Ein leichtes Unbehagen überkam ihn, und um dreiviertel eins beschloß er, Médor für fünf Minuten hinauszuführen. Er band sein dickes Halstuch um und wandte sich mit langsamen Schritten der Kirche zu; Médor schnüffelte an jeder Haustür.
Die Kirche war überfüllt, Monsieur Ximenestre versuchte die Tür aufzudrücken – vergeblich. So blieb er denn, das Halstuch bis unter die Augen hinaufgeschoben, vor dem Kirchentor im Schnee stehen, und aus dem Inneren klangen die Gesänge der guten Christen an sein Ohr.

Médor zerrte derart an seinem Strick, daß sich Monsieur Ximenestre schließlich niedersetzte und den Strick an seinem Fuß befestigte. Kälte und Aufregung hatten den ohnedies nicht sehr beweglichen Geist Monsieur Ximenestres nach und nach erstarren lassen, so daß er nicht mehr wußte, was er tat. Außerdem wurde er von der Flut der ausgehungerten Gläubigen überrascht, die sich sehr überstürzt aus der Kirche ergoß. Er hatte nicht mehr die Zeit aufzustehen und den Strick zu lösen – schon hörte man eine junge Stimme ausrufen: »Oh, der hübsche Hund! Oh, der arme Mann!... Warte, Jean Claude.«
Und ein Hundertfrancstück fiel auf die Knie des halbbetäubten Monsieur Ximenestre. Stammelnd stand er auf, und der mit Jean Claude Bezeichnete gab ihm, gerührt, noch ein Geldstück und den Rat, angenehme Weihnachten zu verbringen. »Aber«, stammelte Monsieur Ximenestre, »aber, ich bitte Sie...«
Jeder weiß, wie ungeheuer ansteckend Wohltätigkeit sein kann. Alle, oder fast alle Gläubigen, die durch das rechte Kirchenschiff herauskamen, entrichteten Monsieur Ximenestre und Médor ihren Obolus. Halb betäubt und ganz mit Schnee bedeckt, versuchte Monsieur Ximenestre vergebens, sie davon abzuhalten.
Madame Ximenestre und ihre Kinder hatten die Kirche durch das linke Schiff verlassen und waren nach Hause gegangen. Bald darauf kam Monsieur Ximenestre, entschuldigte sich für seinen Scherz vom Nachmittag und gab jedem von ihnen die entsprechende Summe für sein Geschenk. Das Weihnachtsessen verlief sehr vergnügt. Dann legte sich Monsieur Ximenestre neben Médor, der mit Truthahn vollgestopft war, zu Bett, und sie schliefen beide den Schlaf der Gerechten.

*Antoine de Saint-Exupéry*
## Der Schatz des Kindes
Aus dem Französischen übersetzt von Oswalt von Nostitz

Und man sagt dir, die Gesichter in dieser Nacht seien anders als sonst. Denn sie erwarten ein Wunder. Und du siehst, wie die Alten alle ihren Atem anhalten und gebannt auf die Augen der Kinder schauen und sich auf großes Herzklopfen gefaßt machen. Denn in den Augen dieser Kinder wird etwas Unfaßbares geschehen, das nicht mit Gold aufzuwiegen ist. Das ganze Jahr hindurch hast du es aufgebaut: durch die Erwartung und durch Versprechen und vor allem durch deine wissenden Mienen und deine geheimen Anspielungen und die Unermeßlichkeit deiner Liebe. Und dann wirst du irgendein unscheinbares Spielzeug aus gefirnißtem Holz vom Baume nehmen und es dem Kinde reichen, wie es der Überlieferung deiner Bräuche entspricht. Und das ist der Augenblick. Und keiner wagt mehr zu atmen. Und das Kind klappt mit den Lidern, denn man hat es frisch aus dem Schlafe geholt. Und nun sitzt es auf deinen Knien mit dem frischen Geruch des Kindes, das man eben aus dem Schlafe geholt hat, und wenn es dir um den Hals fällt, bereitet es dir einen Brunnen fürs Herz, nach dessen Wasser dich dürstet. (Und das ist der große Kummer der Kinder, daß man ihnen einen Quell ausraubt, der in ihnen ist und den sie selbst nicht kennen und zu dem alle trinken kommen, die im Herzen gealtert sind, um wieder jung zu werden.) Aber es ist jetzt nicht die Zeit für Küsse. Und das Kind blickt auf den Baum, und du blickst auf das Kind. Denn wie eine seltene Blume, die einmal im Jahre unter dem Schnee hervorsprießt, gilt es, sein verwundertes Staunen zu pflücken.

Und sieh, da macht dich eine gewisse Farbe der Augen ganz glücklich. Sie werden dunkel, und plötzlich, sobald das Geschenk es berührt hat, umschlingt das Kind seinen Schatz, um innen sein Licht zu empfangen, so wie die Seeanemonen das tun. Und es würde fliehen, wenn du es fliehen ließest. Und du kannst nicht mehr hoffen, es einzuholen. Sprich nicht zu ihm, es hört dich nicht mehr. Sage mir nur nicht, diese kaum veränderte Farbe sei ohne Gewicht. Denn selbst wenn sie für dein Jahr und den Schweiß deiner Arbeit und das Bein, das du im Kriege verloren hast, und deine durchgegrübelten Nächte und die Kränkungen und Leiden, die du erduldest, der einzige Lohn wäre – sie würde dich doch jetzt entschädigen und dich mit Staunen erfüllen.

## *Kurt Scharf*
## Frieden

Das erste Jahr im letzten Fünftel des zweiten Jahrtausends nach Christi Geburt hat dem christlichen Abendland eine Auseinandersetzung gebracht über die Geltung der Lehre Jesu, wie sie – über die Grenzen der Kirchen hinaus – die politische und die Geistesgeschichte der Menschheit noch nicht erfahren hatte. Lehrstreitigkeiten großen Ausmaßes hat es auch in früheren Jahrhunderten gegeben: über die göttliche und menschliche Natur Jesu, über den Weg zur ewigen Seligkeit des Menschen – allein aus Gnaden oder auch durch gute Werke? – und auch über die Teilnahme von Christen am Kriegshandwerk. (Im Streit über der letztgenannten ethischen Frage sind die klassischen Friedenskirchen entstanden, die Mennoniten, die Quäker, die Evangeliumschristen, die Duchoborzen und Brüderkirchen.) Aber im inneren Streit der »christlichen Jahrhunderte« ging es bis dahin um das Verhalten des einzelnen oder um theoretisch-dogmatische Aussagen; heute hat es den Anschein, daß – zum erstenmal – die Völker Europas, Ganz-Europas, in ihrem Umgang miteinander vor die Entscheidung gestellt werden, der »Vernunft aus Glauben« zu folgen, die Jesus Christus *den* Menschen auf Erden, auch den Völkern und Völkergemeinschaften, anbietet. Diejenigen, die diese Entscheidung in die Öffentlichkeit tragen und sie – unausweichlich – den Verantwortlichen in Politik und Wirtschaft vorlegen, sind junge Menschen, die den Wahnsinn der Drohgebärden widereinander für sich nicht mehr anerkennen mögen. Sie wittern die tödliche Gefahr totaler Vernichtung über unserm Planeten, die Gefahr der Selbstvernichtung, und empören sich gegen die Behauptung derer, die die Macht verwalten, das natürliche Gesetz zwinge zur Wahl zwischen eigener Freiheit, die nur durch Gewalt gesichert werde, und einem Verzicht auf Gewalt, der folgerichtig in die Knechtung führe.
Diese jungen Lehrlinge, Schüler, Studenten, Arbeiter, Arbeitslose kommen aus sehr verschiedenen Traditionen, brechen aus ihnen aus oder entwickeln sie weiter, sind politisch organisiert oder bilden eigene – auch fluktuierende – Gruppen. Sie suchen nach *der* alternativen Möglichkeit, ihr Leben zu retten und das ihrer Umwelt zu schonen. Das blieb durch ein bis zwei Jahrzehnte diffus. Plötzlich – im Jahr der evangelischen Kirchentage (nicht nur auf dem in Hamburg, auch auf denen in der DDR) – schießen die Quellen zusammen, der wachsende

Strom sucht ein Bett; er findet ein gemeinsames in dem Beispiel des Daseins und der Pflicht- und Verheißungsgebote Jesu. Unversehens entdecken die Anwälte für Frieden, für einen Frieden, der nicht ausgrenzt, der nicht in Abschreckung gründet, der einlädt, der den Gegner zu gewinnen sucht – sie, die Anwälte solchen Friedens, entdecken, daß der, der ihnen in idyllischer Verkleidung vorgestellt worden war, dessen erregende, das Vergeltungsdenken umstürzende Predigt ihnen entstellt, entschärft, mißdeutet übergeben wurde, der Ausweg sein könnte heraus aus den Sachzwängen, den Eigengesetzlichkeiten der Lebens-Reiche, den »Bereicherungsdiktaturen« und den trügenden Terrorismen. Sie nehmen ihn wahr als den, der nicht nur das zu erstrebende Ziel zeigt und den Weg dahin weist, sondern der möglich macht, ihn zu gehen, ja, der der Weg ist und das Ziel. Sie befragen miteinander sein Wort, sie deuten einander die Schrift, die von ihm berichtet, sie gewinnen von ihm Zuversicht. Sie erfahren, daß ihre Bewegung, seit sie von ihm Beistand erwartet, ihre Reihen fester schließt, Mitläufer einbindet und auch die Umwelt zu prägen beginnt. Die Regierenden in West und Ost, auch in Nord und Süd, fangen an, mit der Friedensbewegung zu rechnen, die sich auf seine Frohbotschaft beruft. Die Botschaft heißt *Frieden* von dem, der da ist, der da war und der da *kommt!*

## *August Wilhelm Schlegel*
## Die Heil'gen Drei Könige

Aus fernen Landen kommen wir gezogen,
Nach Weisheit strebten wir seit langen Jahren,
Doch wandern wir in unsern Silberhaaren,
Ein schöner Stern ist vor uns hergeflogen.

Nun steht er winkend still am Himmelsbogen:
Den Fürsten Judas muß dies Haus bewahren.
Was hast du, kleines Bethlehem, erfahren?
Dir ist der Herr vor allen hoch gewogen.

Holdselig Kind, laß auf den Knien Dich grüßen!
Damit die Sonne unsre Heimat segnet,
Das bringen wir, obschon geringe Gaben.

Gold, Weihrauch, Myrrhen liegen Dir zu Füßen,
Die Weisheit ist uns sichtbarlich begegnet,
Willst Du uns nur mit *einem* Blicke laben.

## *Reinhold Schneider*
# Tröstliche Kindheit

Wunderbares Dunkel dieser Tage! Wenn der Nebel die Fenster umdüstert, die Bäume wie Schatten in ihm stehen und die Sonne unsichtbar bleibt und die Vögel draußen sich nur noch ganz leise melden wie aus einem anderen Reich – dann muß es doch gelingen, an den entsetzlichsten Schmerzen, den furchtbarsten Bildern vorüber einen Weg in die Kindheit zu finden. Die Erinnerung soll keine Flucht sein, kein Untergehen in der Trauer um Unwiederbringliches; aber wir bedürfen des Besten und Reinsten aus unserem Leben, wenn wir der Zeit nicht erliegen sollen. Wir müssen in die Tiefe der Vergangenheit hinab, wo wir einmal reines Wasser schöpfen durften; es wird uns wieder erquikken. Wahrscheinlich ist die Zeit der Kindheit in Wahrheit das nicht gewesen, als was sie uns heute erscheint; aber etwas ist unbezweifelbar geblieben als das Licht vom Lichte, der Strahl aus einer anderen Welt: es ist das Licht des Weihnachtstages; könnten wir es wieder empfangen, so würden wir auch erfahren, daß es dieselbe Kraft hat wie einst, wenn es nur in uns zu leben beginnt, vielleicht als das beste, was uns in Menschen begegnet ist.

Das Haus lag einsam im Winter; unter dem nahen Ruf der Käuze, dem fernen des Uhus schliefen wir ein. Wenn wir am Morgen erwachten, kniete Joseph vor dem Ofen. Die aufflackernden Scheite warfen einen seidigen Glanz über seinen blonden Doppelbart, sein schönes, fremdes Gesicht. Wir dachten nicht daran, daß es dasselbe Gesicht war, das uns, unter einem alten, pelzbesetzten Fußsack hervor, der als Mütze diente, furchtbar bedroht hatte, wenn Nikolaus unter Kettengerassel die Treppen zum Vorraum heraufgestampft war; es war ganz unmöglich, Joseph und den heiligen Nikolaus zueinander in Beziehung zu setzen. Und auch was sich Joseph nun sonst im Hause zu schaffen machte, rührt nicht an das Geheimnis dieser Tage, mochten wir ihn hämmern hören in dem verschlossenen Eckzimmer oder auf der Treppe mit unförmigen Paketen überraschen.

Um diese Zeit wurden alle Räume des Hauses wunderbarer, namentlich die vielen unbewohnten, die mit lange nicht mehr benutzten Möbeln und Bildern angefüllt waren, und vor allem ein großer, völlig fensterloser Raum in der Mitte des Erdgeschosses. Es war, als webte sich in diesen Gelassen, ihrem Dunkel und ihrer Stille das Geheimnis, das langsam das ganze Haus durchdringen sollte. Draußen, in dem

bereiften Garten, trug der Gärtner, ein kleiner, emsiger Mann, die edelsten Tannenzweige zusammen; vom Lande kamen die Frauen und Kinder; drei- oder viermal des Tages stieg der Briefträger in unsäglicher Geduld durch den Garten herauf. Jetzt kamen auch die leichten, aus Bambus gefertigten Körbe aus Nizza oder anderen südlichen Städten. Eine Wolke reinen, fremden Blumenduftes entwallte ihnen, wenn sie geöffnet wurden, und noch immer sehe ich die Mimosenbüsche im Vorfenster stehen. Die Sonne fiel durch die Eisblumen auf den Scheiben, daß sie blühten und tauten und vergingen, noch flüchtiger als die strahlenden Gewächse des Südens. Oder der Schnee sank über Nacht auf den Garten und beugte und breitete die dunklen Nadelbäume zu den wunderlichsten Formen auseinander. Wir wußten, daß Schnee gefallen war, noch ehe wir die Fenster öffneten, denn der Gärtner klopfte das Bahnholz an der Haustreppe ab; die Glocken klangen ferner, und bald bewegte sich auch das Klingeln des mit zwei Pferden bespannten Schneepflugs die Straße herauf. Jetzt waren Garten und Haus noch mehr auf sich selbst verwiesen; wir suchten im unberührten Schnee und meinten, bedeutungsvolle Spuren finden zu müssen. Litten wir es vor Ungeduld nicht im Hause, so flüchteten wir in den Pferdestall im Erdgeschoß des Gärtnerhauses. Dort pflegte der Gärtner empfindliche Pflanzen für den Winter zu verwahren; der »Kanonenofen« glühte; wir warfen uns in die Krippen aufs Heu und verzehrten die Gaben des heiligen Nikolaus, umschmeichelt von der feuchten Wärme der atmenden Pflanzen, vom Zauber des kleinen, aus mächtigen grünen Kübeln aufgesprossenen Palmenhains, während die Flocken die Fenster verhüllten und die Eintretenden sich den dicken Schnee von den Schuhen klopften. Dort, am Gärtnerhause, stand die Silberpappel, von der nachts der Uhu rief; ich hatte ihn nie gesehen, nur immer schaudernd im Bett gehört und stellte ihn mir als einen majestätischen Vogel vor mit mächtig glühenden Augen.
Die Mutter fehlte an den Nachmittagen und auch an den Abenden und blieb schließlich fast den ganzen Tag in dem verschlossenen Eckzimmer. Der Vater hielt auch jetzt an seinem sorgsamen Tagesplan fest. Nur am späten Abend, wenn er von der Stadt zurückkam, wurde er für eine weihnachtliche Überraschung in Anspruch genommen, die ihm freilich nie glücken wollte; er sollte, während er an unsere Betten trat, irgendein Vorgeschenk des Christkindes, ein Zuckerhäuschen oder einen Engel, ins Zimmer schmuggeln. Er tat es umständlich. Es war ihm nicht gegeben, irgend etwas zu verbergen oder heimlich zu tun. Aber sobald er das Zimmer verlassen hatte, bemächtigten wir uns

der Überraschung und nahmen sie für ein Wunder. In dieser Zeit des Wartens und der Vorbereitung, da die Hausordnung doch ein wenig in Gefahr kam, übernahmen die alten treuen Anverwandten ein wichtiges Amt; mit unendlicher Geduld ertrug eine alte Tante unser Ungestüm, schälte sie Äpfel und Nüsse mit uns, oder sie half uns den Baumschmuck bereiten für ein Bäumchen, das wir selber schmücken und in unser eigenes Zimmer stellen durften.

Am Weihnachtsabend gingen wir alle mit dem Vater in unsere Kirche; der Weg durch den Garten hinab – auf dem wir hinter uns noch die unberührten Herrlichkeiten bereit wußten – und dann der Heimweg dem schweigenden, dunklen Haus entgegen wurden in beseligter Ungeduld bestanden. Dann warteten wir jenseits des Vorraums, bis die hohe Tür des Eckzimmers sich auftat und der Vater in ihr stand im feierlichen schwarzen Anzuge und hinter ihm die von der Mutter gebaute oder vielmehr gedichtete Krippe aufstrahlte im Schimmer ihrer Lampen und des noch nicht sichtbaren Weihnachtsbaumes. Und dieser Anblick des Vaters ist eigentlich das unvergängliche des Festes gewesen für die ganze Lebenszeit; denn in diesem Augenblick war er ganz von Liebe umleuchtet, wie niemals in seinem Leben. Etwas Ernstes muß ihn bewegt haben. Aber er sprach nicht von heiligen Dingen. Und doch stand er in einem Glanze, den Menschen nicht auf die Erde gebracht haben.

Und vielleicht ist dies sein Bild, das am Weihnachtsabend aufstrahlte, sein eigentliches Wort an mich, das mich über die vielen Jahrzehnte erreicht. Haus und Garten sind verloren – oft träume ich mich zurück, daß ich noch einmal als Knabe die Treppe hinaufschritte, ein Gast aus einem fremden, völlig untergegangenen Reich –; die Menschen, die das Haus betreut haben, sind entschwunden, und die Formen alle, auf denen unser Leben sicher zu ruhen schien, sind zerfallen; nur die Wälder stehen über der Heimat wie zuvor, und viele der Bäume im Garten könnte ich noch als Bekannte grüßen. Näher aber als alles Glück der Kindheit, dessen Fülle mich immer beschämen wird als einen Undankbaren, bleibt mir der Vater, dessen fürsorgliche Güte sich wortlos aussagte zwischen den geöffneten Türen, nun, da wir ihnen zuschritten mit den Verwandten und den Menschen allen aus dem Hause, während die Mutter sichtbar wurde neben dem Weihnachtsbaum. Mein Vater hatte nur dieses Wort seines Wesens: einzuladen in die Freude, die seine treue Arbeit bereitete, die er als redlicher Verwalter errungen hatte. Und dieses Wort möchte ich mitnehmen und immer weitertragen, heute und morgen; es ging aus einem großen Ernste hervor und wagte nur einmal im Jahre die Liebe unmittelbar mitzuteilen, die Gott in diese furchtbare Welt getragen hat. Daß uns einmal ein ganz reines Bild des Göttlichen im Menschen geschenkt werde, ist alles: es geschieht so oft unter Umständen, die wie Träume sind. Ward es uns aber geschenkt, so müssen wir es festhalten; wir sind ihm verpflichtet und haben kein Recht mehr, zu glauben, daß der Mensch verloren sei – selbst wenn das Weihnachtszimmer der Kindheit uns so weit entrückt wäre vom Grauen der Erde, daß es mit dem Einladenden uns heute erschiene wie die Schwelle des ewigen Lebens.

*Wolfdietrich Schnurre*
# Die Leihgabe

Am meisten hat Vater sich jedesmal zu Weihnachten Mühe gegeben. Da fiel es uns allerdings auch besonders schwer, drüber wegzukommen, daß wir arbeitslos waren. Andere Feiertage, die beging man, oder man beging sie nicht; aber auf Weihnachten lebte man zu, und war es erst da, dann hielt man es fest; und die Schaufenster, die brachten es ja oft noch nicht mal im Januar fertig, sich von ihren Schokoladenweihnachtsmännern zu trennen.

Mir hatten es vor allem immer die Zwerge und Kasperles angetan. War Vater dabei, sah ich weg; aber das fiel meist mehr auf, als wenn man hingesehen hätte; und so fing ich dann allmählich doch wieder an, in die Läden zu gucken.

Vater war auch nicht gerade unempfindlich gegen die Schaufensterauslagen, er konnte sich nur besser beherrschen. Weihnachten, sagte er, wäre das Fest der Freude; das Entscheidende wäre jetzt nämlich: nicht traurig zu sein, auch dann nicht, wenn man kein Geld hätte.

»Die meisten Leute«, sagte Vater, »sind bloß am ersten und zweiten Feiertag fröhlich und vielleicht nachher zu Silvester noch mal. Das genügt aber nicht; man muß mindestens schon einen Monat vorher mit Fröhlichsein anfangen. Zu Silvester«, sagte Vater, »da kannst du dann getrost wieder traurig sein; denn es ist nie schön, wenn ein Jahr einfach so weggeht. Nur jetzt, so vor Weihnachten, da ist es unangebracht, traurig zu sein.«

Vater selbst gab sich auch immer große Mühe, nicht traurig zu sein um diese Zeit; doch er hatte es aus irgendeinem Grund da schwerer als ich, wahrscheinlich deshalb, weil er keinen Vater mehr hatte, der ihm dasselbe sagen konnte, was er mir immer sagte.

Es wäre bestimmt auch alles leichter gewesen, hätte Vater noch seine Stelle gehabt. Er hätte jetzt sogar wieder als Hilfspräparator gearbeitet, aber sie brauchten keine Hilfspräparatoren im Augenblick. Der Direktor hatte gesagt, aufhalten im Museum könnte Vater sich gern, aber mit Arbeit müßte er warten, bis bessere Zeiten kämen.

»Und wann, meinen Sie, ist das?« hatte Vater gefragt.

»Ich möchte Ihnen nicht weh tun«, hatte der Direktor gesagt.

Frieda hatte mehr Glück gehabt; sie war in eine Großdestille am Alexanderplatz als Küchenhilfe eingestellt worden und war dort auch gleich in Logis. Uns war es ganz angenehm, nicht dauernd mit ihr

zusammenzusein; sie war jetzt, wo wir uns nur mittags und abends mal sahen, viel netter.
Aber im Grunde lebten auch *wir* nicht schlecht. Denn Frieda versorgte uns reichlich mit Essen, und war es zu Hause zu kalt, dann gingen wir ins Museum rüber; und wenn wir uns alles angesehen hatten, lehnten wir uns unter dem Dinosauriergerippe an die Heizung, sahen aus dem Fenster oder fingen mit dem Museumswärter ein Gespräch über Kaninchenzucht an.
An sich war das Jahr also durchaus dazu angetan, in Ruhe und Beschaulichkeit zu Ende gebracht zu werden. Wenn Vater sich nur nicht solche Sorge um einen Weihnachtsbaum gemacht hätte.
Es kam ganz plötzlich.
Wir hatten eben Frieda aus der Destille abgeholt und sie nach Hause gebracht und uns hingelegt, da klappte Vater den Band »Brehms Tierleben« zu, in dem er abends immer noch las, und fragte zu mir rüber:
»Schläfst du schon?«
»Nein«, sagte ich, denn es war zu kalt zum Schlafen.
»Mir fällt eben ein«, sagte Vater, »wir brauchen ja einen Weihnachtsbaum.« Er machte eine Pause und wartete meine Antwort ab.
»Findest du?« sagte ich.
»Ja«, sagte Vater, »und zwar so einen richtigen, schönen; nicht so einen murkligen, der schon umkippt, wenn man bloß mal eine Walnuß dranhängt.«
Bei dem Wort Walnuß richtete ich mich auf. Ob man nicht vielleicht auch ein paar Lebkuchen kriegen könnte zum Dranhängen?
Vater räusperte sich. »Gott –«, sagte er, »warum nicht; mal mit Frieda reden.«
»Vielleicht«, sagte ich, »kennt Frieda auch gleich jemand, der uns einen Baum schenkt.«
Vater bezweifelte das. Außerdem: so einen Baum, wie er ihn sich vorstellte, den verschenkte niemand, der wäre ein Reichtum, ein Schatz wäre der.
Ob er vielleicht eine Mark wert wäre, fragte ich.
»Eine Mark –?!« Vater blies verächtlich die Luft durch die Nase: »Mindestens zwei.«
»Und wo gibt's ihn?«
»Siehst du«, sagte Vater, »das überleg' ich auch gerade.«
»Aber wir können ihn doch gar nicht kaufen«, sagte ich, »zwei Mark: wo willst du die denn jetzt hernehmen?«

Vater hob die Petroleumlampe auf und sah sich im Zimmer um. Ich wußte, er überlegte, ob sich vielleicht noch was ins Leihhaus bringen ließe; es war aber schon alles drin, sogar das Grammophon, bei dem ich so geheult hatte, als der Kerl hinter dem Gitter mit ihm weggeschlurft war.

Vater stellte die Lampe wieder zurück und räusperte sich. »Schlaf mal erst; ich werde mir den Fall durch den Kopf gehen lassen.«

In der nächsten Zeit drückten wir uns bloß immer an den Weihnachtsbaumverkaufsständen herum. Baum auf Baum bekam Beine und lief weg; aber wir hatten noch immer keinen.

»Ob man nicht *doch* –?« fragte ich am fünften Tag, als wir gerade wieder im Museum unter dem Dinosauriergerippe an der Heizung lehnten.

»Ob man *was*?« fragte Vater scharf.

»Ich meine, ob man nicht doch versuchen sollte, einen gewöhnlichen Baum zu kriegen?«

»Bist du verrückt?!« Vater war empört. »Vielleicht so einen Kohlstrunk, bei dem man nachher nicht weiß, soll es ein Handfeger oder eine Zahnbürste sein? Kommt gar nicht in Frage.«

Doch was half es; Weihnachten kam näher und näher. Anfangs waren die Christbaumwälder in den Straßen noch aufgefüllt worden, aber allmählich lichteten sie sich, und eines Nachmittags waren wir Zeuge, wie der fetteste Christbaumverkäufer vom Alex, der Kraftriemen-Jimmy, sein letztes Bäumchen, ein wahres Streichholz von einem Baum, für drei Mark fünfzig verkaufte, aufs Geld spuckte, sich aufs Rad schwang und wegfuhr.

Nun fingen wir doch an traurig zu werden. Nicht schlimm, aber immerhin, es genügte, daß Frieda die Brauen noch mehr zusammenzog, als sie es sonst schon zu tun pflegte, und daß sie uns fragte, was wir denn hätten.

Wir hatten uns zwar daran gewöhnt, unseren Kummer für uns zu behalten, doch diesmal machten wir eine Ausnahme, und Vater erzählte es ihr.

Frieda hörte aufmerksam zu. »Das ist alles?«

Wir nickten.

»Ihr seid aber komisch«, sagte Frieda, »wieso geht ihr denn nicht einfach in den Grunewald, einen klauen?«

Ich habe Vater schon häufig empört gesehen, aber so empört wie an diesem Abend noch nie.

Er war kreidebleich geworden. »Ist das dein Ernst?« fragte er heiser.

Frieda war sehr erstaunt. »Logisch«, sagte sie, »das machen doch alle.«
»Alle –!« echote Vater dumpf, »alle –!« Er erhob sich steif und nahm mich bei der Hand. »Du gestattest wohl«, sagte er darauf zu Frieda, »daß ich erst den Jungen nach Hause bringe, ehe ich dir hierauf die gebührende Antwort erteile.«
Er hat sie ihr niemals erteilt. Frieda war vernünftig, sie tat so, als ginge sie auf Vaters Zimperlichkeit ein, und am nächsten Tag entschuldigte sie sich.
Doch was nützte das alles; einen Baum, gar einen Staatsbaum, wie Vater ihn sich vorstellte, hatten wir deshalb noch lange nicht.
Aber dann – es war der 23. Dezember, und wir hatten eben wieder unseren Stammplatz unter dem Dinosauriergerippe bezogen – hatte Vater die große Erleuchtung.
»Haben Sie einen Spaten?« fragte er den Museumswärter, der neben uns auf seinem Klappstuhl eingenickt war.
»Was?!« rief der und fuhr auf, »was habe ich?!«
»Einen Spaten, Mann«, sagte Vater ungeduldig, »ob Sie einen Spaten haben.« – Ja, den hätte er schon.
Ich sah unsicher an Vater empor. Er sah jedoch leidlich normal aus; nur sein Blick schien mir eine Spur unsteter zu sein als sonst.
»Gut«, sagte er jetzt, »wir kommen heute mit zu Ihnen nach Hause, und Sie borgen ihn uns.«
Was er vorhatte, erfuhr ich erst in der Nacht.
»Los«, sagte Vater und schüttelte mich, »steh auf.«
Ich kroch schlaftrunken über das Bettgitter. »Was ist denn bloß los?«
»Paß auf«, sagte Vater und blieb vor mir stehen: »Einen Baum stehlen, das ist gemein; aber sich einen borgen, das geht.«
»Borgen –?« fragte ich blinzelnd.
»Ja«, sagte Vater. »Wir gehen jetzt in den Friedrichshain und graben eine Blautanne aus. Zu Hause stellen wir sie in die Wanne mit Wasser, feiern morgen dann Weihnachten mit ihr, und nachher pflanzen wir sie wieder am selben Platz ein. Na –?« Er sah mich durchdringend an.
»Eine wunderbare Idee«, sagte ich.
Summend und pfeifend gingen wir los; Vater den Spaten auf dem Rücken, ich einen Sack unter dem Arm. Hin und wieder hörte Vater auf zu pfeifen, und wir sangen zweistimmig »Morgen, Kinder, wird's was geben« und »Vom Himmel hoch, da komm' ich her«. Wie immer bei solchen Liedern, hatte Vater Tränen in den Augen, und auch mir war schon ganz feierlich zumute.
Dann tauchte vor uns der Friedrichshain auf, und wir schwiegen.

Die Blautanne, auf die Vater es abgesehen hatte, stand inmitten eines strohgedeckten Rosenrondells. Sie war gut anderthalb Meter hoch und ein Muster an ebenmäßigem Wuchs.
Da der Boden nur dicht unter der Oberfläche gefroren war, dauerte es auch gar nicht lange, und Vater hatte die Wurzeln freigelegt. Behutsam kippten wir den Baum darauf um, schoben ihn mit den Wurzeln in den Sack, Vater hing seine Joppe über das Ende, das raussah, wir schippten das Loch zu, Stroh wurde drübergestreut, Vater lud sich den Baum auf die Schulter, und wir gingen nach Hause.
Hier füllten wir die große Zinkwanne mit Wasser und stellten den Baum rein.
Als ich am nächsten Morgen aufwachte, waren Vater und Frieda schon dabei, ihn zu schmücken. Er war jetzt mit Hilfe einer Schnur an der Decke befestigt, und Frieda hatte aus Stanniolpapier allerlei Sterne geschnitten, die sie an seinen Zweigen aufhängte; sie sahen sehr hübsch aus. Auch einige Lebkuchenmänner sah ich hängen.
Ich wollte den beiden den Spaß nicht verderben, daher tat ich so, als schliefe ich noch. Dabei überlegte ich mir, wie ich mich für ihre Nettigkeit revanchieren könnte.
Schließlich fiel es mir ein: Vater hatte sich einen Weihnachtsbaum geborgt, warum sollte ich es nicht fertigbringen, mir über die Feiertage unser verpfändetes Grammophon auszuleihen? Ich tat also, als wachte ich eben erst auf, bejubelte vorschriftsmäßig den Baum, und dann zog ich mich an und ging los.
Der Pfandleiher war ein furchtbarer Mensch; schon als wir zum erstenmal bei ihm gewesen waren und Vater ihm seinen Mantel gegeben hatte, hätte ich dem Kerl sonst was zufügen mögen; aber jetzt mußte man freundlich zu ihm sein.
Ich gab mir auch große Mühe. Ich erzählte ihm was von zwei Großmüttern und »gerade zu Weihnachten« und »letzter Freude auf alte Tage« und so, und plötzlich holte der Pfandleiher aus und haute mir eine herunter und sagte ganz ruhig:
»Wie oft du *sonst* schwindelst, ist mir egal, aber zu Weihnachten wird die Wahrheit gesagt, verstanden?«
Darauf schlurfte er in den Nebenraum und brachte das Grammophon an. »Aber wehe, ihr macht was an ihm kaputt! Und nur für drei Tage! Und auch bloß, weil du's bist!«
Ich machte einen Diener, daß ich mir fast die Stirn an der Kniescheibe stieß; dann nahm ich den Kasten unter den einen, den Trichter unter den anderen Arm und rannte nach Hause.

Ich versteckte beides erst mal in der Waschküche. Frieda allerdings mußte ich einweihen, denn die hatte die Platten; aber Frieda hielt dicht.
Mittags hatte uns Friedas Chef, der Destillenwirt, eingeladen. Es gab eine tadellose Nudelsuppe, anschließend Kartoffelbrei mit Gänseklein. Wir aßen, bis wir uns kaum noch erkannten; darauf gingen wir, um Kohlen zu sparen, noch ein bißchen ins Museum zum Dinosauriergerippe; und am Nachmittag kam Frieda und holte uns ab.
Zu Hause wurde geheizt. Dann packte Frieda eine Riesenschüssel voll übriggebliebenem Gänseklein, drei Flaschen Rotwein und einen Quadratmeter Bienenstich aus, Vater legte für mich seinen Band »Brehms Tierleben« auf den Tisch, und im nächsten unbewachten Augenblick lief ich in die Waschküche runter, holte das Grammophon rauf und sagte Vater, er sollte sich umdrehen.
Er gehorchte auch; Frieda legte die Platten raus und steckte die Lichter an, und ich machte den Trichter fest und zog das Grammophon auf.
»Kann ich mich umdrehen?« fragte Vater, der es nicht mehr aushielt, als Frieda das Licht ausgeknipst hatte.
»Moment«, sagte ich, »dieser verdammte Trichter – denkst du, ich krieg' das Ding fest?«
Frieda hüstelte.
»Was denn für einen Trichter?« fragte Vater.
Aber da ging es schon los. Es war »Ihr Kinderlein, kommet«; es knarrte zwar etwas, und die Platte hatte wohl auch einen Sprung, aber das machte nichts. Frieda und ich sangen mit, und da drehte Vater sich um. Er schluckte erst und zupfte sich an der Nase, aber dann räusperte er sich und sang auch mit.
Als die Platte zu Ende war, schüttelten wir uns die Hände, und ich erzählte Vater, wie ich das mit dem Grammophon gemacht hätte.
Er war begeistert. »Na –?« sagte er nur immer wieder zu Frieda und nickte dabei zu mir rüber: »Na –?«
Es wurde ein sehr schöner Weihnachtsabend. Erst sangen und spielten wir die Platten durch, dann spielten wir sie noch mal ohne Gesang, dann sang Frieda noch mal alle Platten allein, dann sang sie mit Vater noch mal, und dann aßen wir und tranken den Wein aus, und darauf machten wir noch ein bißchen Musik, und dann brachten wir Frieda nach Hause und legten uns auch hin.
Am nächsten Morgen blieb der Baum noch aufgeputzt stehen. Ich

durfte liegenbleiben, und Vater machte den ganzen Tag Grammophonmusik und pfiff zweite Stimme dazu.
Dann, in der folgenden Nacht, nahmen wir den Baum aus der Wanne, steckten ihn, noch mit Stanniolpapiersternen geschmückt, in den Sack und brachten ihn zurück zum Friedrichshain.
Hier pflanzten wir ihn wieder in sein Rosenrondell. Darauf traten wir die Erde fest und gingen nach Hause. Am Morgen brachte ich dann auch das Grammophon weg.
Den Baum haben wir noch häufig besucht; er ist wieder angewachsen.
Die Stanniolpapiersterne hingen noch eine ganze Weile in seinen Zweigen, einige sogar bis in den Frühling.
Vor ein paar Monaten habe ich mir den Baum wieder mal angesehen.
Er ist jetzt gute zwei Stock hoch und hat den Umfang eines mittleren Fabrikschornsteins. Es mutet merkwürdig an, sich vorzustellen, daß wir ihn mal zu Gast in unserer Wohnküche hatten.

## *Wolfdietrich Schnurre*
# Die Flucht nach Ägypten

Am schönsten war es, wenn so Anfang Dezember auf dem Lustgarten die Weihnachtsmarktleute ihre Buden aufrichteten. Wir strichen dann auf den Gängen herum und sahen nach, ob wir nicht einen alten Bekannten träfen. Wir kannten eine Menge Schausteller und Budenbesitzer, die meisten noch von Vaters Rummelzeit her, er hatte damals in einem Raritätenkabinett als Präparator gearbeitet.

Diesmal jedoch – es war der achtundzwanziger Winter und so grauenhaft kalt, daß man dauernd ins Pergamonmuseum gehen und sich aufwärmen mußte –, diesmal jedoch war niemand unserer alten Bekannten zu sehen. Vielleicht kamen sie doch, vielleicht war es ihnen aber eben auch einfach zu kalt, denn viele hatten nur einen Einmannbetrieb, und da war natürlich an einen Ofen oder gar an eine Heizung nicht zu denken.

Wir machten uns aber auch noch aus einem anderen Grund zwischen den Buden zu schaffen. Wenn man mal irgendwo mit Hand anlegte, konnte man hoffen, Dauerfreikarten zu bekommen oder auch sogar mal ein paar Mark zu verdienen.

Vor allem an einer Monster-Raritätenschau war uns ganz außergewöhnlich gelegen. Schon als die mächtigen zusammenhängenden Bretterwände abgeladen und die Grundrißbalken des Respekt einflößend großen Baues zusammengefügt wurden, griffen wir so verbissen und konzentriert mit zu, daß wir beim Befehlsempfang für den nächsten Tag schon ganz selbstverständlich mit einbezogen wurden.

Der Bau hatte über dem mit wundervollen Plakaten und bunten Transparenten geschmückten Eingang einen hohen, glöckchenverzierten Pagodenaufsatz. Sein Besitzer hatte diese Verzierung gewählt, weil die Fettpolster unter seinen Augen diesen einen leicht asiatischen Zuschnitt verliehen. Und auch in seiner Kleidung versuchte Pagoden-Ede sich so chinesisch oder japanisch wie möglich zu geben. Er stammte aber bloß aus Neukölln und war auch viel zu groß und zu schwer, als daß einem seine Verkleidung auch glaubhaft erschienen wäre; einzig sein kahler Kopf wirkte einigermaßen überzeugend.

Als sein Monster-Unternehmen stand, ging Vater zu ihm hin, wünschte ein gutes Weihnachtsgeschäft und deutete an, wobei wir geholfen hätten.

Pagoden-Ede bot Vater eine Zigarette an, tippte mit dem narbigen Zeigefinger an seinen Melonenrand und drehte sich um.
Da wußten wir, daß es diesen Dezember auf dem Weihnachtsmarkt einen Feind für uns geben würde.
Unsere Meinung verstärkte sich noch, als wir erfuhren, daß Kinder zu Pagoden-Edes Monster-Raritätenschau keinen Zutritt hatten; und zwar nicht etwa deshalb, weil sie zum Beispiel vor dem Löwenmenschen Halef ben Brösicke keinen Schreck kriegen sollten, sondern weil Pagoden-Ede Kinder nicht leiden konnte.
Frau Schmidt, die als dickste Dame der Welt schon vierzehn Jahre bei ihm arbeitete, sagte uns, das hinge damit zusammen, daß Pagoden-Ede selbst zu viele hätte, fast in allen Städten gab es welche von ihm.
Aber Vater behauptete, Pagoden-Edes Abneigung gegen Kinder säße noch tiefer. »Er ist Zwerge und Liliputaner gewöhnt«, sagte er, »und deren Winzigkeit zahlt sich für einen Mann wie ihn aus. In der Winzigkeit eines Kindes aber sieht er keinen Sinn; und Sinnloses haßt ein Geschäftsmann wie er; das ist nur natürlich.«
Wie dem auch war, es gab sogar auf dem Weihnachtsmarkt von Pagoden-Ede ein Kind; es war der traurigste und langnäsigste kleine Junge, den wir jemals gesehen hatten. Wir lernten seine Mutter am Eröffnungstag kennen; sie betrieb, dicht vor dem Pergamonmuseum und auf dem dunkelsten Fleck des sonst so lichtüberfluteten Lustgartens, ein Würfelbudenunternehmen, dessen Inventar aus einem Tablett, einem Lederbecher, zwölf lila Teddybären und einem Handköfferchen voll Trostpreisen bestand. Frau Fethges Anreißer war ein alter Fotoapparat, den sie als möglichen Hauptgewinn aufgebaut hatte.
Vater entdeckte in einem Gespräch mit ihr, daß wir einen gemeinsamen Bekannten hatten, den schönen Oskar nämlich, der Schnellzeichner war. Er hatte Frau Fethge auf dem Oktobermarkt in Stettin gesagt, er wollte im Dezember nach Berlin runterkommen. So war es nur natürlich, daß das Gespräch auch auf Echnaton kam.
Zur Zeit, da Echnaton Fethge in einem fahrenden Wohnwagen zur Welt gekommen war, hatte Pagoden-Ede, sein Vater, nämlich noch nicht auf asiatisch, sondern auf ägyptisch gemacht. Frau Fethge hatte damals eine Zeitlang als Schleiertänzerin bei ihm gearbeitet. Und da Pagoden-Ede nicht ungebildet war, hatte er Frau Fethge den Künstlernamen Nofrotete de Castro gegeben und ihr gemeinsames Kind, wohl wegen dessen langer und wirklich ein wenig ägyptisch wirkender Nase, im Geburtsregister, trotz des Protests des Standesbeamten, als Echnaton Fethge eintragen lassen.

Das war nun fast acht Jahre her, und Echnatons Trauer über die Vergeßlichkeit seines Vaters war in diesen acht Jahren so groß geworden, daß er sich schon gar keine Mühe mehr gab, seine kleine, ständig beschlagene Nickelbrille noch blank zu putzen; er sah einfach unter ihr hervor, sie wäre ja doch sofort wieder beschlagen.
Wir gaben uns die allererdenklichste Mühe, Echnaton ein wenig heiterer zu stimmen, denn schließlich rückte ja Weihnachten näher, und es wäre unerträglich für uns gewesen zu wissen, es sähe am Heiligen Abend ein kleiner Junge so traurig wie Echnaton aus. Doch wir konnten noch so oft mit ihm vor dem mit blauen und roten Glühbirnen verzierten Riesenrad oder den atemberaubend duftenden Mandelbrennereien stehen, er wurde nicht froh.
Da kam uns ein Zufall zu Hilfe.
Direkt gegenüber von Pagoden-Edes Monster-Raritätenschau war noch, grell von Edes Scheinwerfern angestrahlt, ein winziger Platz frei. Wir hatten uns schon gewundert, daß ihn niemand bezog, denn an sich lag er günstig; Hauptsache, daß sich dort kein Vergnügungsetablissement niederließ, dem hätte Ede mit seiner Schau natürlich das Wasser abgegraben.
Am dritten Weihnachtsmarkttag sagte Vater, der ja für so was schon immer ein Organ hatte, plötzlich: »Ich weiß nicht, mit dem Stand da ist irgendwas los.«
Was denn schon los sein sollte mit ihm, fragte Echnaton mürrisch.
»Wir wollen sehn«, sagte Vater. Er nahm uns bei der Hand, und wir gingen zum Standverteilbüro; es war am Kupfergraben, in der Kajüte eines ausgedienten Äpfelkahns untergebracht.
»Ich versteh's auch nicht«, sagte der Platz-Chef, »Paul wollte doch schon vorgestern am Schlesischen Bahnhof ankommen?«
»Paul –?« sagte Vater gespannt, »etwa Paul Jenthe aus der Uckermark mit seinem rechnenden Esel Franz?«
»Genau der«, nickte der Platz-Chef, »bloß, daß der Franz jetzt zu alt ist zum Rechnen; Paul läßt ihn ein Kinderkarussell ziehn.«
»Allmächtiger –!« sagte Vater, »da steht er vor Pagoden-Ede ja richtig.«
Dazu, sagte der Platz-Chef, könnte er keine Stellung beziehen.
»Auch nicht nötig«, seufzte Vater, »Paul ist schon immer ein Unglücksvogel gewesen.«
Er war es auch jetzt. Auf keinem Gleis des Schlesischen Bahnhofs, wohin wir uns noch am selben Abend begaben, war ein Güterwagen mit einem Karussell und einem Esel darin abgestellt worden. Doch

Vater ruhte nicht eher, bis er die Erlaubnis erhielt, draußen, vor den Laderampen, mal nachsehen zu dürfen.
Echnaton und ich blieben zurück, und wir sahen Vater auf dem schneeverwehten Schienengewirr wie eine große, dürre Spinne im frostglitzernden Dunkel verschwinden.
Nach einer Weile kam er atemlos wieder zurück. »Eine Zange!« schrie er schon von weitem, »besorgt eine Zange!«
Wir rannten auch gleich los, obwohl wir keine Ahnung hatten, wofür Vater abends um halb neun auf dem Gelände des Schlesischen Bahnhofs eine Zange benötigte. Zum Glück gab es auf dem Bahnsteig ein Häuschen mit Geräten für die Streckenarbeiter, seine Tür war nicht verschlossen, und nach einigem Kramen fanden wir auch eine Drahtschere und rannten mit ihr zurück.
»Wunderbar!« rief Vater, als er sie sah, »kommt mit!«
Wir stolperten über die Schwellen hinter ihm her.
Plötzlich war vor uns ein dumpfes Bumsen und Hämmern zu hören, und zugleich hob sich von der diesigen Nachtkulisse ein schneeverwehter Güterwagen ab.
»Ja doch, Paul!« schrie Vater rüber zu ihm, »wir kommen ja schon! Man hat aus Versehen seinen Wagen plombiert«, keuchte Vater im Rennen, »und da Paul bei seiner Ankunft schlief, auf ein Abstellgleis geschoben.«
»Otto –!« war jetzt aus dem Waggon eine erschöpfte Stimme zu hören, »Otto, bist du es?«
»Ja!« schrie Vater und hatte auch schon den Plombendraht durchgeknipst, und wir zerrten zu dritt die Schiebetür auf, und im Schein einer zischenden Karbidlampe tauchte erst Franzens, des Esels, eisgraues Leidensgesicht und dann, aus dem Dunkel dahinter, die Goldborte an Paul Jenthes alter Kapitänsmütze auf.
Es gab eine Begrüßung, als wäre Paul am Nordpol verschollen gewesen; selbst Echnaton wurde von ihm stürmisch ein paarmal umarmt.
Echnaton allerdings interessierte sich an diesem Abend für jemand anderes; einzig nämlich für Franz. Die ganze Zeit, die dieser dampfend und bereitwillig nickend den Wagen mit den starr blickenden Schwänen, Hirschen und Tigern und dem sonstigen Karussellzubehör in Richtung Lustgarten zog, führte Echnaton ihn am Halfter und klopfte ihm ermunternd den Hals und redete freundlich auf ihn ein, wenn Franz sich mal zitternd verschnaufte.
Es war noch zu früh, um an Paul Jenthes Standplatz heranzukommen;

so zogen wir außen vor dem Dom und hinten am Museum vorbei, und Frau Fethge stärkte uns erst mal aus ihrer Thermosflasche mit Kaffee, und wir rieben Franz sorgfältig von allen Seiten mit Stroh ab.
Nach Mitternacht fing es an, leerer zu werden; jetzt konnte Paul sein Wägelchen bequem durch die schneeschimmernden Gänge lavieren.
Pagoden-Ede hatte schon zu, und die Scheinwerfer waren aus; das war gut, da stürzte nicht gleich alles auf einmal über Paul Jenthe herein. Er war sehr zufrieden mit seinem Platz.
»Wenn ich hier kein Geschäft mache«, sagte er, »Otto, wo dann?«
Vater räusperte sich und spuckte sich übertrieben forsch in die Hände. »Nu mal los!« rief er kläglich.
Wir arbeiteten bis in den Morgen hinein. Paul hatte zum Glück einen Koksofen mit, sonst wäre das kaum zu machen gewesen. Als hinter einem der trompetenden Engel auf dem Dom der abgenutzte Rand der Sonne erschien, war auch der letzte Holzschwan montiert, und Paul stellte die Drehorgel auf und ließ Franz unter den Klängen von »Ihr Kinderlein kommet« eine Proberunde drehen.
Es klappte wunderbar, und was uns beinah ebenso freute: Echnaton machte das Karussellfahren Spaß, zum erstenmal sahen wir so etwas wie die Andeutung eines Lächelns hinter seiner Nickelbrille aufglimmen. Ob es Franz aber auch wirklich nicht anstrengte?
»I wo«, sagte Paul, »gar nicht. Hopp!« rief er, »gleich noch mal!«
In diesem Augenblick wurde drüben auf dem Podest eine Zeltklappe beiseite geschoben, und Pagoden-Ede beugte seinen krebsroten und mit einer doppel-schwänzigen Seejungfrau tätowierten Oberkörper heraus und kippte Franz, der entsetzt die langen Ohren anlegte und mit einem Ruck stehenblieb, sein Waschwasser vor die Hufe.
Echnaton preßte die Lippen zusammen.
»Vorsicht, Nachbar«, sagte Paul ruhig, »hier steht auch noch einer.«
Pagoden-Ede hob langsam den kahlen, massigen Kopf, die fettgepolsterten Äuglein glitten schläfrig über das Kinderkarussell hin. »Herrje!« sagte er gleichmütig, »seh ich ja jetzt erst!«
An diesem Morgen wurde uns klar: sollte der Weihnachtsmarkt für Paul ein Geschäft werden, mußte ein Wunder geschehen.
Am Nachmittag wartete eine Überraschung auf uns.
Frau Fethge erzählte, der schöne Oskar wäre gekommen. Das lenkte uns erst von Paul etwas ab; wir suchten Oskar auf dem ganzen Markt. Endlich fanden wir ihn; er hatte keinen Platz mehr bekommen, er

stand verbittert am Schloß, vor dem Eosanderportal. Er hatte sich jetzt einen Künstlerbart stehen lassen, der kleidete ihn als Schnellzeichner nicht schlecht; und es kam auch wirklich hin und wieder mal jemand vorbei, der ernsthaft von ihm porträtiert werden wollte.
Wir baten Oskar, daß er Echnaton zeichnen sollte, denn der war, seit dieser Begegnung mit seinem Vater, wieder trauriger geworden denn je; wir hofften, daß ihn sein Konterfei etwas aufheitern würde. Doch das Gegenteil war der Fall, er fing beinah an zu weinen, als er es sah; dabei hatte Oskar es wirklich ähnlich gemacht; aber wahrscheinlich war gerade das der Grund.
Vater tröstete Echnaton auch gleich; er sagte, wir wollten mal zu Paul rübergehen, eine Karussellfahrt, die machte ihn bestimmt wieder froh.
Es war inzwischen schon ganz weihnachtlich geworden überall; pulvriger Schnee lag auf den Dächern und Buden, die Luft roch nach Tannengrün und Türkischem Honig, und die Menschen waren so freundlich zueinander, als hätte man ihnen gedroht: *ein* böses Wort, und die Welt ginge unter. Wenn es nur nicht so elend kalt gewesen wäre.
Vor Pagoden-Edes Monsterbau stauten sich die Leute so dicht, daß wir Mühe hatten durchzukommen. Ede pries durchs Sprachrohr gerade wieder die Winzigkeit seiner Liliputaner, die vergrämt und frierend um ihn herumstanden, und zwischendurch huschte immer mal wieder eine seiner zwölf Geishas hinter ihm vorbei und warf eine Kußhand in die begeistert klatschende Menge.
Wir wunderten uns gleich, daß wir Pauls Drehorgel gar nicht hörten.
»Die Scheinwerfer«, sagte Vater, »paßt auf.«
Und richtig. Pauls Karussell wurde so grauenhaft grell von Pagoden-Edes Scheinwerfern angestrahlt, als sollte von dem kopfhängerischen Franz und den starr blickenden Schwänen und Tigern eine Filmaufnahme gemacht werden.
Paul war verzweifelt. »Die Mütter sagen, daß sich die Kinder in den fünf Karussellminuten bei mir die Augen verderben!«
»Und tags –?« fragte Vater.
»Tags –?« rief Paul Jenthe, und die Goldkordel an seiner alten Kapitänsmütze flammte unmutig auf, »was ist ein Weihnachtsmarktunternehmer am Tag? Eine arbeitslose Eule, die die Mäuse verhöhnen!«
»Einschmeißen müßte man ihm die Scheinwerfer«, knirschte Echnaton, der sich schützend, so daß sein Schatten auf ihn fiel, vor Franz gestellt hatte, der dankbar wieder den Kopf hob.

»Gewalt«, sagte Vater, »ist hier fehl am Platz. Und es geht ja auch nicht darum, Ede zu bestrafen, sondern darum, Paul einen Verdienst zu verschaffen.«
»Meine Mutter verdient auch nichts«, sagte Echnaton zornig, »und das ist auch seine Schuld. Er hat längst eine Strafe verdient.«
»Deine Mutter ist eine gute und tapfere Frau«, sagte Paul etwas zusammenhanglos, »wenn mein Geschäft florierte, ich böte ihr glatt an, bei mir einzusteigen.«
Echnatons Brillengläser irrlichterten erregt zwischen Paul und Franz hin und her; als er dann sprach, merkte man allerdings, er war mehr von Franz angetan.
»Reden«, sagte er heiser, »kostet ja nichts.«
Vater lachte gekünstelt. »Na also!« rief er mit einer so falschen Fröhlichkeit aus, daß ich eine Gänsehaut kriegte, »dann nichts wie zu Frau Fethge jetzt, Paul, und ihr einen Antrag gemacht!«
Paul sagte, so wäre es nun auch wieder nicht gemeint, aber mit einer klugen und rechtschaffenen Geschäftsfrau zu reden wäre stets ein Gewinn. »Ich versäum' ja nichts hier«, fügte er mit einem Seufzer hinzu.
Darauf schloß er das Karussell ab, nahm Franz am Halfter, und wir schoben uns durch das Gedränge.
Es sollte ein Schicksalsgang werden.
Wir waren noch keine fünf Minuten unterwegs, da hielt uns eine pelzverbrämte Dame an und fragte Paul, was es kostete, ihr Töchterchen auf Franz mal reiten zu lassen.
Paul war so erledigt, daß er die Schultern zuckte.
»Fünfzig Pfennig«, sagte da Echnaton schnell.
»Das ist geschenkt«, sagte die Dame. Ob Vater so nett sein könnte, ihr Töchterchen raufzusetzen?
Vater murmelte, er wäre so frei, und hob das Töchterchen rauf, und wir zogen verdrossen mit ihm durch die lebkuchenduftenden Gänge.
Wirklich eine reizende Idee, sagte die Dame dabei gesprächig zu Paul; mit einem so biblischen Tier wie dem Esel den Weihnachtsmarkt zu beleben!
Paul ließ sie reden.
»Na«, sagte die Dame zu dem Töchterchen, das mit seinen Absätzen wütend gegen Franzens Bauch trommelte, »wie fühlt sich mein Christkindchen auf seinem Ritt nach Ägypten?«
Bei dem Wort Ägypten hob Echnaton ruckartig den Kopf.

Aber auch Vater schien plötzlich irgendwie hellhörig geworden zu sein. »Ein hübscher Vergleich«, sagte er abwesend.
»Nicht wahr?« sagte die Dame. »Zu dumm nur, daß ich keinen Fotoapparat mithabe; mein Mäuschen auf einem Esel, von Joseph geführt – das wäre eine Aufnahme fürs Leben geworden.«
»Ich heiße *Paul*«, sagte der ärgerlich.
»Himmel!« rief da Vater dazwischen und schlug sich mit der Hand gegen die Stirn.
»Verzeihung –« sagte die Dame befremdet.
Aber da hatte Vater schon kehrtgemacht und rannte in Richtung Pergamonmuseum davon.
»Ein interessanter Mensch«, sagte die Dame unüberzeugt, »dabei sah er anfangs wie einer der Drei Heiligen Könige aus.« Sie hob ihr Töchterchen von Franz herunter, der erleichtert aufatmete, bezahlte die fünfzig Pfennig an Paul und bedankte sich kühl.
Echnaton wußte, wo Vater hingerannt war: zu Frau Fethge. Wir trafen sie in heller Aufregung an.
»*Ich*?!« rief sie, als wir hinkamen, dauernd, »*ich* die Maria?!«
»Ja«, sagte Vater, »wer sonst?«
»Moment mal«, ächzte Paul, »erst soll *ich* Joseph heißen und nun Frau Fethge Maria –?«
»Paul!« rief Vater und schüttelte ihn, »weißt du, wem wir eben in dieser Dame begegnet sind?«
»Sag bloß noch, 'ner Aufsichtstante vom Gewerbeamt«, ächzte Paul.
Vater sah strafend auf ihn herab. »Einem Engel!« rief er beschwörend.
Paul und Frau Fethge blickten scheu rüber zum Dom, in dessen Grünspankuppel sich stumpf das Lichtermeer des Weihnachtsmarkts widerspiegelte. Aber die Steinengel dort standen alle noch trompetend auf ihren Gesimsen.
»Ich verstehe Sie«, sagte Echnaton da und kämmte Franz versonnen den Pony unterm Stirnband hervor, »die Dame hat an die Bibel erinnert.«
»So ist es«, nickte Vater, »und an was da nun wohl?«
»An die Weihnachtsgeschichte«, sagte ich schnell, weil ich Echnaton, der klüger war als ich, gern zuvorkommen wollte.
»Jawohl«, sagte Vater triumphierend, »und jetzt paßt auf.« Er zeigte auf Franz. »Der Esel«, sagte er überflüssigerweise. Er zeigte auf Frau Fethge. »Maria.« Er zeigte auf Paul. »Joseph.«
»Und Sie«, sagte Echnaton erregt, »hätten wie einer der Drei Heiligen Könige ausgesehen, hat die Dame gesagt.«

Vater nickte selbstsicher. »Ein Engel, ich wußte es ja. Und ihr«, sagte er und zeigte auf Echnaton und auf mich, »ihr seid die anderen zwei.«
Paul stöhnte, er verstände bloß dauernd Bahnhof.
»Paul«, sagte Vater geduldig und nahm Frau Fethges Fotoapparat von dem Sockel, auf dem sie ihn als möglichen Hauptgewinn aufgebaut hatte: »Was ist das?«
»Ein Fotoapparat«, sagte Paul sehr richtig.
»Aber verstehen Sie doch endlich!« rief Echnaton, »die Dame hat doch extra –«
»Pssst –«, machte da Paul und kniff angestrengt die Augen zusammen, »jetzt fang' ich an zu verstehen: man soll uns fotografieren.«
»Als Kulisse nur, sozusagen«, warf Vater ein.
»Aber die Hauptperson fehlt doch noch!« rief ich, »was nützen denn Joseph und Maria, wenn –«
»Bruno, Bengel«, unterbrach Vater mich scharf, »das *ist* es doch gerade: Das Christkind stellen die Mütter!«
Wir schwiegen andächtig einen Moment; uns allen stand die Größe dieses Gedankens ziemlich deutlich vor Augen.
Frau Fethge rührte dann allerdings noch kurz das Geschäftliche an. Ob da auch wirklich mehr als bei ihrer Würfelbude herausspränge?
Vater beruhigte sie; außerdem könnte sie ja jederzeit wieder in ihre Würfelbude zurück.
Echnaton sagte, ein solcher Rückfall käme gar nicht in Frage.
Na, und *er*, sagte Paul eifrig und sah Frau Fethge geschäftstüchtig an, er ließe so was ja gar nicht erst zu.
Jetzt war nur noch zu klären, *wo* fotografiert werden sollte.
Und da hatte Vater eigentlich die beste von allen Ideen. »Na, wo wohl?!« rief er frohlockend, »im strahlenden Filmlicht von Pagoden-Edes Scheinwerfern natürlich!«
Gleich am nächsten Tag fingen wir an, uns an die Arbeit zu machen. Paul baute sein Karussell bis aufs Podest ab und begann die Hintergrundkulisse zu malen: eine Palme vor einer flimmernden Wüstenlandschaft. Er malte sie sehr natürlich, es wäre eine fabelhafte Bierreklame gewesen, man bekam Durst, wenn man sie ansah. Frau Fethge bemühte sich indessen um Perücken, künstliche Bärte und majestätische Kleidung; wobei ihr zugute kam, daß sie in ihrer besseren Zeit eine Weile Garderobiere im »Wintergarten« gewesen war und dort noch den und jenen kannte.
Vater fiel das wichtigste Amt zu: jemand zu finden, der auch zu fotografieren verstand. Wie von selbst kam er dabei auf Oskar, der ja so-

wieso dauernd darüber klagte, daß er bei dieser Kälte noch nicht mal langsam, geschweige denn schnell zeichnen könnte.
Oskar versprach, es sich durch den Kopf gehen zu lassen; und tatsächlich kam er auch am nächsten Tag fluchend und sich die blaugefrorenen Hände reibend an und sagte, er hätte sich durchgerungen, auf Lichtbildner umzusatteln.
Paul, der ein bißchen mißtrauisch war, spendierte einen Probefilm; doch die Aufnahmen, die Oskar dann von uns machte, waren alle leidlich in Ordnung. Jetzt bekam er noch aus Frau Fethges Fundus einen zu seinem Künstlerbart passenden schwarzen Hut aufgesetzt, Geld für Filme, einen Block für die Kundschaftadressen, und wir waren komplett.
Es war ein schöner, samtgrauer Dezembernachmittag, und es fiel dikker, flauschiger Schnee, der allen Lärm dämpfte, als wir in unserer neuen Verkleidung aus Frau Fethges Würfelbude traten und gemessenen Schrittes unseren ersten Werbegang über den Weihnachtsmarkt antraten.
Paul hatte Frau Fethge Franz auf den Rücken gesetzt, und obwohl Paul noch immer seine alte Kapitänsmütze aufhatte, wirkten die drei wirklich wie echt. Dann folgte Echnaton. Er trug einen Stab mit einem Blechstern daran und ein lang wallendes Lodencape. Er mußte sehr dicht hinter Franz gehen, denn Vater hatte ihm aus Pappe eine Kappe gemacht in der Form, wie sie die ägyptischen Könige trugen, und da die Nickelbrille Echnatons Ägypterprofil beeinträchtigt hätte, hatte er sie abnehmen müssen und sah jetzt nicht gut. Ich war schwarz und hatte einen krausen, gräßlich kitzelnden Bart um und einen Turban aus einem roten Frottierhandtuch um den Kopf.
Vater war praktisch er selber geblieben, nur daß er jetzt eine Messingkrone im Haar trug und sich zu seinem echten Schnurrbart noch einen Spitzbart angemalt hatte. Aber auf Vater lag auch wieder die Hauptlast; denn er hatte freundlich, und ohne daß es wie eine Entführung aussah, ständig ein anderes kleines Kind vor Frau Fethge auf Franzens Rücken zu heben und dazu laut und garantiert so, daß die Mutter es hörte: »Komm, du kleines Christkind«, zu sagen. Oskar schließlich rief dann laut: »Süß!« oder »Reizend!« und »Ganz allerliebst!« und riß jedesmal, jedoch noch ohne zu knipsen, den Apparat vor das Auge.
Der Erfolg, den wir mit dieser, von Vater erarbeiteten Methode hatten, war ungeheuer.
Als wir nach etwa einer Stunde Pauls alten Karussellstand erreichten,

war der uns nachdrängende Zug von Müttern, Eltern und Kindern so lang, daß er es, nachdem er sich um unser mit Tannenzweigen geschmücktes Podest gestaut hatte, gut und gern mit der Menge vor Pagoden-Edes Monsterbau aufnehmen konnte. Gleich drehten sich dort auch alle Leute nach uns um, und mit großer Genugtuung nahmen wir wahr, wie Ede es in der Folgezeit immer schwerer hatte, die Leute dort durch sein Sprachrohr zusammenzuhalten.
Ich weiß nicht, woran es lag, daß wir uns schon nach den ersten Aufnahmen richtig in unsere Rollen hineinzuleben begannen. Es hatte wohl mit all den gerührten Gesichtern der Eltern und den andächtig der Reihe nach aufs Podium trippelnden Kindern zu tun. Jedenfalls fingen Vaters Bewegungen, mit denen er ein Kind nach dem anderen auf Franz hob, allmählich an, immer königlicher zu werden, und Echnaton gar gab die fehlende Brille eine Unbefangenheit, die eines Kaisers würdig gewesen wäre. Nur Frau Fethge hatte es schwer; ständig schielte sie unter ihrem Kopftuch ängstlich zu Pagoden-Ede hinüber, der allerdings, über die vielen Kinder ringsum, langsam auch immer wütender wurde. Andererseits stand aber auch gerade dieser gehetzte Gesichtsausdruck Frau Fethge als Maria nicht schlecht, sie erhielt mehrmals Sonderapplaus für ihn.
Oskar knipste beinah sechzig Bilder an diesem Abend; wir hätten mit Leichtigkeit mehr stellen können, aber die Filme waren aufgebraucht. Vater riet, nach Möglichkeit sollte jeder auch zu Hause in seiner Rolle verharren, dann könnte man morgen mit einer noch größeren Echtheit aufwarten.
Und wirklich waren wir am nächsten Tag dann auch derart aufeinander eingespielt und an unsere Aufgabe gewöhnt, daß wir selbst untereinander schon ganz feierlich sprachen und Oskar, trotz seines Künstlerhutes, regelrechte Minderwertigkeitskomplexe bekam, weil er doch bloß Fotograf war.
Wir hatten uns an Frau Fethges Würfelbude getroffen; es dämmerte schon und fing auch wieder sanft an zu schneien, da kam auf einmal außen, um den Weihnachtsmarkttrubel herum, Paul Jenthe auf Franz angetrabt. Beide keuchten erregt, und Pauls goldene Kapitänskordel glühte unheilverheißend auf.
»Schnell!« schrie er und riß Franz, der erschrocken vorn hochging, wieder herum. »Ede montiert die Scheinwerfer ab!«
Das war eine schlimme Botschaft für uns.
Wir rafften unsere Gewandsäume auf, nahmen die Königsinsignien in die Hand und rannten ihm nach.

Und tatsächlich, Edes Monsterbau war in Dunkel getaucht. Nur ein paar dürftige Glühbirnen flackerten an den Ecken jetzt auf.
»Euch zeig ich's!« schrie Ede durch sein Sprachrohr herüber. »Auf meine Kosten euch hier gesundstoßen woll'n!«
Wir standen schweigend und, um uns zu wärmen, eng an Franz angeschmiegt da.
Drüben traten jetzt mürrisch die Liliputaner heraus und stellten sich fröstelnd in ihrer Werbeanordnung auf; in der Dunkelheit sahen sie wie große, graue, schlecht dressierte Mäuse aus; sie taten uns, wie immer, sehr leid.
Einer, der kleine Herr Pietsch, fragte mit seiner hohen Fistelstimme, wo die Scheinwerfer wären.
Ginge ihn einen Dreck an! schrie Ede erregt; ab jetzt würde ohne gespielt.
»Dann auch ohne uns«, sagte Herr Pietsch ruhig. »Los, Leute, kehrt.«
Ede konnte noch so sehr toben, sie kamen nicht wieder heraus.
»Ich glaube«, sagte Vater gedämpft, »wir machen es ihm leichter, wenn wir jetzt ein Weilchen verschwinden.«
Das taten wir dann auch.
Vater war seiner Sache so sicher, daß er uns aufforderte, uns nun wieder für unseren Propagandafeldzug fertigzumachen.
»Und wenn wir nachher zurückkommen«, sagte Oskar, »und stehn genauso im Dunkeln wie eben?«
Vater hob sich mit geschlossenen Augen seine Krone aufs Haupt: »Es gibt keine Dunkelheit mehr. Fertig, Maria?«
»Jawohl, Durchlaucht«, sagte Frau Fethge, die bereits wieder auf Franz saß und sich die Röcke zurechtstrich.
Man kann sagen, daß wir leichtsinnig waren; aber dann war es der Himmel oder jene engelhafte, pelzverbrämte Dame oder wer Vater sonst seine Zuversicht eingab, schon lange.
Allerdings, als wir dann – einen womöglich noch längeren Zug von Müttern, Eltern und Kindern hinter uns als am Vortag – wieder in unseren schneeglitzernden Budengang einbogen, da wurden Pagoden-Edes Monsterbau und Paul Jenthes dursterregende Wüstenkulisse auch tatsächlich wieder ebenso angestrahlt wie zuvor.
»Es ist eine Existenzfrage für Ede«, murmelte Vater, ohne die Lippen zu bewegen, während wir für das erste Bild Aufstellung nahmen, »König wie Künstler –: beide brauchen das Licht.«
An diesem Abend standen vor unserem Podest mehr Leute als drüben

bei Ede. Selbst kinderlose Erwachsene sahen uns jetzt schon zu; und sie waren oft noch gerührter als die Eltern und Mütter.
Doch wir machten uns nichts vor; wir wußten es alle, selbst Franz ahnte es: Hinter Edes bunten, schneegekrönten Plakaten braute sich ein Unwetter zusammen. Abend für Abend konnten wir es auf seiner Stirn sich drohender auftürmen sehen. Aber auch seine Leute warnten uns. Der Löwenmensch Halef ben Brösicke, der kleine Herr Pietsch und Frau Schmidt, die dickste Dame der Welt, sie kamen alle Augenblicke heimlich herüber. Ede sänne auf Rache, flüsterten sie; und zwar nähme er uns nicht nur übel, daß wir seine Scheinwerfer benutzten, sondern vor allem auch, daß jetzt dauernd so viele Kinder hier rumkrebsten.
»Na, aber wessen Fest *ist* denn Weihnachten schließlich?!« schrie Vater, der einen Augenblick seine Krone vergaß, Frau Schmidt aufgeregt an. Frau Schmidt versuchte die Schultern zu zucken. »Ich hab' euch gewarnt. Der Boss kocht. Wenn er überläuft, versengt ihr euch die Finger an ihm.«
Vater, dem sehr an dem demokratischen Geist unseres Unternehmens lag, führte darauf eine Abstimmung durch; wer aufhören wollte, sollte es sagen.
Oskar räusperte sich. Aber Echnaton blitzte ihn mit seiner Nickelbrille so nachhaltig an, daß er sich schnell die Hutkrempe über die Augen zog und tat, als hätte er nur mal eine belegte Stimme gehabt.
Immerhin, wir verlegten wenigstens die Bilderausgabe in Frau Fethges Würfelbude; unseren Verdienst, der jedesmal gleich aufgeteilt wurde, trugen wir ja in der Tasche; so war man leidlich gewappnet.
Wir hatten nun schon so viele gute Vergrößerungen zusammen, daß Oskar darangehen konnte, Postkartenabzüge von ihnen zu machen. Sie fanden reißenden Absatz, denn wir boten sie natürlich in unseren Verkleidungen feil.
Paul sagte, einem derart gesicherten Weihnachtsfest wären Franz und er schon seit Jahrzehnten nicht mehr entgegengegangen. Es war mittags im »Alten Nußbaum«, wo wir immer alle einen Grog zu uns nahmen, um am Nachmittag dann besser auf den Beinen zu sein. Paul hatte merkwürdig gedehnt gesprochen, und Oskar sah ihn auch gleich ganz hoffnungsvoll an. Nicht so Vater. Er hatte seine Krone zwar an den Kleiderhaken gehängt, aber er wirkte auch ohne sie majestätisch genug. Wie Paul das eben gemeint hätte.
Paul hob die Kapitänsmütze an und kratzte sich konzentriert auf dem Kopf.

»Sei bitte mehr Josef!« fuhr Frau Fethge ihn an.
»Ihr Josef, Maria«, sagte Vater, »will anscheinend nur die Annehmlichkeiten des Weihnachtsfestes kosten; um seinen gefahrvollen Auftrag möchte er rumkommen.«
»Auftrag –!« murrte Paul. »Ich hör' immer Auftrag!«
»Da hörst du richtig«, sagte Vater gemessen. »Täglich kommen fast hundert Kinder zu dir und fühlen die Wärme eines Esels aufsteigen in sich und ahnen, wie damals diesem Baby in Bethlehem zumute gewesen sein muß –: Ist das *kein* Auftrag?«
Paul rutschte unruhig auf seinem Sitz hin und her. »Wenn du schon auf damals anspielst, dann kalkulier auch gefälligst diesen verdammten Herodes mit ein.«
»Tu ich ja«, sagte Vater, »deshalb habe ich unseren Auftrag ja gefahrvoll genannt.«
»Aber wir spielen das falsch!« sagte Paul hartnäckig. »Die damals sind doch geflohen!«
»Na und –?« rief da Echnaton wild und sah erregt unter seiner beschlagenen Nickelbrille hervor. »Warum *diesmal* nicht durchhalten?!«
»Bravo, Echnaton«, sagte Vater erfreut; und zu Paul: »Schließlich haben die Heiligen Drei Könige damals einen ganz entscheidenden Fehler gemacht.«
Frau Fethge blickte beunruhigt an Vater empor. Ginge er da nicht ein bißchen zu weit?
»Wieso?« sagte Vater und sah streng in sein Grogglas. »Sie haben das Christkind beschenkt und sich darauf aus der Affäre gezogen. Sie hätten ihm Asyl gewähren müssen.«
»Bei ihm zu bleiben«, sagte Echnaton fest, »hätte auch schon genügt.«
Vater nickte abwesend. »Ja«, sagte er, »bleiben genügt.«
»Schön«, ächzte Paul, »bleiben wir also.«
Fast sah es so aus, als wäre dieser Entschluß auch aufrechtzuerhalten gewesen. Fast. Drei Tage ging es noch gut, und es war, als hätte der früh in fiedrigen Wattebäuschen sinkende Schnee nicht nur die Weihnachtsmarktbuden, sondern auch Edes Rachsucht mit einer dicken, kühlenden Pudelmütze versehen. Das heißt, daß wir bis dahin – von den inzwischen üblich gewordenen Beschimpfungen, die er uns allabendlich durch sein Sprachrohr herüberrief, einmal abgesehen jetzt – leidlich Ruhe hatten vor Ede, lag wohl auch mit daran, daß wir eher Schluß machen konnten; unsere Kunden gingen ja früher schlafen als seine.

Nachmittags, wenn wir mit unserem Werbegang anfingen, war es schon schwieriger, ihm aus dem Wege zu gehen; zumal Ede sich neuerdings einen Sport daraus machte, uns aufzulauern und anzupöbeln. Bisher waren wir dann nur immer schweigend an ihm vorbeigeschritten und hatten es den uns nachfolgenden Müttern überlassen, Ede mit Abscheu und Verachtung zu strafen. Aber dann, am vierten Tag, wie gesagt, und nicht mal mehr dreißig Stunden trennten uns noch vom Fest, da geschah es.

Drei Uhr mochte es sein, doch es lag schon eine ganz merkwürdige und drohende Dämmerung über dem Lustgarten, und die Karussellorgeln und Weihnachtsschallplatten taten sich ziemlich schwer unter ihr. Auf alle Geräusche schien ein bösartiger Riesendaumen zu drükken, und Franz bockte auch gleich, als ob er ihn abschütteln müßte, und Paul und Echnaton hatten große Mühe, ihn zu beruhigen.

Wir bogen eben, jetzt wieder in leidlicher Würde vereint und ein Weihnachtslied singend, um ein im Frostwind knatterndes Bierzelt herum, da trat auf einmal, einen Zigarrenstummel im Mundwinkel und die Melone im Nacken, Pagoden-Ede hinter einem Bratapfelstand hervor.

Er hatte uns so nah herangelassen, daß es unmöglich war, ihm auszuweichen; und Franz tat auch nichts weiter, als genauso ergeben wie immer die Beine zu heben. Aber plötzlich brüllte Ede laut auf, und ehe wir's uns versahen, sank einer von Franzens scharfkantigen Hufen sekundenlang, und das ganze Körpergewicht, nebst dem von Frau Fethge, auf sich verlagernd, nachhaltig auf Edes Fußspitze nieder.

Dann allerdings schlug Ede zu. Er traf Franz am Hals, und Franz bäumte sich auf und galoppierte wiehernd, die kreischende Frau Fethge auf dem Rücken und den nur noch aus einem flatternden Lodencape und etwa zwei Dutzend wirbelnder dünner Beine bestehenden Echnaton am Halfter, in Richtung Pergamonmuseum davon.

Sofort stürzte sich Ede auf Vater. Der sprang zur Seite, und knallrot vor Wut im Gesicht schoß Ede an ihm vorbei und gegen das Zelt, dessen elastisch federnde Wand ihn wie einen Fußball zurückschleuderte, geradewegs auf Oskar zu, der, von einer silbern flatternden Atemfahne gefolgt, blitzschnell hinter einem hölzern lächelnden, riesigen Erzgebirgsweihnachtsmann verschwand.

»Zum Stand!« schrie Vater ihm nach. »Gib auf den Stand acht!« Dann mußte er selber achtgeben, denn Ede hatte von Paul, der Franz nachgesetzt war, nun abgelassen und kam jetzt wieder, rotblau und schnaufend, zurück.

Ich sah im Losrennen noch, wie Vater sich, um besser laufen zu können, die Krone vom Kopf riß, dann gab es bloß noch die vorbeisausenden Buden und eine aufspritzende Schneefontäne um mich herum.
Es war wohl so ziemlich die wildeste Jagd, die je auf einem Weihnachtsmarkt stattgefunden hat. Zum Glück war Ede kein sehr guter Sprinter; ich weiß nicht mehr genau, wie es kam, aber plötzlich sah ich die Stufen des Pergamonmuseums vor mir, und rechts galoppierte Franz, und oben standen die anderen, und dann war auch Vater heran und riß mich mit rauf, und jetzt waren wir drin und rannten alle die schummrige Treppe hinauf.
Oben sammelten wir uns; bis auf Oskar waren wir vollzählig. Aber dann hörten wir unten Ede angeschnauft kommen, und da fiel sein Schatten, vom Weihnachtsmarktlicht draußen haushoch vergrößert, auch schon auf die Treppe, und so lautlos es ging, huschten wir tiefer in die endlosen und dunklen Säle hinein.
Plötzlich schrie Frau Fethge, die vorgerannt war, gellend auf. »Da –!« stammelte sie vor einem schneeumrandeten Fenster und stach mit zitterndem Zeigefinger in die vage Dämmerung des Saals.
Echnaton blieb keuchend neben mir stehen; seine Königsmütze war ihm auf die Stirn gerutscht, aber er sah gar nicht so furchtsam aus. »Was ist, Mama?« fragte er laut.
»Da –!!« wiederholte Frau Fethge tonlos.
Jetzt war auch Vater heran. Er gab sich Mühe, ruhig zu erscheinen. »Nicht doch, Frau Fethge«, sagte er heiser, »sind doch bloß Mumien da vorn; wir sind in die Ägyptische Abteilung geraten.«
»Wie es geschrieben steht«, sagte Echnaton und rückte sich seine Mütze zurecht, »also doch.«
»Ruhig mal –!« Paul hörte einen Augenblick auf, mit den Zähnen zu klappern.
Aber wir vernahmen es schon: da kamen heimtückisch tappende Schritte aus dem Nebensaal näher.
»Schnell!« flüsterte Vater. »Verteilt euch im Raum! Tut, als gehört ihr zum Inventar!«
Ich konnte in der Mumienreihe vor mir gerade noch schwach Pauls Kapitänsmütze aufleuchten sehen, dann hatte ich mich hinter ein Standbild geduckt.
Es war jetzt einen Augenblick lang ganz ruhig, und man konnte auf dem Weihnachtsmarkt draußen deutlich die Karussellorgeln hören. Dann waren die Schritte wieder da, und jetzt war auch Edes Atem zu

hören. Es schien Ede selber nicht ganz geheuer zu sein; er hielt dauernd die Luft an, um besser lauschen zu können.
»Herodes –!« ertönte da plötzlich eine unirdisch hallende Stimme, an der wirklich nur ein Kenner Vater wiedererkannte.
»Herodes –!!« echote Echnaton vom anderen Saalende her fast ebenso dumpf, und: »Herodes –!« riefen wir anderen jetzt gespensterhaft durcheinander.
Ede sauste im sanft schimmernden Schneelicht des Fensters ein paarmal um seine eigene Achse, als schwirrte ein unsichtbarer Bienenschwarm um ihn herum; er ächzte.
Doch wir schwiegen jetzt wieder.
Nichts bewegte sich, nur Pauls Kapitänskordel glomm wie ein stark abgenutzter Heiligenschein einmal kurz auf. Lange genug jedoch, um Ede vor dieser Erscheinung krachend auf die Knie fallen zu lassen.
»Ich hab' nichts Böses gemacht«, krächzte er, »ich hab' nichts böses gemacht!«
»Doch«, sagte Vater mit seiner hallenden Geisterstimme (er schien in ein großes Gefäß hineinzusprechen), »du kannst Kinder nicht leiden.«
»Und hast uns«, ließ sich Paul jetzt mit tadellos verstellter Stimme aus seiner Mumienreihe vernehmen, »nicht nur bis an den Jordan, sondern bis nach Ägypten verfolgt!«
»*Wo* bin ich?!« stöhnte Ede und preßte sich die Fäuste gegen die Schläfen.
»In Ägypten!« rief Echnaton aus seiner Saalecke triumphierend herüber.
»Schluß«, sagte da Vater mit seiner gewöhnlichen Stimme. »Er kniet, das ist Reue genug.« Er knipste sein Feuerzeug an und half Ede hoch.
So komisch es klingt, der konnte Vaters Hilfe gebrauchen. Er zitterte am ganzen Körper, und selbst bei dem flackernden Feuerzeuglicht wirkte sein Gesicht blaß wie das eines Schneemanns. »Ich möcht' raus hier«, sagte er.
Vater gab Echnaton das Feuerzeug zum Halten und geleitete Ede langsam zur Treppe. Ede stolperte unbeholfen neben ihm her. »Wir haben ein wenig übertrieben«, sagte Vater freundlich zu ihm, »da draußen fließt nicht der Jordan, sondern die Spree.«
»Josef!« rief da irgendwo angstvoll Frau Fethge im Dunkeln. »Josef, wo bist du?!«
Paul rannte zurück. »Hier!« rief er und schwenkte die Mütze. »Maria, kannst du mich sehn?«

Es dauerte eine Weile, ehe Frau Fethge sich durch all die Statuen, Krüge und Steine hindurchgetastet hatte. »Ist er weg?« fragte sie ängstlich.
»Ja«, sagte Paul. »Otto hat ihn runtergebracht.«
»Ich hätt' heulen können«, sagte Frau Fethge, »wie ich ihn da so in die Knie gehen sah.«
Paul schneuzte sich umständlich. »Geht mir genauso«, sagte er heuchlerisch.
Sie hakte sich bei ihm ein, und wir gingen die Treppe hinunter.
Unten stand Vater; er stritt sich höflich mit dem Pförtner herum.
»Schön«, sagte der gerade erschöpft, »ihr habt also gedacht, die Ägyptische Abteilung hätte noch auf.«
»Genauso sieht's aus«, sagte Vater.
»Und wie«, sagte der Pförtner verbittert, »erklärt ihr euch das hier?«
Er riß die Tür des Anmeldezimmers auf, und auf seinen vier klumpigen Schneehufen, unter denen sich bereits beachtliche Tauwetterseen gebildet hatten, stand da Franz und hob uns erfreut seine eisgraue Duldermiene entgegen.
»Ein Esel«, sagte Vater ungerührt, »wie lieb von der Leitung, Ihnen das zu erlauben.«
»Verstellt euch bloß nicht!« sagte der Pförtner erregt, »er lief euch doch nach! Hätt' ich ihn nicht hier reinbugsiert, der irrte da oben jetzt in der Ägyptischen Abteilung herum.«
»Was Wunder«, sagte Vater, »so ein biblisches Tier, das hat da eben seinen Instinkt.«
Ob Vater sich vielleicht auch noch lustig machen wollte über ihn, sagte der Pförtner. Vater sagte, er dächte gar nicht daran, im Gegenteil, wenn der Pförtner erlaubte, er wäre gern bereit, ihm die Weihnachtsgeschichte mal in Ruhe auseinanderzusetzen; dann könnte er sich ja selber ein Urteil über die Verläßlichkeit und die Klugheit der Esel bilden.
Der Pförtner drehte die Augen zur Decke. »Los«, stöhnte er, »holt euern biblischen Esel da raus und verschwindet.«
»Danke, Herr«, sagte Paul. Er tippte an seine Kapitänsmütze, band Franz von der Heizung los und führte ihn draußen, von Frau Fethge begleitet, vorsichtig die Treppe hinunter und wieder hinein in Franzens natürlichen Rahmen: ins dampfend flirrende Weihnachtsmarktlicht.
»Halt«, sagte da Vater zu mir, »wo ist Echnaton, Bruno?«
»Großer Gott«, sagte ich, »ja –: der ist oben geblieben.«

Der Pförtner lächelte irr. »Fein«, sagte er, »ihr habt auch noch was mitnehmen wollen?«
»Paul!« rief Vater zum Eingang hinaus.
Paul hatte gerade Frau Fethge wieder auf Franzens Rücken gehoben. »Ja, Otto!« rief er. »Was ist?«
Vater legte die Hand um den Mund. »Helft Pagoden-Ede schon ein bißchen bei den Weihnachtsvorbereitungen, ja?«
»Aber wieso denn?!« rief Paul.
Vater verstärkte seine Stimme noch etwas. »Weil wir das Fest mit ihm und seinen Leuten gemeinsam begehen!«
»Amen!« rief Frau Fethge herauf und gab Franz zart ihre Fersen zu spüren.
»Wir holen bloß noch den Echnaton runter!« rief ich ihr nach.
»Seid ihr verrückt?!« schrie der Pförtner, »die Statue von dem wiegt dreieinhalb Zentner!«
Wir versuchten vergeblich, ihm klarzumachen, um wen es sich in Wirklichkeit handelte; er glaubte uns nicht. Schließlich drängten wir uns entschlossen an ihm vorbei und rannten wieder nach oben.
Zum Glück hatte der Pförtner die Gicht und keine rechte Freude am Rennen; es dauerte jedenfalls eine ganze Weile, ehe wir ihn die Treppe hinaufschnaufen hörten. Da hatten wir aber das winzige Licht schon entdeckt.
Es stammte von Vaters Feuerzeug; Echnaton hielt es hoch in der Hand und beleuchtete die Büste eines ägyptischen Königs damit.
»Echnaton blickt Echnaton an«, flüsterte Vater verzückt.
Und wirklich: die beiden ähnelten einander unglaublich; denn Echnaton Fethge hatte ja immer noch seine Pappkappe auf, und sein Namensvetter trug die gleiche Kappe aus Stein. Eigentlich unterschied lediglich die Nickelbrille die zwei voneinander; allerdings fiel der Unterschied eindeutig zu Echnaton Fethges Gunsten aus, er wirkte mit seiner Brille sehr viel intelligenter als jener.
Aber das war es nicht allein, was uns so faszinierte. Das Faszinierendste an Echnaton Fethge war jetzt sein Lächeln. Echnaton lächelte; ja, was wir seit Wochen vergeblich zu erreichen versucht hatten, diesem steinernen Standbild war es in Minuten gelungen: Echnaton selbstsicher und fröhlich zu stimmen.
Doch jetzt hatte der Pförtner die oberste Treppenstufe erreicht. »Auch noch offenes Feuer!« ächzte er.
Vater legte Echnaton Fethge die Hand auf die Schulter. »Komm jetzt, mein Junge, wir müssen verduften.«

Echnaton ließ seufzend das Feuerzeug zuschnappen. »Was denn –: auch aus Ägypten –?«
»Auch aus Ägypten«, sagte Vater, »jawohl.«
Er lauschte einen Augenblick auf den fluchend im Dunkeln nach dem Schalter tastenden Pförtner; dann gab er uns flüsternd das Zeichen, und wir rannten mit ihm die Treppe hinab.

*Angelus Silesius*

Wird Christus tausendmal
zu Bethlehem geboren
Und nicht in dir;
du bleibst noch ewiglich verloren.

# Simplizianischer Wundergeschichts-Calender 1795

Zuerst will ich euch einen Christkindelsbaum beschreiben, dergleichen ihr in eurem Leben nicht gesehen habt und die Pracht davon euch kaum werdet vorstellen können. Der stand nun mitten in einer Stube in der Ecke, und seine Zweige waren so ausgebreitet, daß sie fast die Hälfte der Decke der Stube bedeckten und man darunter stand wie unter einer Sommerhaube. An allen Ästchen und Zweigen hingen nun allerhand kostbare Conditor- und Zuckerwaren, als: Engel, Puppen, Tiere und dergleichen, alles von Zucker: welches mit den Blüten des Baumes gar artig harmonierte. Ferner hing auch vergoldetes Obst, von allen Sorten, in großer Menge daran, so daß man unter diesem Baume wie in einem Speisegewölbe sich befand: und es ist nur jammerschade, daß nicht auch Schinken und Bratwürste (wovon ich ein großer Liebhaber bin) und Schwartenmägen, Ochsenfüße nebst gebratenen Tauben dranhingen. In der Mitte dieses Magazins befand sich der Heilige Geist in seiner gewöhnlichen Gestalt, als eine allerliebst schöne Taube von Zucker, zur Rechten hing das Christkindlein und zur Linken seine Mutter – gar niedlich anzusehen, und alles von Zucker, so daß ich beide, die Jungfer Maria nebst ihrem Kinde, vor Liebe wohl hätte fressen mögen, wenn es wäre erlaubt gewesen. Endlich war der ganze Baum, mit allen seinen Zweigen und Früchten, mit einem goldenen Netz, das von vielen tausend vergoldeten und an Schnüre gereihten Haselnüssen gar künstlich zubereitet war, überzogen, und mit Girlanden und Bandelotten, wie an einem Kronleuchter geziert. Zwischen all diesen Kostbarkeiten leuchteten eine unzählige Menge Wachslichtlein hervor, wie Sterne am Himmel, welches ein prächtiger Anblick war.

*Gasub Sirchan*

## Der Engel

Ach, Mutter, im Traum
habe ich einen Engel mit weißen Flügeln gesehen,
der Gewehre zerlegt
und Kanonen zerschlägt,
sie alle in Brand setzt
und zu Asche werden läßt.

Ach, Mutter, im Traum
habe ich einen Engel mit weißen Flügeln gesehen,
er nahm die Asche in die Hand,
verstreute sie im ganzen Land.
Und plötzlich begann die Asche zu leben,
als Taube am östlichen Himmel zu schweben.

Ach, Mutter, im Traum
habe ich einen Engel mit weißen Flügeln gesehen,
und Moses und Mohammed mußten zum Zeichen
des Friedens einander die Hände reichen.
»Sünder«, donnert seine Stimme, »Sünder!
Eilt euch, eilt euch! Schnell, Sems Kinder –
dort kommt er, der Bote des Friedens,
und singt einen Psalm des Friedens!«

*Dorothee Sölle*

In dieser Nacht
verließen die Sterne ihre angestammten Plätze
und zündeten Lärmfeuer an
überschallschnell

In dieser Nacht verließen die Hirten
ihre Arbeitsstellen
und schrien sich in die verkrusteten Ohren
die neuen Parolen

In dieser Nacht
verließen die Füchse die wärmenden Höhlen
und der Löwe wiegte den Kopf
»das ist das Ende
die Revolution«

In dieser Nacht
liefen die Rosen der Erde davon
und fingen das Blühen an im Schnee

## *Theodor Storm*
# Unter dem Tannenbaum

Es war das Arbeitszimmer eines Beamten. Der Eigentümer, ein Mann in den Vierzigern, mit scharf ausgeprägten Gesichtszügen, aber milden, lichtblauen Augen unter dem schlichten, hellblonden Haar, saß an einem mit Büchern und Papieren bedeckten Schreibtisch, damit beschäftigt, einzelne Schriftstücke zu unterzeichnen, welche der danebenstehende alte Amtsbote ihm überreichte. Die Nachmittagssonne des Dezembers beleuchtete eben mit ihrem letzten Strahl das große schwarze Tintenfaß, in das er dann und wann die Feder tauchte. Endlich war alles unterschrieben.

»Haben Herr Amtsrichter sonst noch etwas?« fragte der Bote, indem er die Papiere zusammenlegte.

»Nein, ich danke Ihnen.«

»So habe ich die Ehre, vergnügte Weihnachten zu wünschen.«

»Auch Ihnen, lieber Erdmann.«

Der Bote sprach einen der mitteldeutschen Dialekte; in dem Tone des Amtsrichters war etwas von der Härte jenes nördlichsten deutschen Volksstammes, der vor wenigen Jahren, und diesmal vergeblich, in einem seiner alten Kämpfe mit dem fremden Nachbarvolk geblutet hatte. – Als sein Untergebener sich entfernte, nahm er unter den Papieren einen angefangenen Brief hervor und schrieb langsam daran weiter.

Die Schatten im Zimmer fielen immer tiefer. Er sah nicht die schlanke Frauengestalt, die hinter ihm mit leisen Schritten durch die Tür getreten war; er bemerkte es erst, als sie den Arm um seine Schulter legte. – Auch ihr Antlitz war nicht mehr jung; aber in ihren Augen war noch jener Ausdruck von Mädchenhaftigkeit, den man bei Frauen, die sich geliebt wissen, auch noch nach der ersten Jugend findet. »Schreibst du an meinen Bruder?« fragte sie, und in ihrer Stimme, nur etwas mehr gemildert, war dieselbe Klangfarbe wie in der ihres Mannes.

Er nickte. »Lies nur selbst!« sagte er, indem er die Feder fortlegte und zu ihr emporsah.

Sie beugte sich über ihn herab, denn es war schon dämmerig geworden. So las sie, langsam, wie er geschrieben hatte:

»Ich bin wieder gesund und arbeitsfähig – glücklicherweise, denn das ist die Not der Fremde, daß man den Boden, worauf man steht, sich in

jeder Stunde neu erschaffen muß. So schlecht es immer sein mag, darin habt Ihr es doch gut gemeint; und wer wäre nicht gern geblieben, wenn nur ein Stück Brot und jenes unentbehrliche ›sanfte Ruhekissen‹ des alten Sprichworts sich hätte erhalten können.«
Sie legte schweigend die Hand auf seine Stirn, während er, der ihren Augen gefolgt war, das Blatt umwandte. Dann las sie weiter:
»Der guten und klugen Frau, die Du vorige Weihnachten bei uns hast kennenlernen, bin ich so glücklich gewesen, durch die Vermittlung eines Vergleichs mit ihrem Gutsnachbarn einen wirklichen Dienst zu leisten; der schöne, so sehr von ihr begehrte Wald ist seit kurzem endlich in ihren Besitz gelangt. Hätten wir morgen für Deinen Freund Harro nur eine Tanne aus diesem Walde; denn hier ist viele Meilen in der Runde kein Nadelholz zu finden. Was aber ist ein Weihnachtsabend ohne jenen Baum mit seinem Duft voll Wunder und Geheimnis!«
»Aber du«, sagte der Amtsrichter, als seine Frau gelesen hatte, »du bringst in deinen Kleidern den Duft des echten Weihnachtsabends!«
Sie langte lächelnd in den Schlitz ihres Kleides und legte ein großes Stück braunen Weihnachtskuchen vor ihm auf den Tisch. »Sie sind eben vom Bäcker gekommen«, sagte sie, »prob nur; deine Mutter backt sie dir nicht besser!«
Er brach einen Brocken ab und prüfte ihn genau; aber er fand alles, was ihn als Knaben daran entzückt hatte; die Masse war glashart, die eingerollten Stückchen Zucker wohl zergangen und kandiert. »Was für gute Geister aus diesem Kuchen steigen«, sagte er, sich in seinen Arbeitsstuhl zurücklehnend, »ich sehe plötzlich, wie es daheim in dem alten steinernen Hause Weihnacht wird. – Die Messingtürklinken sind womöglich noch blanker als sonst; die große gläserne Flurlampe leuchtet heute noch heller auf die Stuckschnörkel an den sauber geweißten Wänden; ein Kinderstrom um den andern, singend und bettelnd, drängt durch die Haustür; vom Keller herauf aus der geräumigen Küche zieht der Duft des Gebäckes in ihre Nasen, das dort in dem großen kupfernen Kessel über dem Feuer prasselt. – Ich sehe alles, ich sehe Vater und Mutter – Gott sei gedankt, sie leben beide! Aber die Zeit, in die ich hinabblicke, liegt in so tiefer Ferne der Vergangenheit! – – Ich bin ein Knabe noch! – Die Zimmer zu beiden Seiten des Flurs sind erleuchtet; rechts ist die Weihnachtsstube. Während ich vor der Tür stehe, horchend, wie es drinnen in dem Knittergold und in den Tannenzweigen rauscht, kommt von der Hoftreppe herauf der Kutscher, eine Stange mit einem Wachslichtendchen in der Hand. – ›Schon an-

zünden, Thoms?‹ Er schüttelt schmunzelnd den Kopf und verschwindet in der Weihnachtsstube. – Aber wo bleibt denn Onkel Erich? – – Da kommt es draußen die Treppe hinauf; die Haustür wird aufgerissen. Nein, es ist nur sein Lehrling, der die lange Pfeife des ›Herrn Ratsverwandters‹ bringt; ihm nach quillt ein neuer Strom von Kindern, zehn kleine Kehlen auf einmal stimmen an: ›Vom Himmel hoch, da komm ich her!‹ Und schon ist meine Großmutter mitten zwischen ihnen, die alte, geschäftige Frau, den Speisekammerschlüssel am kleinen Finger, einen Teller voll Gebäckes in der Hand. Wie blitzschnell das verschwindet! Auch ich erwische mein Teil davon, und eben kommt auch meine Schwester mit dem Kindermädchen, festlich gekleidet, die langen Zöpfe frisch geflochten. Ich aber halte mich nicht auf, ich springe drei Stufen auf einmal die Treppe nach dem Hofe hinab.«

Es war allmählich dunkel geworden; die Frau des Amtsrichters hatte leise einen Aktenstoß von einem Stuhl entfernt und sich an die Seite ihres Mannes gesetzt.

»Drüben in dem Seitengebäude ist das Arbeitszimmer meines Vaters. Auf die Vordiele dort fällt heute kein Lichtschein aus dem Türfenster der Schreiberstube; der alte Tausendkünstler ist von meiner Mutter drinnen bei den Weihnachtsgeheimnissen angestellt. Aber ich tappe im Dunkeln vorwärts, denn gegenüber in seinem Zimmer höre ich die Schritte meines Vaters. Er arbeitet schon nicht mehr. Ich öffne leis die Tür; wie deutlich sehe ich ihn vor mir, ihn selbst und das große, verräucherte Gemach, in dem der harte Schlag der alten Wanduhr pickt! Mit einer feierlichen Unruhe geht er zwischen den mit Papieren bedeckten Tischen umher, in der einen Hand den Messingleuchter mit der brennenden Kerze, die andere vorgestreckt, als solle jetzt alles Störende ferngehalten werden. Er öffnet die Schublade seines kleinen Stehpults und nimmt die große goldene Tabatiere aus der Fischhautkapsel, einst ein Geschenk der Urgroßmutter an ihren Bräutigam, dann nach des Urgroßvaters Tode eine Ehren- und Vertrauensgabe an ihn. Aber er ist noch nicht fertig, aus dem Geldkörbchen werden blanke Silbermünzen für die Dienstboten hervorgesucht, eine Goldmünze für den Schreiber. ›Ist Onkel Erich schon da?‹ fragt er, ohne sich nach mir umzusehen. – ›Noch nicht, Vater! Darf ich ihn holen?‹ – ›Das könntest du ja tun.‹ Und fort renne ich durch das Wohnhaus auf die Straße, um die Ecke am Hafen entlang, und während ich drunten aus der Dämmerung das Pfeifen des Windes in den Tauen der Schiffe höre, habe ich das alte Giebelhaus mit dem Vorbau erreicht. Die Tür wird aufgerissen, daß die Klingel weithin durch Flur und Pesel schallt. – Vor dem Ladentisch steht der alte Kommis, der das Detailgeschäft leitet. Er sieht mich etwas grämlich an. ›Der Herr ist in seinem Kontor‹, sagt er trocken, er liebt die wilde naseweise Range nicht. Aber was geht's mich an. – Fort mach ich hinten zur Hoftür hinaus, über zwei kleine finstere Höfe, dann in ein uraltes seltsames Nebengebäude, in welchem sich das Allerheiligste des Onkels befindet. Ohne Unfall komme ich durch den engen dunklen Gang und klopfe an eine Tür. – ›Herein!‹ Da sitzt der kleine Herr in dem feinen braunen Tuchrock an seinem mächtigen Arbeitspult; der Schein der Kontorlampe fällt auf seine freundlichen kleinen Augen und auf die mächtige Familiennase, die über den frischgestärkten Vatermördern hinausragt. – ›Onkel, ob du nicht kommen wolltest?‹ sage ich, nachdem ich Atem geschöpft habe. – ›Wollen wir uns noch einen Augenblick setzen!‹ erwidert er, indem seine Feder summierend über das Folium des aufgeschlagenen Hauptbuches hinabgleitet. – Mir wird ganz behaglich zu Sinne, ich werde nicht ein bißchen ungeduldig, aber ich setze mich auch nicht, ich bleibe stehen und besehe mir die Englands- und Westindienfahrer des Onkels, deren Bilder an der Wand hängen. Es dauert auch nicht lange, so wird das Hauptbuch herzhaft zugeklappt, das Schlüsselbund rasselt, und: ›Sieh so‹, sagt der Onkel, ›fertig wären wir!‹ Während er sein spanisches Rohr aus der Ecke langt, will ich schon wieder aus der Tür, aber er hält mich zurück. ›Ah, wart doch mal ein wenig! Wir hätten hier wohl noch so etwas mitzunehmen!‹ Und aus einer dunklen Ecke des Zimmers holt er zwei wohlversiegelte, geheimnisvolle Päckchen. – Ich wußte es wohl, in solchen Päckchen steckte ein Stück leibhaftigen Weihnachtens, denn der Onkel hatte einen Bruder in Hamburg, und er trat nicht mit leeren Händen an den Tannenbaum. So nie gesehenes, märchenhaftes Zuckerzeug, wie er mitten in der Bescherung noch mir und meiner Schwester auf unsere Weihnachtsteller zu legen pflegte, ist mir später niemals wieder vorgekommen.«

»Bald darauf steige ich an der Hand des Onkels die breite Steintreppe zu unserem Hause hinauf. Ein paar Augenblicke verschwindet er mit seinen Päckchen in die Weihnachtsstube; es ist noch nicht angezündet, aber durch die halb geöffnete und rasch wieder geschlossene Tür glitzert es mir entgegen aus der noch drinnen herrschenden ahnungsvollen Dämmerung. Ich schließe die Augen, denn ich will nichts sehen, und trete in das gegenüberliegende festlich erleuchtete Zimmer, das ganz von dem Duft der braunen Kuchen und des heute besonders fein gemischten Tees erfüllt ist. Die Hände auf dem Rücken mit langsamen Schritten geht mein Vater auf und nieder. ›Nun, seid ihr da?‹ fragt er stehen bleibend. – Und schon ist auch Onkel Erich bei uns; mir scheint, die Stube wird noch einmal so hell, da er eintritt. Er grüßt die Großmutter, den Vater, er nimmt meiner Schwester die Tasse ab, die sie ihm auf dem gelblackierten Brettchen präsentiert. ›Was meinst du‹, sagt er, indem er seinen Augen einen bedenklichen Ausdruck zu geben sucht, ›es wird wohl heute nicht viel für uns abfallen!‹ Aber er lacht dabei so tröstlich, daß diese Worte wie eine goldene Verheißung klingen. Dann, während in dem blanken Messingkomfort der Teekessel saust, beginnt er eine seiner kleinen Erzählungen von den Begebenheiten der letzten Tage, seit man sich nicht gesehen. War es nun der Ankauf eines neuen Spazierstocks oder das unglückliche Zerbrechen einer Mundtasse, es floß alles so sanft dahin, daß man ganz davon erquickt wurde. Und wenn er gar eine Pause machte, um das bisher Erzählte im behaglichen Gelächter nachzugenießen, wer hätte da nicht mitgelacht! Mein Vater nimmt vergeblich seine kritische Prise; er muß endlich doch mit einstimmen. Dies harmlose Geplauder – es ist mir das erst später klargeworden – war die Art, wie der tätige Geschäftsmann von der Tagesarbeit ausruhte. Es klingt mir noch lieb in der Erinnerung, und mir ist, als verstünde das jetzt niemand mehr. – Aber während der Onkel so erzählt, steckt plötzlich meine Mutter, die seit Mittag unsichtbar gewesen ist, den Kopf ins Zimmer. Der Onkel macht ein Kompliment und bricht seine Geschichte ab; die Tür und die gegenüberliegende Tür werden weit geöffnet. Wir treten zögernd ein; und vor uns, zurückgestrahlt von dem großen Wandspiegel, steht der brennende Baum mit seinen Flittergoldfähnchen, seinen weißen Netzen und goldenen Eiern, die wie Kinderträume in den dunkeln Zweigen hängen.« –

»Paul«, sagte die Frau, »und wenn wir ihn noch so weit herbeischaffen sollten, wir müssen wieder einen Tannenbaum haben. Der arme Junge hat sich selbst einen Weihnachtsgarten gebaut; er ist nur eben wieder fort, um Moos aus dem Eichenwäldchen zu holen.«

Der Amtsrichter schwieg einen Augenblick. – »Es tut nicht gut, in die Fremde zu gehen«, sagte er dann, »wenn man daheim schon am eigenen Herd gesessen hat. – Mir ist noch immer, als sei ich hier nur zu Gaste und morgen oder übermorgen sei die Zeit herum, daß wir alle wieder nach Hause müßten!«

Sie faßte die Hand ihres Mannes und hielt sie fest in der ihrigen, aber sie antwortete nichts darauf.

»Gedenkst du noch an einen Weihnachten?« hub er wieder an. »Ich hatte die Studentenjahre hinter mir und lebte nun noch einmal, zum letztenmal, eine kurze Zeit als Kind im elterlichen Hause. Freilich war es dort nicht mehr so heiter, wie es einst gewesen; es war Unvergeßliches geschehen, die alte Familiengruft unter der alten Linde war ein paarmal offen gewesen; meine Mutter, die unermüdlich tätige Frau, ließ oft mitten in der Arbeit die Hände sinken und stand regungslos, als habe sie sich selbst vergessen. Wie unsere alte Margret sagte, sie trug ein Kämmerchen in ihrem Kopf, drin spielte ein totes Kind. – Nur Onkel Erich, freilich ein wenig grauer als sonst, erzählte noch seine kleinen freundlichen Geschichten, und auch die Schwester und die Großmutter lebten noch. Damals war jener Weihnachtsabend; ein junges schönes Mädchen war zu der Schwester auf Besuch gekommen. Weißt du, wie sie hieß?«

»Ellen«, sagte sie leise und lehnte den Kopf an die Brust ihres Mannes.

Der Mond war aufgegangen und beleuchtete ein paar Silberfäden in dem braunen seidigen Haar, das sie schlicht gescheitelt trug, schmucklos in einer Flechte um den Schildpattkamm gelegt.

Er strich mit der Hand über dies noch immer selten schöne Haar. »Ellen hatte auch beschert bekommen«, sprach er weiter, »auf dem kleinen Mahagonitische lagen Geschenke von meiner Mutter und was von ihren Eltern von drüben aus dem Schwesterland herübergeschickt war. Sie stand mit dem Rücken gegen den brennenden Baum, die Hand auf die Tischplatte gestützt; sie stand schon lange so; ich sehe sie noch« – und er ließ seine Augen eine Weile schweigend auf dem schönen Antlitz seiner Frau ruhen –, »da war meine Mutter unbemerkt zu ihr getreten, sie faßte sanft ihre Hand und sah ihr fragend in die Augen. – Ellen blickte sich nicht um, sie neigte nur den Kopf; plötzlich aber richtete sie sich rasch auf und entfloh ins Nebenzimmer. Weißt du es noch? Während meine Mutter leise den Kopf schüttelte, ging ich ihr nach, denn seit einem kleinen Zank am letzten Abend waren wir vertraute Freunde. Ellen hatte sich in der Ofenecke auf einen Stuhl gesetzt; es war fast dunkel dort, nur eine vergessene Kerze mit langer Schnuppe brannte in dem Zimmer. ›Hast du Heimweh, Ellen?‹ fragte ich. – ›Ich weiß es nicht!‹ – Eine Weile stand ich schweigend vor ihr. ›Was hast du denn da in der Hand?‹ – ›Willst du es haben?‹ – Es war eine Börse von dunkelroter Seide. ›Wenn du sie für mich gemacht hast‹, sagte ich, denn ich hatte die Arbeit in den Tagen zuvor in ihren Händen gesehen und wohl gemerkt, wie Ellen sie, sobald ich näher kam, in ihrem Nähkästchen verschwinden ließ. – Aber Ellen antwortete nicht und gab mir auch nicht ihr Angebinde. Sie stand auf und putzte das Licht, daß es plötzlich ganz hell im Zimmer wurde. ›Komm‹, sagte sie, ›der Baum brennt ab, und Onkel Erich will noch Zuckerzeug bescheren!‹ Damit wehte sie sich mit ihrem Schnupftuch ein paarmal um die Augen und ging in die Weihnachtsstube zurück, und als wir dann später am Pochbrett saßen, war sie die Ausgelassenste von allen. Von meinem Weihnachtsgeschenk war weiter nicht die Rede. – Aber weißt du, Frau?« – und er ließ ihre Hand los, die er bis dahin festgehalten –, »die Mädchen sollten nicht so eigensinnig sein, das hat mir damals keine Ruh gelassen, ich mußte doch die Börse haben, und darüber –«

»Darüber, Paul? – Sprich nur dreist heraus!«

»Nun, hast du denn von der Geschichte nichts gehört? Darüber bekam ich nun auch noch das Mädchen in den Kauf.«

»Freilich«, sagte sie, und er sah bei dem hellen Mondschein in ihren Augen etwas blitzen, das ihn an das übermütige Mädchen erinnerte, das sie einst gewesen, »freilich weiß ich von der Geschichte, und ich kann sie dir auch erzählen; aber es war ein Jahr später, nicht am Weihnachts-, sondern am Neujahrsabend, und auch nicht hüben, sondern drüben.«

Sie räumte das Tintenfaß und einige Papiere beiseite und setzte sich ihrem Mann gegenüber auf den Schreibtisch. »Der Vetter war bei Ellens Eltern zum Besuch, bei dem alten prächtigen Kirchspielvogt, der damals noch ein starker Nimrod war. – Ellen hatte noch niemals einen so schönen und langen Brief bekommen als den, worin der Vetter sich bei ihnen angemeldet; aber so gut wie mit der Feder wußte er mit der Flinte nicht umzugehen. Und dennoch, tat es die Landluft oder der schöne Gewehrschrank im Zimmer des Kirchspielvogts, es war nicht anders, er mußte alle Tage auf die Jagd. Und wenn er dann abends durchnäßt mit leerer Tasche nach Hause kam und die Flinte schweigend in die Ecke setzte – wie behaglich ergingen sich da die Stichelreden des alten Herrn! – ›Das heißt Malheur, Vetter, aber die Hasen sind heuer alle wild geraten!‹ – Oder: ›Mein Herzensjunge, was soll die Diana einmal von dir denken!‹ Am meisten aber – – – du hörst doch, Paul?«

»Ich höre, Frau.«

»Am meisten plagte ihn die Ellen; sie setzte ihm heimlich einen Strohkranz auf, sie band ihm einen Gänseflügel vor den Flintenlauf; eines Vormittags – weißt du, es war Schnee gefallen – hatte sie einen

Hasen, den der Knecht geschossen, aus der Speisekammer geholt, und eine Weile darauf saß er noch einmal auf seinem alten Futterplatz im Garten, als wenn er lebte, ein Kohlblatt zwischen den Vorderläufen. Dann hatte sie den Vetter gesucht und an die Hoftür gezogen. ›Siehst du ihn, Paul? Dahinten im Kohl, die Löffel gucken aus dem Schnee!‹ – Er sah ihn auch, seine Hand zitterte. ›Still, Ellen! Sprich nicht so laut! Ich will die Flinte holen!‹ Aber als kaum die Tür nach des Vaters Stube hinter ihm zuklappte, war Ellen schon wieder in den Schnee hinausgelaufen, und als er endlich mit der geladenen Flinte heranschlich, hing auch der Hase schon wieder an seinem sichern Haken in der Speisekammer. – Aber der Vetter ließ sich geduldig von ihr plagen.«

»Freilich«, sagte der Amtsrichter und legte seine Arme behaglich auf die Lehne seines Sessels, »er hat ja die Börse noch immer nicht!«

Drum auch! Die lag noch unangerührt droben in der Kommode, in Ellens Giebelstübchen. Aber – wo die Ellen war, da war der Vetter auch; heißt das, wenn er nicht auf der Jagd war. Saß sie drinnen an ihrem Nähtisch, so hatte er gewiß irgendein Buch aus der Polterkammer geholt und las ihr daraus vor; war sie in der Küche und backte Waffeln, so stand er neben ihr, die Uhr in der Hand, damit das Eisen zur rechten Zeit gewendet würde. – So kam die Neujahrsnacht. Am Nachmittag hatten beide auf dem Hofe mit des Vaters Pistolen nach goldenen Eiern geschossen, die Ellen vom Weihnachtsbaum ihrer Geschwister abgeschnitten; und der Vetter hatte unter dem Händeklatschen der Kleinen zweimal das goldene Ei getroffen. Aber war's nun, weil er am andern Tage reisen mußte, oder war's, weil Ellen fortlief, als er sie vorhin allein in ihrem Zimmer aufgesucht hatte – es war gar nicht mehr der geduldige Vetter – er tat kurz und unwirsch und sah kaum noch nach ihr hin. – Das blieb den ganzen Abend so, auch als man später sich zu Tische setzte. Ellens Mutter warf wohl einmal einen fragenden Blick auf die beiden, aber sie sagte nichts darüber. Der Kirchspielvogt hatte auf andere Dinge zu achten, er schenkte den Punsch, den er eigenhändig gebraut hatte, und als es drunten im Dorf zwölf schlug, stimmte er das alte Neujahrslied von Johann Heinrich Voß an, das nun getreulich durch alle Verse abgesungen wurde. Dann rief man ›Prost Neujahr!‹ und schüttelte sich die Hände, und auch Ellen reichte dem Vetter ihre Hand, aber er berührte kaum ihre Fingerspitzen. – So war's auch, da man sich bald darauf gute Nacht sagte. – Als das Mädchen droben allein in ihrem Giebelstübchen war – und nun merk auf, Paul, wie ehrlich ich erzähle! –, da hatte sie keine Ruh zum Schlafen, sie setzte sich still auf die Kante ihres Bettes, ohne sich auszukleiden und ohne der klingenden Kälte in der ungeheizten Kammer zu achten. Denn es kränkte sie doch, sie hatte dem Menschen ja nichts zuleid getan. Freilich er hatte sie gestern noch gefragt, ob sie den Hasen nicht wieder im Kohl gesehen, und sie hatte dazu den Kopf geschüttelt. – War es etwa das, und wußte er denn, daß er den Hasen schon vor drei Tagen selbst hatte mit verzehren helfen? – – Sie wollte den schönen Brief des Vetters einmal wieder lesen. Aber als sie in die Tasche langte, vermißte sie den Kommodenschlüssel. Sie ging mit dem Licht hinab in die Wohnstube und von dort, als sie ihn nicht gefunden, in die Küche, wo sie vorhin gewirtschaftet hatte. Von all dem Sieden und Backen des Abends war es noch warm in dem großen dunkeln Raume. Und richtig, dort lag der Schlüssel, auf dem Fensterbrett. Aber sie stand noch einen Augenblick und blickte durch die Scheiben in die Nacht hinaus. – So hell und weit dehnte sich das Schneefeld, dort unten zerstreut lagen die schwarzen Strohdächer des Dorfes; unweit des Hauses zwischen den kahlen Zweigen der Silberpappeln erkannte sie deutlich die großen Krähennester; die Sterne funkelten. Ihr fiel ein alter Reim ein, ein Zauberspruch, den sie vor Jahr und Tag von der Tochter des Schulmeisters gelernt hatte. Hinter ihr im Hause war es so still und leer; sie schauerte, aber trotz dessen wuchs in ihr das Gelüsten, es mit den unheimlichen Dingen zu versuchen. So trat sie zögernd ein paar Schritte zurück. Leise zog sie den einen Schuh vom Fuße, und die Augen nach den Sternen und tief aufatmend sprach sie: ›Gott grüß dich, Abendstern!‹ – – Aber was war das? Ging hinten nicht die Hoftür? Sie trat ans Fenster und horchte. – Nein, es knarrte wohl nur die große Pappel an der Giebelseite des Hauses. – Und noch einmal hub sie leise an und sprach:

›Gott grüß dich, Abendstern!  
Du scheinst so hell von fern,  
Über Osten, über Westen.  
Über alle Krähennesten.  
Ist einer zu mein Liebchen geboren,  
Ist einer zu mein Liebchen erkoren,  
Der komm, als er geht,  
  Als er steht,  
In sein täglich Kleid!‹

Dann schwenkte sie den Schuh und warf ihn hinter sich. Aber sie wartete vergebens, sie hörte ihn nicht fallen. Ihr wurde seltsam zumute, das kam von ihrem Vorwitz! Welch unheimlich Ding hatte ihren Schuh gefangen, eh er den Boden erreicht hatte? – Einen Augenblick noch stand sie so, dann mit dem letzten Restchen ihres Mutes wandte sie langsam den Kopf zurück. – Da stand ein Mann in der dunkeln Tür, und es war Paul; er war richtig noch einmal auf den unglücklichen Hasen ausgewesen!«

»Nein, Ellen«, sagte der Amtsrichter, »du weißt es wohl, das war er denn doch diesmal nicht, er hatte nur, wie du, auch keine Ruh gefunden – aber nun hielt er den kleinen Schuh des Mädchens in der Hand, und Ellen hatte sich am Herd auf einen Stuhl gesetzt, mit geschlossenen Augen, die Hände gefaltet vor sich in den Schoß gestreckt. Es war kein Zweifel mehr, daß sie sich ganz verloren gab, denn sie wußte wohl, daß der Vetter alles gehört und gesehen hatte. – Und weißt du auch noch die Worte, die er zu ihr sprach?«

»Ja, Paul, ich weiß sie noch, und es war sehr grausam und wenig edel von ihm. ›Ellen‹, sagte er, ›ist noch immer die Börse nicht für mich gemacht?‹ – Doch Ellen tat ihm auch diesmal den Gefallen nicht, sie stand auf und öffnete das Fenster, daß von draußen die Nachtluft und das ganze Sterngefunkel zu ihnen in die Küche drang.«

»Aber«, unterbrach er sie, »Paul war zu ihr getreten, und sie legte still den Kopf an seine Brust, und noch höre ich den süßen Ton ihrer Stimme, als sie so, in die Nacht hinaus nickend, sagte: Gott grüß dich, Abendstern!«

Die Tür wurde rasch geöffnet, ein kräftiger, etwa zehnjähriger Knabe trat mit einem brennenden Licht ins Zimmer. »Vater! Mutter!« rief er, indem er die Augen mit der Hand beschattete. »Hier ist Moos und Efeu und auch noch ein Wacholderzweig!«

Der Amtsrichter war aufgestanden. »Bist du da, mein Junge?« sagte er und nahm ihm die Botanisiertrommel mit den heimgebrachten Schätzen ab.

Frau Ellen aber ließ sich schweigend von dem Schreibtisch herabgleiten und schüttelte sich ein wenig wie aus Träumen. Sie legte beide Hände auf ihres Mannes Schultern und blickte ihn eine Weile voll und herzlich an. Dann nahm sie die Hand des Knaben. »Komm, Harro«, sagte sie, »wir wollen Weihnachtsgärten bauen!«

Der Weihnachtsabend begann zu dämmern. – Der Amtsrichter war mit seinem Sohne auf der Rückkehr von einem Spaziergange; Frau Ellen hatte sie auf ein Stündchen fortgeschickt. Vor ihnen im Grunde lag die kleine Stadt, sie sahen deutlich, wie aus allen Schornsteinen der Rauch emporstieg, denn dahinter am Horizont stand feuerfarben das Abendrot. – Sie sprachen von den Großeltern drüben in der alten Heimat, dann von den letzten Weihnachten, die sie dort erlebt hatten.

»Und am Vorabend«, sagte der Vater, »als Knecht Ruprecht zu uns kam mit dem großen Bart und dem Quersack und der Rute in der Hand!«

»Ich wußte wohl, daß es Onkel Johannes war«, erwiderte der Knabe, »der hatte immer so etwas vor!«

»Weißt du denn auch noch die Worte, die er sprach?«

Harro sah den Vater an und schüttelte den Kopf.

»Wart nur«, sagte der Amtsrichter, »die Verse liegen zu Haus in meinem Pult, vielleicht bekomm ich's noch beisammen!« Und nach einer Weile fuhr er fort: »Entsinne dich nur, wie erst die drei Rutenhiebe von draußen auf die Tür fielen und wie dann die rauhe borstige Gestalt mit der großen Hakennase in die Stube trat!« Dann hub er langsam und mit tiefer Stimme an:

»Von drauß' vom Walde komm ich her,
Ich muß euch sagen, es weihnachtet sehr.
Allüberall auf den Tannenspitzen
Sah ich goldene Lichtlein sitzen.
Und droben aus dem Himmelstor
Sah mit großen Augen das Christkind hervor.
Und wie ich so strolcht' durch den dichten Tann,
Da rief's mich mit heller Stimme an,
›Knecht Ruprecht‹, rief es, ›alter Gesell,
Hebe die Beine und spute dich schnell!
Die Kerzen fangen zu brennen an,
Das Himmelstor ist aufgetan,
Alt' und Junge sollen nun
Von der Jagd des Lebens einmal ruhn;
Und morgen flieg ich hinab zur Erden,
Denn es soll wieder Weihnachten werden!‹
Ich sprach: ›O lieber Herre Christ,
Meine Reise fast zu Ende ist;
Ich soll nur noch in diese Stadt,

Wo's eitel brave Kinder hat.‹
›Hast denn das Säcklein auch bei dir?‹
Ich sprach: ›Das Säcklein, das ist hier;
Denn Apfel, Nuß und Mandelkern
Fressen fromme Kinder gern!‹
›Hast denn die Rute auch bei dir?‹
Ich sprach: ›Die Rute, die ist hier!
Doch für die Kinder nur, die schlechten,
Die trifft sie auf den Teil, den rechten!‹
Christkindlein sprach: ›So ist es recht,
So geh mit Gott, mein treuer Knecht!‹
Von drauß' vom Walde komm ich her,
Ich muß euch sagen, es weihnachtet sehr!
Nun sprecht, wie ich's hierinnen find?
Sind's gute Kind, sind's böse Kind?

Aber«, fuhr der Amtsrichter mit veränderter Stimme fort, »ich sagte dem Knecht Ruprecht:

Der Junge ist von Herzen gut,
Hat nur mitunter was trotzigen Mut!«

»Ich weiß, ich weiß!« rief Harro triumphierend, und den Finger emporhebend und mit listigem Ausdruck setzte er hinzu: »Dann kam so etwas –«

»Was dich in großes Geschrei brachte, denn Knecht Ruprecht schwang seine Rute und sprach:

Heißt es bei euch denn nicht mitunter:
Nieder den Kopf und die Hosen herunter?«

»O«, sagte Harro, »ich fürchtete mich nicht; ich war nur zornig auf den Onkel!«

Über der Stadt, die sie jetzt fast erreicht hatten, stand nur noch ein fahler Schein am Himmel. Es dunkelte schon, aber es begann zu schneien, leise und emsig fielen die Flocken, und der Weg schimmerte schon weiß zu ihren Füßen.

Vater und Sohn waren eine Weile schweigend nebeneinander hergegangen. – »Am Abend darauf«, hub der Amtsrichter wieder an, »brannte der letzte Weihnachtsbaum, den du gehabt hast. Es war da-

mals eine bewegte Zeit, sogar das Zuckerwerk zwischen den Tannenzweigen war kriegerisch geworden; unsere ganze Armee, Soldaten zu Pferde und zu Fuß! – Von alledem ist nichts mehr übrig!« setzte er leiser und wie mit sich selber redend hinzu.
Der Knabe schien etwas darauf erwidern zu wollen, aber ein anderes hatte plötzlich seine Gedanken in Anspruch genommen. – Es war ein großer bärtiger Mann, der vor ihnen aus einem Seitenwege auf die Landstraße herauskam. Auf der Schulter balancierte er ein langes stangenartiges Gepäck, während er mit einem Tannenzweig, den er in der Hand hielt, bei jedem Schritt in die Luft peitschte. Wie er vorüberging, hatte Harro in der Dämmerung noch die große rote Hakennase erkannt, die unter der Pelzmütze hinausragte. Auch einen Quersack trug der Mann, der anscheinend mit allerhand eckigen Dingen angefüllt war. Er ging rasch vor ihnen auf.
»Knecht Ruprecht!« flüsterte der Knabe, »hebe die Beine und spute dich schnell!«
Das Gewimmel der Schneeflocken wurde dichter, sie sahen ihn noch in die Stadt hineingehen, dann entschwand er ihren Augen, denn ihre Wohnung lag eine Strecke weiter außerhalb des Tores.
»Freilich«, sagte der Amtsrichter, indem sie rüstig zuschritten, »der Alte kommt zu spät, dort unten in der Gasse leuchten schon alle Fenster in den Schnee hinaus.«
Endlich war das Haus erreicht. Nachdem sie auf dem Flur die beschneiten Überkleider abgetan, traten sie in das Arbeitszimmer des Amtsrichters. Hier war heute der Tee serviert, die große Kugellampe brannte, alles war hell und aufgeräumt. Auf der sauberen Damastserviette stand das feinlackierte Teebrett mit den Geburtstagstassen und dem rubinroten Zuckerglase, daneben auf dem Fußboden in dem Komfort von Mahagonistäbchen mit blankem Messingeinsatz kochte der Kessel, wie es sein muß, auf gehörig durchgeglühten Torfkohlen; wie daheim einst in der großen Stube des alten Familienhauses, so dufteten auch hier in dem kleinen Stübchen die braunen Weihnachtskuchen nach dem Rezept der Urgroßmutter. – Aber während die Mutter nebenan im Wohnzimmer noch das Fest bereitete, blieben Vater und Sohn allein; kein Onkel Erich kam, ihnen feiern zu helfen. Es war doch anders als daheim.
Ein paarmal hatte Harro mit bescheidenem Finger an die Tür gepocht, und ein leises »Geduld!« der Mutter war die Antwort gewesen. Endlich trat Frau Ellen selbst herein. Lächelnd – aber ein leiser Zug von Weh war doch dabei – streckte sie ihre Hände aus und zog ihren Mann

und ihren Knaben, jeden bei einer Hand, in die helle Weihnachtsstube.
Es sah freundlich genug aus. Auf dem Tische in der Mitte, zwischen zwei Reihen brennender Wachskerzen, stand das kleine Kunstwerk, das Mutter und Sohn in den Tagen vorher sich selbst geschaffen hatten, ein Garten im Geschmack des vorigen Jahrhunderts mit glattgeschorenen Hecken und dunklen Lauben; alles von Moos und verschiedenem Wintergrün zierlich zusammengestellt. Auf dem Teiche von Spiegelglas schwammen zwei große Schwäne, daneben vor dem chinesischen Pavillon standen kleine Herren und Damen von Papiermachee in Puder und Kontuschen. – Zu beiden Seiten lagen die Geschenke für den Knaben; eine scharfe Lupe für die Käfersammlung, ein paar bunte Münchener Bilderbogen, die nicht fehlen durften, von Schwind und Otto Speckter; ein Buch in rotem Halbfranzband; dazwischen ein kleiner Globus in schwarzer Kapsel, augenscheinlich schon ein altes Stück. »Es war Onkel Erichs letzte Weihnachtsgabe an mich«, sagte der Amtsrichter, »nimm du es nun von mir! Es ist mir in diesen Tagen aufs Herz gefallen, daß ich ihm die Freude, die er mir als Kind gemacht, in späterer Zeit nicht einmal wieder gedankt – nun haben sie mir den alten Herrn im letzten Herbst begraben!«
Frau Ellen legte den Arm um ihren Mann und führte ihn an den Spiegeltisch, auf dem heute die beiden silbernen Armleuchter brannten. Auch ihm hatte sie beschert; das erste aber, wonach seine Hand langte, war ein kleines Lichtbild. Seine Augen ruhten lange darauf, während Frau Ellen still zu ihm emporsah. Es war sein elterlicher Garten, dort unter dem Ahorn vor dem Lusthause standen die beiden Alten selbst, das noch dunkle volle Haar seines Vaters war deutlich zu erkennen.
Der Amtsrichter hatte sich umgewandt, es war, als suchten seine Augen etwas. Die Lichter an dem Moosgärtchen brannten knisternd fort, in ihrem Schein stand der Knabe vor dem aufgeschlagenen Weihnachtsbuch. Aber droben unter der Decke des hohen Zimmers war es dunkel, der Tannenbaum fehlte, der das Licht des Festes auch dort hinaufgetragen hätte.
Da klingelte draußen im Flur die Glocke, und die Haustür wurde polternd aufgerissen. »Wer ist denn das?« sagte Frau Ellen, und Harro lief zur Tür und sah hinaus.
Draußen hörte sie eine rauhe Stimme fragen: »Bin ich denn hier recht beim Herrn Amtsrichter?« Und in demselben Augenblicke wandte auch der Knabe den Kopf zurück und rief: »Knecht Ruprecht! Knecht Ruprecht!« Dann zog er Vater und Mutter mit aus der Tür.

Es war der große bärtige Mann, der den beiden Spaziergängern vorhin oberhalb der Stadt begegnet war; bei dem Schein des Flurlämpchens sahen sie deutlich die rote Hakennase unter der beschneiten Pelzmütze leuchten. Sein langes Gepäck hatte er gegen die Wand gelehnt. »Ich habe das hier abzugeben!« sagte er, indem er auch den schweren Quersack von den Schultern nahm.

»Von wem denn?« fragte der Amtsrichter.

»Ist mir nichts von aufgetragen worden.«

»Wollt Ihr denn nicht näher treten?«

Der Alte schüttelte den Kopf. »Ist schon alles besorgt! Habt gute Weihnacht beieinander!« Und indem er noch einmal mit der großen Nase nickte, war er schon zur Tür hinaus.

»Das ist eine Bescherung!« sagte Frau Ellen fast ein wenig schüchtern.

Harro hatte die Haustür aufgerissen. Da sah er die große dunkle Gestalt schon weithin auf dem beschneiten Wege hinausschreiten.

Nun wurde die Magd herbeigerufen, deren Bescherung durch dieses Zwischenspiel bis jetzt verzögert war; und als mit ihrer Hilfe die verhüllten Dinge in das helle Weihnachtszimmer gebracht waren, kniete Frau Ellen auf dem Fußboden und begann mit ihrem Trennmesser die Nähte des großen Packens aufzulösen. Und bald fühlte sie, wie es von innen heraus sich dehnte und die immer schwächer werdenden Bande zu sprengen strebte; und als der Amtsrichter, der bisher schweigend dabeigestanden, jetzt die letzten Hüllen abgestreift hatte und es aufrecht vor sich hingestellt hielt, da war's ein ganzer mächtiger Tannenbaum, der nun nach allen Seiten seine entfesselten Zweige ausbreitete. Lange schmale Bänder von Knittergold rieselten und blitzten überall von den Spitzen durch das dunkle Grün herab, auch die Tannäpfel waren golden, die unter allen Zweigen hingen.

Harro war indes nicht müßig gewesen, er hatte den Quersack aufgebunden; mit leuchtenden Augen brachte er einen flachen, grünlackierten Kasten geschleppt. »Horch, es rappelt!« sagte er. »Es ist ein Schubfach darin!« Und als sie es aufgezogen, fanden sie wohl ein Schock der feinsten weißen Wachskerzchen.

»Das kommt von einem echten Weihnachtsmann«, sagte der Amtsrichter, indem er einen Zweig des Baumes herunterzog, »da sitzen schon überall die kleinen Blechlampetten!«

Aber es war nicht nur ein Schubfach in dem Kasten; es war auch obenauf ein Klötzchen mit einem Schraubengang. Der Amtsrichter wußte Bescheid in diesen Dingen, nach einigen Minuten war der Baum eingeschroben und stand fest und aufrecht, seine grüne Spitze fast bis zur Decke streckend. – Die alte Magd hatte ihre Schüssel mit Äpfeln und Pfeffernüssen stehen lassen; während die andern drei beschäftigt waren, die Wachskerzen aufzustecken, stand sie neben ihnen, ein lebendiger Kandelaber, in jeder Hand einen brennenden Armleuchter emporhaltend. – Sie war aus der Heimat mit herübergekommen und hatte sich von allen am schwersten in den Brauch der Fremde gefunden. Auch jetzt betrachtete sie den stolzen Baum mit mißtrauischen Augen.

»Die goldenen Eier sind denn doch vergessen!« sagte sie.

Der Amtsrichter sah sie lächelnd an: »Aber, Margret, die goldenen Tannäpfel sind doch schöner!«

»So, meint der Herr? Zu Hause haben wir immer die goldenen Eier gehabt.«

Darüber war nicht zu streiten, es war auch keine Zeit dazu. Harro hatte sich indessen schon wieder über den Quersack hergemacht. »Noch nicht anzünden!« rief er, »das Schwerste ist noch darin!«

Es war ein festvernageltes hölzernes Kistchen. Aber der Amtsrichter holte Hammer und Meißel aus seinem Gerätkästchen; nach ein paar Schlägen sprang der Deckel auf, und eine Fülle weißer Papierspäne quoll ihnen entgegen. – »Zuckerzeug!« rief Frau Ellen und streckte schützend ihre Hände darüber aus. »Ich wittere Marzipan! Setzt euch, ich werde auspacken!«

Und mit vorsichtiger Hand langte sie ein Stück nach dem andern heraus und legte es auf den Tisch, das nun von Vater und Sohn aus dem umhüllenden Seidenpapier herausgewickelt wurde.

»Himbeeren!« rief Harro. »Und Erdbeeren, ein ganzer Strauß!«

»Aber siehst du es wohl?« sagte der Amtsrichter. »Es sind Walderdbeeren; so welche wachsen in den Gärten nicht.«

Dann kam, wie lebend, allerlei Geziefer; Hornisse und Hummeln, und was sonst im Sonnenschein an stillen Waldplätzen umherzusummen pflegt, zierlich aus Tragant gebildet, mit goldbestäubten Flügeln; nun eine Honigwabe – die Zellen mochten mit Likör gefüllt sein –, wie sie die wilde Biene in den Stamm der hohlen Eiche baut; und jetzt ein großer Hirschkäfer von Schokolade, mit gesperrten Zangen und ausgebreiteten Flügeldecken. »Cervus lucanus!« rief Harro und klatschte in die Hände.

An jedem Stück war, je nach der Größe, ein lichtgrünes Seidenbändchen. Sie konnten der Lockung nicht widerstehen; sie begannen schon jetzt den Baum damit zu schmücken, während Frau Ellens Hände noch immer neue Schätze ans Licht förderten.

Bald schwebte zwischen den Immen auch eine Schar von Schmetterlingen an den Tannenspitzen; da war der Himbeerfalter, die silberblaue Daphnis und der olivenfarbige Waldargus, und wie sie alle heißen mochten, die Harro hier vergebens aufzujagen gesucht hatte. – Und immer schwerer wurden die Päckchen, die eins nach dem andern von den eifrigen Händen geöffnet wurden. Denn jetzt kam das Geschlecht des größern Geflügels; da kam der Dompfaff und der Buntspecht, ein Paar Kreuzschnäbel, die im Tannenwalde daheim sind; und jetzt – Frau Ellen stieß einen leichten Schrei aus – ein ganzes Nest voll kleiner schnäbelaufsperrender Vögel; und Vater und Sohn gerieten miteinander in Streit, ob es Goldhähnchen oder junge Zeisige seien, während Harro schon das kleine Heimwesen im dichtesten Tannengrün verbarg.
Noch ein Waldbewohner erschien, er mußte vom Buchenrevier herübergekommen sein, ein Eichhörnchen von Marzipan, in halber Lebensgröße, mit erhobenem Schweif und klugen Augen. »Und nun ist's alle!« rief Frau Ellen. Aber nein, ein schweres Päckchen noch! Sie öffnete es und verbarg es dann ebenso rasch wieder in beiden Händen. »Ein Prachtstück!« rief sie. »Aber nein, Paul, ich bin edelmütiger als du, ich zeig's dir nicht!«
Der Amtsrichter ließ sich das nicht anfechten; er brach ihr die nicht gar zu ernstlich geschlossenen Hände auseinander, während sie lachend über ihn wegschaute.
»Ein Hase!« jubelte Harro, »er hat ein Kohlblatt zwischen den Vorderpfötchen!«
Frau Ellen nickte: »Freilich, er kommt auch eben aus des alten Kirchspielvogts Garten!«
»Harro, mein Junge«, sagte der Amtsrichter, indem er drohend den Finger gegen seine Frau erhob, »versprich mir, diesen Hasen zu verspeisen, damit er gründlich aus der Welt komme!«
Das versprach Harro.
Der Baum war voll, die Zweige bogen sich; die alte Margret stöhnte, sie könne die Leuchter nicht mehr halten, sie habe gar keine Arme mehr am Leibe.
Aber es gab wieder neue Arbeit. »Anzünden!« kommandierte der Amtsrichter; und die kleinen und großen Weihnachtskinder standen mit heißen Gesichtern, kletterten auf Schemel und Stühle und ließen nicht ab, bis alle Kerzen angezündet waren.
Der Baum brannte, das Zimmer war von Duft und Glanz erfüllt, es war nun wirklich Weihnachten geworden.

Ein wenig müde von der ungewohnten Anstrengung saß der Amtsrichter auf dem Sofa, nachsinnend in den gegenüberhängenden großen Wandspiegel blickend, der das Bild des brennenden Baumes zurückstrahlte.
Frau Ellen, die ganz heimlich ein wenig aufzuräumen begann, wollte eben die geleerte Kiste an die Seite setzen, als sie wie in Gedanken noch einmal mit der Hand durch die Papierspäne streifte. Sie stutzte. »Unerschöpflich!« sagte sie lächelnd. – Es war ein Star von Schokolade, den sie hervorgeholt hatte. »Und Paul«, fuhr sie fort, »er spricht!«
Sie hatte sich zu ihm auf die Sofalehne gesetzt, und beide lasen nun gemeinschaftlich den beschriebenen Zettel, den der Vogel in seinem Schnabel trug: »Einen Wald- und Weihnachtsgruß von einer dankbaren Freundin!«
»Also von ihr!« sagte der Amtsrichter. »Ihr Herz hat ein gut Gedächtnis. Knecht Ruprecht mußte einen tüchtigen Weg zurücklegen, denn das Gut liegt fünf ganze Meilen von hier.«
Frau Ellen legte den Arm um ihres Mannes Nacken. »Nicht wahr, Paul, wir wollen auch nicht undankbar gegen die Fremde sein?«
»Oh, ich bin nicht undankbar – aber – –«
»Was denn aber, Paul?«
»Was mögen drüben jetzt die Alten machen!«
Sie antwortete nicht darauf, sie gab ihm schweigend ihre Hand.
»Wo ist Harro?« fragte er nach einer Weile.
Harro war eben wieder ins Zimmer getreten; aus einer Schachtel, die er mit sich brachte, nahm er eine kleine verblichene Figur und befestigte sie sorgfältig an einen Zweig des Tannenbaums. Die Eltern hatten es wohl erkannt, es war ein Stück von dem Zuckerzeug des letzten heimatlichen Weihnachtsbaumes; ein Dragoner auf schwarzem Pferde in langem graublauem Mantel. Der Knabe stand davor und betrachtete es unbeweglich; seine großen blauen Augen unter der breiten Stirn wurden immer finsterer. »Vater«, sagte er endlich, und seine Stimme zitterte, »es war doch schade um unser schönes Heer! – Wenn sie es nur nicht aufgelöst hätten – ich glaube, dann wären wir wohl noch zu Hause!«
Eine lautlose Stille folgte, als der Knabe das gesprochen. Dann rief der Vater seinen Sohn und zog ihn dicht an sich heran. »Du kennst noch das alte Haus deiner Großeltern«, sagte er, »du bist vielleicht das letzte Kind von den unseren, das noch auf den großen übereinander getürmten Bodenräumen gespielt hat; denn die Stunde ist nicht mehr fern, daß es in fremde Hand kommen wird. Einer deiner Urahnen hat es

einst für seinen Sohn gebaut. Der junge Mann fand es fertig und ausgestattet vor, als er nach mehrjähriger Abwesenheit in den Handelsstädten Frankreichs nach seiner Heimat zurückkehrte. Seit seinem Tode hat er es seinen Nachkommen hinterlassen, und sie haben darin gewohnt als Kaufherren und Senatoren oder, nachdem sie sich dem Studium der Rechte zugewandt hatten, als Bürgermeister oder Syndizi ihrer Vaterstadt. Es waren angesehene und wohldenkende Männer, die im Lauf der Zeit ihre Kraft und ihr Vermögen auf mannigfache Weise ihren Mitbürgern zugute kommen ließen. So waren sie wurzelfest geworden in der Heimat. Noch in meiner Knabenzeit gab es unter den tüchtigeren Handwerkern fast keine Familie, wo nicht von den Voreltern oder Eltern eines in den Diensten der Unsrigen gestanden hätte; sei es auf den Schiffen oder in den Fabriken oder auch im Hause selbst. – Es waren das Verhältnisse des gegenseitigen Vertrauens; jeder rühmte sich des andern und suchte sich des andern wert zu zeigen, wie ein Erbe ließen es die Eltern ihren Kindern, sie kannten sich alle, über Geburt und Tod hinaus, denn sie kannten Art und Geschlecht der Jungen, die geboren wurden, und der Alten, die vor ihnen dagewesen waren.« – Der Amtsrichter schwieg einen Augenblick, während der Knabe unbeweglich zu ihm emporsah. »Aber nicht allein in die Höhe«, fuhr er fort, »auch in die Tiefe haben deine Voreltern gebaut; zu dem steinernen Hause in der Stadt gehörte die Gruft draußen auf dem Kirchhof, denn auch die Toten sollten noch beisammen sein. – Und seltsam, da ich des inne ward, daß ich fort mußte: mein erster Gedanke war, ich könnte dort den Platz verfehlen. – Ich habe sie mehr als einmal offen gesehen, das letztemal, als deine Urgroßmutter starb, eine Frau in hohen Jahren, wie sie den Unsrigen vergönnt zu sein pflegen. – Ich vergesse den Tag nicht. Ich war hinabgestiegen und stand unten in der Dunkelheit zwischen den Särgen, die neben und über mir auf den eisernen Stangen ruhten; die ganze alte Zeit, eine ernste schweigsame Gesellschaft. Neben mir war der Totengräber, ein eisgrauer Mann. Aber einst war er jung gewesen und hatte als Kutscher, den schwarzen Pudel zwischen den Knien, die Rappen meines Großvaters gefahren. – Er stand an einen hohen Sarg gelehnt und ließ wie liebkosend seine Hand über das schwarze Tuch des Deckels gleiten. ›Dat is min ole Herr!‹ sagte er in seinem Plattdeutsch. ›Dat weer en gude Mann!‹ – Mein Kind, nur dort zu Hause konnte ich solche Worte hören. Ich neigte unwillkürlich das Haupt; denn mir war, als fühlte ich den Segen der Heimat sich leibhaftig auf mich niedersenken. Ich war der Erbe dieser Toten; sie selbst waren zwar dahingegangen, aber ihre

Güte und Tüchtigkeit lebte noch und war für mich da und half mir, wo ich selber irrte, wo meine Kräfte mich verließen. – Und auch jetzt noch, wenn ich – mir und den Meinen nicht zur Freude, aber getrieben von jenem geheimnisvollen Weh – auf kurze Zeit zurückkehrte, ich weiß es wohl: dem sich dann alle Hände dort entgegenstreckten, das war nicht ich allein.«

Er war aufgestanden und hatte einen Fensterflügel aufgestoßen. Weithin dehnte sich das Schneefeld, der Wind sauste, unter den Sternen vorüber jagten die Wolken, dorthin, wo in unsichtbarer Ferne ihre Heimat lag. – Er legte fest den Arm um seine Frau, die ihm schweigend gefolgt war; seine lichtblauen Augen lugten scharf in die Nacht hinaus. »Dort!« sprach er leise, »ich will den Namen nicht nennen; er wird nicht gern gehört in deutschen Landen, wir wollen ihn still in unserm Herzen sprechen, wie die Juden das Wort für den Allerheiligsten.« Und er ergriff die Hand seines Kindes und preßte sie so fest, daß der Junge die Zähne zusammenbiß.

Noch lange standen sie und blickten dem dunklen Zuge der Wolken nach. – Hinter ihnen im Zimmer ging lautlos die alte Magd umher und hütete sorgsamen Auges die allmählich niederbrennenden Weihnachtskerzen.

*Ludwig Thoma*
## Heilige Nacht

So ward der Herr Jesus geboren
im Stall bei der kalten Nacht.
Die Armen, die haben gefroren,
den Reichen war's warm gemacht.
Sein Vater ist Schreiner gewesen.
Die Mutter war eine Magd.
Sie haben kein Geld besessen,
die haben sich wohl geplagt.
Kein Wirt hat ins Haus sie genommen,
sie waren von Herzen froh,
daß sie noch in Stall sind gekommen.
Sie legten das Kind auf Stroh.
Die Engel, die haben gesungen,
daß wohl ein Wunder geschehn.
Da kamen die Hirten gesprungen
und haben es angesehn.
Die Hirten, die will es erbarmen,
wie elend das Kindelein sei.
Es ist eine Gschicht für die Armen.
Kein Reicher war nicht dabei.

## *Leo Tolstoi*

# Wo Liebe ist, da ist Gott

Aus dem Russischen übersetzt von Elias Hurwicz

In einem einfensterigen Stübchen im Erdgeschoß wohnte der Schuster Martyn Awdejewitsch; das Fenster ging auf die Straße. Durch das Fenster konnte man sehen, wie die Leute vorübergingen. Obgleich nur die Füße zu sehen waren, erkannte Martyn Awdejewitsch die Menschen an den Stiefeln. Seit langer Zeit lebte er hier und hatte eine große Bekanntschaft, es gab nur wenige Stiefel in der Nachbarschaft, die nicht ein- oder zweimal in seinen Händen gewesen wären. Oft sah er aufwärts bei seiner Arbeit durch das Fenster. Er hatte viel zu tun, denn seine Arbeit war dauerhaft, er nahm gutes Material, sein Preis war mäßig, und er hielt Wort: vermag er den bestimmten Termin nicht einzuhalten, so sagt er's im voraus. Ein guter Mensch war er stets gewesen; wie er älter wurde, begann er mehr als früher an seine Seele zu denken und sich Gott zu nähern. Als er noch bei einem Meister arbeitete, war seine Frau gestorben. Sie hatte ihm ein Kind hinterlassen, einen Knaben von drei Jahren; die älteren Kinder waren früher gestorben. Martyn wollte das Söhnchen in das Dorf zu seiner Schwester schicken, er dachte aber: Meinem Kapitoscha wird es schwerfallen, in fremder Familie aufzuwachsen, ich lasse ihn bei mir. Und Awdejewitsch ging von dem Meister fort und wohnte mit dem Söhnlein zur Miete. Gott aber gab Awdejewitsch in seinen Kindern kein Glück. Als der Knabe heranwuchs und dem Vater zu helfen begann, daß es eine wahre Freude war, befiel ihn eine Krankheit – er fieberte ein Wöchelchen und dann starb er. Martyn begrub den Sohn und fiel in Verzweiflung. Und so wild war seine Verzweiflung, daß er auf Gott murrte; so eine Wehmut kam über ihn, daß er immer und immer wieder Gott um den Tod bat; daß er Gott vorwarf, statt des einzigen geliebten Sohnes nicht ihn, den alten Mann, zu sich genommen zu haben. Er ging sogar nicht mehr in die Kirche.

Einst sprach bei Awdejewitsch ein Landsmann vor, ein alter Mann, der schon das achte Jahrzehnt pilgerte und eben vom Trotzkij-Kloster kam. Im Laufe des Gespräches klagte Awdejewitsch seinen Kummer.

»Die Lust zum Leben ist mir sogar vergangen, nur um eins bitte ich Gott – zu sterben. Ich bin ein nutzloser Mensch.«

Der Landsmann entgegnete:

»Du sprichst nicht gut, Martyn. Gottes Tun zu beurteilen, geziemt uns nicht. Nicht Menschenverstand, es gebeut Gottes Wille allzeit. Gott hat beschlossen, dein Sohn solle sterben, dich aber ließ er am Leben – also ist es besser so. Und wenn du verzweifelst, so ist es deshalb, daß du leben willst zu deiner Freude.«
»Wozu leben?« seufzte Martyn.
Der Alte sagte:
»Für Gott, Martyn, muß man leben. Er gibt dir das Leben, für ihn muß man auch leben. Wenn du für ihn lebst, wirst du über nichts trauern und alles erscheint dir leicht.«
Nach kurzem Schweigen ließ sich Martyn vernehmen:
»Aber wie lebt man für Gott?«
»Christus hat es uns gezeigt. Kannst du lesen, so kaufe dir das Evangelium und lies: du wirst erkennen, wie man für Gott lebt.«
Diese Worte fielen in das Herz Awdejewitschs. Noch am selben Tage kaufte er das Neue Testament mit großer Schrift und begann zu lesen.
Er wollte nur an Feiertagen lesen; aber das heilige Buch gab ihm solchen Frieden, daß er jeden Abend las. Manchmal vertiefte er sich so, daß er sich nicht losreißen konnte, wenn auch die Lampe schon im Verlöschen war. Und je mehr er las, je klarer wurde es ihm, was Gott von ihm wolle und wie man für Gott leben müsse; und er fühlte sich leichter und leichter auf dem Herzen. Vordem, wenn er sich niederlegte, stöhnte er und gedachte Kapitoschas; jetzt aber sagte er: Dir sei Preis, Herr, Dein Wille geschehe. Seit dieser Zeit war das ganze Leben Awdejewitschs verändert. An Feiertagen kehrte er früher manchmal im Kruge ein, trank Tee, ab und zu nahm er auch ein Schnäpschen. Mit einem Bekannten trank er zusammen – war er auch nicht gerade betrunken, so trat er doch stets aus dem Kruge mit einem leichten Rausch und sprach nichtige Worte: fand alles zu tadeln und beurteilte lieblos seinen Nächsten. Jetzt aber war eine Wandlung vor sich gegangen. Er führte ein ruhiges und freudiges Leben. Morgens ging er an die Arbeit und schaffte rüstig den Tag über. Dann nimmt er die Lampe vom Haken, stellt sie auf den Tisch, holt vom Regal das Buch, schlägt es auf und setzt sich nieder zum Lesen. Je mehr er liest, je mehr begreift er; klarer, heiterer wird es ihm auf der Seele.
Wieder einmal hatte sich Martyn bis spät in die Nacht in sein Lesen vertieft. Er las im Evangelium des Lukas das sechste Kapitel und kam an die Verse: Und wer dich schlägt auf einen Backen, dem biete den andern auch dar; und wer dir den Mantel nimmt, dem wehre nicht

auch den Rock. – Wer dich bittet, dem gib; und wer dir das deine nimmt, da fordere es nicht wieder. – Und wie ihr wollt, daß euch die Leute tun sollen, also tut ihnen gleich auch ihr. Weiter las er die Verse, wo der Herr spricht: Was heißet ihr mich aber Herr, Herr, und tut nicht, was ich euch sage? – Wer zu mir kommt und höret meine Rede und tut sie, den will ich euch zeigen, wem er gleich ist. – Er ist gleich einem Menschen, der ein Haus bauete, und grub tief und legte den Grund auf den Fels. Da aber Gewässer kam, da riß der Strom zum Hause zu und mochte es nicht bewegen; denn es war auf den Fels gegründet. – Wer aber höret und nicht tut, der ist gleich einem Menschen, der ein Haus bauete auf die Erde ohne Grund; und der Strom riß zu ihm zu, und es fiel bald, und das Haus gewann einen großen Riß.
Awdejewitsch las diese Worte und es wurde ihm so heiter auf der Seele. Er nahm die Brille ab, legte sie auf das Buch, lehnte sich an den Tisch und wurde nachdenklich. Und er begann sein Leben diesen Worten anzupassen.
Ist mein Haus auf Stein oder auf Sand gebaut? denkt er bei sich. Gut, wenn es auf Stein ruht – und es läßt sich so leicht an, wenn man allein ist, dann scheint es, als ob man alles verrichtet habe, wie Gott befohlen. Zerstreut man sich aber, so sündigt man von neuem. Ich will streben, des Höchsten Willen zu tun. Es ist zu schön. Gott helfe mir! Mit diesen Gedanken wollte er sich niederlegen, aber es tat ihm leid, sich von dem Buche loszureißen, und er begann das siebente Kapitel zu lesen. Er las von des Hauptmanns Knecht, dem Jüngling zu Nain, er las die Antwort, welche Jesus den Jüngern Johannes des Täufers gab, er las die Stelle, wo der reiche Pharisäer den Herrn bat, daß er mit ihm äße, wie Er die Sünderin rechtfertigte, die seine Füße salbte und mit Tränen benetzte – und er kam bis zum vierundzwanzigsten Vers und las: Und er wandte sich zu dem Weibe und sprach zu Simon: Siehest du dies Weib? Ich bin kommen in dein Haus: du hast mir nicht Wasser gegeben zu meinen Füßen; diese aber hat meine Füße mit Tränen genetzet und mit den Haaren ihres Hauptes getrocknet. – Du hast mir keinen Kuß gegeben; diese aber, nachdem sie hereinkommen ist, hat sie nicht abgelassen, meine Füße zu küssen. – Du hast mein Haupt nicht mit Öl gesalbet; sie aber hat meine Füße mit Salben gesalbet.
Er las diese Verse und dachte: Die Füße hat er nicht mit Wasser benetzt, keinen Kuß hat er gegeben, das Haupt nicht gesalbt...
Wieder nahm er die Brille ab, legte sie auf das Buch und vertiefte sich in seine Gedanken.
Der Pharisäer war, wie ich vermute, wohl ein ebensolcher wie ich –

daran denke ich: daß ich meinen Tee habe, daß ich gewärmt bin, daß ich mich pflege; aber auf meinen Nächsten achte ich nicht. Mich vergesse ich nicht, aber für den Gast treffe ich keine Sorge. Und wer ist der Gast? Der Herr selber. Kehrte er bei mir ein – würde ich so handeln?

Er stützte seinen Kopf auf beide Hände und bemerkte nicht, daß er einduselte.

Martyn! hörte er plötzlich leise neben sich rufen.

Schlaftrunken reckte sich Martyn und fragte: Wer da? Er blickte sich um, sah auf die Tür – niemand war da. Wieder duselte er ein. Deutlich vernahm er die Worte: Martyn, Martyn! Blicke morgen auf die Straße, ich werde kommen.

Martyn erwachte, stand vom Stuhl auf und rieb sich die Augen. Er wußte nicht: hatte er diese Worte im Traum oder in Wirklichkeit gehört? Nachdem er die Lampe ausgelöscht hatte, legte er sich schlafen.

Früh am Morgen erhob sich Awdejewitsch, betete, heizte an, schob Kohlsuppe und Grütze in den Ofen, stellte die Teemaschine auf, band seine Schürze vor und setzte sich an das Fenster zum Arbeiten. Bei der Arbeit denkt er an das, was er am Abend durchlebt. Hörte er die Stimme im Traum oder erklang sie ihm in Wirklichkeit?

Er blickt mehr durch das Fenster, als daß er arbeitet. Kommt jemand vorüber in unbekannten Stiefeln, so biegt er sich weit vor, um nicht die Füße allein, sondern auch das Gesicht zu sehen. In neuen Filzstiefeln ging der Hausknecht vorüber, dann kam der Wasserträger, und bald stellte sich der alte Nicolajewsche Soldat in ganz alten geflickten Filzstiefeln, eine Schaufel in den Händen, vor das Fenster. An den Filzstiefeln erkannte ihn Awdejewitsch. Den Alten nannte man Stepanitsch. Er aß bei einem Kaufmann das Gnadenbrot und mußte dem Hausknecht Hilfe leisten. Stepanitsch fing an, vor dem Fenster Schnee zu schaufeln. Awdejewitsch sah ihm zu, dann nahm er wieder seine Arbeit vor.

Ganz närrisch bin ich auf meine alten Tage geworden, lachte Awdejewitsch sich selbst aus. Stepanitsch schaufelt Schnee und ich denke, Christus kommt zu mir. Ich bin wahrhaftig ein närrischer alter Kauz.

Nachdem er an zehn Stiche gemacht, drängt es ihn, wieder durch das Fenster zu blicken: Stepanitsch hatte die Schaufel an die Wand gelehnt – er wärmt seine Hände oder ruht sich aus.

Ein alter, gebrochener Mann, er scheint nicht mehr die Kraft zum Schaufeln zu haben. Awdejewitsch dachte: Soll ich ihm nicht Tee geben? Die Teemaschine fängt schon an überzulaufen. Er steckte die Ahle ein, erhob sich, stellte die Teemaschine auf den Tisch, machte Tee und klopfte an das Glas. Stepanitsch sah sich um und näherte sich dem Fenster. Awdejewitsch winkte ihn zu sich und ging, die Tür aufzumachen.

»Komm herein, wärme dich – dir ist wohl sehr kalt?« fragte er.

»Christus stehe uns bei! Die Knochen schmerzen«, entgegnete Stepanitsch.

Er trat ein, schüttelte sich den Schnee ab und wischte sich die Füße; sein Gang war unsicher.

»Mühe dich nicht ab, deine Füße zu reinigen«, rief ihm Awdejewitsch entgegen, »setze dich, trinke Tee.«

Awdejewitsch goß zwei Gläser ein, schob das eine dem Gast zu, von seinem Tee goß er auf die Untertasse und begann zu blasen.

Stepanitsch trank sein Glas leer, stellte es hin, mit dem Boden nach oben, legte das Stück Zucker, das er beim Trinken benagt hatte, auf den Tisch und dankte. Wie indes zu bemerken war, hätte er gern noch ein Glas gehabt. »Trinke«, forderte Awdejewitsch den Stepanitsch auf und goß sich und dem Gaste ein. Awdejewitsch trank seinen Tee und blickte dabei auf die Straße. »Du erwartest jemand?« erkundigte sich der Gast.

»Ob ich jemand erwarte? Ich muß mich schämen, zu sagen, wen ich erwarte. Ich warte auf etwas, und ich warte auch nicht... aber ein Wort ist mir in die Seele gefallen... ich hatte eine Erscheinung... ach ich weiß selber nicht. Siehst du, Brüderchen, gestern habe ich das Evangelium vom Herrn Christus gelesen, wie er auf Erden ging. Du hast's doch wohl gehört?«

»Gehört wohl. Aber wir sind dunkle Leute, können nicht lesen.«

»Nun, ich habe eben gelesen, wie er auf Erden ging... wie er zu dem Pharisäer kam, weißt du, und der empfängt ihn ohne Feier. Und ich denke, während ich lese, daß er den Herrn Christus nicht mit aller Ehre empfangen habe: geschähe es mir, denke ich, ich wüßte gar nicht, was alles ich tun sollte, um ihn zu empfangen. Ich dachte darüber nach und duselte ein. Und wie ich duselte, höre ich mich beim Namen rufen; ich erhebe mich und es ist mir, als höre ich flüsternde Worte: Warte, ich komme morgen. Und so geschah es zweimal. Ich muß mich selber auslachen – aber dennoch erwarte ich den Herrn.«

Stepanitsch sagte nichts, trank seinen Tee aus und legte das Glas hin, Awdejewitsch aber stellte es wieder aufrecht und goß ein.

»Trinke zur Gesundheit. Ich meine, daß unser Herr, als er auf Erden wandelte, keinen verachtete und zumeist mit einfachem Volk umging. Aus unsereinem nahm er am liebsten seine Jünger, aus Arbeitsleuten, aus solchen, wie wir sind. Wer sich erhebt, sagte er, der soll erniedrigt werden, und wer sich erniedrigt, der soll erhöht werden. Ihr, so redete er, nennt mich den Herrn, und ich werde euch die Füße waschen. Wer der erste sein will, soll allen ein Diener sein. Selig sind die Armen, die Demütigen, die Sanftmütigen, die Milden.«

Stepanitsch dachte nicht an sein Glas, er war ein alter weichgestimmter Mensch. Er sitzt, hört zu, und über sein Gesicht fließen Tränen.

»Trinke noch«, sagte Awdejewitsch, aber Stepanitsch bekreuzte sich, dankte, schob sein Glas fort und stand auf.

»Ich danke dir, Martyn Awdejewitsch, du tatest mir wohl, hast Seele und Körper gesättigt.«

»Kehre ein andermal wieder bei mir ein, Stepanitsch.«

Stepanitsch ging fort. Martyn goß sich den letzten Tee ein, trank aus, räumte das Geschirr auf und machte sich daran, einen vertragenen Schuh zurechtzuflicken. Während der Arbeit blickte er durch das Fenster – er wartet auf Christus, denkt immer an ihn, an seine Reden und Taten.

Zwei Soldaten gingen vorüber, einer in Regimentsstiefeln, der andere in seinen eigenen; dann kam, in sauber geputzten Galoschen, der Wirt des Nachbarhauses; ein Bäcker mit einem Korbe folgte. Bald kam ein Weib in wollenen Strümpfen und Dorfschuhen. Sie blieb am Fensterpfeiler stehen. Awdejewitsch blickte auf; er sieht ein fremdes Weib, schlecht gekleidet, ein Kind auf dem Arm; es stellt sich an die Wand, mit dem Rücken gegen den Wind, und wickelt das Kind ein – und hat doch nichts zum Einwickeln. Durch das Fenster hört Awdejewitsch das Kind schreien; sie will es beruhigen und kann es gar nicht beruhigen.

Awdejewitsch ging zur Tür und rief von der Treppe aus:

»Gute Frau, gute Frau!«

Das Weib sah sich um.

»Was stehst du da mit dem Kindchen in der Kälte? Komm in die Stube, in der Wärme wirst du es besser einwickeln können. Da – hierher.«

Verwundert sah ihn das Weib an – ein alter Mann mit einer Schürze und einer Brille auf der Nase ruft sie zu sich. Sie folgte ihm in die Stube, und der Alte führte sie zum Bett.

»Hierher setze dich, gute Frau, näher zum Ofen; erwärme dich und stille das Kind.«

»Hab' keine Milch in der Brust, seit dem Morgen habe ich nichts gegessen«, sagte das Weib, legte aber dennoch das Kind an die Brust.

Bedauernd schüttelte Awdejewitsch den Kopf, ging zum Tisch, holte Brot und einen Napf, öffnete die Ofentür, goß in den Napf Kohlsuppe und nahm auch den Topf mit der Grütze heraus; da dieselbe aber noch nicht gar war, goß er nur Suppe ein und stellte sie auf den Tisch. Auch nahm er vom Haken das Handtuch und breitete es aus.

»Setz dich«, sagte er, »und iß, gute Frau. Mit dem Kinde werde ich inzwischen sitzen. Ich habe eigene Kinder gehabt und verstehe sie zu warten.«

Das Weib bekreuzte sich, setzte sich an den Tisch und begann zu essen. Awdejewitsch setzte sich auf das Bett zu dem Kinde. Er schmatzt und schmatzt – aber es schmatzt sich schlecht, denn er hat keine Zähne. Das Kind hörte nicht auf zu schreien. Da dachte sich Awdejewitsch aus, den Schreihals mit dem Finger zu beruhigen – er führt einen Finger gerade zu dessen Munde und wieder zurück; aber in den Mund gibt er ihm den Finger nicht, denn derselbe ist von Pech ganz schwarz. Und das Kind betrachtete den Finger, beruhigte sich und fing sogar an zu lachen. Awdejewitsch freute sich darüber. Und das Weib ißt und erzählt, wer sie ist und wohin sie gegangen war.

»Ich bin eine Soldatenfrau«, sagte sie, »vor acht Monaten hat man meinen Mann fortgebracht, weit von hier, und seit dieser Zeit erhielt ich kein Lebenszeichen von ihm. Während ich einen Dienst als Köchin hatte, kam ich nieder. Mit dem Kinde wollte man mich nicht behalten. Schon den dritten Monat schlage ich mich ohne Stelle durch, habe alles fortbringen müssen, was ich hatte. Ich wollte als Amme dienen, aber man nimmt mich nicht – ich sei zu mager, sagt man. Eben war ich zu einer Kaufmannsfrau gegangen; bei der dient ein Weib aus unserem Dorfe; man hatte versprochen, mich zu nehmen, und ich dachte, ich würde gleich dableiben können; aber sie befahl mir, in der nächsten Woche zu kommen, und sie wohnt so weit, ich bin ganz abgemattet, und auch das Kind ist so geschwächt. Gott sei Lob, daß die Wirtin Mitleid hat – sie hält uns um Christi willen im Quartier, sonst wüßte ich nicht, wie zu leben.«

Awdejewitsch seufzte und sagte:

»Du hast wohl auch keine warme Kleidung?«

»Wie sollte ich warme Kleidung haben, Väterchen. Gestern mußte ich das letzte Tuch für einen Dwugriwennyj (20 Kopeken) versetzen.«

Sie ging zum Bett und nahm das Kind. Awdejewitsch stand auf und holte von der Wand einen alten Halbrock. »Nimm«, sagte er. »Zwar ist es ein schlechtes Stück, aber zum Einwickeln wird es noch taugen.«

Das Weib sah auf das Kleidungsstück und auf den Alten, nahm den Halbrock und weinte. Awdejewitsch duckte sich auf die Diele, schob den Kasten unter dem Bett vor, wühlte darin und setzte sich wieder zu dem Weibe.

»Christus beschütze dich«, hub sie an. »Er hat mich wohl an dein Fenster geschickt, Väterchen. Ohne dich würde mein Kind erfroren sein. Als ich fortging, war es warm, und jetzt ist die Kälte gekommen. Er, der Herr, hat dich gelehrt, durch das Fenster zu blicken und mit mir Elenden Mitleid zu haben.«

Lächelnd entgegnete Awdejewitsch:

»Er hat es mich gelehrt, gute Frau. Nicht, um den Tag dem lieben Herrgott zu stehlen, blicke ich durch das Fenster.« Und Martyn erzählte auch der Soldatenfrau seinen Traum: wie er die Stimme gehört und der Herr versprochen, noch heut zu ihm zu kommen.

»Es kann so geschehen«, meinte das Weib, stand auf, nahm den Halbrock, wickelte das Kind darin ein, verbeugte sich zum Dank, und immer wieder dankte sie.

»Nimm um Christi willen«, sagte Awdejewitsch und reichte ihr, damit sie das Tuch einlöse, einen Dwugriwennyj.

Sie bekreuzte sich, auch Awdejewitsch bekreuzte sich und geleitete sie hinaus.

Als das Weib gegangen war, aß Awdejewitsch seine Kohlsuppe, räumte ab und setzte sich wieder zur Arbeit. Und während der Arbeit denkt er immer an das Fenster. Wie es zu dunkeln beginnt, späht er hinaus, wer wohl vorüber ginge. Bekannte und Fremde gingen vorüber – nichts Besonderes war dabei. Jetzt bleibt gerade vor seinem Fenster ein altes Hökerweib stehen. Sie trägt einen Korb mit Äpfeln, es waren nur wenig geblieben, sie hatte fast alle verkauft; über die Schulter hängt ihr ein Sack mit Spänen – wahrscheinlich hatte sie dieselben auf einem Bau gesammelt, und nun geht sie nach Hause. Aber der Sack drückte ihr wohl die Schulter ab, sie wollte ihn über die andere Schulter hängen, weshalb sie ihn auf das Trottoir niederließ; auch den Korb mit den Äpfeln setzte sie ab und schüttelte die Späne im Sack. Währenddes rannte ein Junge mit zerrissener Mütze herbei, griff aus dem Korb einen Apfel und wollte fortlaufen. Die Alte bemerkt ihn, dreht sich um und faßt den Jungen am Ärmel. Der Junge duckt sich, will entschlüpfen, die Alte aber packt ihn fester, wirft ihm die Mütze ab, zaust ihn am Haar. Der Junge schreit, das Weib schimpft.

Awdejewitsch hatte nicht Zeit, die Ahle einzustecken, er wirft sie auf die Diele und springt zur Tür hinaus, wobei er stolpert, so daß die

Brille abfällt. Wie er auf die Straße kommt, hat die Hökerin den Jungen gerade am Schopf, sie schimpft und will ihn zur Polizei führen. Der Junge müht sich aus Leibeskräften, um loszukommen.
»Ich habe nichts genommen«, plärrt er. »Weshalb schlägst du mich? Laß mich los.«
Awdejewitsch versucht, sie auseinander zu bringen, er faßt den Jungen bei der Hand und sagt:
»Laß ihn, Mütterchen, verzeihe ihm um Christi willen.«
»Ich werde ihm so verzeihen, daß er's braun und blau haben soll. Der Lümmel muß auf die Polizei.«
Awdejewitsch bat:
»Laß ihn laufen. Mütterchen, er wird's in Zukunft nicht wieder tun. Gib ihn frei um Christi willen.«
Die Alte ließ ab, der Junge wollte sich fortmachen, aber Awdejewitsch hielt ihn zurück.
»Bitte das Mütterchen um Verzeihung und künftig tu's nicht wieder. Ich habe gesehen, wie du den Apfel genommen hast.«
Der Junge weinte und bat um Verzeihung.
»So ist's recht, hier hast du einen Apfel.«
Und Awdejewitsch nahm aus dem Korb einen Apfel und gab ihn dem Jungen.
»Ich werd' ihn dir bezahlen«, sagte er dabei.
»Verwöhnst sie, diese Taugenichtse«, rief die Alte. »Man muß ihn so belohnen, daß er eine Woche lang nicht sitzen kann.«
»Eh Mütterchen, Mütterchen, so würde es sein, wenn es nach uns ginge. Aber nach Gottes Willen ist es nicht so. Was sollte wohl, wenn man ihm wegen eines Apfels die Rute gäbe, mit uns geschehen für unsere Sünden?«
Und er erzählte der Alten das Gleichnis, wie der Gutsherr dem Zinsbauern die ganze Schuld erließ, und der Zinsbauer ging hin und begann, seinen Schuldner zu würgen. Die Alte horchte auf, auch der Junge hörte zu.
»Gott befahl, zu vergeben«, sagte Awdejewitsch, »sonst wird auch uns nicht vergeben werden. Allen muß man verzeihen, und dem Unvernünftigen um so mehr.«
Die Alte nickte und seufzte:
»Ja, ja, aber sie sind zu unbändig geworden.«
»So müssen wir, Alte, sie belehren.«
»Auch ich sage ja so. Hatte selbst sieben Kinder – nur eine Tochter ist mir geblieben.«

Die Alte erzählte, wo und wie sie bei ihrer Tochter lebt, wieviele Enkel sie hat.
»Wenn ich auch nicht mehr viel Kraft habe, so mühe ich mich doch noch ab. Die Enkel tun einem leid, es sind gute Kinder; so herzig wie sie ist keiner zu mir. Besonders Akßjutka läßt gar nicht von mir ab, Großmutter, traute Großmutter...« Die Alte wurde ganz weich. »Es ist ja nur eine Kinderei mit dem Jungen da. Gott mit ihm.«
Bei diesen Worten wirft sie den Sack über die Schulter. Der Junge springt herzu und sagt: »Laß mich den Korb tragen, Großmütterchen, wir haben denselben Weg.«
Nebeneinander gingen sie jetzt auf der Straße. Die Alte hatte vergessen, das Geld für den Apfel zu fordern. Awdejewitsch sah ihnen nach und hörte, wie sie zusammen sprachen.
Als sie fortgegangen waren, kehrte Awdejewitsch zurück, fand die Brille auf der Treppe nicht zerbrochen, nahm die Ahle und setzte sich wieder an seine Arbeit. Er arbeitete ein wenig, die Dunkelheit hatte sich schon recht bemerklich gemacht. Der Anstecker ging vorüber und steckte die Laterne an. Es ist Zeit, Licht anzuzünden, dachte Awdejewitsch, machte sein Lämpchen zurecht, hing es auf und arbeitete wieder. Einen Stiefel machte er fertig, beguckte ihn von allen Seiten und sah, daß er gut war. Er legte seine Instrumente zusammen, fegte aus, stellte die Lampe auf den Tisch und holte vom Regal das Evangelium. Wo er gestern einen Saffianschnitzel eingelegt hatte, wollte er das Buch aufmachen, aber es schlug sich an einer anderen Stelle auf. Und wie das heilige Buch aufgeschlagen vor ihm lag, entsann er sich des gestrigen Traumes. Und da war es ihm plötzlich, als höre er hinter sich Schritte. Er schaut sich um und sieht: Menschen stehen in der dunklen Ecke, aber er vermag sie nicht zu erkennen. Und eine Stimme flüstert ihm ins Ohr:
Martyn, Martyn! Hast du mich nicht erkannt?
Wen? fragte Awdejewitsch.
Mich, sagte die Stimme. Ich bin es.
Und es trat aus der dunklen Ecke Stepanitsch – er lächelte und zerrann wie ein Wölkchen.
Das bin ich, sagte die Stimme auch, und aus der dunklen Ecke trat das Weib mit dem Kindchen – das Weib lächelte und zerrann wie ein Wölkchen.
Das bin ich auch, sagte die Stimme, und es näherte sich die Alte mit dem Knaben – der Knabe hielt den Apfel, beide lächelten und verschwanden.

Fröhlich war es Awdejewitsch auf der Seele, er bekreuzte sich, setzte die Brille auf und las im Evangelium, wo es aufgeschlagen war. Oben auf der Seite las er Matthäus 25: Denn ich bin hungrig gewesen, und ihr habt mich gespeiset. Ich bin durstig gewesen, und ihr habt mich getränket. Ich bin ein Gast gewesen, und ihr habt mich beherberget. Und unten auf der Seite las er noch: Wahrlich, ich sage euch: Was ihr getan habt einem unter diesen meinen geringsten Brüdern, das habt ihr mir getan. Und Awdejewitsch begriff, daß der Traum ihn nicht betrogen, daß zu ihm an diesem Tage sein Heiland gekommen war und er ihn empfangen hatte.

*Georg Trakl*

## Ein Winterabend

Wenn der Schnee ans Fenster fällt,
Lang die Abendglocke läutet,
Vielen ist der Tisch bereitet
Und das Haus ist wohlbestellt.

Mancher auf der Wanderschaft
Kommt ans Tor auf dunklen Pfaden.
Golden blüht der Baum der Gnaden
Aus der Erde kühlem Saft.

Wanderer tritt still herein;
Schmerz versteinerte die Schwelle.
Da erglänzt in reiner Helle
Auf dem Tische Brot und Wein.

# *Anton Tschechow*
# Wanka

Aus dem Russischen von Gisela Drohla

Wanka Shukow, ein neunjähriger Junge, der seit drei Monaten bei dem Schuhmacher Aljachin in der Lehre war, legte sich in der Nacht vor dem Weihnachtsfest nicht schlafen. Er wartete, bis der Meister, die Meisterin und die Gesellen zum Gottesdienst gegangen waren; dann nahm er ein Fläschchen Tinte und einen Federhalter mit einer rostigen Feder aus dem Schrank des Meisters, breitete ein zerknittertes Stück Papier vor sich aus und begann zu schreiben. Doch ehe er den ersten Buchstaben auf das Papier malte, blickte er ängstlich zur Tür und zum Fenster, schaute zu der dunklen Ikone hinüber und seufzte tief. Das Papier lag auf der Bank, und Wanka kniete davor.

»Liebes Großväterchen Konstantin Makaritsch«, begann er, »ich schreibe Dir einen Brief. Ich wünsche Dir ein frohes Weihnachtsfest und Gottes Segen. Ich habe weder Vater noch Mutter. Du bist alles, was ich habe.«

Wanka schaute zu den dunklen Fensterscheiben, in denen sich der Schein der Talgkerze spiegelte, und sah den Großvater deutlich vor sich. Konstantin Makaritsch diente bei dem Herrn Shiwarew als Nachtwächter. Er war ein kleiner, magerer, ungewöhnlich lebhafter Mann von fünfundsechzig Jahren, der immer lachte und scherzte und kleine Trinkeraugen hatte. Am Tag schlief er in der Gesindeküche oder neckte die Mägde. In der Nacht machte er die Runde um das Gut, in einen weiten Schafspelz gehüllt, und bei jedem Schritt stieß er seinen Knüttel auf die Erde. Die alte Hündin Kaschtanka und der Hund Wjun trotteten mit hängenden Köpfen hinter ihm her. Dieser Wjun war besonders brav und zutraulich und sah seine eigenen Leute genauso freundlich an wie Fremde, aber man konnte ihm nie trauen. Hinter seiner Sanftheit und Demut verbarg sich eine wahrhaft jesuitische Bosheit. Kein anderer Hund brachte es so gut fertig wie Wjun, sich lautlos heranzuschleichen und die Leute in die Wade zu zwicken, in den Vorratskeller zu schlüpfen oder einem Bauern ein Huhn zu stehlen. Es verging keine Woche, ohne daß er halbtot geprügelt wurde, und die Bauern hatten ihn schon zweimal aufhängen wollen, aber er kam immer wieder davon.

In diesem Augenblick stand der Großvater gewiß vor dem Tor, blinzelte zu den leuchtend roten Fenstern der Dorfkirche hinüber, stampfte mit den Füßen, die in Filzstiefeln steckten, und trieb seine

Possen mit den Bauern auf dem Hof. Er hat seinen Knüttel am Gürtel hängen, klatscht in die Hände, krümmt sich vor Kälte zusammen und kneift mit greisenhaftem Kichern bald das Stubenmädchen, bald die Köchin.
»Wollen wir vielleicht eine Prise nehmen?« fragt er und hält den Mägden seine Tabaksdose hin.
Die Weiber nehmen ein bißchen Schnupftabak und niesen. Das macht dem Alten ein unbeschreibliches Vergnügen, er bricht in schallendes Gelächter aus und schreit:
»Schnell fort damit, sonst friert's dir an der Nase fest!«
Er läßt auch die Hunde schnupfen. Kaschtanka niest, verzieht die Schnauze und trottet beleidigt davon. Wjun niest nicht vor lauter Respekt und wedelt nur mit dem Schwanz. Das Wetter ist herrlich, kalt und klar, kein Windhauch regt sich. Es ist dunkle Nacht, aber das ganze Dorf, seine weißen Dächer und die Rauchfahnen aus den Schornsteinen, die rauhreifversilberten Bäume und die Schneewehen – all das kann man deutlich sehen. Am Himmel funkeln glitzernde Sterne, und die Milchstraße zeichnet sich so klar ab, als sei sie für die Feiertage mit Schnee abgerieben und blankgeputzt worden. Wanka seufzt, taucht die Feder in die Tinte und schreibt weiter:
»Gestern abend habe ich eine schwere Tracht Prügel bekommen. Der Meister hat mich an den Haaren in den Hof geschleift und mich mit dem Riemen geschlagen, weil ich eingeschlafen war, als ich sein kleines Kind wiegen sollte. Und in dieser Woche mußte ich für die Meisterin einen Hering putzen. Ich hatte am Schwanz angefangen, und da hat sie den Hering genommen und mir seine Schnauze in den Mund gesteckt. Die Gesellen hänseln mich, schicken mich ins Wirtshaus Schnaps holen, und ich muß die Gurken des Meisters für sie stehlen. Dann schlägt mich der Meister mit dem ersten besten Ding, das ihm unter die Finger kommt. Ich habe fast nichts zu essen. Morgens gibt es Brot, mittags Grütze und abends wieder Brot. Tee und Kohlsuppe bekommen nur der Meister und die Meisterin. Ich muß im Hausflur schlafen, und wenn das Kind schreit, muß ich es wiegen und kann nicht schlafen. Lieber Großvater, nimm mich um Gottes willen weg von hier, hol mich heim ins Dorf, ich kann es nicht mehr aushalten! Ich neige mich bis zur Erde vor Dir, und ich will auch mein Leben lang für Dich beten. Hole mich, oder ich muß sterben...«
Wanka verzog den Mund, rieb sich mit seiner schmutzigen, kleinen Faust die Augen und schluchzte.
»Ich will Dir auch den Tabak reiben«, fuhr er fort, »ich will für Dich

beten, und wenn ich etwas Böses tue, dann schlag mich mit der Peitsche wie Sidors Ziege. Und wenn Du meinst, daß ich keine Arbeit finde, dann will ich den Verwalter bitten, daß er mich die Schuhe putzen läßt, oder ich helfe dem Hirten Fedja. Liebes Großväterchen, ich kann es hier nicht mehr aushalten, ich sterbe noch. Ich wollte schon heimlaufen ins Dorf, aber ich habe keine Stiefel, und ich fürchte mich vor der Kälte. Wenn ich groß bin, will ich für Dich sorgen, und keiner soll Dich kränken; und wenn Du stirbst, dann will ich für die Ruhe Deiner Seele beten, wie ich auch für meine Mutter Pelageja bete.
Moskau ist eine große Stadt. Hier gibt es viele vornehme Häuser und viele Pferde, aber keine Schafe, und die Hunde hier sind nicht böse. Hier gehen die Kinder zu Weihnachten nicht vor den Häusern singen, und in der Kirche darf niemand auf die Empore und singen; und in einem Schaufenster habe ich Angelhaken und Angeln für alle Fische gesehen, die es überhaupt gibt. Ein Haken war so groß, daß man einen Wels von dreißig Pfund damit fangen kann. Ich habe Geschäfte gesehen, wo man Gewehre kaufen kann, genau solche, wie unser Herr eins hat, und ich glaube, so ein Gewehr kostet hundert Rubel. Und in den Fleischerläden gibt es Birkhühner, Rebhühner und Hasen, aber wer sie geschossen hat, das haben mir die Leute in dem Laden nicht gesagt.
Lieber Großvater, wenn unser Herr uns einen Weihnachtsbaum gibt, dann nimm eine von den goldenen Walnüssen und leg sie in meine grüne Schachtel. Bitte die junge Herrin Olga Ignatjewna darum und sag ihr, es sei für Wanka.«
Wanka stöhnte und starrte wieder auf das Fenster. Er mußte daran denken, daß der Großvater vor dem Fest immer in den Wald ging, um den Weihnachtsbaum für die Herrschaft zu holen, und dabei nahm er Wanka jedesmal mit. Bevor der Großvater den Baum fällte, rauchte er eine Pfeife, nahm eine Prise und trieb seine Späße mit dem halb erfrorenen Wanka. Die jungen Tannen, ganz in Rauhreif gehüllt, standen regungslos da und warteten, welche von ihnen nun sterben müßte. Irgendwo in der Nähe sprang ein Hase auf und hüpfte über die Schneewehe. Dann schrie der Großvater: »Fang ihn, fang ihn! Oh, du kurzschwänziger Teufel!«
Wenn der Baum gefällt war, schleppte ihn der Großvater ins Herrenhaus, und dort wurde er prächtig geschmückt. Die junge Herrin Olga Ignatjewna, die Wanka besonders gern hatte, half eifrig mit. Als Wankas Mutter Pelageja noch lebte und Hausmädchen auf dem Gut war, steckte Olga Ignatjewna dem Kleinen Zuckerwerk zu, und wenn sie nichts zu tun hatte, lehrte sie ihn lesen und schreiben und sogar Qua-

drille tanzen. Als Pelageja starb, wurde der Waisenknabe Wanka zu seinem Großvater in die Gesindeküche gebracht und dann nach Moskau zu dem Schuhmacher Aljachin in die Lehre gegeben.
»Komm bald, lieber Großvater!« schrieb Wanka. »Ich bitte Dich um Christi willen, nimm mich weg von hier! Habe Mitleid mit einem armen Waisenkind! Hier schlagen sie mich, und ich bin furchtbar hungrig und so traurig, daß ich es Dir gar nicht sagen kann. Ich weine den ganzen Tag. Gestern hat mich der Meister mit dem Leisten auf den Kopf geschlagen. Ich bin auf den Boden gefallen und kaum wieder zu mir gekommen. Mein Leben ist ein einziges Elend, schlimmer als ein Hundeleben... Grüß Aljona, den einäugigen Jegorka und den Kutscher und gib niemand meine Harmonika.
Dein Enkel Iwan Shukow. Lieber Großvater, bitte, bitte, komm!«
Wanka faltete das Blatt viermal zusammen und steckte es in einen Umschlag, den er am Tag zuvor für eine Kopeke gekauft hatte. Er dachte eine Weile nach, tauchte die Feder in die Tinte und schrieb die Adresse: »An das Dorf. An meinen Großvater.« Dann kratzte er sich am Kopf, überlegte wieder und fügte hinzu: »Konstantin Makaritsch.« Glücklich, daß ihn niemand beim Schreiben gestört hatte, setzte er seine Mütze auf und rannte, ohne seinen Pelz anzuziehen, auf die Straße hinaus. Gestern hatte er in der Geflügelhandlung erfahren, daß man Briefe in den Briefkasten steckt und daß sie von dort mit der Posttroika mit den bimmelnden Glöckchen von betrunkenen Kutschern in die ganze weite Welt gebracht würden. Wanka lief zum nächsten Briefkasten und steckte seinen kostbaren Brief hinein...
Eine Stunde später schlief er fest, von freudiger Hoffnung in Schlummer gewiegt. Im Traum sah er einen großen Ofen. Auf dem Ofen saß sein Großvater, baumelte mit den Füßen und las den Köchinnen seinen Brief vor, und der Hund Wjun schlich schweifwedelnd um den Ofen.

*Kurt Tucholsky*
## Weihnachten

So steh ich nun vor deutschen Trümmern
und sing mir still mein Weihnachtslied.
Ich brauch mich nicht mehr drum zu kümmern,
was weit in aller Welt geschieht.
Die ist den andern. Uns die Klage.
Ich summe leis, ich merk es kaum,
die Weise meiner Jugendtage:
O Tannebaum!

Wenn ich so der Knecht Ruprecht wäre
und käm in dies Brimborium
– bei Deutschen fruchtet keine Lehre –
weiß Gott! ich kehrte wieder um.
Das letzte Brotkorn geht zur Neige.
Die Gasse grölt. Sie schlagen Schaum.
Ich hing sie gern in deine Zweige,
o Tannebaum!

Ich starre in die Knisterkerzen:
Wer ist an all dem Jammer schuld?
Wer warf uns so in Blut und Schmerzen?
Uns Deutsche mit der Lammsgeduld?
Die leiden nicht. Die warten bieder.
Ich träume meinen alten Traum:
Schlag, Volk, den Kastendünkel nieder!
Glaub diesen Burschen nie, nie wieder!
Dann sing du frei die Weihnachtslieder:
O Tannebaum! O Tannebaum!

*Heinrich Vogel*

Ach Kindlein,
mach uns alle
hier
deines Heils gewiß,
denn draußen
vor dem Stalle
ist lauter
Finsternis.
Nimm alles,
was wir haben,
nimm unsre Not
und Schuld,
laß unser Herz
sich laben
an deiner
Gotteshuld!

*Martin Walser*

# Überredung zum Feiertag

Ich sage mir: Nimm ein Blatt vor den Mund, die Feiertage nahen.
Ich sage mir: Mach, was du willst, Edelrauhreif fällt gezielt auch auf den sprödesten Fleck, das Klima ist teuer präpariert, mach, was du willst: Es weihnachtet sehr. Zögere, ganz zuletzt schlüpfst du noch in eine Rolle. Es muß ja nicht gleich das am meisten getragene Drogistenlächeln sein. Schau einen Winterbaum an, beachte den durchdringenden Ernst, mit dem er auf dürren Zweigen Schnee trägt, als ginge ihn der was an. Mach, was du willst, du wirst mitmachen. Schließlich sind das deine Festspiele.
Ich sage mir: Wer jetzt eine Großmutter hat oder ganz kleine Kinder, der hat Glück, der hat rasch eine Rolle. Gib dir feierlich Mühe, sage ich mir. Dazu stehen ja die Feiertage mit hohen Wänden im Wind als Vitrinen auf Zeit, daß wir in angestrengter Gelassenheit darin spielen, für uns, für den beliebten Himmel, oder bloß so, daß gespielt wird. Am Ende hat jedes Jahr seine gefürchteten Feiertage verdient. Die Schneegrenze sinkt ins Tal, Maiwege sind nur noch mit Ketten befahrbar, nun rück schon zusammen mit allen, der traurige Gemeinplatz wärmt auch dich. Schellengeläut der Erinnerung und so. Taube Nüsse, Wehmut, der Geruch der Jahrzehnte. Lach doch mit. Das ganze Jahr flüssiger Maskenwechsel, jetzt wird dir doch nicht zuletzt noch das Gesicht ausgehen für ein bißchen Kerzengerechtigkeit. Und ist denn das gar nichts, wenn dir im Halse das Silberglöcklein wächst, die Kerze dir fünfsterniges Edelweiß auf dem Zahnschmelz züchtet und in deinen Ohrgängen Chöre nisten, daß es dich vor inwendigem Brausen auf die Zehenspitzen hebt? Du kannst sogar ausführlich von Liebe reden. Das ist das rechte Wort für diese Festspiele. Das hat Kunstcharakter, darin klirrt Leistung. Denk, was das Ballett der schieren Natur abringt. Trau dir was zu. Ganz positiv. So richtig in Rechtshändermanier. Tu, als könntest du momentan nicht anders. Wähl also Liebe, wähl Heimlichkeit, furchigen Ernst, wähl einen weißen Bart oder verhalten flakkernde Würde, beobachte die Wirkung, und dein Lampenfieber ist weg. Du spielst dich frei, und ringsum verfallen die Glocken sofort in wildfröhliches Läuten.
Ich sage mir: Was soll dir jetzt Asien? Vergiß doch Asien. Vergiß alle möglichen Brüder. Ausgerechnet zur hohen Festspielzeit fällt es dir ein, den Christmenschen zu spielen, dem sein Punsch nicht schmeckt,

weil andere noch immer kein gutes Wasser haben. Überhaupt, wenn du an Christus denkst, hört sich sowieso alles auf. Dann können wir einpacken. Hübsch barbarisch-kultivierte Feiertage, mehr ist nicht drin. Falls zwiespältige Empfindungen dich stören, bleib schön irdisch, bleib hart. Keine christlichen Anfechtungen. Du willst am Leben bleiben und deine Anzüge selber tragen. Das ist schon eine Welt, in der man sich wegen eines so schlichten Vorsatzes gleich Gewissensbisse einbilden muß zur eigenen Beruhigung. Zum Beispiel, nein, bitte keine Beispiele. Daß das Fräulein im fünften Stock besonders kalte Füße hat und irgendwo einen Pilz, ist ja auch kein Beispiel. Die Misere blüht so gut wie die Riviera. Darum haben wir doch die Vitrinen. Also Vorsicht. Sonst zieht es gleich und die Feiertage kriegen die Schwindsucht. Bewegungen nur wie am Steuer eines Autos auf Glatteis. Und allen Mitspielern einen um Beschränktheit bemühten Verschwörerblick. Wir wollen Feiertage spielen, auch wenn uns auf blankem Eis Asche und Asche serviert wird. Daß Regen als Schnee fällt zur Zeit, ist kalkuliert. Wer ein Glas hebt, zerbricht es, vielleicht. Aber wenn du dann trotz allem deinem Freund übern Kopf streichst, beherrsch dich, zähl nicht seine Haare. Wir kommen sonst einfach nicht in die richtige Stimmung. Zuletzt müssen wir die Feiertage noch abblasen mit Trompeten aus Himmelsrichtungsschrott. Wenn aber jeder weiß, er ist ein ungesunder Elefant, dann wird schon ein Zauber mäßig gelingen. Viel Musik, wenig Text. Den Blick starr auf die Kerze. Bis sie qualmt. Dann dürfte es ohnehin spät genug sein, Zeit, das Blatt wieder vom Mund zu nehmen.

*Robert Walser*

# Schnee liegt auf Straßen und Plätzen...

... auf Denkmälern, Dächern, das paßt zur Neujahrszeit. Weihnachtsbäume, Süßigkeiten gönne ich andern. Dichter sind darin großartig, daß sie ihrer Mitmenschen Freude mit ansehen können, ohne gleich zu meinen, daß sie mitgenossen haben müßten. Eine warme Stube ist im Winter schon viel. Les' ich nicht außerdem in einem Büchlein, betitelt: »Treu wie Gold«? – »Guten Tag, Frau Direktor von Stempel«, sprach ich neulich eine Dame an, die anders heißt, und die laut ausrief: »Was ist Ihnen?« – »Gut aufgelegt bin ich«, gab ich zur Antwort. Den ersten Theaterabend meines Lebens erlebte ich in einer Neujahrsnacht, trug den hohen Eindruck heiß ins Elternhaus. An einem himmelblauen Frühlingstag erwartete eine Mutter ihren geliebten Sohn, den Leutnant von Schöllermark. Da klopfte es energisch an die Türe; der Ersehnte war's, sie lagen sich in den Armen. Er kam dann nach Berlin, wo er die wundersamste Motzsträßlerin oder Millionärin kennenlernte; sie war jung und unerhört schön. Im Tiergarten gaben sie sich Rendezvous, flogen zusammen auf Schlittschuhen um die Rousseauinsel, die im kleidsamen Dezemberlichkeitsgewand lieblich aussah. Die Schöne sagte ihm, indem sie Kuß um Kuß von ihm empfing, ihr Papa habe Pläne mit ihr; er taumelte zurück, erlebte seine große Enttäuschung, was ich alles aus einem Vergißmeinnichtbüchlein habe. Nun meld' ich etwas von mir und beichte, daß ich als Knabe auf einen Neujahrswunschzettel unachtsamerweise »ich wüsche« schrieb, statt »ich wünsche«. Wie einem so etwas im Kopf bleibt! Der junge Napoleon siegte schon als Schüler im Schulhof zu Brienne in Schneeballschlachten. Schneemänner haben einen breiten Mund, nicht sehr eindrucksvolle Augen, in der Hand einen Besen und stehn unglaublich ruhig da. »Zwischen zwei Herzen« nennt sich eine rührende Geschichte, die ich meinem Bibliothekchen einverleibte: Einer, der Geld hat, tritt einem, der keins hat, die, die er liebt, ab, da er nicht mehr jung ist, während dem andern die Jugend zum Antlitz herausstrahlt. Das Mädchen hieß Roberta und der Glückliche Max. Anderntags saßen alle friedlich beisammen. Möglich ist, daß sie bei Tisch saßen und aßen. Ich war neulich dabei, wie sich einer Wirtin ein netter, junger Mensch als Officebursche stramm vorstellte. Achtung erweckt man meist hinter seinem Rücken; daher weiß man nichts davon. Die, denen wir sympathisch sind, bleiben still, und das ist richtig, man nähme sich sonst zu wichtig. Ein Kurzwarenhändler sagte mir, man käme mit der Höflichkeit am besten weg; ich pflichtete ihm bei. Zu Neujahr wird geschenkt; Schenkende erhalten wieder ihrerseits Geschenke. Beides, Nehmen wie Geben, darf und will geübt sein. Ich erinnere mich an eine Zeichnung mit leichter Anfärbung: ein weißbefiederter Engel schaut zu einem Fensterchen in die Stube herein, wo das Christkind liegt; nur ein kleines Blatt, und doch vergaß ich's nicht. Man kann viel vergessen, sich wieder auf vieles besinnen, und herrlich ist im Erinnerungsbereiche dann ein wiedergefundenes Schäfchen; der Verlust wird lieb, da er sich ausglich.

*Walther von der Vogelweide*
# Gesegnet möge ich mich heute erheben

Gesegnet möge ich mich heute erheben,
Gott Herr, in deiner Hut gehen
und reiten, wohin ich mich im Lande wende.
Christ Herr, laß offenbar mir werden
die große Kraft deiner Güte,
und steh mir bei zu Ehren deiner Mutter.
Wie der heilige Engel ihr beigestanden
und dir, der in der Krippe lag
als junger Mensch und alter Gott,
demütig vor dem Esel und dem Rinde,
und dem doch mit glückhafter Hut
der liebe Gabriel beistand,
in Treue, ohne Arg,
so steh auch mir bei, daß sich erfülle
an mir dein göttliches Gebot.

*Rudolf Otto Wiemer*

## Was ich mir wünsche

Die Unermüdlichkeit der Drossel, da es
dunkelt, den Gesang zu erneuern.
Den Mut des Grases, nach so viel
Wintern zu grünen.
Die Geduld der Spinne, die ihrer Netze
Zerstörung nicht zählt.
Die Kraft im Nacken des Kleibers.
Das unveränderliche Wort der Krähen.
Das Schweigen der Fische gestern.
Den Fleiß der Holzwespen, die Leichtigkeit
ihrer Waben.
Die Unbestechlichkeit des Spiegels.
Die Wachheit der Uhr.
Den Schlaf der Larve im Acker.
Die Lust des Salamanders am Feuer.
Die Härte des Eises, das der Kälte
trotzt, doch schmilzt im Märzlicht der Liebe.
Die Glut des Holzes, wenn es verbrennt.
Die Armut des Winds.
Die Reinheit der Asche, die bleibt.

*Oscar Wilde*

# Das Sternkind

Aus dem Englischen übersetzt von Hannelore Neves

Es waren einmal zwei arme Holzfäller, die gingen durch einen großen Tannenwald nach Hause. Es war Winter, und die Nacht war bitterkalt. Hoch lag der Schnee auf der Erde und auf den Ästen der Bäume. Zu ihrer Rechten und Linken knackte, wenn sie vorübergingen, der Frost die kleinen Zweige, und als sie zu dem Gebirgsbach kamen, hing er reglos in der Luft, denn die Eiskönigin hatte ihn geküßt.

So kalt war es, daß selbst die Tiere des Waldes und die Vögel nicht wußten, was sie davon halten sollten.

»Huuu!« knurrte der Wolf, als er durchs Unterholz humpelte, den Schwanz zwischen den Beinen. »Das ist doch tatsächlich ein scheußliches Wetter. Warum tut denn die Regierung nichts dagegen?« – »Uitt! Uitt! Uitt!« zwitscherten die grünen Hänflinge, »die alte Erde ist tot, und sie haben sie in ihrem weißen Leichentuch aufgebahrt.«

»Die Erde will Hochzeit halten, und das ist ihr Brautkleid«, gurrten die Turteltauben einander zu. Ihre kleinen rosa Füße waren schon ganz erfroren, aber sie hielten es für ihre Pflicht, die Lage in romantischem Licht zu betrachten.

»Unsinn!« brummte der Wolf. »Ich sage euch, das ist alles Schuld der Regierung, und wenn ihr es nicht glaubt, werde ich euch fressen.« Der Wolf war eine durch und durch praktische Natur und nie um ein schlagendes Argument verlegen.

»Nun, ich meinerseits«, versetzte der Specht, der ein geborener Philosoph war, »ich kümmere mich kein Atom um Erklärungen. Wenn etwas so ist, ist es so, und zur Zeit ist es entsetzlich kalt.«

Entsetzlich kalt war es nun allerdings wirklich. Die kleinen Eichhörnchen, die im Inneren des hohen Tannenbaums wohnten, rieben in einem fort ihre Nasen aneinander, um sich warm zu halten, und die Kaninchen lagen zusammengerollt in ihren Löchern und wagten es nicht einmal, zur Tür hinauszugucken. Die einzigen, die sich wohlzufühlen schienen, waren die großen Uhus. Ihr Gefieder war ganz steif vom Reif, aber das störte sie nicht. Sie rollten ihre großen gelben Augen und riefen einander quer durch den Wald zu: »Tu-uitt! Tu-wu! Tu-uitt! Tu-wuu! Was haben wir doch für ein herrliches Wetter!«

Weiter und weiter stapften die beiden Holzfäller, hauchten sich kräftig auf die Finger und stampften mit ihren riesigen eisenbeschlagenen

Stiefeln auf dem festgefrorenen Schnee. Einmal versanken sie in einer tiefen Schneewehe und kamen so weiß heraus wie die Müller, wenn die Mühlsteine gerade Korn mahlen. Und einmal glitten sie aus auf dem harten, glatten Eis über dem gefrorenen Sumpf, und ihr Reisig fiel heraus aus den Bündeln, und sie mußten es aufklauben und wieder zusammenbinden. Und einmal glaubten sie schon, sie hätten den Weg verloren, und eine große Angst befiel sie, denn sie wußten, wie grausam der Schnee zu denen ist, die in seinen Armen einschlafen. Aber sie setzten ihr Vertrauen auf den guten heiligen Martin, der über allen Wanderern wacht, gingen auf ihren Spuren zurück und dann sehr vorsichtig weiter, und endlich erreichten sie den Waldrand und sahen tief unten im Tal unter sich die Lichter des Dorfes, in welchem sie lebten.

So überglücklich waren sie über ihre Rettung, daß sie aus vollem Halse lachten, und die Erde kam ihnen vor wie eine Blume aus Silber und der Mond wie eine Blume aus Gold.

Doch nachdem sie gelacht hatten, wurden sie traurig, denn sie dachten an ihre Armut, und der eine von ihnen sagte zu dem andern: »Warum haben wir uns nur so gefreut, wo doch das Leben für die Reichen ist und nicht für solche wie uns? Besser wären wir im Wald umgekommen vor Kälte oder ein wildes Tier hätte uns angefallen und zerrissen.«

»Wahrlich«, erwiderte sein Gefährte, »manchen ist viel gegeben, anderen aber nur wenig. Das Unrecht hat die Welt verteilt, und nur der Kummer ist einem jeden gleich zugemessen.« Doch während sie einander ihr Elend klagten, geschah etwas Seltsames: Vom Himmel fiel ein hellglänzender, schöner Stern. Er glitt am Himmel seitlich herab, vorbei an den anderen Sternen auf seinem Lauf, und da sie ihm staunend mit den Augen folgten, kam es ihnen vor, als ginge er hinter einer Gruppe von Weidenbäumen nieder, die nahe an einer kleinen Schafhürde stand, nicht mehr als einen Steinwurf von ihnen entfernt.

»Hoho! Da liegt ein Topf voll Gold für den, der ihn findet«, riefen sie und stürzten los und rannten, so begierig waren sie auf das Gold.

Und der eine von ihnen lief schneller als sein Gefährte und überholte ihn und bahnte sich einen Weg durch die Weiden und kam auf der anderen Seite wieder heraus, und siehe! da lag wirklich etwas Goldenes auf dem weißen Schnee. Er eilte also darauf zu, beugte sich nieder und berührte es mit den Händen, und es war ein Umhang aus Goldgewebe, mit Sternen wundersam durchwirkt und in viele Falten geschlungen. Und er rief seinem Gefährten zu, er hätte den Schatz gefunden, der vom Himmel gefallen war, und als sein Gefährte herzukam, setzten sie sich in den Schnee und lösten die Knoten des Umhangs, daß sie die Goldstücke unter sich teilten. Aber ach! Da war weder Gold darin noch Silber, noch sonst ein Schatz, sondern nur ein kleines Kind, das ruhig schlief.

Und der eine von ihnen sagte zu dem andern: »Das ist ein bitteres Ende für unsere Hoffnung, und gar kein Glück ist uns beschieden, denn was bringt ein Kind dem Manne für einen Nutzen? Wir wollen es hier liegenlassen und unseres Weges gehen, denn wir sind arme Leute und haben selber Kinder, deren Brot wir nicht an ein fremdes Kind verschenken dürfen.«

Aber sein Gefährte entgegnete ihm: »Nein, es wäre übel gehandelt, wenn wir das Kind hier im Schnee umkommen ließen. Bin ich gleich ebenso arm wie du und habe viele Mäuler zu stopfen und nur wenig im Topf, so will ich es doch mit mir nach Haus tragen, und mein Weib soll sich seiner annehmen.«

Und er hob das Kind behutsam auf und hüllte es in den Umhang, um es vor der grimmigen Kälte zu schützen, und ging den Hügel hinab auf das Dorf zu; und sein Gefährte wunderte sich sehr über seine Torheit und sein weiches Herz.

Und als sie ins Dorf kamen, sagte sein Gefährte zu ihm: »Du hast das Kind, so gib mir den Umhang, denn es ist nur recht und billig, daß wir teilen.«

Doch der andere erwiderte: »Nein, denn der Umhang gehört weder mir noch dir, sondern einzig dem Kind«, und er sagte ihm Lebewohl und gelangte zu seinem eigenen Haus und klopfte an.

Und als sein Weib die Tür öffnete und sah, daß ihr Mann heil zu ihr zurückgekehrt war, schlang sie ihre Arme um seinen Hals und küßte ihn und nahm ihm das Reisigbündel vom Rücken und bürstete den Schnee von seinen Stiefeln und hieß ihn eintreten.

Er aber sagte zu ihr: »Ich habe im Wald etwas gefunden und dir mitgebracht, auf daß du dich seiner annimmst«, und er wich nicht von der Schwelle.

»Was ist es?« rief sie. »Zeig es mir, denn das Haus ist leer, und es fehlt uns an vielen Dingen.« Da schlug er den Umhang zurück und zeigte ihr das schlafende Kind.

»Ach, lieber Mann!« murrte sie. »Haben wir nicht genug eigene Kinder, daß du uns noch einen Wechselbalg ins Haus schleppen mußt? Und wer weiß, ob es nicht Unglück bringt? Und wie sollen wir es aufziehen?« Und sie war sehr zornig über ihn.

»Ja, aber es ist ein Sternkind«, antwortete er und erzählte ihr, auf wie seltsame Art er es gefunden hatte. Aber sie wollte sich nicht beschwichtigen lassen, sondern spottete seiner und sprach im Zorn und rief: »Unsere Kinder haben kein Brot, und wir sollen das Kind eines anderen füttern? Wer kümmert sich denn um uns? Und wer gibt uns Brot?« – »Gott behütet auch die Sperlinge und gibt ihnen Brot«, antwortete er.

»Sterben nicht die Sperlinge im Winter vor Hunger?« fragte sie. »Und ist jetzt nicht Winter?« Und der Mann erwiderte nichts, wich aber nicht von der Schwelle. Und ein bitterer Wind wehte vom Wald herein durch die offene Tür und ließ sie erzittern, und sie schauerte und sagte zu ihm: »Willst du nicht die Tür schließen? Bitterer Wind bläst herein ins Haus, und mir ist kalt.«

»In ein Haus, in dem ein hartes Herz ist, bläst da nicht immer ein bitterer Wind?« fragte er. Und die Frau gab ihm keine Antwort, sondern rückte nur näher ans Feuer. Und nach einer Weile wandte sie sich um und blickte ihn an, und ihre Augen waren voll Tränen. Und geschwind trat er ein und legte das Kind in ihre Arme, und sie küßte es und legte es in ein kleines Bett, wo das jüngste ihrer eigenen Kinder schlief. Und am Morgen nahm der Holzfäller den seltsamen Umhang aus Gold und tat ihn in eine große Truhe, und die Frau nahm eine Bernsteinkette, die um des Kindes Nacken lag, und tat sie gleichfalls dazu.

Und so wuchs das Sternkind auf mit den Kindern des Holzfällers, saß mit ihnen am selben Tisch und war ihr Spielgefährte. Und mit jedem Jahr war es schöner anzusehen, so daß alle, die im Dorf wohnten, mit Staunen erfüllt wurden. Denn während sie selber schwärzliche Haut und schwarze Haare hatten, so war das Kind weiß und zart, wie aus Elfenbein geschnitzt, und seine Locken glichen den Blütenblättern einer roten Blume, und seine Augen waren wie Veilchen an einem Bach voll klaren Wassers, und sein Leib wie die Narzisse auf einem Feld, dahin der Schnitter nicht kommt.

Und doch geriet seine Schönheit ihm zum Bösen, denn es wurde stolz und grausam und selbstsüchtig. Es verachtete die Kinder des Holzfällers und die anderen Kinder aus dem Dorf und sagte, sie seien von niederer, es selber jedoch von vornehmer Herkunft, einem Stern entsprossen, und es warf sich zum Herrn auf über sie und nannte sie seine Knechte. Kein Mitleid hatte es mit den Armen, noch mit denen, die blind oder verkrüppelt waren oder sonst vom Schicksal geschlagen, sondern es warf ihnen Steine nach und jagte sie hinaus auf die Landstraße und hieß sie anderswo um ihr Brot betteln, so daß außer den Geächteten keiner zweimal ins Dorf kam, um Almosen zu erbitten. Es war in der Tat wie verliebt in die Schönheit, verhöhnte die Kranken und Häßlichen und trieb seinen Spott mit ihnen; sich selber aber liebte es, und im Sommer, wenn die Winde ruhten, lag es oft am Brunnen im Garten des Priesters und blickte hin auf das Wunder seines eigenen Antlitzes und lachte vor Vergnügen über seine eigene Schönheit.

Oft schalten es der Holzfäller und seine Frau und sagten: »Wir haben nicht so an dir gehandelt, wie du an denen tust, die verlassen sind und niemanden haben, der ihnen zu Hilfe käme. Was bist du so grausam zu allen, die Mitleid brauchen?« Oft auch sandte der alte Priester nach ihm und suchte ihn die Liebe zu allem Lebenden zu lehren und sagte zu ihm: »Die Fliege ist dein Bruder. Tu ihr kein Leid. Die wilden Vögel, die durch den Wald schwärmen, haben ihre Freiheit. Fange sie nicht zu deinem Vergnügen. Gott schuf die Blindschleiche und den Maulwurf, und jeder hat seinen Platz. Wer bist du, daß du Schmerz in Gottes Welt bringen solltest? Selbst die Tiere auf dem Felde preisen Ihn.«

Aber das Sternkind achtete nicht auf diese Worte, sondern verzog das Gesicht und spottete und ging wieder zurück zu seinen Gefährten und war ihr Anführer. Und seine Gefährten folgten ihm, denn es war schön und leichtfüßig und konnte tanzen und flöten und musizieren. Und wo immer das Sternkind sie hinführte, da folgten sie ihm nach, und was auch das Sternkind sie tun hieß, das taten sie. Und wenn es mit einem spitzen Rohr die trüben Augen des Maulwurfs durchstieß, so lachten sie, und wenn es die Aussätzigen mit Steinen bewarf, so lachten sie wieder. Und in allen Dingen herrschte es über sie, und ihre Herzen wurden ebenso hart wie das seine.

Eines Tages nun zog ein armes Bettelweib durch das Dorf. Ihre Kleider waren zerrissen und zerlumpt, und ihre Füße bluteten von der rauhen Straße, welche sie gewandert, und sie war in großem Elend. Und weil sie müde war, ließ sie sich unter einem Kastanienbaum nieder, um zu rasten.

Doch als das Sternkind sie erblickte, sagte er zu seinen Gespielen: »Seht! Dort sitzt ein garstiges Bettelweib unter dem schönen, grünblättrigen Baum. Kommt, wir wollen es fortjagen, denn es ist häßlich und ungestalt.«

Also näherte es sich ihr und bewarf sie mit Steinen und verhöhnte sie, und sie blickte es voll Entsetzen an und wandte das Auge nicht von ihm. Und als der Holzfäller, der nebenan in einem Schuppen Holz spaltete, sah, was das Sternkind tat, lief er herbei und schalt es und

sagte zu ihm: Wahrlich, du bist hartherzig und kennst kein Erbarmen, denn was hat diese arme Frau dir Böses getan, daß du ihr so begegnest?«
Und das Sternkind wurde rot vor Zorn und stampfte mit dem Fuß auf die Erde und sagte: »Wer bist du, daß du mich meiner Taten wegen zur Rede stellst? Ich bin nicht dein Sohn, daß ich dir gehorchen müßte.«
»Du sagst die Wahrheit«, versetzte der Holzfäller, »und doch erzeigte ich dir Mitleid, da ich dich im Walde fand.«
Als das Weib diese Worte vernahm, stieß sie einen lauten Schrei aus und sank ohnmächtig nieder. Und der Holzfäller trug sie in sein eigenes Haus, und seine Frau nahm sich ihrer an, und als sie erwachte aus der Ohnmacht, in die sie gefallen war, setzten sie ihr Speis und Trank vor und baten sie, guten Muts zu sein.
Aber sie wollte weder essen noch trinken, sondern sprach zu dem Holzfäller: »Sagtest du nicht, dieses Kind wäre im Walde gefunden worden? Und war es nicht heute vor zehn Jahren?«
Und der Holzfäller entgegnete: »Wohl, im Wald war es, wo ich es fand, und heute sind es zehn Jahre her.«
»Und welche Zeichen fandest du mit ihm?« rief sie. »Trug es nicht eine Kette von Bernstein um seinen Hals? War es nicht gehüllt in einen Umhang aus Goldgewebe, bestickt mit Sternen?«
»Wahrhaftig«, versetzte der Holzfäller, »es war so, wie du sagst.« Und er holte den Umhang und die Bernsteinkette aus der Truhe, darin sie lagen, und zeigte es ihr. Und als sie diese Dinge sah, brach sie in Tränen der Freude aus und rief: »Es ist mein kleiner Sohn, den ich im Walde verlor. Ich bitte dich sehr, sende eilends nach ihm, denn nach ihm habe ich die ganze Welt durchwandert.«
Also gingen der Holzfäller und sein Weib hinaus und riefen das Sternkind und sagten zu ihm: »Gehe hinein in das Haus, und dort sollst du deine Mutter finden, die auf dich wartet.«
Der Knabe lief hinein, erfüllt von Staunen und von einer großen Freude. Doch als er sah, wer auf ihn wartete, lachte er verächtlich und rief: »Nun, wo ist denn meine Mutter? Denn ich sehe niemanden hier als nur das scheußliche Bettelweib.«
Und das Weib erwiderte ihm: »Ich bin deine Mutter.«
»Du bist von Sinnen, daß du so sprichst«, schrie das Sternkind voll Zorn. »Ich bin nicht dein Sohn, denn du bist ein Bettelweib, häßlich und in Lumpen. Darum scher dich fort, und laß mich dein garstiges Gesicht nicht länger sehen.«
»Und doch bist du in Wahrheit mein kleiner Sohn, den ich im Walde

gebar«, rief sie und fiel auf die Knie und streckte ihre Arme nach ihm aus. »Die Räuber entrissen dich mir und gaben dich dem Tode preis«, stieß sie hervor, »doch ich erkannte dich, als ich dich sah, und auch die Zeichen habe ich erkannt, den Umhang aus Goldgewebe und die Bernsteinkette. Daher bitte ich dich, komm mit mir, denn dich zu suchen bin ich durch die ganze Welt gewandert. Komm mit mir, mein Sohn, denn ich bedarf deiner Liebe.«

Aber das Sternkind rührte sich nicht von der Stelle, sondern verschloß die Tür seines Herzens vor ihr, und kein Laut war zu hören außer dem Weinen der Frau in ihrem großen Schmerz. Und endlich sprach der Knabe zu ihr, und seine Stimme war hart und bitter: »Wenn du wirklich und wahrhaftig meine Mutter bist«, sagte er, »so wärest du besser fern geblieben und hättest mir die Schande erspart, da ich doch glaubte, das Kind eines Sterns zu sein und nicht eines Bettlers Kind, wie du mir sagst. Daher scher dich weg und laß mich dich nicht länger sehen.«

»Ach, mein Sohn!« rief sie. »Willst du mich nicht küssen, eh' ich gehe? Denn ich habe viel erduldet, um dich zu finden.«

»Nein«, erwiderte das Sternkind, »denn du bist garstig anzusehen, und eher wollte ich die Natter und die Kröte küssen als dich.« Da stand das Weib auf und ging fort in den Wald und weinte bitterlich; und als das Sternkind sah, daß sie gegangen war, freute es sich und lief zurück zu seinen Spielgefährten, um mit ihnen zu spielen.

Doch als diese ihn kommen sahen, verspotteten sie ihn und sagten: »Oh, du bist garstig wie die Kröte und abscheulich wie die Natter. Scher dich weg von hier, denn wir lassen dich nicht mehr mit uns spielen«, und sie trieben ihn hinaus aus dem Garten. Und das Sternkind zog die Stirn kraus und sagte zu sich selber: »Was sagen sie da zu mir? Ich will zum Brunnen gehen und hineinsehen, und er soll mir meine Schönheit beweisen.«

Also ging er hin zu dem Brunnen und blickte hinein, und ach! sein Antlitz war wie das Antlitz einer Kröte, und sein Leib war geschuppt wie der Leib einer Natter. Und er warf sich nieder ins Gras und sagte zu sich selber: »Wahrlich, um meiner Sünde willen ist dieses über mich gekommen. Denn ich habe meine Mutter verleugnet und sie fortgejagt, und ich bin stolz und grausam zu ihr gewesen. Daher will ich hingehen und durch die ganze Welt nach ihr suchen und nicht rasten, ehe ich sie gefunden habe.« Da kam die kleine Tochter des Holzfällers zu ihm und legte ihre Hand auf seine Schulter und sagte: »Was tut es, wenn du nicht mehr schön und lieblich bist? Bleib bei uns und ich will dich nicht verspotten.«

Und er erwiderte ihr: »Nein, denn ich war grausam gegen meine Mutter, und als Strafe ist mir dieses Übel gesandt worden. Daher muß ich fort und durch die ganze Welt wandern, bis ich sie gefunden und ihre Vergebung erlangt habe.«

Also lief er hinaus in den Wald und rief nach seiner Mutter, daß sie zu ihm komme, aber er erhielt keine Antwort. Den ganzen Tag rief er nach ihr, und als die Sonne unterging, legte er sich auf ein Bett von Blättern zum Schlafen nieder, und die Vögel und die vierfüßigen Tiere des Waldes flohen ihn, denn sie erinnerten sich an seine Grausamkeit; ganz verlassen war er, nur die Kröte glotzte ihn an, und die träge Natter kroch an ihm vorüber.

Und am Morgen erhob er sich und pflückte bittere Beeren von den Bäumen und aß sie und ging seinen Weg durch den großen Wald und weinte sehr. Und jedes Wesen, das er traf, befragte er, ob es nicht vielleicht seine Mutter gesehen hätte.

Er sprach zum Maulwurf. »Du kannst unter die Erde kriechen. Sag mir, ist meine Mutter dort?«

Und der Maulwurf erwiderte: »Du hast meine Augen geblendet. Wie kann ich es wissen?«

Er sprach zum Hänfling: »Du kannst über die Wipfel der hohen Bäume fliegen und die ganze Welt sehen. Sag mir, siehst du meine Mutter?« Und der Hänfling versetzte: »Du hast mir zum Spaß die Flügel beschnitten. Wie soll ich fliegen?«

Und zu dem kleinen Eichhörnchen, das in der Tanne lebte und einsam war, sagte er: »Wo ist meine Mutter?«

Und das Eichhörnchen antwortete: »Meine Mutter hast du getötet. Willst du nun auch deine Mutter töten?«

Und das Sternkind weinte und neigte sein Haupt und erflehte Verzeihung von den Geschöpfen Gottes, und weiter ging es durch den Wald und suchte nach dem Bettelweib. Und am dritten Tag erreichte der Knabe die andere Seite des Waldes und stieg hinauf in die Ebene.

Und wenn er durch die Dörfer wanderte, verhöhnten ihn die Kinder und warfen Steine nach ihm, und die Bauern ließen ihn nicht einmal in ihren Scheunen schlafen, aus Furcht, er brächte Mehltau über ihr gespeichertes Korn, so ekelhaft war er anzusehen, und ihre Taglöhner verjagten ihn, und da war keiner, der Mitleid mit ihm hatte. Und nirgends konnte er etwas über das Bettelweib erfahren, welches seine Mutter war, obgleich er drei Jahre lang durch die Welt wanderte und oft meinte, sie vor sich auf der Straße zu erblicken, nach ihr rief und ihr nacheilte, bis die scharfen Kieselsteine seine Füße bluten ließen. Aber

einholen konnte er sie nicht, und die, die am Wege wohnten, leugneten stets, sie gesehen zu haben oder eine, die ihr glich, und sie spotteten über seinen Gram.
Drei volle Jahre wanderte er durch die Welt, und er fand nicht Liebe noch Herzensgüte, noch Erbarmen darin, sondern es war eine Welt, wie er sie in den Tagen seiner großen Hoffart selbst geschaffen hatte.
Und eines Abends kam er ans Tor einer stark befestigten Stadt, die an einem Fluß stand, und obgleich er müde war und die Füße ihn schmerzten, schickte er sich doch an, hineinzugehen. Doch die Soldaten, die Wache hielten, senkten ihre Hellebarden quer vor den Eingang und fragten ihn barsch: »Was willst du hier in dieser Stadt?« – »Ich suche meine Mutter«, antwortete er, »und ich bitte euch sehr, laßt mich hinein, denn es könnte sein, daß sie in dieser Stadt ist.«
Doch sie verhöhnten ihn, und einer von ihnen schüttelte seinen schwarzen Bart, stieß seinen Schild auf den Boden und rief: »Bei meiner Ehre, deine Mutter wird sich nicht freuen über deinen Anblick, denn du bist greulicher als die Kröte im Moor und häßlicher als die Natter, die im Sumpf kriecht. Scher dich fort! Scher dich fort! Deine Mutter wohnt nicht in dieser Stadt.«
Und ein anderer, der ein gelbes Banner in der Hand trug, sagte zu ihm: »Wer ist deine Mutter, und warum suchst du nach ihr?«
Und er antwortete: »Meine Mutter ist eine Bettlerin, wie ich ein Bettler bin. Ich habe übel an ihr gehandelt, deshalb bitte ich euch sehr, laßt mich hinein, auf daß ich ihre Verzeihung erlange, wenn sie in dieser Stadt weilt.« Doch sie ließen ihn nicht ein, sondern stachen mit ihren Speeren nach ihm.
Und als er sich weinend abwandte, da kam einer hinzu, dessen Rüstung mit goldenen Blumen eingelegt war und auf dessen Helm ein geflügelter Löwe lag, und befragte die Soldaten, wer es denn wäre, der Einlaß begehrte. Und sie sagten ihm: »Es ist ein Bettler und das Kind eines Bettlers, und wir haben ihn fortgejagt.«
»Nicht doch«, rief er lachend, »laßt uns das greuliche Geschöpf doch als Sklaven verkaufen, und sein Preis soll sein, was man für eine Schale süßen Weines zahlt.«
Und ein alter Mann mit bösem Gesicht, der gerade vorbeiging, rief aus und sagte: »Um diesen Preis will ich ihn kaufen«, und als er den Preis bezahlt hatte, nahm er das Sternkind an der Hand und führte es in die Stadt.
Und nachdem sie durch viele Straßen gegangen waren, kamen sie an eine kleine Tür, die war eingelassen in eine Mauer, welche von einem

Granatapfelbaum überwachsen war. Und der alte Mann berührte die Tür mit einem Ring aus geschnittenem Jaspis, und sie sprang auf, und über fünf Stufen aus Messing gingen sie hinunter in einen Garten voll schwarzer Mohnblumen und grüner Krüge von gebranntem Ton. Und der alte Mann löste aus seinem Turban ein Tuch von gemusterter Seide, verband damit die Augen des Sternkindes und stieß es vor sich her. Und als ihm das Tuch wieder von den Augen genommen wurde, fand das Sternkind sich in einem Verlies, das eine Hornlaterne erhellte.

Und der alte Mann setzte ihm auf einem Holzbrett schimmeliges Brot vor und sagte: »Iß!«, und in einem Napf reichte er ihm brackiges Wasser und sagte: »Trink!« Und als der Knabe gegessen und getrunken hatte, ging der alte Mann hinaus und versperrte die Tür hinter sich und verschloß sie mit einer eisernen Kette.

Und am Morgen kam der alte Mann, der in Wahrheit der verschlagenste aller Zauberer Libyens war und seine Kunst von einem gelernt hatte, der in den Grabmälern am Nil hauste, zu ihm herein und blickte ihn finster an und sprach: »In einem Wald nahe den Toren dieser Stadt der Giauren liegen drei Stück Gold verborgen. Das eine ist von weißem Gold, das andere von gelbem, und das Gold des dritten ist rot. Heute sollst du mir das Stück von weißem Gold bringen, und wenn du es nicht bringst, so werde ich dich mit hundert Hieben schlagen. Mach, daß du schnell fortkommst, und bei Sonnenuntergang werde ich an der Tür dieses Gartens auf dich warten. Sieh zu, daß du das weiße Gold bringst, oder es wird dir übel ergehen, denn du bist mein Sklave, und ich habe dich gekauft um den Preis einer Schale süßen Weines.«

Und mit einem Schal aus gemusterter Seide verband er dem Sternkind die Augen und führte es durch das Haus und durch den Garten voller Mohnblumen und hinauf über die fünf Stufen aus Messing. Und nachdem er mit seinem Ring die kleine Tür geöffnet hatte, schob er es auf die Straße.

Und das Sternkind ging hinaus durch das Stadttor und kam zu dem Wald, von welchem der Zauberer gesprochen hatte.

Dieser Wald nun war von außen sehr lieblich anzusehen, er schien voll von singenden Vögeln und süßduftenden Blumen, und fröhlich betrat ihn das Sternkind. Aber diese Schönheit nützte ihm wenig: denn wo er sich auch hinwandte, schossen rauhe Stacheln und Dornen aus dem Boden und umklammerten ihn, und böse Nesseln stachen ihn und bohrten ihm ihre Dolche ins Fleisch, so daß er in große Bedrängnis kam. Und nirgends konnte er das Stück weißen Goldes finden, von dem der Magier gesprochen hatte, obwohl er von Morgen bis Mittag suchte und von Mittag bis Sonnenuntergang. Und bei Sonnenuntergang wandte er sein Antlitz heimwärts und weinte bitterlich, denn er wußte, welches Schicksal seiner harrte.

Doch als er den Saum des Waldes erreicht hatte, hörte er aus dem Dickicht einen Schrei, wie von einem, der in Not ist. Da vergaß er seinen eigenen Kummer und lief zurück zu der Stelle und erblickte einen kleinen Hasen in einer Falle gefangen, die ein Jäger ihm gestellt hatte. Und das Sternkind hatte Erbarmen mit ihm und befreite ihn und sagte zu ihm: »Ich bin selber nur ein Sklave, und doch kann ich dir die Freiheit geben.«

Und der Hase antwortete ihm und sprach: »Wahrlich, du hast mir die Freiheit geschenkt, was kann ich dir zum Dank dafür geben?«

Und das Sternkind sprach zu ihm: »Ich suche nach einem Stück weißen Goldes und kann es nirgends finden, und wenn ich es meinem Herrn nicht bringe, wird er mich schlagen.«

»Komm mit mir«, sagte der Hase, »und ich will dich dahin führen, denn ich weiß, wo es verborgen ist und zu welchem Zweck.«

Also ging das Sternkind mit dem Hasen, und siehe!, in dem Spalt einer großen Eiche erblickte er das Stück von weißem Gold, das er gesucht hatte. Freude erfüllte ihn, und er ergriff es und sagte zu dem Hasen: »Den Dienst, den ich dir erwies, hast du mir vielfältig vergolten, und die Güte, die ich dir erzeigte, hast du mir hundertfach zurückgezahlt.«

»Nein«, versetzte der Hase, »allein wie du an mir getan, so tat ich nun an dir«, und flink lief er davon, und das Sternkind ging auf die Stadt zu.

Nun saß aber am Tor der Stadt einer, der war aussätzig. Vor seinem Gesicht hing eine Kapuze aus grauem Linnen, und durch die Augenschlitze glommen seine Augen wie rote Kohlen. Und als er das Sternkind kommen sah, schlug er auf einen hölzernen Napf und rasselte mit seiner Klapper und rief ihm zu und sagte: »Gib mir ein Geldstück, oder ich muß Hungers sterben. Denn sie haben mich aus der Stadt geworfen, und da ist keiner, der sich meiner erbarmte.«

»Ach!« rief das Sternkind, »Ich habe nur ein einziges Goldstück in der Tasche, und wenn ich es meinem Herrn nicht bringe, wird er mich schlagen, denn ich bin sein Sklave.«

Aber der Aussätzige flehte ihn an und beschwor ihn, bis das Sternkind sich erbarmte und ihm das Stück weißen Goldes gab.

Und als er zu dem Haus des Zauberers kam, da öffnete ihm dieser und ließ ihn ein und sagte zu ihm: »Hast du das Stück weißen Goldes?« Und das Sternkind antwortete: »Ich habe es nicht.« Und der Zauberer stürzte sich auf ihn und schlug ihn und stellte ein leeres Holzbrett vor ihn und sagte: »Iß!«, und reichte ihm einen leeren Becher und sagte: »Trink!« und stieß ihn wieder in das Verlies. Und am Morgen kam der Magier zu ihm und sagte: »Wenn du mir heute nicht das Stück gelben Goldes bringst, so will ich dich wahrlich als meinen Sklaven behalten und dir dreihundert Streiche aufzählen.«

Da ging das Sternkind in den Wald, und den ganzen Tag lang suchte es nach dem Stück gelben Goldes, konnte es aber nirgends finden. Und bei Sonnenuntergang ließ er sich nieder und begann zu weinen, und wie er so weinte, da kam der kleine Hase zu ihm, den er von der Falle gerettet hatte.

Und der Hase sagte zu ihm: »Warum weinst du? Und was suchst du im Wald?«

Und das Sternkind erwiderte: »Ich suche nach einem Stück gelben Goldes, das hier verborgen liegt, und wenn ich es nicht finde, wird mein Herr mich schlagen, und ich muß sein Sklave bleiben.«

»Komm mit mir«, rief der Hase und lief durch den Wald, bis er zu einem Tümpel voll Wasser kam. Und am Grunde des Tümpels lag das Stück gelben Goldes.

»Wie soll ich dir danken?« sagte das Sternkind. »Denn siehe!, dies ist das zweite Mal, daß du mir zu Hilfe kommst.«

»Hast du doch zuerst dich meiner erbarmt«, versetzte der Hase und lief hurtig davon. Und das Sternkind nahm das Stück gelben Goldes und steckte es in die Tasche und eilte der Stadt zu. Aber der Aussätzige sah ihn kommen und lief ihm entgegen und kniete nieder und rief: »Gib mir ein Geldstück, oder ich sterbe vor Hunger.«

Und das Sternkind antwortete ihm: »Ich habe nur ein Stück gelben Goldes in meiner Tasche, und wenn ich es nicht meinem Herrn bringe, wird er mich schlagen, und ich muß sein Sklave bleiben.«

Aber der Aussätzige beschwor ihn so inbrünstig, daß das Sternkind sich seiner erbarmte und ihm das Stück gelben Goldes gab.

Und als er zu dem Haus des Zauberers kam, öffnete ihm dieser und ließ ihn ein und fragte: »Hast du das Stück gelben Goldes?« Und das Sternkind erwiderte ihm: »Ich habe es nicht.« Da stürzte sich der Magier auf ihn und schlug ihn, belud ihn mit Ketten und warf ihn wieder in das Verlies.

Und am Morgen kam der Zauberer zu ihm und sagte: »Wenn du mir heute das Stück roten Goldes bringst, will ich dir die Freiheit geben, wenn aber nicht, so will ich dich wahrlich töten.«

Also ging das Sternkind in den Wald und suchte den ganzen Tag nach dem Stück roten Goldes, konnte es aber nirgends finden. Und am Abend setzte er sich hin und weinte, und noch während er weinte, kam der kleine Hase zu ihm.

Und der Hase sprach: »Das Stück roten Goldes, das du suchst, liegt in der Höhle hinter dir. Daher weine nicht länger, sondern sei guten Muts.«

»Wie soll ich es dir lohnen?« rief das Sternkind. »Denn siehe!, dies ist das dritte Mal, daß du mir geholfen hast.«

»Du aber hast dich zuerst meiner erbarmt«, entgegnete der Hase und lief davon.

Und das Sternkind betrat die Höhle, und im hintersten Winkel fand er das Stück roten Goldes. Er steckte es in die Tasche und eilte der Stadt zu. Und als der Aussätzige ihn kommen sah, stellte er sich mitten auf den Weg und rief aus: »Gib mir das Stück roten Goldes oder ich muß sterben«, und wieder hatte das Sternkind Mitleid mit ihm und gab ihm das Stück roten Goldes und sprach: »Deine Not ist größer als die meine.« Doch sein Herz war schwer, denn er wußte, welch bitteres Geschick seiner harrte. Doch siehe!, als er durch das Stadttor schritt, da neigten sich die Wächter tief und huldigten ihm und sprachen: »Wie schön ist unser Herr!« Und ein Haufen Leute folgte ihm und rief: »Wahrlich, niemand auf der ganzen Welt ist so schön wie er!«, so daß das Sternkind weinte und zu sich selber sagte: »Sie treiben ihren Spott mit mir und haben nicht Achtung vor meinem Elend.«

Und so groß war die Menge der Menschen, die zusammenliefen, daß er die Richtung seines Weges verlor und sich endlich auf einem großen Platz wiederfand, wo der Palast des Königs stand.

Und das Tor des Palastes öffnete sich, und die Priester und die hohen Würdenträger der Stadt kamen ihm entgegen und demütigten sich vor ihm und sprachen: »Du bist unser Herr, auf den wir gewartet haben, und der Sohn unseres Königs.«

Und das Sternkind antwortete ihnen und sprach: »Ich bin keines Königs Sohn, sondern das Kind eines armen Bettelweibs. Und wie könnt ihr sagen, ich sei schön, da ich doch weiß, daß ich übel anzusehen bin?«

Da hob jener, dessen Rüstung mit goldenen Blumen eingelegt war und auf dessen Helm ein geflügelter Löwe ruhte, seinen Schild empor und rief: »Wie mag mein Gebieter sagen, er sei nicht schön?«

Und das Sternkind schaute hinein, und siehe!, sein Antlitz war, wie es gewesen, und seine Lieblichkeit war ihm zurückgekehrt, und es sah etwas in seinen Augen, das er noch nie zuvor gesehen hatte.
Und die Priester und die hohen Würdenträger knieten nieder und sprachen zu ihm: »Es war uns seit alten Zeiten geweissagt, daß an diesem Tag er kommen sollte, der über uns regieren wird. Möge daher unser Gebieter diese Krone und dieses Zepter nehmen und in Gerechtigkeit und Gnade König sein über uns.«
Doch er entgegnete ihnen: »Ich bin nicht würdig, denn ich habe die Mutter verleugnet, die mich gebar, und ich will nicht ruhen, bis ich sie gefunden und ihre Verzeihung erlangt habe. Daher laßt mich ziehen, denn ich muß wieder durch die Welt wandern und darf nicht hier verweilen, wenn ihr mir auch Krone und Zepter bringt.«
Und als er so redete, wandte er sein Gesicht von ihnen hin zu der Straße, die zum Stadttor führte, und siehe!, mitten in der Menge, die sich um die Soldaten drängte, sah er das Bettelweib, welches seine Mutter war, und an ihrer Seite stand der Aussätzige, der an der Straße gesessen hatte.
Und ein Schrei der Freude brach von seinen Lippen, und er lief hin und kniete nieder und küßte die Wunden an seiner Mutter Füße und netzte sie mit seinen Tränen. Er neigte sein Haupt in den Staub und schluchzte wie einer, dessen Herz brechen will, und sagte zu ihr: »Mutter, ich verleugnete dich in der Stunde meiner Hoffart. Nimm mich an in der Stunde meiner Demut. Mutter, ich gab dir Haß. Gib du mir Liebe. Mutter, ich stieß dich zurück. Nimm du mich jetzt auf als dein Kind.« Aber das Bettelweib antwortete ihm nicht ein Wort.
Und er streckte seine Hände aus und umklammerte die weißen Füße des Aussätzigen und sagte zu ihm: »Dreimal hatte ich mit dir Erbarmen. Bitte meine Mutter, sie möge nur einmal zu mir sprechen.« Aber der Aussätzige antwortete ihm nicht ein Wort. Und wieder schluchzte er und sagte: »Mutter, mein Leid ist größer, als ich tragen kann. Gewähre mir deine Verzeihung, und laß mich zurückkehren in den Wald.« Und das Bettelweib legte ihre Hand auf sein Haupt und sprach zu ihm: »Stehe auf«, und der Aussätzige legte seine Hand auf sein Haupt und sprach gleichfalls zu ihm: »Stehe auf.« Und er erhob sich von den Knien und blickte sie an, und siehe!, sie waren ein König und eine Königin.
Und die Königin sprach zu ihm: »Dies ist dein Vater, welchem du geholfen hast.« Und der König sprach: »Dies ist deine Mutter, deren Füße du mit deinen Tränen gewaschen hast.«

Und sie fielen ihm um den Hals und küßten ihn und führten ihn in den Palast und kleideten ihn in köstliche Gewänder, und sie setzten die Krone auf sein Haupt und gaben das Zepter in seine Hand, und er herrschte über die Stadt und war ihr Gebieter.
Viel Gerechtigkeit und Gnade erzeigte er allen, und den bösen Zauberer verbannte er, und dem Holzfäller und seiner Frau sandte er viele kostbare Geschenke, und ihren Kindern erwies er hohe Ehren. Er duldete keine Grausamkeiten, weder an gefiedertem noch an gehörntem Getier, sondern lehrte Liebe und Güte und Barmherzigkeit, und die Hungrigen nährte er, und die Nackten kleidete er, und Friede und Fülle herrschten im ganzen Land.
Aber er regierte nicht lange, so groß war sein Leiden und so bitter das Feuer seiner Prüfung gewesen, denn nach drei Jahren starb er. Und der nach ihm kam, regierte übel.

*Thornton Wilder*

# Die Flucht nach Ägypten

Mitunter tauchen auf Versteigerungen oder in einem Trödelladen mechanische Guckkästen auf, die einem auf Jahrmärkten und in Bioskoptheatern gegen Einwurf eines Nickels die Geschichte von Schneewittchen oder Ali Baba und auch fremde Länder vorzuführen pflegen. Es sollte dir also möglich sein, ein Zyklorama des Heiligen Landes und Ägyptens aufzustöbern, das die Szene für unser Stück bildet. Stelle die Gaslichter klein, denn es ist Nacht in Palästina, und laß eine Frau mit einem Kind auf einer Eselin hinter der Glasscheibe erscheinen. Ein alter Mann begleitet sie zu Fuß. Der Name der Eselin ist *Hephzibah*.

HEPHZIBAH, *zum zehntenmal:* Ich bin müde.

MARIA Ich weiß, ich weiß.

HEPHZIBAH Ich will dich gern so weit und so schnell tragen, als ich kann, aber alles mit Maß, alles mit Maß.

JOSEPH Wenn du nicht soviel redetest, hättest du mehr Kraft für die Reise.

HEPHZIBAH Nicht meine Lungen sind müde, sondern meine Beine. Wenn ich rede, merke ich nicht, wie müde ich bin.

MARIA Tue, was du für gut findest, Hephzibah, nur bleibe nicht stehn. Ich kann noch immer des Herodes Kriegsknechte hinter uns hören.

*Lärm von Eisenzeug in der Kulisse rechts.*

HEPHZIBAH Tja, ich tue, was ich kann.

*Schweigen. Der Tigris gleitet auf dem Zyklorama vorbei.*

Wenn wir nicht reden, werde ich stehenbleiben müssen. Wir sprachen über die Römer und die ganze politische Lage, und ich muß wiederholen, daß ich wie jedes denkende Wesen eine solche Lage nur mit Beunruhigung betrachten kann. Wir sprachen auch über unser Dorf, aber ich glaube nicht, daß es darüber noch irgend etwas zu sagen gibt. Habe ich nicht vergessen, euch zu erzählen, daß die Verlobung der Tochter Isaschars gelöst wurde?

MARIA Nein.

HEPHZIBAH Nun, dann gibt es immer noch Ideen. Ich glaube, ich kann ehrlich sagen, daß ich in Ideen aller Art zu Hause bin. Daheim auf unserem Hof, zum Beispiel, bin ich die Leiterin einer Diskussionsgruppe unter uns Frauen und Mädchen. Wir führen äußerst interessante Gespräche über Religion, dessen kann ich euch versichern. Höchst lehrreiche.

JOSEPH *als wiederum Eisengerassel aus Judäa vernehmbar wird; der Euphrat gleitet vorbei:* Kannst du dich nicht ein wenig beeilen?

HEPHZIBAH Ich sage den andern immer: Mädels, sage ich, sogar in Glaubensdingen wird von uns erwartet, daß wir unsern Verstand gebrauchen. Niemand wird zugemutet, die Angel samt Schnur und Schwimmer zu schlucken, wie die Redensart lautet. Diese Kinder zum Beispiel, die Herodes da umbringen läßt. Warum wurden sie geboren, wenn sie doch so jung sterben müssen? Kann mir jemand das beantworten? Oder, um es anders auszudrücken, warum wird der kleine Knabe in deinem Arm gerettet, während die andern umkommen müssen?

JOSEPH Ist es nötig, dabei stehenzubleiben?

HEPHZIBAH Ich bleib' des Nachdrucks wegen stehn. – Versteht mich recht! Nicht, daß ich etwa zweifle. Aufrichtige Erörterung bedeutet nicht notwendig Zweifel. – Was für ein Lärm war das?

MARIA Ich bitte dich, befleißige dich der größten Eile, deren du fähig bist. Der Lärm, den du da hörst, rührt von den Kriegsknechten des Herodes her. Mein Kind wird erschlagen werden, während du über Glaubensdinge streitest. Ich bitte dich, Hephzibah, rette es, solange du's noch vermagst!

HEPHZIBAH Sei versichert, ich tue mein möglichstes, und ich glaube, ich komme flott genug vorwärts. Übrigens meinte ich nicht jenen Lärm dort hinten: es war ein Lärm vor uns. Selbstverständlich ist dein Kind dir teurer als andre, aber theologisch gesprochen gibt es keinen möglichen Grund dafür, daß du mit ihm heil nach Ägypten entkommen solltest, während andre an ihren Grenzen, wie es in der Übersetzung des Dr. Martin Luther heißt, getötet werden. Wenn der Messias kommt, wird das alles aufgeklärt, aber bis dahin gedenke ich meinen Verstand zu gebrauchen. Meine Theorie läuft darauf hinaus, daß . . .

MARIA Hephzibah, wir werden dich wirklich schlagen müssen, wenn du so oft stehenbleibst. Hephzibah, erinnerst du dich meiner nicht? Erinnerst du dich nicht, wie du im Stall auf die Knie fielst? Erinnerst du dich nicht mehr meines Kindes?

HEPHZIBAH Wie? Was? Aber gewiß!

MARIA Siehst du, Hephzibah!

HEPHZIBAH Laß mich gerade nur für einen Augenblick anhalten und umherblicken. Nein, ich wage nicht, stehnzubleiben. Warum habe ich dich nicht früher erkannt! Wahrhaftig, liebste Herrin, du hättest strenger zu mir sprechen sollen. Ich wußte gar nicht, daß ich dermaßen laufen kann; es ist ein wahres Vergnügen! Gütiger Heiland, welch eine Eselin war ich doch, über den Verstand zu diskutieren, während mein Heiland in Gefahr schwebte! *Eine Pyramide saust vorüber.* Seht ihr die Lichter der Stadt noch nicht? Das ist die Sphinx dort zur Rechten, meine Herrschaften. Ja. 3655 vor Christus. – Also es ist schon eine wunderliche Welt, in der's von Eseln abhängt, ob der Heiland am Leben bleibt. Aber so ist's nun einmal. Warum hast du's mir nicht früher gesagt, liebste Herrin?

JOSEPH Wir dachten, du würdest uns aus freien Stücken vorwärts tragen.

HEPHZIBAH Oh, verzeih mir, Herrin, verzeih mir, Herr! Ihr hört jetzt gewiß keine Kriegsknechte mehr, dafür will ich euch bürgen. Bitte, lenke mich nicht so weit hinüber – gestatte – hier zur Rechten geht der Weg, Herrin. Das ist der Nil, da gibt's Krokodile. – Herrin, darf ich jetzt eine Frage stellen, nun wir in Sicherheit sind?

MARIA Ja, Hephzibah.

HEPHZIBAH Es handelt sich um diese Sache mit dem Glauben und dem Verstand, Herrin, ich möchte schrecklich gern unserer Gruppe überbringen, was du darüber zu sagen hast...

MARIA Meine liebe Hephzibah, vielleicht ein andermal. Für den Augenblick tue du nur wie ich und trag deinen Herrn und Meister weiter!

*Noch mehr Pyramiden sausen vorüber; Memnon singt, der Nil gleitet träumerisch vorbei, und die Herberge ist erreicht.*

*Oswald von Wolkenstein*

## Weihnachtslied

Im Syrerland in weiter Fern
Hört man ein starkes Singen.
Vom Erdenrand vermocht es gern
Zur Hölle selbst zu dringen.
Neu war die Mär: Frei von Beschwer geboren wär
Ein Sohn von reiner Maide.
Die Botschaft klar, so wunderbar, dem Teufel war
Zu großem Zorn und Leide.
Er schlug in Ärger eine Kluft
In eine Mauer, nahe
Der Bethlehemschen Gnadengruft.
Den Riß ich selber sahe.

O reicher Gott, die Welt ist dein,
Die Fürsten dein auf Erden,
Sie mögen tot, lebendig sein
Und noch geboren werden!
Der Armut Macht hat jene Nacht so wohl bedacht
Durch Gottes weise Schickung,
Als dich so groß, den reinen Sproß, aus keuschem Schoß
Frei von der Schuld Umstrickung
Die schönste Jungfrau dort gebar,
Von Ewigkeit erkoren.
Wie elend, ach, die Herberg' war,
Wo sie dich hat geboren!

Ein Esel kam, zum Ochs gestellt,
Gastfreundlichkeit dir entgegen.
Die Krippe nahm, als Bett gestellt,
Dich auf, um dich zu hegen.
Die dein genas und vor dir saß, sie wußte, daß
Ihr Herr und Gott du seiest.
Dich Jungfrau bat des Schöpfers Rat, daß du in Tat
Den Namen »Kind« ihm leihest.
Euch zwei vereint, ich Wolkenstein
Von ganzem Herzen preise.
Hilf mir, Sohn Gottes, Jungfrau rein,
Bei meiner letzten Reise!

*Eva Zeller*

## Die da kommen wollten

Die kommen wollten
das Kind anzubeten
lasen unterwegs
im Stern
es fiele unter
abgeschaffte Paragraphen
man könnte ihm
mit Fug und Recht
schon prophylaktisch
seine Zweifel
durch die Hände treiben
Gott
der die
Quantensprünge regelt
wohne
nie und nimmer
unter uns

*Lukas 2: die Weihnachtsgeschichte in verschiedenen Übertragungen*

## *Nach Martin Luther:*
## Die Weihnachtsgeschichte

Es begab sich aber zu der Zeit, daß ein Gebot von dem Kaiser Augustus ausging, daß alle Welt geschätzt würde. Und diese Schätzung war die allererste und geschah zur Zeit, da Kyrenius Landpfleger in Syrien war. Und jedermann ging, daß er sich schätzen ließe, ein jeglicher in seine Stadt.

Da machte sich auf auch Joseph aus Galilea, aus der Stadt Nazareth in das jüdische Land zur Stadt David, die da heißt Bethlehem, darum er von dem Hause und Geschlechte Davids war, auf daß er sich schätzen ließe mit Maria, seinem vertrauten Weibe, die war schwanger. Und als sie daselbst waren, kam die Zeit, daß sie gebären sollte. Und sie gebar ihren ersten Sohn und wickelte ihn in Windeln und legte ihn in eine Krippe, denn sie hatten sonst keinen Raum in der Herberge.

Und es waren Hirten in der selbigen Gegend auf dem Felde bei den Hürden, die hüteten des Nachts ihre Herde. Und siehe, des Herrn Engel trat zu ihnen, und die Klarheit des Herrn leuchtete um sie, und sie fürchteten sich sehr. Und der Engel sprach zu ihnen: Fürchtet euch nicht, siehe, ich verkündige euch große Freude, die allem Volk widerfahren wird. Denn euch ist heute der Heiland geboren, welcher ist Christus der Herr, in der Stadt Davids. Und das habt zum Zeichen: Ihr werdet finden das Kind in Windeln gewickelt und in einer Krippe liegend. Und alsbald war da beim Engel die Menge der himmlischen Heerscharen, die lobten Gott und sprachen: Ehre sei Gott in der Höhe und Friede auf Erden und den Menschen ein Wohlgefallen.

Und da die Engel von ihnen gen Himmel fuhren, sprachen die Hirten untereinander: Lasset uns nun gehen gen Bethlehem und die Geschichte sehen, die da geschehen ist, die uns der Herr kundgetan hat. Und sie kamen eilend und sie fanden beide, Maria und Joseph, dazu das Kind in der Krippe liegen. Da sie es aber gesehen hatten, breiteten sie das Wort aus, welches zu ihnen von diesem Kind gesagt war. Und alle, vor die es kam, wunderten sich der Rede, die ihnen die Hirten gesagt hatten. Maria aber behielt alle diese Worte und bewegte sie in ihrem Herzen. Und die Hirten kehrten wieder um, priesen und lobten Gott um alles, das sie gehört und gesehen hatten, wie denn zu ihnen gesagt war.

## *Einheitsübersetzung*
## Die Weihnachtsgeschichte

In jenen Tagen erließ Kaiser Augustus den Befehl, alle Bewohner des Reiches in Steuerlisten einzutragen. Dies geschah zum erstenmal; damals war Quirinius Statthalter von Syrien. Da ging jeder in seine Stadt, um sich eintragen zu lassen. So zog auch Josef von der Stadt Nazaret in Galiläa hinauf nach Judäa in die Stadt Davids, die Bethlehem heißt; denn er war aus dem Haus und Geschlecht Davids. Er wollte sich eintragen lassen mit Maria, seiner Verlobten, die ein Kind erwartete. Als sie dort waren, kam für Maria die Zeit ihrer Niederkunft, und sie gebar ihren Sohn, den Erstgeborenen. Sie wickelte ihn in Windeln und legte ihn in eine Krippe, weil in der Herberge kein Platz für sie war.

In jener Gegend lagerten Hirten auf freiem Feld und hielten Nachtwache bei ihrer Herde. Da trat der Engel des Herrn zu ihnen, und der Glanz des Herrn umstrahlte sie. Sie fürchteten sich sehr, der Engel aber sagte ihnen: Fürchtet euch nicht, denn ich verkünde euch eine große Freude, die dem ganzen Volk zuteil werden soll: Heute ist euch in der Stadt Davids der Retter geboren; er ist der Messias, der Herr. Und das soll euch als Zeichen dienen: Ihr werdet ein Kind finden, das, in Windeln gewickelt, in einer Krippe liegt. Und plötzlich war bei dem Engel ein großes himmlisches Heer, das Gott lobte und sprach: Verherrlicht ist Gott in der Höhe, und auf Erden ist Frieden bei den Menschen seiner Gnade.

Als die Engel sie verlassen hatten und in den Himmel zurückgekehrt waren, sagten die Hirten zueinander: Kommt, wir gehen nach Bethlehem, um das Ereignis zu sehen, das uns der Herr verkünden ließ. So eilten sie hin und fanden Maria und Josef und das Kind, das in der Krippe lag. Als sie es sahen, erzählten sie, was ihnen über dieses Kind gesagt worden war. Und alle, die es hörten, staunten über die Worte der Hirten. Maria aber bewahrte alles, was geschehen war, in ihrem Herzen und dachte darüber nach. Die Hirten kehrten zurück, rühmten Gott und priesen ihn für das, was sie gehört und gesehen hatten, denn alles war so gewesen, wie es ihnen gesagt worden war.

## *Schwäbisch – von Uwe Kynast*
## Wia onser Heiland uff d' Welt komme isch

En sellre Zeit, wo oiner, der Kyrenius gheisse hot, so a Art Minischterpräsident em syrische Teil von Paläschtina gwä isch, hot dr remische Kaiser Auguschtus befohle, daß älle Leit zom ällererschte Mol en Schteierlischte uffgnomme on regischtriert werre sollet. On jeder hot en die Schtadt gange müasse, von wo er on seine Vorfahre hergschtammt henn.
Au dr Josef – seine Leit sen em Lauf dr Zeit noch Galiläa omzoga, nuff noch Nazareth – hot sich uff dr Wäg gmacht nonder ens Judäische en d' Schtadt vom David, Bäthlehem heißt se, äba weil seller David siebnezwanzig Generatione vorhär am Josef sei Urahn gwä isch. Zamme mit seiner Braut, dr Maria, die om etliche Jährle jönger gwä isch als er sälber, hot 'r sich en di Lischte eitrage lasse wella. Jeden Dag henn se drmit rechne müassa, daß ihr erschts Kend uff d' Welt kommt. On wo se noh endlich z' Bäthlehem ohkomme sen, do war's noh soweit. A Biable isch's gwä, on se hot's noh glei sälber en a baar Diacher eigwickelt on hot's en a Fuaderkrippe neiglegt, weil se wege dera Volkszählong sonscht koin gscheida Blatz zom Schlofa meh gfonde henn, bloß no emma Schdall hentreme Gaschthaus.
Außerhalb vom Schtädtle, drussa uff de Fälder, senn Hirta gwä on henn ihber Nacht ihr eipferchts Vieh ghiadet. – On denket noh, uff oimohl isch bei denne rauhe Gsella, wo uff ihre Kia on Ochse on Schäfla on Geißa uffbaßt henn, a ganz helle Gschdalt erschiene, daß mittle en dr Nacht älles om se rom gleichdet hot. A gottsallmächdige Angscht henn se kriagt, abr der fremde Moh hot zo ehne gsagt: »Ihr brauchet gar koi Angscht hann! Denket, i derf eich a jesesmäßige Freid ohkendiga, di älle Leit uff dr ganze Wält ebbes ohgoht; grad heit isch der uff d' Welt komme, der eich helfa koh, hier, em David seinra Schtadt! Ihr werret's do droh märke, daß enra Fuaderkrippe a neigebohres Biable liggt, wo en Windla eigwickelt isch.«
Uff oimohl senn zu dem schtrahlende Moh no viel meh sodde helle Gschdalte drzuakomme, on dia henn ganz feierlich on beschdimmt on ihbrzeigend gsagt: »D' Mensche henn bloß ihrn Herrgott ihber sich, mir brauchet koine weltliche Fihrer verähre. Uff dr Erde sollet sich älle vertraga, ihberall, em Oschde on em Weschde, em Sihde on em Norde, en älle Lender, en jedem Haus. On wemmer so läbet, noh senn mir onserm Herrgott scho recht!«

On wo ihne des klar worra isch, war die Erleichdong, wo se grad noh ghett henn, vorbei, on älles isch widder gwä wie vorhär, on dia Hirta henn zoanander gsagt: Jetz welle mer abber glei noch Bäthlehem neiganga on gugga, was des mit sellra Sach uff sich hot, dih ons doh so siadich heiß uffgange isch.
On wo se noh dapfer nokomma senn, henn se datsächlich d' Maria on dr Josef gfonda on des Biable, wo en a Fuaderkrippe hot neiglegt werra müassa.
Wia se noh feschtgschdellt ghett henn, daß des schtemmt, on se des mit ihre eigene Auge gsäh henn, no henn se's ihberall weiterverzehlt, was ihber des Kend gschwätzt worre isch. On älle, wo 's erfahra henn, waret arg verwondert ihber selle Gschicht von denne Hirta.
Abber d' Maria hot jedes Wörtle bhalte on hot ganz ernscht drihber nochdenkt.
Die Hirta senn noh widder omkehrt on waret ihrm Herrgott aus tiefschter Sähl raus dankbar, daß se ab jetz a sodde Hoffnung hann dirfet.

*Kurpfälzisch-Heidelbergisch – von Jo Krummacher*

## Dem Lukas soi Woihnachtsgschischd vu'me Hoidelberger Sume iwwertraache

In seller Zeit hot de Kaiser Auguschdus e Väodnung erlosse, daß sisch jeda in soim Reisch fer die Schdaier oitraache losse muß. Newwebei: Des wa des erschde Mol, daß ma deswege e gonzi Volgszählung väanschdalded hot. Un bassiad isses, wie da Quirinius so e Aad Kurferschd vun Syrie gwese is. Do sin'se donn alle loszooche in ia Vadderschdadd (on en Boigodd hot damals keener denkt), um sisch bei denne Finonzbeomde zu melde.

So is dann au de Josef abmaschiad, vun soim Wohnodd Nazareth, des liegt in Goliläa, zu Fuß riwwer nach Judäa, nach Bedlehäm, in die Schdadd, die wesche dem David so berihmd war wie Hoidelberg wege soim Kurferschd Friedrisch. Immahin hot zu dem Josef soine Vorfahre de Keenisch David selwer ghead. Do wolld e sisch donn boim Hoimadfinanzomd Bedlehäm regischdriere losse, z'amme mid seinere Verlobde, der Marie, die e hochschwanger mitgnumme hot. Awwer kaum sin'se do okumme, do isses bei de Marie aa schun losgange un se hot ia erschdes Kind gekriggt, en Bu; den hot se in Winnel oigewiggeld un donn in ä Kribb noiglegd, weil's do, wo se iwwernachded hawwe, kän annere Blatz gewwe hot.

Zua gleische Zeit waare Herte in derre Geschend uffm Feld, die hawwe nachds uff ia Schafhead uffgebassd. Uff ä Mol is Gott soin Bode bei'enne uffgedaacht, hell isses gwodde – dagesche is die Hoidelberga Schloßbeleischdung iwwerhaubt nigs – un die Herte hawwe gonz schä de Fragg vollghabt. Do hot Gott soin Bode ogfange zu babble: »Macht kää Färz! Ia braachd doch kää Ängschd hawwe. Alla, bassd uff, was isch aisch sache du, do werd bei alle Leid s'Härz vor Fraid bis an'd Gorgel nuffschbringe! Dengt norre, hait is fer aisch da Hoiland gebore worre, der Chrischdus, uff den ma schun so long gewadd hot, aier Herr – in'em David soinere Schdadd. Isch verrot aisch aa, woron er'n erkenne kennt: Ia braacht nur gugge, wo en kleener Krischer in Winnel oigewiggeld in'ere Kribb drinliegt.«

Un dann war mit äm'Mol boi dem Bode ä gonzi Latt vum himmlische Hofschdaad, die hawwe Gott lauthals gelobt:

> »Ehre soi Gott in da Heh
> un uff Erde Fried
> bei denne Mensche, die er gern hot.«

Un wie die Engel sisch vun ihne foddmache un in de Himmel zurick-sind, hawwe die Herte midänanner gebabbelt: »Alla, jetzat laafe mer dochemol sofodd nach Bedlehäm riwwer und gugge, was'ses mit dem, was der do gsachd hot, uff sisch hot.« No hawwe se die Bee zwische die Händ gnomme un – tatsäschlisch, was isch aisch sach! – die hawwe die Marie und de Josef mit dem Klääne in der Kribb drin gfunne. Rischdisch ogeglotzt hawwe s'es un donn alle Sache, wu die Engel verzählt hawwe, weiderverzähld. Un alle Lait, wie s'es heere, hawwe se net schlechd gschdaund iwwer des, was die Herte verzähld hawwe. Die Marie awwer, die hot uffgebassd wie'n Lux, daß'ere kä Wodd rausgeht, un hot immer wieda driwwer nachdenke müsse. Die Herte awwer hawwe uff'm Absatz kehrt gemacht un sin wida häm zu ihre Viehscher un hawwe nigs onneres mache känne wie Gott lobe un danke. Denn alles war eschd so bassiad, wie s'enne Gott soin Bode gseschd hot.

## *Hessisch – von Günter Törner*
## Die Geburt vo'm Heiland

Es woar genau en der Zeit, wu de Kaiser Augustus de Befeähl goab, doas jerer vo ois sich entra losse soll. Doas woas eschte Moal, doas es so woas ewwerhäbt gegewe hoat, un es woar en däre Zeit, wu de Quirinius des Sa en Syrien hat. Un es sei all lusgegange, im sich entra se losse, jerer en sei Stoadt. Un Joseph ging ach lus vo de Stoadt Nazareth aus, dej leit en Galiläa. Un er ging noch Bethlehem, woas die Stoadt Davids woar, un dej leit en Judäa, un er ging desweje dohie, weil e ewer ener voa Davids woar. Un e ging sesomme met Maria dohie, im sich entra se losse. Maria, sei Verlobte, dej hat ach woas Klenes se griehe. Un wej se do woarn, do woas schu so weit, des se schu gleich es Klene griehe sollt. Un es Kend kom wahrhaftig, un Maria hoats goat en Lombe gepackt un hoats en de Foarerdrog gelägt, weil se sost keen Platz fiers harre. Un im se rim woarn Hirte oaf'm Fäeld, dej dere groat of ehre Schoaf oacht gäwe. Doa kom de Engel voam Herr God zoa en, un wejs of ehmol ganz helle im se rim wern dert, doa hu se ganz schie Engst gekritt. Do säht de Engel zoa en: Ihr bracht kee Engst se hu, weil doas, woas ich ach sa do, es woas Schienes, un doas gelt fier die ganze Leu ewerall. Hau es nämlich de Heiland geborn, der de Christus es, de Herr en de Stoadt Davids. Un des ihr mer's gläbt, sa ich euch woas: Ihr doat e Kend fenne, doas en Lombe gepackt em Foarerdrog leie doat. Un of emol woarn bei dem ene Engel en ganze Hofe Engel, dej dere de Herr God lowe und dere sa: Ehr em Herr God en de Hie un Friere bei denen, hej onne dej de Herr God gern hoat. Un wej dej Engel foat woarn, do dere dej Hirte zoenaner sa: Loast ois hie gie noach Bethlehem un doas, woas passiert es un woas de Herr God ewe gesäht hoat, ohgucke. Un doa sei se hurtig lusgegeange un hun Maria un Joseph un es Kend, doas em Foarerdrog leie därt, gefonne. Un wej se's geseh harre, do dere se doas verzehn, woas se ewer doas Kend gehoat harre. Un dej ganze Leu, dej's hirn derre, dej hu sich verwonnert ewer doas, woas dej Hirte sa derre. Die Maria ower dej hoat all doas, woas gesät woan es, behale un hoats en eärm Herz getrah. Un dej Hirte, dej sei sereck gegange un hun em Herr God gedankt un hu en gelobt fir doas, woas se gehirt un geseh hu, weil's so woar, wejs en gesäht woan woar.

## *Plattdeutsch – von Rudolf Muuß*
## Jesus warrd boren

Dat weer to de Tiet, do leet de Kaiser Augustus den Befehl utgahn: All de Inwahners in dat römische Riek schullen in de Stüüerlist inschreeben warrn. Disse Aart Inschrieben to en Stüüer weer wat Niees, un se worr maakt, as Cyrenius den Kaiser sien Stattholer in Syrien weer. Un all de Lüüd güngen hen un leeten sik inschrieben, jedereen in sien Heimatstadt. Ok Joseph maak sik domals op de Reis ut de Stadt Nazareth in Galiläa hen nah de Davidstadt Bethlehem in Judäa; denn he weer ut David sien Huus un Familie. Dor müß he sik inschrieben laten tosamen mit Maria, de em antruut weer. Un se schull bald Mudder warrn. Un denn keem dat so: As se dor ankamen weren, do weer dat so wiet, un ehr sware Stünn keem. Un se kreeg ehren eersten Söhn. Un se wickel em in Winneln un legg em in en Krüff. Denn anners harrn se keen Platz in de Harbarg. Un in desülwige Gegend weren Harders op't Feld. De hardern ehr Veeh bi de Nacht. Un een vun Gott sien Engels treed vör ehr hen. Un de Herrn sien Licht strahl üm ehr rüm, un se verfehren sik öwer de Maten. De Engel awers sä to ehr:
»Weest nich bang! Höört to: Ik segg ju en grote Freud an, un de gellt för dat ganze Volk. In David sien Stadt is vundaag ju Heiland to Welt kamen, de Messias, de Herr Christus. Un dit is dat Teeken för ju: Ji finnt dat Kind in Winneln inwickelt un in en Krüff liggen.« Un denn weer miteens dat ganze Himmelsheer bi den Engel. Un de löövten Gott un sungen: »Ehr wees Gott in de Hööchde un Freeden op de Eerd bi de Minschen, de goden Willen hebbt!« Un denn, as de Engels wedder torüchkehrten nah den Himmel, do sään de Harders een to enanner: »Laat uns gau nah Bethlehem hengahn un nahsehn, wat dor passeert is nah den Herrn sien Woord!« Un so gau as se kunnen, leepen se hen. Un se funnen Maria un Joseph un dat Kind; dat leeg in de Krüff. Un as se dat sehn harrn, do vertellen se, wat se öwer dit Kind to hören kreegen harrn. Un all de Lüüd, de dat hören dään, de wunnern sik„ wat de Harders ehr vertellen dään. Maria awers kunn all disse Wöörd nich vergeeten, un se leet se sik jümmer wedder dörch't Hart gahn. Un de Harders güngen wedder torüch nah ehr Veeh. Un se löövten Gott för allens, wat se sehn un wat se höört harrn. Dat weer jüst so ween, as de Engel ehr dat anseggt harr.

*Rheinisch-Bergisch – von Waltraut Schmitz-Bunse*

## Dat Evangelium vun dem Jesus seein Jeburt, su ähnlich wie dat dä Lukas vetould het

Also dat wor su: Dä Kaiser Augustus vun Rom dä heter ne Befehl jemackt, so wie dat su ne Kaiser donn mott. Dä Befehl wor, dat all die Lück, die in denem singen Reeich lebten, motten aufjeschreven werden.

Et wor dat ierschte Mol, dat die do hengen in Rom auf so nen Jedanken jekomen woren. Un do worer ne Kääl, der hiess mit Namen Cyrinus, dat wor su ne Art Unter-Herrscher und zwar vun Syrien – dä sollten dat alles arrangieren. Un so kom et, dat die janzen Lück, die im Römischen Reich wohnten, wohin jehen mossten, wo se fröher jeboren worden woren. Dä Josef, jo, dä wohnten in nem Dorf oder su in Jaliläa, dat Dorf hiess Nazareth, also dä Josef mossten aus Jaliläa in ne janz angere Jejend jonn, nämlich no Judäa rüber, jenauer jesacht no Bethlehem, wo dä Josef auch jeboren wor. Bethlehem, dat hatte bei dä Juden ne janz lange Tradition, weil ut Bethlehem, do stammten auch den Juden ihren eeijenen Könich her, dä David. Un de Josef wor irjendwie weitläufig mit dem oulen David verwandt. Nu jing de Josef also no Bethlehem; et wor joh jet schwierig, weil dem Josef singe Frau, dat Maria, schon ziemlich fortjeschritten in angeren Omständen wor. Dat Maria mossten aber mitjonn, weil et auch aufjeschreven werden mossten, et wor ja dem Josef sin Frau, joh. Un wie et so ess, jenau als die beiden do ankomen, do wor et soweeit. Dat Maria kregten Ping un et mossten sich schnell jet lejen, weil dat Kenk wor am komen. Also dat Maria kregte ne Sohn, et wor dä ierschte Sohn, joh, und dat Maria hat dat Kenk nett in Windeln un so eeinjewickelt un hatt et in ne Krippe jelecht. Die Krippe stung in ner Art Stall und et wor joh irgendwie ne Schande – se hatten in Bethlehem keein einzijes Hotelzimmer kriejen können. Et wor alles belecht. Un se hatte auch niet viel Jeld. Obwohl dä Josef mit dem Könich David verwandt war – se woren rechtig arme Lück, joh. Wie et manchmal im Leben su ess.

In de Jejend, wo dat Maria sich mit singem Mann und dem neuen Kenk niederjelassen hatte, joh, in deeiser Jejend woren Hirten, die mossten des Nachts Wache halten bei denen ihre Schafe, wejen Diebe un so. Joh. Un auf eeinmol, da wor da janz plötzlich ne Engel, mit Flüjeln un su, dä wor direkt vom Himmel jekohmen oder jefloren,

man weeiss et net jenau wie. Jedenfalls kohm dä Engel derekt vom Hemmel, joh. Dä kohm von Jott persönlich und dä Engel wohr janz hell, joh. Un om dä Engel herum, do wohr et auch janz hell. Un die Hirten, joh, die stungen do, dat Licht, dat hat se irjendwie jeblendet, se verstungen nit rechtig, wat eeijentlich los wohr, joh, und do krechten se natürlich wat Angst. Et war auch alles ziemlich schnell jejangen. Jedenfalls hat dä Engel zu denen jesacht, se bruckten keein Angst haben, im Jejenteil, et wär wat Erfreuliches und zwar niet nur für die Hirten, nee, für die Lück auf der janzen Welt. Dä Engel hat jesacht: »Hück ess en der Stadt Davids dä Heiland jeboren, dä Christus und dat jeht euch alle an. Weil et der Herr ess. Un damit ihr an meeinen Worten auch niet an zu zweifeln fangt, jebe ech euch en Zeichen: Ehr werdet eein neujeborenes Kenk finden, dat ess in Windeln einjewickelt und et lecht in ner Krippe.«
Un dann jing et ierscht rechtig los mit den Engeln, do woren auf eeinmol hungerte und vielleicht noch mih Engeln, dat janze Feld wor voll met Engeln. Et wor ne Engelkompanie, oder ne Armee, joh, un se alle komen derekt ut em Hemmel von Jott dem Herrn. Un se hielten sech dran met Singen und se lobten Jott em Hemmel un wat se jejen Ende jesungen haben, joh, dat versuch ech en janz perfektem Hochdeutsch zu saren. Et jing su: »Ehre sei Gott in der Höhe und auf Erden Frieden den Menschen guten Willens.«
Su wor dat.
Amen.

## *Berlinerisch – von Michael Fischer*

Zu jenau die Zeit hat Kaiser Aujustus 'n Jesetz jemacht, wat besachte, dat nu alle Leute Steuer zahlen solln. Det wa det erstemal un passierte, wie Cyrenius in Syrien Chef vons janze war. Wejen dem jingen alle in die Stadt, wo se jeborn warn. So hat det ooch Joseph aus Galiläa jemacht, der jing von Nazareth Richtung Bethlehem in Judäa, wo David seine Familie herstammte. Da sollta sich melden mit Maria, seine Braut, die jing schwanga. Und wie se da anjekomm'n sind, war't soweit, dat se det Jör kriejen sollte. Und so bekam se denn 'nen Sohn, wickelte ihn und packte ihn inne Krippe, weil wo anders keen Platz nich war.

Janz inner Nähe warn Hirten, die inne Nacht uff'm Feld vor de Schafe ufjepaßt habm. Und kiek ma, da taucht plötzlich Jottes Engel uff, un justemang war't tachhell, un da krichten se't mit de Angst. Un der Engel sachte: »Nu ma keene Bange nich! Wat ick zu sajn hab', läßt bei euch und alle andere jroße Freude ufkomm'n. Det ist näm'ich so: Da is heute inner Stadt vom David eener jeborn wor'n, den nennen se Christus und det is 'n janz besonderer. Den erkennta daran, dat er denn jewickelt inner Krippe liecht.« Und dann kam noch 'n janzer Haufen Engels, die hab'n Jott jelobt un haben alle zusamm'n jesungen: »Ehre sei Jott inne Höhe un Friede uff Erden und'n Menschen een Wohljefalln!«

Wie de Engels dann wieda wegjeflojen sind, sachte een Hirte zu den andern: Komm, laßt uns ma kieken jehn, ob det ooch wah is, wat die uns da erzählt hab'm. Un da kam'n se ooch schon eilich jeloofen und trafen ooch uff Maria un Joseph mit ihr'm Kleenen, wat unjelogen inne Krippe lach. Un wie se't jesehn hatt'n, da ha'm se det weiterjesacht, wat se von det Kind jehört ha'm. Und die Leute, den se't jesacht ha'm, ha'm sich nur jewundert über dat, wat se so von'n Hirten jehört hab'm. Un Maria war mächtich jerührt und hat viel drüber jegrübelt. Zu juter Letzt sind de Hirten wieda nach Hause jejangen, haben'n lieben Jott jepriesen und jelobt für allet, wat se jehört un jesehn ha'm, so wie et ihn'n jesacht wor'n war.

## *Berndeutsch – von Hans und Ruth Bietenhard*
## Wienachtsgschicht

I dere Zyt het der Cheiser Augustus befole, em söll i sym Rych e Stüür-Schatzig dürefüere. Das isch denn ds erschte Mal passiert, wo der Quirinius isch Landvogt vo Syrie gsi. Da sy alli uf d Reis, für sech ga la yzschetze, jede a sy Heimetort. O der Josef isch vo Galiläa, us der Stadt Nazaret, nach Judäa gwanderet, i d Davidsstadt, wo Betlehem heisst. Er het drum zu de Nachfahre vom David ghört. Dert het er sech welle la yschetze zäme mit der Maria, syr Brut. Die het es Chind erwartet. Wo si dert sy aacho, isch d Geburt nachegsi, und si het iren erschte Suhn übercho. Si het ne gfääschet* und i ne Chrüpfe gleit. Es het drum für se süsch kei Platz gha i der Herbärg.
I der glyche Gäget sy Hirte uf em Fäld gsi, wo d Nacht düre bi irne Tier Wach ghalte hei. Da chunt en Ängel vo Gott, em Herr, zue ne, und e hälle Schyn vo Gott lüüchtet um sen ume. Si sy natürlech starch erchlüpft: Aber der Ängel seit zue ne: »Heit nid Angscht, lueget, i bringe nech e guete Bricht, e grossi Fröid, wo ds ganze Volk aageit. Hütt isch nämlech i der Davids-Stadt öie Retter uf d Wält cho. Es isch Chrischtus, der Herr. Und a däm chöit der's merke: Dihr findet das Chindli gfääschet* und i nere Chrüpfe.«
Uf einisch sy umen Ängel ume grossi Schare vom Himelsheer gsi, die hei Gott globet und gseit:
»Ehr für Gott i der Höchi,
und uf der Ärde Fride
für d Mönsche, won är lieb het.«
D Ängel sy wider im Himel verschwunde, und d Hirte hei zunenand gseit: »Mir wei doch uf Betlehem yne di Sach ga luege, wo da passiert isch, und wo nis der Herr het z wüsse ta.« Si hei pressiert und hei d Maria und der Josef gfunde und ds Chindli i der Chrüpfe. Sie hei ihns aagluegt und nachär zäntumen erzellt, was ne vo däm Chind isch gseit worde. Und alli, wo's hei ghört, hei sech verwunderet über das, wo d Hirte bbrichtet hei. D Maria het alls, wo gscheh isch, im Härz bhalte und geng wider drann ume gsinnet. D Hirte sy wider zrügg zu irne Tier und hei Gott globet und grüemt wägen allem, wo si erläbt hei; es isch gnau so gsi, wie ne's der Ängel gseit het gha.

*Wär ds Wort gfääschet nid gchennt, list: gwicklet.

## *Lukas 2, 1–8 in Österreichisch – von Wolfgang A. Teuschl*

## Wia da Jesus auf d Wöd kuman is

Oesdan, gem ma s au, in Jesus sei Aansabosd, in Christus seine, in Heagod sein Buam seine.

Und zwoa is da Jesus Christus dera Oat auf d Wöd kuman: Sei Mamsch, d Maria, is fahawad gwesn mid an gwissn Joseph; und befua s nu wos ghobd häd mid den, hod sa si aussagschdöd, das s an Gschroppm griagd; nua woa dea fon Häulichn Geisd.

Jezd woa ia Oeda, da Joseph, owa r a Söö fo an Mentschn, und weng den hod a si denkd: Mochsd ka gross Wossa, wäu s di oweghaud hod, gibsd ia in Weisl gaunz in da Gham.

Und dawäu a nu in Wiglwogl woa, wos a mochn soe, hod eam draamd, das a Engl fon Heagod owa segld und zu eam sogd: »Joseph, schau das d dein Aa'l, in David, ka Schaund mochsd; oeso dua da nix au und bleib bikkn bei deina Braud, bei da Maria, wäu dea Baumpalädsch, wos s griagd, den hod ia da Häuliche Geisd gmochd.

An Buam wiad s auf d Wöd bringan; und haassn soe a Jesus, weng den, das a d gaunzn Greanan fo d Leid beegln wiad.«

Jezd hod owa grod domoes da Keisa Augustus augschoffd ghobd, das iwaroe genau aufgschrim wiad, wea wo dahaam is und wüfü das s oeso san, wos a unta seina Fuchdl hod.

Des woa s easchdemoe, das sa si des oes in dera Oat ausdiwidiad haum; und zwoa is de gaunze Gschichd bassiad, wia da Quirinius da Owakapo fo gaunz Syrien woa.

Und ole san ausgridn, si an Mödeze'l hoen, a jeda duathii, wo r a hea woa.

Da Joseph hod si aa d Schuach gschmiad und is aus Nazaret oom in Galiläa owe noch Judäa, in David sei Schdod eine, godichkeid noch Betlehem (wäu a nemlich iwa sim Schaffen Eabsn fawaundt woa mi n David und oeso duat zuaschdendich woa),

damid a si midsaumt da Maria, seina Braud, de wos grod kuaz fua n Ausschidn woa, aufschreim lossd.

Und grod wia s duat woan, is s so weid gwesn.

Und si hod ian Buam (ian easchdn Gschroppm) auf d Wöd brochd, und wäu ole Wiadsheisa bumfoe gwesn san und niagns a Kammal frei woa, hod s eam in a boa Fezzaln eigwikkld und hod eam eineglegd in a so an Schroong, wo ma sunzd fia d Rindfiicha s Hei einelaad.

# *Quellen*

Da die in diesem Band vorgestellten Texte über Jahre hinweg gesammelt wurden, war es nicht in jedem Fall möglich, die ursprüngliche Quelle nachzuweisen. Der *RADIUS-Verlag* und der *Fischer Taschenbuch Verlag* danken den Autoren und Verlagen für ihre Mitarbeit bzw. Genehmigung.

*Ilse Aichinger:* Vor der langen Zeit. Aus: Kleist, Moos, Fasane. ©: S. Fischer Verlag, Frankfurt am Main 1987

*Heinrich Albertz:* Eine andere Weihnachtsgeschichte. ©: RADIUS-Verlag, Stuttgart 1981

*Hans Christian Andersen:* Das kleine Mädchen mit den Schwefelhölzern. Aus: Als die wilden Schwäne sangen. Heliopolis-Verlag, Tübingen 1955

*Stefan Andres:* Die beinah verhinderte Weihnacht. ©: Frau Dorothee Andres

*Jean Anouilh:* Das Lied vom verlorenen Jesuskind. Aus: Weihnachtsveranstaltungen. J. F. Steinkopf Verlag, Stuttgart 1976

*Wystan Hugh Auden:* Unter euch ist ein Kind. Aus: Hier und jetzt. Otto Müller Verlag, Salzburg 1961

*Herman Bang:* Ein Weihnachtsabend in der Fremde. Aus: Nordische Weihnacht, hrsg. von Sven Danielsson. Deutsch von Ursula von Wiese. © 1970, 1986 by Arche Verlag AG, Raabe + Vitali, Zürich

*Hans-Werner Bartsch:* Nehmen wir an. Aus: Der politisch gekreuzigte Christus. J. F. Steinkopf Verlag, Stuttgart 1973

*Dagmar Beiersdorf:* Du bist zu früh gegangen. Aus: Wolfgang Fietkau (Hg.), Thema Weihnachten. © Peter Hammer Verlag Wuppertal

*Hans Bender:* Die Herberge. Aus: Das Winterbuch. Gedichte und Prosa, hrsg. von Hans Bender und Hans Georg Schwark, it 728. Insel Verlag, Frankfurt am Main 1983

*Walter Benjamin:* Ein Weihnachtsengel, Aus: Berliner Kindheit um 1900. © Suhrkamp Verlag, Frankfurt am Main 1950

*Werner Bergengruen:* Der mystische Tau. Aus: Die heile Welt. © 1950 by Arche Verlag AG, Raabe + Vitali, Zürich. – Kaschubisches Weihnachtslied. Aus: Gestern fuhr ich Fische fangen. © 1992 by Arche Verlag AG, Raabe + Vitali, Zürich

*Wolf Biermann:* Wann ist denn endlich Frieden. Aus: Alle Lieder. © 1991 by Verlag Kiepenheuer & Witsch, Köln

*Johannes Bobrowski:* Weihnachtsgetier. Aus: Sarmatische Zeit/Schattenland Ströme. © 1961/62 Deutsche Verlags-Anstalt GmbH, Stuttgart

*Dietrich Bonhoeffer:* Uns ist ein Kind geboren. Aus: Gesammelte Schriften, Band IV, 3. Aufl. 1975. Chr. Kaiser Verlag, München

*Wolfgang Borchert:* Die drei dunklen Könige. Aus: Das Gesamtwerk. © 1949 by Rowohlt Verlag GmbH, Reinbek

*Bertolt Brecht:* Das Paket des lieben Gottes. Aus: Gesammelte Werke. © Suhrkamp Verlag, Frankfurt am Main 1967 – Friedenslied. – Ebd. – Maria – Ebd.

*Christine Brückner:* Geboren am 24. Dezember 1945. Aus: Was ist schon ein Jahr. Frühe Erzählungen. Verlag Ullstein, Berlin 1987

*Dino Buzzati:* Die Nacht im Dom. Aus: Neues Hausbuch zur Advents- und Weihnachtszeit. Christophorus-Verlag, Freiburg

*Ernesto Cardenal:* Die Hirten von Bethlehem. Aus: Wolfgang Fietkau (Hg.), Thema Weihnachten. © Peter Hammer Verlag Wuppertal

*Blaise Cendrars:* Weihnachten mit denen aus dem verheißenen Land. Aus: Französische Weihnacht, hrsg. von Armand Clair. Deutsch von Hannelise Hinderberger. © 1974, 1986 by Verlags-AG Die Arche, Zürich

*Alphonse Daudet:* Die drei Stillen Messen. Aus: Briefe aus meiner Mühle. Aus dem Französischen von Helmut Bartuschek. Phil. Reclam jun., Leipzig

*Fernando Diaz-Plaja:* »... und sie kamen nach Bethlehem«. Aus: Spanische Weihnacht, hrsg. und übertragen von Erna Brandenberger. © 1973 by Arche Verlag AG, Raabe + Vitali, Zürich

*Walter Dirks:* Weihnachten. Sendung des Westdeutschen Rundfunks (›Gedanken zur Zeit‹) vom 25. 12. 1978. Mit Genehmigung des Autors

*Hilde Domin:* Stullen mit Sekt. Aus: Deutsches Allgemeines Sonntagsblatt, Nr. 52/83. Mit Genehmigung der Autorin

*Fjodor M. Dostojewski:* Der Knabe bei Christus. Aus: Erzählungen. Aus dem Russischen von Arthur Luther. Winkler Verlag, München

*Ingeborg Drewitz:* Barbaratag. ©: RADIUS-Verlag GmbH, Stuttgart 1981

*T. S. Eliot:* Die Reise aus dem Morgenland. Aus: Gesammelte Gedichte. © Suhrkamp Verlag, Frankfurt am Main 1972/1988

*Anne Frank:* Briefe an Kitty. Aus: Das Tagebuch der Anne Frank. Verlag Lambert Schneider, Heidelberg

*Albrecht Goes:* Die Weihnacht der Einsamen. Aus: Christtagswege. ©: RADIUS-Verlag GmbH, Stuttgart 1984

*Helmut Gollwitzer:* Weihnachten. Aus: ... und führen, wohin du nicht willst. Bericht einer Gefangenschaft. Chr. Kaiser Verlag, München

*Maxim Gorki:* Von einem Knaben und einem Mädchen, die nicht erfroren sind. Aus: Erzählungen in 6 Bänden, Band 1; aus dem Russischen von Amalie Schwarz. © 1953 Aufbau Verlag, Berlin und Weimar

*Günter Grass:* Advent. Aus: Die Gedichte. © 1988 Luchterhand Literaturverlag, Darmstadt (jetzt Hamburg)

*Peter Härtling:* Der Koffer. © beim Autor. – »Es hätte sehr feierlich sein können«. Aus: Nachgetragene Liebe. © 1980 Luchterhand Literaturverlag, Darmstadt (jetzt Hamburg)

*Rudolf Hagelstange:* Auf dem Wege. ©: Paul List Verlag, München

*Peter Handke:* Lebensbeschreibung. Aus: Begrüßung des Aufsichtsrats. © Suhrkamp Verlag, Frankfurt am Main 1981

*Hugo Hartung:* Mein Vater und die Dampfmaschine. Aus: Kindheit ist kein Kinderspiel, Band 8 der achtbändigen Gesamtausgabe. © 1980 by Franz Schneekluth Verlag, München

*O'Henry:* Die Weihnachtsansprache. Aus: Hinter der grünen Tür. Paul List Verlag, München

*Hermann Hesse:* Weihnacht (Dezember 1917). Aus: Gesammelte Werke, Band 10. © Suhrkamp Verlag, Frankfurt am Main 1975

*Jochen Hoffbauer:* Miriam und Maria. Überarbeitet unter dem Titel ›Als wir einst den Stern gesehen‹ in: Glut aus der Asche. © 1987 by Husum Druck- und Verlagsgesellschaft, Husum

*Friedrich Hoffmann:* Das Jesuskind von Ostrowice. Aus: »Die heilige Zeit«. Christnachtgeschichten deutscher Dichter, hrsg. von Bernt von Heiseler. J. F. Steinkopf Verlag, Stuttgart 1962/1986

*Peter Huchel:* Weihnachtslied. Aus: Gesammelte Werke, Band I. © Suhrkamp Verlag, Frankfurt am Main 1984

*Hans Henny Jahnn:* Ich muß eingestehen... Aus: Tagebücher 1912 bis 1917. (Eintrag vom) 16. Dezember 1915. In: Hans Henny Jahnn: Frühe Schriften. Deutsche Jugend und Norwegisches Exil. Werke in Einzelbänden. Hamburger Ausgabe. Hrsg. von Ulrich Bitz. © Hoffmann und Campe Verlag, Hamburg 1993

*Walter Jens:* Hoffnungszeichen und Richtspruch. Aus: Frieden. Kreuz-Verlag, Stuttgart 1981. Mit Genehmigung des Autors

*Eyvind Johnson:* Advent. Aus: Advent på 30-talet. SJU LIV (1944). Albert Bonniers Förlag AB, Stockholm

*Arnim Juhre:* Begebenheit. Aus: Weihnachtsnachrichten. Quell-Verlag, Stuttgart 1988

*Erich Kästner:* Weihnachtslied, chemisch gereinigt. Aus: Gesammelte Schriften für Erwachsene. Atrium Verlag, Zürich 1969. © by Erich Kästner Erben, München

*Mascha Kaléko:* Lediger Herr am 24. Dezember. Aus: Das lyrische Stenogrammheft. © 1956 by Rowohlt Taschenbuch Verlag GmbH, Reinbek

*Marie Luise Kaschnitz:* Dezembernacht. Aus: Dein Schweigen – meine Stimme. © 1962 by claassen Verlag GmbH, Hamburg (jetzt Hildesheim). – Der junge Munk. Aus: Die Reise nach Bethlehem, hrsg. von Arnim Juhre. Gütersloher Verlagshaus 1967

*Sarah Kirsch:* Zwischenlandung. Aus: Landaufenthalt. Gedichte. Verlag Langewiesche-Brandt, Ebenhausen bei München 1969/77

*Jochen Klepper:* Du bist als Stern uns aufgegangen... Aus: Ziel der Zeit – Gesammelte Gedichte. Luther-Verlag, Bielefeld

*Georg Kreisler:* Weihnachten bringt alles durcheinander. Aus: Lieder zum Fürchten. Mit Genehmigung des Autors

*Karl Krolow:* Eine Weihnachtserinnerung, die ich nicht vergaß. Mit Genehmigung des Autors

*Jo Krummacher:* die nacht und die nacht. ©: RADIUS-Verlag GmbH, Stuttgart 1988

*Günter Kunert:* Weihnacht. Mit Genehmigung des Autors

*Selma Lagerlöf:* Die Mausefalle. © by Nymphenburger Verlagshandlung GmbH in der F. A. Herbig Verlagsbuchhandlung GmbH, München

*Else Lasker-Schüler:* Der Weihnachtsbaum. Aus: Gesammelte Werke in drei Bänden. Kösel-Verlag, München

*Siegfried Lenz:* Risiko für Weihnachtsmänner. Aus: Das Feuerschiff. Erzählungen. Hoffmann & Campe Verlag, Hamburg 1960

*Carlo Levi:* So kam der Weihnachtsabend heran... Aus: Christus kam nur bis Eboli. Europa Verlag, Zürich

*Lore Lorentz:* Ich denke an Aloysius Schwammel. Mit Genehmigung der Autorin

*Rosa Luxemburg:* ...genau vor einem Jahr... Aus: Briefe aus dem Gefängnis. Dietz Verlag, DDR Berlin, 14. Aufl. 1987

*Francis MacManus:* Das Familienporträt. Aus: Irische Weihnacht. Verlag Die Arche, Zürich. Mit Genehmigung der Übersetzerin Dr. Elisabeth Schnack, Zürich

*Kurtmartin Magiera:* Käme er heute. Mit Genehmigung des Autors

*Wladimir Majakowski:* Tannennadeln. Aus: Werke, Band 1. © Insel Verlag, Frankfurt am Main 1973

*Thomas Mann:* Unter solchen Umständen... Aus: Buddenbrooks, Gesammelte Werke, Bd. 1. © 1960, 1974 S. Fischer Verlag GmbH, Frankfurt am Main

*Kurt Marti:* flucht nach ägypten. Aus: geduld und revolte. die gedichte am rand. ©: RADIUS-Verlag GmbH, Stuttgart 1984. – Warum ich keine Weihnachtserzählungen mehr schreibe. ©: RADIUS-Verlag GmbH, Stuttgart 1988

*Christoph Meckel:* Weihnachts-Ballade. Aus: Stille Nacht allerseits, hrsg. von Uwe Wandrey. Rowohlt Verlag, Reinbek 1972. Mit Genehmigung des Autors

*Christian Morgenstern:* Das Weihnachtsbäumlein. ©: R. Piper & Co. Verlag, München 1965

*Adolf Muschg:* Geschichtenweihnacht. ©: RADIUS-Verlag GmbH, Stuttgart 1981

*Frank O'Connor:* Der Weihnachtsmorgen. Aus: Wo wir Menschen sind. Eine Sammlung neuer Weihnachtsgeschichten, hrsg. von Rudolf Otto Wiemer. Mit Genehmigung der Übersetzerin Dr. Elisabeth Schnack, Zürich

*Boris Pasternak:* Der Stern der Geburt. Aus: Wenn es aufklart. © 1960 S. Fischer Verlag GmbH, Frankfurt am Main

*Ota Pavel:* Karpfen für die Wehrmacht. Aus: Deutsches Allgemeines Sonntagsblatt, Nr. 51–52/85. Mit Genehmigung der Agentur für Theater und Literatur, Prag

*Josef Reding:* Mister Larrybees Leuchtturm. Mit Genehmigung des Autors

*Christa Reinig:* Aries, Widder. Aus: Ein Licht leuchtet allen, hrsg. von Fritz Heinrich Ryssel. Verlag J. F. Steinkopf, Stuttgart 1967

*Rainer Maria Rilke:* Die Heiligen Drei Könige. Aus: Werke in drei Bänden, Band 1. © Insel Verlag, Frankfurt am Main 1966

*Joachim Ringelnatz:* Einsiedlers Heiliger Abend. Aus: Das Gesamtwerk, Band 1. Henssel Verlag, Berlin

*Françoise Sagan:* Ein flandrischer Hirtenhund. Aus: Weihnachtsveranstaltungen. J. F. Steinkopf Verlag, Stuttgart 1976

*Antoine de Saint-Exupéry:* Der Schatz des Kindes. Aus: Die Stadt in der Wüste. Karl Rauch Verlag, Düsseldorf

*Kurt Scharf:* Frieden. Aus: Warten auf ihn, hrsg. von Wolfgang Erk. RADIUS-Verlag GmbH, Stuttgart 1981

*Reinhold Schneider:* Tröstliche Kindheit. Aus: Gedanken des Friedens. Gesammelte kleine Schriften. 2. veränd. u. erw. Auflage 1956. © Herder, Freiburg im Breisgau

*Wolfdietrich Schnurre:* Die Leihgabe. Aus: Als Vaters Bart noch rot war. © 1958 by Arche Verlag AG, Raabe + Vitali, Zürich. – Die Flucht nach Ägypten. – Ebd.

*Gasub Sirchan:* Der Engel. Aus: Warten auf ihn. RADIUS-Verlag GmbH, Stuttgart 1981

*Dorothee Sölle:* In dieser Nacht... Aus: Meditationen & Gebrauchstexte. © Wolfgang Fietkau Verlag, Berlin 1969

*Ludwig Thoma:* Heilige Nacht. Aus: Werke in vier Bänden. R. Piper & Co. Verlag, München 1968

*Anton Tschechow:* Wanka. Aus dem Russischen von Gisela Drohla

*Kurt Tucholsky:* Weihnachten. Aus: Gesammelte Werke. © 1960 by Rowohlt Verlag GmbH, Reinbek

*Heinrich Vogel:* Ach Kindlein... Aus: Gesammelte Werke. ©: RADIUS-Verlag GmbH, Stuttgart

*Martin Walser:* Überredung zum Feiertag. ©: Suhrkamp Verlag, Frankfurt am Main

*Robert Walser:* Schnee liegt auf Straßen und Plätzen... Aus: Das Gesamtwerk. ©: Suhrkamp Verlag Zürich/Frankfurt am Main 1978

*Rudolf Otto Wiemer:* Was ich mir wünsche. Aus: Ernstfall. Verlag J. F. Steinkopf, Stuttgart

*Oscar Wilde:* Das Sternkind. Aus: Gesammelte Werke in zwei Bänden, Band 1; hrsg. von Rainer Gruenter. Aus dem Englischen von Hannelore Neves. © 5. Aufl. 1985 Carl Hanser Verlag, München/Wien

*Thornton Wilder:* Die Flucht nach Ägypten. Aus: Einakter und Dreiminutenspiele. © 1954 S. Fischer Verlag GmbH, Frankfurt am Main

*Eva Zeller:* Die da kommen wollten. Aus: Fliehkraft. Deutsche Verlags-Anstalt GmbH, Stuttgart 1975

Lukas 2,1–20 in verschiedenen Übertragungen:

*Hans und Ruth Bietenhard:* Berndeutsch. Berchtold-Haller-Verlag, Bern 1984
*Michael Fischer:* Berlinerisch. ©: RADIUS-Verlag GmbH, Stuttgart 1981
*Jo Krummacher:* Kurpfälzisch-Heidelbergisch. ©: RADIUS-Verlag GmbH, Stuttgart 1988
*Uwe Kynast:* Schwäbisch. ©: RADIUS-Verlag GmbH, Stuttgart 1981
*Rudolf Muuß:* Plattdeutsch. Breklumer Verlag, Breklum 1975
*Waltraut Schmitz-Bunse:* Rheinisch-Bergisch. ©: RADIUS-Verlag GmbH, Stuttgart 1981
*Wolfgang A. Teuschl:* Österreichisch. Da Jesus & seine Hawara. Das Neue Testament im Wiener Dialekt. Verlag Karl Schwarzer, Purkersdorf/Österreich
*Günter Törner:* Hessisch. ©: RADIUS-Verlag GmbH, Stuttgart 1981

# Inhalt

# Schreibschule

Neue deutsche Prosa
Angeregt. betreut und herausgegeben
von Walter Jens
Band 2367

Der Schriftsteller, Rhetorik-Professor und Publizist Walter Jens leitet seit mehreren Jahren einen Kurs für junge Autoren. Siebenundzwanzig von ihnen legen jetzt in diesem Band Arbeiten vor, die in dieser Zeit entstanden. Es sind mehr als nur Talentproben, die hier versammelt werden. Es sind Prosastücke, die deutlich machen, welchen großen Raum die Literatur auch im Bewußtsein dieser neuen Generation einnimmt und wie vermessen das vielstimmige Gerede von der Krise der jungen deutschen Prosa ist. Wenn begabte Autoren über längere Zeit gefördert und unterstützt werden – wie hier durch den erfahrenen Schriftsteller Walter Jens –, haben sie viele Unsicherheiten und Fehler bereits abgelegt, bevor sie zum ersten Mal an die Öffentlichkeit treten. Ein Vorzug, der nicht nur den Autoren, sondern auch der Literatur zugute kommt. »Natürlich werden«, schreibt Walter Jens in seinem Vorwort, »bei solchen Studien keine Genies erweckt, wohl aber kann das Talent sich rascher und sicherer entfalten und, kooperierend, im Seminar größere Sicherheit als in der Studierstube gewinnen.« In seiner Einleitung skizziert Walter Jens Absichten und Methoden seiner Arbeit mit den jungen Autoren. Zudem wird der Band ergänzt durch Aufsätze der drei profilierten Literaturkritiker Thomas Anz, Walter Hinck und Gert Ueding, die sich mit Sprache, Themen und Eigenheiten der jüngsten deutschsprachigen Literatur beschäftigen und zudem mit der Frage, ob literarisches Schreiben gelehrt werden kann – und soll.

Collection S. Fischer

fi 1315 / 2

# Literarische Anthologien

*Es begibt sich aber zu der Zeit*
Texte zur Weihnachtsgeschichte
Herausgegeben von Walter Jens
Band 11491

*Geschichten von Urlaub und Reise*
Herausgegeben von Ursula Köhler
Band 9288

Giorgio Manganelli
*Manganelli furioso*
*Handbuch für unnütze Leidenschaften*
Band 10336

*Plötzliche Geschichten*
Amerikanische Short-Shortstories
Herausgegeben von Robert Shapard und James Thomas
Band 11415

*Das Tier mit den zwei Rücken*
Erotika
Herausgegeben von Roger Willemsen
Band 11417

Fischer Taschenbuch Verlag

fi 604 / 12

# Lyrik - Anthologien

*In diesem Lande leben wir*
Deutsche Gedichte der Gegenwart
Eine Anthologie in zehn Kapiteln
Herausgegeben von Hans Bender
Band 5006

*Das deutsche Gedicht*
Vom Mittelalter bis zum 20. Jahrhundert
Auswahl und Einleitung von Edgar Hederer
Band 155

*Die Kinder dieser Welt*
Gedichte aus zwei Jahrhunderten
Herausgegeben von Jana Halamičková
Band 10039

*Draußen steht eine bange Nacht*
Gedichte und Lieder aus Konzentrationslagern
Herausgegeben von Ellinor Lau und Susanne Pampuch
Band 10716 (in Vorbereitung)

# Erzähler-Bibliothek

George Langelaan
Die Fliege
*Eine phantastische Erzählung. Band 9314*

D.H.Lawrence
Die Frau, die davonritt
*Erzählung. Band 9324*

Siegfried Lenz
So zärtlich war Suleyken
*Masurische Geschichten*
*Band 11739*

Antonio Manetti
Die Novelle vom dicken Holzschnitzer
*Band 11181*

Thomas Mann
Mario und der Zauberer
*Ein tragisches Reiseerlebnis*
*Band 9320*

Der Tod in Venedig
*Novelle. Band 11266*

Tristan
*Novelle. Band 10572*

Thomas Mann
Die vertauschten Köpfe
*Eine indische Legende. Band 9305*

Walter de la Mare
Die verlorene Spur
*Erzählung*
*Band 11530*

Daphne Du Maurier
Der Apfelbaum
*Erzählungen*
*Band 9307*

Herman Melville
Bartleby
*Erzählung. Band 9302*

Arthur Miller
Die Nacht des Monteurs
*Erzählung. Band 9332*

Franz Nabl
Die Augen
*Erzählung. Band 9329*

René de Obaldia
Graf Zeppelin oder Emiles Leiden
*Erzählung*
*Band 10177*

V.S. Pritchett
Die Heimkehr der verlorenen Tochter
*Erzählung*
*Band 11265*

Alexander Puschkin
Die Erzählungen des verstorbenen Iwan Petrowitsch Belkin
*Band 9331*

Peter Rühmkorf
Auf Wiedersehen in Kenilworth
*Ein Märchen in dreizehn Kapiteln*
*Band 9333*

Antoine de Saint-Exupéry
Nachtflug
*Roman. Band 9316*

## Fischer Taschenbuch Verlag

fi 669/6b